Histoire de France

XIII

Michelet

HISTOIRE DE FRANCE

présentée et commentée par
CLAUDE METTRA

La Révolution

1

ℛ

ÉDITIONS RENCONTRE LAUSANNE

© Editions Rencontre 1967

PRENDRE CONGÉ DE DIEU

Le 24 juillet 1839, dans une clinique de Passy, Michelet regardait mourir sa première femme, Pauline; depuis des années déjà il l'avait abandonnée à sa solitude et, sans grandes ressources intellectuelles ou sensibles, elle avait trouvé refuge dans l'alcool. Cette disparition n'affectait pas profondément l'historien qui n'avait jamais, comme il l'écrit lui-même en son journal, livré à son épouse que son moi sensuel; à ces derniers moments seulement il avait pris conscience de la dégradation de son être, mais cette découverte ne lui inspirait aucun regret, aucun remords. Par contre l'appareil qui entoure l'agonie, les rites étranges par où passent les vivants pour entrer dans le monde des morts, l'atmosphère silencieuse, intimiste et quasi sacrale qui, du lit de souffrance au cimetière entoure la fête funèbre, voilà toute une figuration dramatique qui devait l'envoûter secrètement. Mais le cérémonial achevé, dans la moiteur de l'été parisien, alors que les problèmes de la vie matérielle et la réorganisation de la vie familiale le distraient quelque temps de son œuvre, il jette un regard sur sa vie écoulée, sur ces quarante ans qui de lui font déjà un vieil homme. Et ce que ce regard révèle, c'est tout à coup une fissure, un soupçon.

L'ÈRE DU SOUPÇON

Depuis près de vingt ans, il poursuit une carrière officielle brillante. Après avoir été reconnu comme un maître par les tenants du pouvoir, après avoir été chargé des honneurs les plus apparents que la société du temps ait pu accorder à un universitaire qui ne manifestait aucune compromission avec l'ordre et la propriété, il a reçu un égal acquiescement de la jeunesse turbulente qui cherche ses racines entre le socialisme et l'anarchie. La tâche à laquelle il s'est voué, ce long cheminement à travers l'épopée de l'histoire, s'accomplit selon un rythme régulier, heureux. La vie elle-même semble obéir à une ordonnance rigoureuse: les levers matinaux, les promenades, les comptes de maison à jour, les collaborateurs bénévoles qui dispensent des tâches fastidieuses des bibliothèques, les relations fécondes qui permettent de ne rien ignorer de toutes les recherches parallèles aux siennes, les travaux d'édition faciles et bien rétribués grâce auxquels sont possibles de fréquents voyages, narcotiques indispensables à une existence qui revêt tous les masques de l'ascèse, toute cette architecture quotidienne constitue en fin de compte un paysage assez rassurant.

Et pourtant? Faut-il se glorifier d'être un personnage officiel dans cette Monarchie bourgeoise dont l'ordre est la loi et l'argent le fondement? Faut-il se féliciter d'être le maître à penser d'une génération qui ne cultive le désordre romantique que pour entrer avec plus de grâce dans les rangs des possédants? Faut-il tenir pour une justification intellectuelle sans faille cette chronique de l'âme nationale, à laquelle en même temps que Michelet s'attaquent Mignet, Thiers, Augustin Thierry, Lamartine. Est-ce vraiment une philosophie de l'avenir que notre historien prodigue à ses étudiants de la Sorbonne, de l'Ecole normale supérieure ou du Collège de France, en enveloppant les vieux thèmes de l'encyclopédie du XVIIIe siècle dans les replis obscurs de l'idéalisme allemand? L'image magnifiée de la France qu'il tente de dégager du magma mal déchiffré des anciens siècles repose-t-elle sur une illusion lyrique où l'histoire se contente d'être poésie, ou bien est-elle vision pure tout entière assise sur une interprétation partielle de la réalité? Et, parmi tout ce mouvement, parmi tout cet échange entre l'historien et le passé, entre l'historien et les contemporains, ses auditeurs et lecteurs, où est Michelet, où va Michelet?

L'ARCHÉOLOGUE DE LA MORT

Telles sont quelques-unes des questions qu'il se pose alors que la mort l'atteint en plein visage, sous les traits de cette femme avec qui il a appris les gestes de l'amour. Ce second rendez-vous avec la mort (le premier étant celui de la mort de sa mère, dont il avait pareillement épié et scellé l'agonie), il l'a vécu avec une intensité où la personne même de Pauline n'a aucune part. Ce qu'il a cherché à voir c'est la mort elle-même, indifférente à ceux qu'elle atteint, ce visage mythique qui peupla les légendes avant d'occuper le premier plan de la peinture d'Holbein ou d'Albert Dürer. Il la voit investir lentement la créature, pénétrer progressivement dans l'intimité profonde de ce qui avait été vie et tremblement. Il en suit le cheminement avec tant de passion qu'au rituel funéraire habituel il ajoute d'autres rites, comme pour affirmer une sorte de participation silencieuse au travail de la mort elle-même. Quand Pauline est morte, il la fait inciser par un médecin pour constater par lui-même que toute circulation d'humeurs a bien cessé à l'intérieur de ce corps, pour mieux pénétrer dans la rigidité interne de cette chair devenue pierre avant de devenir boue. Il instaure ensuite toute une liturgie dra-

matique autour du cadavre, créant avec un grand artifice d'éclairage et de décoration une mise en scène dont il fait prendre croquis par un élève des Beaux-Arts, et puis, durant trois jours, il assiste, dans une totale fascination, à la métamorphose rapide et à l'altération de ce que jadis il avait étreint et fertilisé. Il l'écrit lui-même: « *L'odeur était déjà forte, le ventre verdâtre, le nez noircissait. Le départ venait pour la triste dépouille qui fut cette femme désirée, adorée, pour cette femme aimable qui, pendant vingt ans, renouvela une insatiable passion.* » *Et si forte demeure cette obsession du fait matériel de la mort qu'un mois après son ensevelissement, il fait procéder à l'exhumation de Pauline et contemple une fois encore l'étrange travail de la matière sur elle-même:* « *Il faut que je me prive d'écrire sur ce triste et trop attirant sujet.* »

Trois ans plus tard, le 26 avril 1842, il écrira: « *Le 24 juillet 1839, tout se trouva simplifié. Cette violente secousse m'obligea à m'étendre en profondeur, de creuser mon âme. Je sus la vie, tout ce qu'elle a d'individuel, de regrettable, d'irréparable. Je sus la mort, tout ce qu'elle a de fécond et de vivace. L'histoire m'apparut comme pour la première fois.* » *Et, en cette même année 1842, une autre épreuve l'attend: la mort de Mme Dumesnil. C'était la mère d'un de ses élèves, qui devait plus tard devenir son gendre. Il l'avait connue peu après la mort de Pauline et il avait reconnu en elle la compagne idéale de sa tâche et de ses tentations intellectuelles. Elle était tout ce que n'avait pas été, tout ce que n'avait pas pu être Pauline. Il construit autour d'elle un refuge où il abrite ses espérances, ses incertitudes, ses manières d'être. Puis, en quelques mois, la maladie défait toute cette complicité heureuse. Cette maladie, il va la partager, en faire le symbole de son existence déchirée, le symbole aussi de l'histoire tout entière.* « *Je plaçais dans ses yeux obscurcis non seulement le combat du sommeil et de la veille, mais toute la fluctuation de la vie antérieure, les souvenirs mêlés, ces souve-*

nirs qui meurent chez elle, qui bientôt ne vivront qu'en moi. » Lorsqu'elle s'éteint, chez lui, le 31 mai, un homme nouveau, un homme qui vient de recevoir enfin la révélation de lui-même est né. Son existence, comme son œuvre désormais, doivent apporter une réponse à la question où l'acculent ces morts successives: « Où est ma vie, où retrouverai-je vie et chaleur dans ce froid imminent de vieillesse et de solitude. » Cette vie, cette chaleur, Michelet va les retrouver dans la Révolution française.

ÉCRIRE POUR NE PAS MOURIR

La Révolution avait été le pain de ses jeunes années. Nous avons vu ailleurs quelle image lui en avait légué son père, de quelle ferveur christologique le vieil imprimeur avait entouré l'enfant dans ce Paris où tous les événements de l'épopée révolutionnaire étaient encore inscrits comme de glorieuses cicatrices dans chaque ruelle et à chaque carrefour. Mais ce n'est point pour s'attrister dans la mémoire d'un ancien âge, pour trouver refuge près des souvenirs dérisoires dont la piété paternelle l'avait entouré, que Michelet abandonne, après des mois d'incertitude et de désarroi, la suite logique de sa chronique médiévale, la Renaissance. Il ne faut pas non plus ajouter foi à ses propres indications. Julien Green avoue dans son journal qu'en écrivant Le Voyageur sur la Terre ses intentions lui sont demeurées jusqu'au bout obscures. De tels aveux sont rares chez les écrivains. Michelet a voulu expliquer ce singulier bouleversement de son itinéraire historique. En visitant la Cathédrale de Reims, il aurait, dit-il, découvert à travers les figurations gothiques l'image du monde médiéval. Il ne se serait précipité dans l'histoire de la Révolution que pour mieux opposer aux ténèbres du Moyen

Age les lumières de l'âge nouveau qui commence avec la prise de la Bastille. Explication dérisoire puisqu'il avait vécu depuis dix ans dans l'intimité du monde médiéval, qu'il en avait souligné avec une force définitive les monstruosités et les errances. Il faut donc chercher ailleurs la source de ce tournant, de ce chemin de Damas qui va le faire quitter les plaines heureuses et exaltantes du XVIe siècle pour s'enfoncer dans la fureur des temps révolutionnaires.

Assurément, le sentiment de sa responsabilité comme directeur de conscience de ceux qui naissent à la vie intellectuelle aux alentours de 1840, la génération de Baudelaire, de Flaubert, de Delacroix, l'incite à laisser de côté les problèmes de l'ancienne France pour retrouver, à travers le bouleversement de 1789, des sollicitations plus actuelles. Les grands mythes de la liberté, de l'égalité, de la fraternité sont encore capables alors d'animer des idéologies conquérantes qui, sur les barricades de 1848, chercheront une nouvelle incarnation. Mais Michelet était-il vraiment l'homme à faire surgir des ferments neufs de la pensée révolutionnaire; son idéologie n'était-elle pas déjà toute marquée de narcissisme. Ses yeux jamais ne surent regarder son siècle: la mutation de l'ère industrielle, l'urbanisation croissante et le paupérisme du peuple, le bouleversement des rapports entre l'homme et l'argent, entre l'homme et la communauté, il les reconnaîtra comme les signes fondamentaux du monde moderne, mais ce sera pour les dénoncer comme une sorte d'imposture. Là où Balzac reconnaît le souffle et la grandeur du XIXe siècle, lui ne voit qu'abandon, matérialisme, aveuglement. Il cherchera vainement dans les mouvements réformateurs de son temps le visage d'un peuple qu'il ne reconnaît plus. Leroux, Proudhon, Saint-Simon lui restent étrangers parce qu'ayant trop vécu dans l'intimité du peuple disparu, le peuple vivant lui semble méconnaissable.

Son idéal politique, c'est celui des sociaux démocrates,

fils de l'économie libérale du XVIIIᵉ siècle plus que de la société capitaliste du XIXᵉ, dont Karl Marx trace ainsi le portrait : « *Il ne faut pas s'imaginer que les représentants démocrates sont tous des épiciers... Ils peuvent, par leur culture ou leur situation personnelle, être séparés d'eux par un abîme. Ce qui en fait les représentants de la petite bourgeoisie, c'est que leur cerveau ne peut dépasser les limites que le petit bourgeois ne dépasse pas lui-même dans sa vie et que, par conséquent, ils sont théoriquement poussés aux mêmes problèmes et aux mêmes solutions auxquels leur intérêt matériel et leur situation sociale mènent pratiquement les petits bourgeois. Tel est, d'une façon générale, le rapport qui existe entre les représentants politiques et littéraires d'une classe et la classe qu'ils représentent.* » *Incapable de pressentir les forces puissantes à l'œuvre dans son temps, Michelet aurait plutôt tendance à opposer, aux dogmatiques socialistes qui préparent la pensée politique moderne, le visage intemporel et sacré d'un peuple dont la définition se perd dans une rhétorique assez vague. Ce qu'il saluera en 1848, ce qu'il admirera dans la commune de 1871, ce ne sera point l'effort concerté, l'action positive pour bouleverser les structures sociales, ce sera seulement cette espèce de souffle qui, d'âge en âge, semble secouer la nation dans ses profondeurs. Il y verra non la révolution elle-même, mais plutôt le signe nostalgique d'une révolution indéfiniment manquée. Ce fut d'ailleurs peut-être le drame véritable de la vie intellectuelle de Michelet que cette incapacité foncière à communiquer avec la générosité et avec l'espérance de son temps. Mais cette incapacité même est le gage de sa liberté intérieure. Quelles que soient ses intentions conscientes, son désir de participer à sa manière à l'édification d'un monde juste et sa volonté de lutter pour l'homme et la délivrance de l'homme, il n'écrira l'histoire de la Révolution que parce que cette histoire a une certaine importance, une certaine nécessité pour l'homme qu'il est, pour l'écrivain qu'il est.*

*C'est à cette nécessité que l'*Histoire de la Révolution *doit sa constante chaleur, sa constante actualité. Si elle avait dû servir à des fins partisanes, si elle avait été l'élément prétexte d'une préoccupation politique insérée dans la conscience de l'époque, elle n'aurait pas résisté aux revisions de la science, elle n'aurait été qu'un relais hâtivement oublié sur les chemins de l'investigation sociologique. Il nous faut donc chercher ailleurs la source profonde de cette œuvre qui, malgré les références dont elle continue à pourvoir les travaux historiques modernes, ne serait rien si elle n'était autre chose qu'une histoire nourrie d'archives et de mises au point.*

L'ILLUSION TRAGIQUE

*Dans la grande préface ajoutée à l'*Histoire de France *en 1869, Michelet, justifiant son entreprise, déclare: « La France avait une chronique, elle n'avait pas d'histoire. » Or, dans les années 1840-1842, il découvre avec une certaine terreur que lui, à son tour, il n'a guère été que le chroniqueur des annales françaises. Mais, au moment où les deuils qui affectent sa vie emplissent son esprit de doute et de confusion, il se trouve directement confronté avec deux personnages qui échappent à toute chronique, deux destins qui, au-delà de l'accomplissement quotidien, représentent l'intrusion de la tragédie dans l'histoire: Jeanne d'Arc et Charles le Téméraire. Deux regards qui, sans raison et mus seulement par une fatalité personnelle, imposent à leur temps une fatalité parallèle et laissent une trace indélébile sur le mouvement du monde. En face d'eux, Michelet est saisi d'une sorte de fascination. Le caractère commun de ces deux destins, l'un livré aux ténèbres et l'autre accordé à la lumière, c'est d'obéir à une* *exigence qui semble venir d'un monde d'ailleurs, c'est de n'être qu'indifférence aux méandres des événements pour être présence d'une certaine nécessité dont les traits n'appartiennent pas à l'humaine nature, c'est de confondre en un unique mouvement fatalité personnelle et fatalité historique.*

Alors l'écrivain est saisi d'une sorte de vertige. Il ressent tout à coup sa propre existence comme relevant d'une nécessité identique. Jeanne d'Arc et Charles le Téméraire se sont l'un et l'autre annexé une part du devenir humain pour en faire leur bien, y trouver à la fois leur vie et leur mort et léguer ainsi à la mémoire des siècles l'inaliénable éclat et l'incarnation d'une volonté. Lui, Jules Michelet, professeur besogneux au service d'un régime médiocre, desservant honnête et pitoyable d'un peuple sans grandeur, intellectuel sans autre responsabilité que celle dont on veut bien le gratifier, le voilà tout à coup saisi d'une sorte de fièvre prophétique. Sur le vaste champ de l'histoire il va, comme il le dira lui-même, intervenir d'une manière dominante. Choisissant comme lieu d'élection cette époque qui marque à la fois l'extrême vitalité et l'agonie de la France, il décide d'en être le démiurge définitif. A défaut d'avoir été l'agent essentiel de ces grands bouleversements, il en sera le narrateur rigoureux, le régisseur sans qui ni les hommes ni les événements ne trouveraient leur place sur la scène incohérente. Et, de même que la guerre de Troie n'aurait jamais été si un aède nommé Homère n'avait erré sur les rives du Bosphore pour voir à l'œuvre les fils de Priam et les guerriers d'Agamemnon, de même la Révolution ne tirera plus sa ferveur que de la fièvre et du génie dramatique de Michelet. Il a enfin trouvé la racine vraie de sa vocation littéraire, en trouvant en même temps sa vocation d'homme: devenir le maître d'œuvre de cette révolution en vue de laquelle toute l'histoire a commencé, où toute l'histoire va s'engloutir. Ici la littérature devient théâtre, c'est-à-dire vie; théâtre, seul lieu où, par la cons-

tante métamorphose, l'homme échappe à la mort et à la dissolution.

C'est par cette révélation, qui lentement se précise dans les années 1842-1843, que Michelet parvient à surmonter l'obscurité d'une existence envahie par la solitude, l'ennui et l'amertume. Peu à peu se dressent devant lui, surgis de cette vaste foule sanglante et désordonnée, exaltée et folle, qui de 1789 à Thermidor fit de la France le centre nerveux du monde, tous ces visages pathétiques et dérisoires qui réclament à nouveau existence et chaleur, qui ne sont plus et qui veulent être de nouveau. Il les contemple comme si, en les ressuscitant, il les créait ou du moins leur donnait leurs dimensions véritables. En entrant dans la Révolution, Michelet, d'une œuvre qui jusque-là avait été proche de la narration romanesque, va faire une véritable tragédie.

EXERCICE DE LA MÉTAMORPHOSE

C'est ici l'aboutissement de cette démarche alchimique qui court souterrainement dans tout l'itinéraire de l'historien, car alchimique est son mouvement, sa tentative pour transformer sans cesse la matière vivante en une autre, toujours identique pourtant. C'est ici que le thème essentiel de cette œuvre, la métamorphose, trouve son expression définitive. Au début de sa carrière littéraire, il avait considéré que sa seule tâche était de raconter l'histoire du peuple français comme l'aurait rapporté le narrateur objectif, impersonnel qui s'efface derrière les faits et les personnages du passé. Il ne se regardait alors que comme un présentateur, mieux informé peut-être, plus concret aussi que ceux qui l'avaient précédé. Puis, au fur et à mesure que passèrent les années, il se rendit compte que, bien loin de servir l'histoire, le véritable sens de son aventure c'était que l'histoire servît Michelet, fabriquât Michelet. Il devint de moins en moins un présentateur, de plus en plus le véritable metteur en scène d'une histoire qui n'était vraie et féconde que dans la mesure où elle faisait de l'historien un homme vrai et fécond.

*Ainsi la vocation savante devient-elle une vocation littéraire, ainsi la vocation littéraire devient-elle une vocation tragique. Les traces de cette mutation, nous en voyons le signe dans les travaux parallèles à l'*Histoire de France. *Dans les commencements de son œuvre, il multiplie les approches qui lui permettront d'investir la totalité du devenir humain. C'est l'époque où il construit avec une sorte de ravissement ces grands tableaux synchroniques dont la rigueur et la cohérence enferment la réalité objective du savoir. Michelet les contemple avec une espérance tranquille. Il n'a qu'à se laisser guider par eux pour que l'histoire s'édifie d'elle-même comme s'édifient ces architectures simples où s'enferment les besoins des hommes. Mais l'assurance même de ces tableaux, leur simplicité finissent par lui paraître suspectes. Le cheminement de l'homme est plus obscur et, pour sa plus grande part, il ne trouve pas place dans ces ordonnancements rigoureux, dans ces colonnes qui ne sont que le masque assez dérisoire du véritable rythme de la vie humaine. C'est alors que Michelet commence la longue série de ces essais historiques ou naturalistes, approches beaucoup plus modestes de certains visages mal définis du tumulte universel, humbles expériences pour éprouver de plus près la vérité des êtres et des choses.*

Devenir grâce à la littérature un autre, puiser dans un univers purement livresque, mort, l'énergie capable de transformer les fondements mêmes de l'être, tel est le projet qui, lentement, dans les années trente à quarante, a mûri dans l'esprit de Michelet, tel est le projet qui, à travers le grand désastre de 1842, prend pour l'historien sa nécessité inéluctable. Le travail désormais cesse d'être la poursuite acharnée et laborieuse d'une construction soigneusement élaborée, il devient une expérience de l'esprit. Et cette expérience intérieure ne voit plus désormais dans le vaste domaine des innombrables expériences accomplies que le miroir où elle éprouve, de jour en jour et de saison en saison, ses successives découvertes. Ainsi écrit-il, le 14 février 1845 : « Si dans ce passé mort tu vois une lueur de vie, si dans ce qui semblait fini tu vois des ébauches inachevées qui réclament achèvement, sois convaincu d'une chose, c'est que ces vies commencées qui s'obstinaient à vouloir vivre dans les mondes croulants, elles ont été sauvées, recueillies dans ces vivants asiles où elles végètent lentement en attendant qu'elles éclatent et qu'elles fassent ton avenir. Mais quel est donc cet asile où dorment en germes féconds toutes ces choses commencées ? Où donc se fait la gestation de ce qui veut être. En toi. Toi-même es cet asile où le passé dépose ses germes d'avenir. Tu es la matrice féconde qui les porte et les augmente, la mère d'où ils veulent aboutir à l'être. Fais comme la femme enceinte qui fait tout en vue de son fruit... Respecte-toi, homme qui portes un monde ! Médiateur, par toi le passé, augmenté de toi, se crée, se fait l'avenir. »

. . . .

LA RÉVOLUTION COMME TENTATION D'ÊTRE

Ce que Michelet a vu peu à peu dans la Révolution, c'est un drame qui symbolise le drame même de l'homme englouti dans l'histoire, un microcosme qui reproduit dans toutes ses manifestations, dans tous ses bouleversements, le macrocosme où, depuis les origines, l'homme cherche sa place et lutte avec l'aide des dieux ou contre eux *pour devenir à lui-même son propre dieu. Aussi l'a-t-il vécue comme les chrétiens vivent la Passion du Christ, c'est-à-dire comme une aventure mystique indéfiniment recommencée.* On remarquera d'abord que l'écrivain, de tous les analystes de l'épopée révolutionnaire, est le seul qui ne consacre rien de son étude à ce que les manuels appellent les causes de la Révolution. Pour lui en effet la Révolution n'a pas de raisons proprement historiques. Elle est le fruit d'une tension intérieure, d'une énergie qui ne saurait en aucun cas se ramener à des processus sociologiques explicites. Elle intervient au moment où deux forces contradictoires, la Justice et la Grâce, qu'il appellera ailleurs la Loi et la Foi, ou la liberté et l'esclavage, ont atteint leur point extrême de cristallisation et s'affrontent en une chimie instable analogue à celle qui habite un cœur humain brutalement arraché à sa quiétude quotidienne par une violente et irréductible tentation. C'est une crise profonde à travers laquelle la conscience humaine s'efforce avec peine, avec fureur et avec obstination de se donner une voix, de percer le mystère de son obscurité, de son impuissance, pour accéder au règne de la lumière et du pouvoir.

Ce que cherche la Révolution, ce que cherche Michelet à travers la Révolution, c'est cet homme nouveau où viennent s'accomplir toutes les énergies déployées dans les temps passés, tous les efforts désordonnés et vains à travers lesquels l'humanité a tenté de se dégager de sa gangue matérielle et de sa servitude. Moins lui importent les accidents apparents qui marquent, de mois en mois, d'année en année, les transformations de la société que cette poussée interne qui donne aux individus, à tout un peuple, une autre âme, une autre existence. Il aurait pu écrire, comme l'écrira plus tard Unamuno: « Les vagues de l'histoire, avec leurs rumeurs et leur écume miroitante au soleil, roulent sur une mer massive, profonde, infiniment plus profonde que la couche qui ondule sur cette mer silencieuse dont le fond dernier n'est jamais atteint par le soleil.

Tout ce que racontent quotidiennement les journaux, toute l'histoire du moment historique présent, ce n'est que la surface de la mer; surface qui se congèle et cristallise dans les livres et les archives et, sous cette forme cristallisée, couche dure, sans plus d'importance par rapport à la couche intrahistorique que n'en a la misérable écorce sur laquelle nous vivons, par rapport à l'immense foyer ardent qu'elle porte en elle. Les journaux ne disent rien de la vie silencieuse des millions d'hommes sans histoire qui, à chaque heure du jour et dans tous les pays du globe, se lèvent sur un ordre du soleil et vont à leur champ pour continuer l'obscure et silencieuse tâche, quotidienne et éternelle, cette tâche semblable à celle des madrépores au fond des océans et jette les bases sur lesquelles s'érigent les îlots de l'histoire. » Car c'est dans ces profondeurs que se déroule l'agonie, le combat douteux où l'homme affronte dieux et démons pour faire l'épreuve de sa propre force, car « *agonise celui qui vit en luttant contre la vie elle-même et contre la mort* ».

LES LABORATOIRES DE LA SOLITUDE

Le Michelet de ces années 1842-1845 n'est pas sans faire penser à Goya et à la grande rupture qui condamne le peintre des Caprices à abandonner les fastes de la cour espagnole pour trouver refuge dans ce qui deviendra la Maison du Sourd. Comme Goya, Michelet découvre, à la faveur des deuils qui l'accablent, à la faveur aussi de son incapacité à assumer dans son siècle le rôle auquel ses fonctions magistrales semblent le prédestiner, que la signification profonde d'un destin créateur se situe d'abord dans un règlement de comptes avec soi-même. Malraux dit du peintre espagnol: « *Pour que son génie lui apparaisse, il*

Prendre congé de Dieu

faut qu'il ose cesser de plaire. Séparé de tous par la surdité, il découvre la vulnérabilité du spectateur, il apprend que le peintre peut ne lutter qu'avec lui-même pour devenir plus ou moins tôt vainqueur de tous », et ce qui arrive à Michelet n'est guère différent. Mais, avant de se précipiter dans cette grande entreprise dont il attend à la fois le renouvellement de lui-même et le renouvellement de l'histoire, il lui faut prendre congé de son propre passé, de son âme ancienne.

Que cette âme fût chrétienne ne fait guère de doute. Si éloignée de l'Eglise que fût sa famille, si libérales qu'aient pu être les directives paternelles, n'oublions pas que le XIXe siècle baigne dans le christianisme comme dans un bain originel. La presque totalité de l'intelligence européenne, négligeant l'héritage matérialiste du XVIIIe siècle, vit dans l'aura d'un dieu nostalgique qui nourrit à la fois l'épopée et le lyrisme. N'oublions pas non plus que, pendant plus de dix ans, Michelet a parcouru l'univers médiéval en y reconnaissant partout les traces de l'adoration divine. On aurait tort de penser que cette foi chrétienne, qui n'était peut-être qu'un déisme imprécis et qui de toute manière permettait à l'historien de découvrir dans les restes du passé la trace vraie d'un Dieu bien proche de celui dont l'image s'abritait dans les églises, fut de peu de poids dans la vie de l'écrivain. Il était homme de foi, et le seul fait de n'être pas hors du christianisme nous oblige à le considérer, jusqu'à ce qu'il se jette dans la Révolution, comme vivant à l'intérieur de la pensée chrétienne. Chrétien qui s'ignorait à bien des égards. Assurément, tout au long de l'histoire du Moyen Age, il garde ses distances vis-à-vis de tant d'aspects douteux de la vie religieuse. Mais il en parle comme un homme qui est à l'intérieur du troupeau et qui sait que le troupeau abrite de mauvaises et de bonnes brebis. Sa transcription des Mémoires de Luther en fait foi comme en fait foi aussi toute une part de son étude sur la Réforme écrite avant l'Histoire de la

Révolution: *si le christianisme a été avili par Rome, cet avilissement ne saurait souiller le visage rayonnant du vrai Christ.* L'obsession d'une religion vraie, d'un christianisme glorieux, ne cesse de le poursuivre tout au long de son itinéraire médiéval. Il écrit alors: « *Ce Christ de douceur et de patience, il apparaît dans Louis le Débonnaire conspué par les évêques; dans le bon roi Dagobert, excommunié par le pape; dans Godefroi de Bouillon qui meurt vierge à Jérusalem, simple baron du Saint-Sépulcre. L'idéal grandit encore dans Thomas de Canterbury délaissé de l'Eglise et mourant pour elle. Il atteint un nouveau degré de pureté en Saint Louis, roi prêtre et roi homme.* »

Renoncer à cette vision transfigurée du Christ pour affronter un vide théologique et spirituel dont il ignore le dur héritage, tel est le carrefour pascalien où Michelet s'installe en entrant dans la Révolution. « *Adieu, Eglise, adieu ma mère et ma fille, adieu douces fontaines qui me fûtes si amères! Tout ce que j'aimai et connus, je le quitte pour l'infini inconnu, pour la sombre profondeur d'où je sens, sans le savoir encore, le Dieu nouveau de l'avenir.* » — « *O Monde, pressens ton créateur!* » voilà l'adjuration nietzschéenne par laquelle il aborde cette nouvelle étape de sa vie intellectuelle. En cette instance, l'homme Michelet n'est plus comme les autres hommes cette poussière difficile et provisoire dont Dieu se sert pour alimenter son étrange chimie. Il est lui-même devenu l'alchimiste suprême qui, dans le vaste monde des vivants et des morts, dans l'innombrable chaos où se mêlent les passions vécues, les espoirs inaccomplis et les virtualités disponibles, va, dans son propre fourneau et par sa seule magie, refaire de tous ces éléments contradictoires la vie, l'énergie, l'histoire.

On comprend mieux dès lors pourquoi cette expérience révolutionnaire, Michelet l'a vécue comme un acteur, par son corps. Il en a épousé physiquement le rythme respiratoire et circulatoire. Il a fait de l'Histoire de la Révolution l'histoire de sa propre chair livrée à une contamination spirituelle qui ne lui laisse aucun répit. Car du drame qui va s'ouvrir il est le premier personnage, celui qui va régler tous les artifices et toutes les surprises du jeu. Il doit donc, tout le premier, en assumer toutes les douleurs et tous les plaisirs. « Je glissai, dit-il, dans mon livre comme dans une barque, comme un homme blessé au pied qui redoute de descendre à terre. Ainsi j'ai vécu hors de moi, dans un moi plus haut peut-être. »

Voici la première étape de ce dessèchement dramatique. Elle nous conduit des premières journées révolutionnaires à la fête de la Fédération, du grand éclatement de l'ancien monde à la communion provisoire du peuple autour du Dieu nouveau. C'est, comme l'écrit Michelet le 1er juillet 1846, « une marche sur les scories des volcans, le long des cratères. Le terrain blesse ou croule. Et pourtant il faut aller vite. Il le faut pour arriver à temps et pour ne pas perdre de vue l'unité de ce grand voyage. »

CLAUDE METTRA

PRÉFACE DE 1868

Cette œuvre laborieuse, qui a rempli huit années de ma vie, n'a pas eu la bonne fortune des improvisations venues en temps paisible. Elle a été écrite en plein événement.

Deux volumes parurent en février. Ils donnaient le récit des plus belles journées de la Révolution, crédule encore, fraternelle et clémente, comme a été sa jeune sœur de 1848. Ils furent accueillis aux célèbres banquets de cette époque.

Des faits cruels survinrent. Je ne lâchai pas prise. Trois volumes parurent en 1850. Toute voix littéraire s'était tue; toute vie semblait interrompue. Ne voyant que ma tâche, au fond de nos archives, travaillant seul encore sur les ruines d'un monde, je pus croire un moment que je restais le dernier homme.

Quittant Paris au 2 décembre, n'emportant d'autre bien que les matériaux de mes derniers volumes, les documents de la Terreur, je l'écrivis près Nantes, en grande solitude, à la porte de la Vendée.

Ainsi, contre vent et marée, à travers tout événement, elle alla cette histoire, elle alla jusqu'au bout, saignante, vivante d'autant plus, une d'âme et d'esprit, sans que les dures traverses du sort l'aient fait dévier de sa ligne première. Les obstacles, bien loin d'arrêter, y aidèrent. Dans une vieille maison transparente que perçaient les grandes pluies, en janvier 1853, j'écrivais sur le même mois correspondant de la Terreur: « Je plonge avec mon sujet dans la nuit et dans l'hiver. Les vents acharnés de tempêtes qui battent mes vitres depuis deux mois sur ces collines de Nantes, accompagnent de leurs voix, tantôt graves, tantôt

Préface de 1868

déchirantes, mon *Dies irae* de 93. Légitimes harmonies! Je dois les remercier. Ce qu'elles m'ont dit souvent dans leurs fureurs apparentes, dans leurs aigres sifflements, dans le cliquetis sinistrement gai dont la grêle frappait mes fenêtres, c'était la chose forte et bonne, que tous ces semblants de mort n'étaient nullement la mort, mais la vie tout au contraire, le futur renouvellement... »

Au bout de quinze années, après le grand travail que je dus à l'ancienne France, je rentre en celle-ci, la France et la Révolution. J'y rentre comme en un foyer de famille, délaissé quelque temps. Mais changé? Nullement. Refroidi? Point du tout.

Epreuve singulière de se revoir ainsi au bout de tant d'années, de comparer les temps. Qu'étais-je? et qu'étions-nous (nous France), et qu'est-ce que nous sommes devenus?

Contenons notre cœur. Quelles que soient nos tristesses, d'un regard net et ferme observons la situation.

La dureté du temps a brisé bien des choses, mais elle a aussi profité. Nous avons compris à la longue ce qu'on démêlait peu en 48. Toutes les grandes questions se présentaient alors d'ensemble, impatientes, sans égard à leur ordre logique et naturel. Nous nous exagérions les nuances qui nous divisaient. Un grand progrès s'est fait sous ce rapport. Sans nous dédire en rien ni changer de langage, nous tous, enfants divers de la Révolution, nous concordons en elle, nous rapprochons de l'unité.

1. Les choses ont repris leur véritable perspective, et tous sont revenus à la tradition nationale. Nul de nous aujourd'hui qui ne voie dans la Liberté la question souveraine. *La question économique* qui lui fit ombre, est une conséquence, un approfondissement essentiel de la Liberté. Mais celle-ci précède tout, doit couvrir et protéger tout.

2. *La question religieuse* paraissait secondaire. Nos avertissements touchaient peu. En vain les Bossuet, les de

Maistre disaient hautement aux nôtres la profonde union des deux autorités. Ils l'ont sue un peu tard. Il leur a bien fallu s'éveiller en voyant le couvent près de la caserne, ces monuments jumeaux qui couronnent aujourd'hui les hauteurs des grandes villes, et proclament la coalition.

3. *Point de guerre.* Sur cela encore, nous sommes unanimes. Dans le travail immense où la France s'est engagée, elle a bien autre chose à faire. Elle est ravie de voir une Italie, une Allemagne, et les salue du cœur. Un point considérable, c'est que des deux côtés, les vaillants dédaignent la guerre, sachant que ce n'est plus une affaire de vaillance, mais de pure mécanique entre Delvigne et Chassepot.

4. Ce qui pourra sembler un peu bizarre à l'avenir, c'est que nos dissidences en 48, les plus âpres peut-être, étaient relatives au passé, *historiques, archéologiques.* Ces débats se mêlaient à l'actualité. On s'identifiait à ces lugubres ombres. L'un était Mirabeau, Vergniaud, Danton, un autre Robespierre. Nous gardons aujourd'hui nos sympathies sans doute à tel ou tel héros de la Révolution. Mais nous les jugeons mieux. Nous les voyons d'ensemble, nullement opposés et se donnant la main. Si quelques-uns de nous s'acharnent à ces débats, en revanche, une grande France, née depuis 48, un demi-million d'hommes qui lisent, pensent et sont l'avenir, regardent tout cela comme chose curieuse, mais hors de toute application, avec des circonstances tellement différentes.

L'histoire contestée des vieux temps s'est, d'année en année, éclaircie d'elle-même par tant de documents livrés à la publicité. Mais nous autres historiens nous y avons fait quelque chose. Prenant chacun un point de vue, nous l'avons mis (par nos exagérations même) en pleine lumière. Il est intéressant de voir combien cette diversité a servi. Je voudrais qu'une main habile esquissât l'histoire de l'histoire, je veux dire le progrès qui s'est fait dans nos études sur la Révolution.

La tirer de 89, c'est en faire un effet sans cause. La faire partir de Louis XV, c'est l'expliquer bien peu encore. Il faut creuser beaucoup plus loin. C'est toute la vie de la France qui en prépare, en fait comprendre le drame final. De moins en moins obscure, elle devient toute lumineuse au XVIIIe siècle, qui, loin d'être un chaos, ordonne, écrit splendidement notre Credo moderne, que la Révolution entreprend d'appliquer.

Labeur très long. J'en ai été payé quand (dans mon *Louis XV*, vers 1750) j'ai eu la joie de donner fort simplement ce Credo de lumière. En face, je posai les ténèbres, la *Conspiration de famille*. Dès le ministère de Fleury, l'intrigue espagnole-autrichienne et catholico-monarchique se noue par les parentés, mariages, etc. Le premier effet fut le règne de Marie-Thérèse à Versailles et la guerre de Sept-Ans qui enterra la France, donna le monde à l'Angleterre. Le second effet fut le règne de Marie-Antoinette, l'explosion tardive (si tardive!) de 89.

Ceux qui veulent se persuader que cet événement immense fut l'œuvre d'un parti, un complot d'Orléans, un mouvement factice qu'impose Paris à la France, n'ont qu'à ouvrir les cent volumes in-folio des Cahiers, les vœux des provinces, leurs instructions aux députés de la Constituante. Du moins qu'ils prennent connaissance des extraits des Cahiers, si bien résumés par Chassin.

Dans mon premier volume (1847), j'avais indiqué à quel point les idées d'intérêt, de bien-être, qui ne peuvent manquer en nulle Révolution, en la nôtre pourtant sont restés secondaires, combien il faut la tordre, la fausser, pour y trouver déjà les systèmes d'aujourd'hui. Sur ce point, le beau livre de Quinet confirme le mien. Oui, la Révolution fut désintéressée. C'est son côté sublime et son signe divin.

Brillant éclair au ciel. Le monde en tressaillit. L'Europe délira à la prise de la Bastille; tous s'embrassaient (et dans Pétersbourg même) sur les places publiques. Inoubliables jours! Qui suis-je pour les avoir contés? Je ne sais pas encore, je ne saurai jamais comment j'ai pu les reproduire. L'incroyable bonheur de retrouver cela si vivant, si brûlant, après soixante années, m'avait grandi le cœur d'une joie héroïque, et mon papier semblait enivré de mes larmes.

De cette âme agrandie il m'a été donné d'embrasser l'infini de la Révolution, de la refaire dans la variété de ses âges, de ses points de vue. C'eût été lui faire tort que d'en adopter un, de dénigrer le reste. Les opposés y concordent au fond. La grande âme commune, en chaque parti qui la révèle, est sentie, est comprise par des peuples divers, et le sera par d'autres générations dans l'avenir. Ce sont autant de langues que la Révolution, ce grand prophète, a parlées pour toute la terre. Chacun avait son droit, et devait être reproduit.

Enfermer la Révolution dans un club, c'est chose impossible. Le travail infini, la passion sincère de Louis Blanc n'y a pas réussi. Mettre cet océan dans la petite enceinte du cloître jacobin! vaine entreprise. Elle déborde de toutes parts. Elle y eut sa police contre la trahison, son œil, son gardien vigilant. Mais sa vraie force active, la Montagne elle-même en ses plus grands acteurs qui discouraient fort peu, ne siégeait pas aux Jacobins.

Le temps qui peu à peu dit tout, et la publication des documents, ne permettent plus d'être exclusif. L'apologie de la Gironde, si véhémente dans Lanfrey, aujourd'hui ne semble que juste. Une voix sortie de la mort même, la voix testamentaire de Pétion, Buzot, enfin s'est fait entendre (1866). Qui osera contredire maintenant?

Tel était l'esprit de système que nos Robespierristes mettaient la Montagne même en jugement. Ils poursuivaient Danton. Villiaumé, Esquiros (dans son livre éloquent) le défendirent, et les actes encore mieux. Publiés récemment par Bougeart, Robinet, ils le couvrent aujourd'hui, absolvent sa grande mémoire.

On commence à voir clair, à mieux connaître la Montagne, que cachait jusqu'ici ce débat des individus. Les deux cents députés en mission, trop oubliés, reparaissent dans leur grandeur, dans leur indicible énergie qui fit notre salut. Deux médecins de vingt-cinq ans, Baudot, Lacoste, reprennent leur laurier de conquérants du Rhin. L'organisateur de la guerre (héros lui-même à Wattignies), le digne et bon Carnot nous est rendu enfin par la main de son fils. Les purs entre les purs, Romme, les cinq amis qui, les derniers, en prairial, ont signé et scellé la Révolution de leur sang, reparaissent en un livre qui m'a fait frissonner, celui de Claretie, si brûlant, cruellement vrai.

Les temps faibles ne comprendront plus comment, parmi ces tragédies sanglantes, un pied dans la mort même, ces hommes extraordinaires ne rêvaient qu'immortalité. Jamais tant d'idées organiques, tant de créations, tant de souci de l'avenir! une tendresse inquiète pour la postérité! Et tout cela, non pas comme on le croit, après les grands périls, mais au fort de la crise. Le livre de Despois *(Vandalisme révolutionnaire)* inaugure admirablement pour cet âge une histoire nouvelle, celle de ses créations.

J'ai mieux compris le mot du vénérable Lasteyrie. Lui parlant de ces temps et de l'impression qu'il en eut (lui fort exposé, en péril), j'en tirai ce mot seul: « Monsieur, c'était très beau! » — « Mais vous pouviez périr? Vous cachiez-vous? » — « Moi, point. J'allais, j'errais en France. J'admirais... Oui, c'était très beau. »

La Révolution, a-t-on dit, a eu un tort. Contre le fanatisme vendéen et la réaction catholique elle devait s'armer d'un Credo de secte chrétienne, se réclamer de Luther ou Calvin.

Je réponds: Elle eût abdiqué. Elle n'adopta aucune Eglise. Pourquoi? C'est qu'elle était une Eglise elle-même.

Comme agape et *Communion,* rien ne fut ici-bas comparable à 90, à l'élan des Fédérations. L'absolu, l'infini du *Sacrifice* en sa grandeur, le don de soi qui ne réserve rien, parut au plus sublime dans l'élan de 92: guerre sacrée pour la paix, la délivrance du monde.

« Les symboles ont manqué? » Mais toute religion met des siècles à se faire les siens. La foi est tout; la forme est peu. Qu'importe le parement de l'autel?

Il subsiste toujours, l'autel du Droit, du Vrai, de l'éternelle Raison. Il n'a pas perdu une pierre, et il attend tranquillement. Tel que nos philosophes, tel que nos grands légistes le bâtirent, solide, autant que les calculs de Laplace et de Lagrange qui y posèrent la loi du temps.

Qui ne le reconnut? n'y sentit Dieu?... Quel cercle on vit autour? Le monde américain y fut en Thomas Payne, la Pologne en Kosciusko. Le maître du Devoir (ce roc de la Baltique), Kant s'émut. On y vit pleurer le vieux Klopstock, et ce fier enfant, Beethoven.

Le grand stoïcien Fichte, au plus cruel orage, ne s'en détacha pas. Il nous resta fidèle. En plein 93, il publia son livre sur l'immuable droit de la Révolution.

Cela lui fut compté. Il en garda ce cœur d'acier, qui, après Iéna, releva l'Allemagne, prépara le réveil du monde, opposant à la force une force plus grande, l'Idée — et, devant l'ennemi, enseignant la victoire du Droit, contre lequel on ne prescrit jamais.

Un mot sur la manière dont ce livre se fit.

Il est né du sein des Archives. Je l'écrivis six ans (1845-1850) dans ce dépôt central, où j'étais chef de la section historique. Après le 2 décembre, j'y mis deux ans encore, et l'achevai aux archives de Nantes, tout près de la Vendée, dont j'exploitais aussi les précieuses collections.

Armé des actes mêmes, des pièces originales et manuscrites, j'ai dû juger les imprimés et surtout les Mémoires qui sont des plaidoyers, parfois d'ingénieux pastiches (exemple, ceux que Roche a faits pour Levasseur).

J'ai jugé jour par jour *Le Moniteur,* que suivent trop MM. Thiers, Lamartine et Louis Blanc.

Dès l'origine, il est arrangé, corrigé chaque soir, par les puissants du jour. Avant le 2 septembre, la Gironde l'altère, et le 6, la Commune. De même en toute grande crise. Les procès-verbaux manuscrits des Assemblées illustrent tout cela, démentent *Le Moniteur,* et ses copistes, l'*Histoire parlementaire,* et autres, qui souvent estropient encore ce *Moniteur* estropié.

Un très rare avantage qu'aucun dépôt du monde ne présenterait peut-être au même degré, c'est que je trouvais dans les nôtres, pour chaque événement capital, des récits très divers et de nombreux détails qui se complètent et se contrôlent.

Pour les Fédérations, j'ai eu des récits par centaines, venus d'autant de villes et de villages *(Archives centrales).* Pour les grandes tragédies du Paris révolutionnaire, le dépôt de l'*Hôtel de Ville* m'en ouvrait le foyer aux registres de la Commune; et la *Préfecture de police* m'en donnait la variété divergente dans les procès-verbaux de nos quarante-huit sections.

Pour le gouvernement, les Comités de Salut public et de Sûreté générale, j'avais sous les yeux tout ce qu'on a de leurs registres et j'y ai trouvé par jour la chronologie de leurs actes.

On m'a blâmé parfois d'avoir cité trop rarement. Je l'aurais fait souvent, si mes sources ordinaires avaient été des pièces détachées. Mais mon soutien habituel, ce sont ces grandes collections où tout se suit dans un ordre chronologique. Dès que je date un fait, on peut retrouver à l'instant ce fait à sa date précise au registre, au carton où je l'ai pris. Donc j'ai dû citer rarement. Pour les choses imprimées et les sources vulgaires, les renvois peu utiles ont l'inconvénient de couper le récit ou le fil des idées. C'est une vaine ostentation d'émailler constamment sa page de ces renvois à des livres connus, à des brochures de petite importance et d'attirer l'attention là-dessus. Ce qui donne autorité au récit, c'est sa suite, sa cohésion, plus que la multitude des petites curiosités bibliographiques.

Pour tel fait capital, mon récit, identique aux actes mêmes, est aussi immuable qu'eux. J'ai fait plus que d'extraire, j'ai copié de ma main (et sans y employer personne) les textes dispersés, et les ai réunis. Il en est résulté une lumière, une certitude, auxquelles on ne changera rien. Qu'on m'attaque sur le sens des faits, c'est bien. Mais on devra d'abord reconnaître qu'on tient de moi les faits dont on veut user contre moi.

Ceux qui ont des yeux et savent voir, remarqueront très bien que ce récit, quelquefois trop ému peut-être et orageux, n'est pourtant jamais trouble, point vague, point flottant dans les vaines généralités. Ma passion elle-même, l'ardeur que j'y mettais, ne s'en seraient point contentées. Elles cherchaient, voulaient le propre caractère, la personne, l'individu, la vie très spéciale de chaque acteur. Les personnages ici ne sont nullement des idées, des systèmes, des ombres politiques; chacun d'eux a été travaillé, pénétré, jusqu'à rencontrer l'homme intime. Ceux mêmes qui sont traités sévèrement, sous certains rapports, gagnent à être connus à ce point, atteints dans leur *humanité*. Je n'ai point flatté Robespierre. Eh bien! ce que j'ai dit de sa vie intérieure, du menuisier, de la mansarde, de l'humide petite cour qui, dans sa sombre vie, mit pourtant un rayon, tout cela a touché, et tel de mes amis, de parti tout contraire, m'avoua qu'en lisant il en versa des larmes.

Nul de ces grands acteurs de la Révolution ne m'avait laissé froid. N'ai-je pas vécu avec eux, n'ai-je pas suivi chacun d'eux, au fond de sa pensée, dans ses transformations, en compagnon fidèle? A la longue, j'étais un des leurs, un familier de cet étrange monde. Je m'étais fait la vue à voir parmi ces ombres, et elles me connaissaient, je crois. Elles me voyaient seul avec elles dans ces galeries, dans ces vastes dépôts rarement visités. Je trouvais quelquefois le signet à la place où Chaumette ou tel autre le mit au dernier jour. Telle phrase, dans le rude registre des Cordeliers, ne s'est pas achevée, coupée brusquement par la mort. La poussière du temps reste. Il est bon de la respirer, d'aller, venir, à travers ces papiers, ces dossiers, ces registres. Ils ne sont pas muets, et tout cela n'est pas si mort qu'il semble. Je n'y touchais jamais sans que certaine chose en sortît, s'éveillât... C'est l'âme.

En vérité, je méritais cela. Je n'étais pas *auteur*. J'étais à cent lieues de penser au public, au succès: j'aimais, et voilà tout. J'allais ici et là, acharné et avide; j'aspirais, j'écrivais cette âme du tragique passé.

Cela fut fort senti, et d'hommes de nuances diverses: Béranger, Ledru-Rollin, Proudhon.

Béranger avait eu contre moi des préventions, et il en revint tout à fait. Il dit de cette histoire: « Pour moi, c'est livre saint. »

L'histoire interprétée

Proudhon savait combien je goûtais peu la plupart de ses paradoxes; c'est de lui, cependant, que je reçus la lettre la plus forte, l'acceptation la plus complète de mon livre, celle du principe posé dans mon *Introduction* (1847): l'inconciliable opposition du Christianisme avec le Droit et la Révolution. Il l'a pleinement adopté dans son livre *De la Justice* (1858).

Au beau jour des Fédérations, Camille Desmoulins fit la proposition touchante et chimérique d'un pacte fédératif entre les écrivains amis de la Révolution. Il est sûr qu'entre nous, unis (malgré nos dissidences) par un fonds de principes communs, il y a une sorte de parenté. Je l'ai plus que personne respecté. Je n'ai répondu jamais aux critiques des nôtres, quoiqu'elles fussent souvent un peu légères et que je pusse exercer des représailles faciles.

J'ai fini mon *Histoire de la Révolution* en 53, et depuis cette époque jusqu'en 62, Louis Blanc dans la sienne, dans ses dix ou douze volumes l'a attaquée avec une passion extraordinaire. On m'en avertissait; mais j'étais occupé d'achever l'*Histoire de France* jusqu'en 89. J'ajournai la lecture et l'examen de Louis Blanc. Mon silence persévérant dut l'étonner et l'encourager fort. De volume en volume, ses violentes critiques continuaient. Il triomphait à l'aise, s'étendait à plaisir, et se trouva enfin avoir réellement fait un gros livre sur mon livre.

Je ne finis *Louis XVI* qu'à la fin de 1867. C'est en achevant ce volume que je revins à ma *Révolution* et m'occupai de celle de Louis Blanc. Je l'ouvris fort placidement, tout prêt à profiter de ses critiques, si elles étaient sérieuses.

Je connaissais et son talent et son caractère honorable, ses paradoxes aussi, son papisme socialiste et sa tyrannie du travail au nom de la fraternité. Mais je l'avais peu vu sur le terrain de l'histoire. J'avoue que je fus saisi d'étonnement en voyant sa faveur, sa prédilection fantaisiste... pour qui?... pour l'intrigant Calonne!... Calonne, excellent citoyen qui ne ruine la France que pour faire la Révolution, qui ne gorge la Cour « que pour les conduire tous en riant au bord d'un abîme si profond qu'ils appelleraient de leurs vœux les nouveautés libératrices ». Tout cela sans la moindre preuve.

J'apprends des choses non moins fortes. Les Montagnards n'étaient nullement *les violents*. Sans doute c'étaient les modérés.

Les Girondins, qui ont tant exalté Rousseau, ce sont les ennemis de Rousseau chez Louis Blanc. C'est la Gironde qui conniva au 2 septembre; elle en garde la tache de sang.

Robespierre, au contraire, qui parla, dénonça, et *avant* (le 1er), et *pendant* (le 2 même), en est pur, y est étranger.

Herbert, dans son *Père Duchesne,* malgré ses constants appels au massacre, n'en est pas moins un continuateur des modérés, des Girondins. Comment cela? C'est qu'il est voltairien, égoïste et sensualiste, ennemi de Rousseau et du sensible Robespierre.

Louis Blanc, assez doux pour le roi, pour la reine, le duc d'Orléans, clément pour le clergé, est terrible, accablant pour Danton et les Girondins. En ces derniers, il voit la *bourgeoisie* qui lui fut si hostile au 15 mai 1848. Etrange confusion. La garde nationale du 15 mai détestait la guerre; au contraire, la Gironde la prêcha, et la fit, pour le salut des nations. Elle forgea des millions de piques, et mit les armes aux mains des pauvres.

Il faut prendre largement le grand cours révolutionnaire, dans ses deux manifestations utiles et légitimes, et de croisade, et de police — les Girondins, les Jacobins.

J'ai tâché de le faire. J'ai marqué fortement les torts des Girondins, leur tort d'avoir toujours repoussé la Montagne en Danton et Cambon, leur tort d'avoir, malgré leur pureté, subi l'impur mélange des tourbes royalistes qui, se glissant chez eux dans les départements, entravaient la Révolution.

Je n'ai point contesté les services immenses que rendit l'institution jacobine. J'ai même, mieux que personne, marqué et nuancé ses trois âges si différents. Je n'ai point méconnu le terrible labeur, la grande volonté de Robespierre, sa vie si sérieuse. Là, je le trouve intéressant.

Cela même est mon crime. Je crois que Louis Blanc m'aurait mieux pardonné toute ma politique contraire, mes attaques à son dieu, que mon regard minutieux, l'observation exacte du saint des saints, le tort d'avoir vu de si près, décrit la petite chapelle, le féminin cénacle de Marthe, Marie, Madeleine, l'habit, le port, la voix, les lunettes, les tics de ce nouveau Jésus.

Une chose nous sépare bien plus qu'il ne paraît, une chose profonde. Nous sommes deux religions.

Il est demi-chrétien à la façon de Rousseau et de Robespierre. L'Etre suprême, l'Evangile, le retour à l'Eglise primitive: c'est ce *Credo* vague et bâtard par lequel les politiciens croient atteindre, embrasser les partis opposés, philosophes et dévots.

La race et le tempérament ne sont pas peu non plus dans notre opposition. Il est né à Madrid. Il est Corse de mère, Français par son père (de Rodez). Il a la flamme sèche et le brillant des Méridionaux, avec un travail, une suite que ces races n'ont pas toujours. Il a étudié à Rodez, au pays des Bonald, des Frayssinous, qui nous fait tant de prêtres. Dans sa démocratie, il est autoritaire.

S'il n'avait pas été aveuglé par sa passion, avant de reprendre son livre interrompu, il aurait dû se dire:

« Peut-on à Londres écrire l'histoire du Paris révolutionnaire? » Cela ne se peut qu'à Paris. A Londres, il est vrai, il y a une jolie collection de pièces françaises, imprimés, brochures et journaux, qu'un amateur, M. Croker, vendit douze mille francs au Musée Britannique, et qu'on étend un peu depuis. Mais une collection d'amateur, des curiosités détachées, ne remplacent nullement les grands dépôts officiels où tout se suit, où l'on trouve et les faits, et leur liaison, où souvent un événement représenté vingt, trente, quarante fois, en ses versions différentes, peut être étudié, jugé et contrôlé. C'est ce que nous permettent les trois grands corps d'archives révolutionnaires de Paris.

Il s'est persuadé, ce semble, que la fréquence des critiques en suppléait la profondeur. Il n'est aucun exemple dans l'histoire littéraire d'une attaque si persévérante, de page en page, pendant tant de volumes. Je suis l'homme, après Robespierre, qui l'a certainement le plus occupé. J'ai eu ce don de ne point le lasser. J'admire les grandes passions. La sienne est véritablement intarissable, infatigable. Elle revient sans cesse, à propos, sans propos, sur les faits, sur le sens des faits, les moindres misères, enfin tout.

Il dit parfois des choses un peu bien fortes, par exemple, « que j'ai oublié tous les devoirs de l'historien ». Parfois, il me loue (c'est le pis); quelque part il me trouve « un pénétrant génie »; mais avec ce génie j'ai si peu pénétré qu'à chacun des grands jours de la Révolution j'ai tout brouillé, me suis mépris complètement.

Je pourrais dire pourtant, ayant exhumé tant de choses, donné tant de secours et à lui et à tous, je pourrais dire: « Ces fameuses journées, qui les savait sans moi? »

Au massacre du Champ-de-Mars (17 juillet 1791), j'ai tiré des Archives de la Seine le texte de la pétition qu'on signa sur l'autel et qu'on peut appeler le premier acte de la République. J'ai marqué l'action très directe des royalistes pour amener le massacre. Louis Blanc les en lave, mais ils ne veulent pas être lavés, ils s'en vantent. D'après les notes manuscrites d'un témoin oculaire, M. Moreau de Jonnès, j'ai dit le fait *certain:* c'est que la Garde soldée poursuivit barbarement le peuple qui se réfugia dans les rangs de la garde nationale. Chose grave; première apparition du funeste militarisme. Je n'ai nullement nié le fait, cependant *incertain*, qu'affirme Louis Blanc, que beaucoup répétèrent, mais que ne vit personne, à savoir que quelques gardes nationaux (des Filles-Saint-Thomas?) purent, avec la Garde soldée, tirer sur cet autel où était tout le peuple.

Au 10 août, même témoignage. J'ai accepté ce récit d'un homme, très bon, fort peu passionné.

Grâce à M. Labat, archiviste de la police, j'ai trouvé et donné la pièce inestimable et capitale du 2 septembre, l'enquête d'après laquelle il constate que le premier massacre fut provoqué par les prisonniers même, par les cris, les risées, qu'à la nouvelle de l'invasion poussaient par les fenêtres les imprudents de l'Abbaye.

Pour le 31 mai, pour le grand jour fatal de la Révolution où l'Assemblée fut décimée, j'ai mis un soin religieux à lire et copier les registres des quarante-huit sections. Ces copies m'ont fourni le récit immense, détaillé, qu'on lira, récit désormais authentique de ces funèbres jours qu'on ne connaissait guère. Il restera pour l'avenir que, des quarante-huit sections, cinq seulement (d'après les registres) autorisèrent le Comité d'insurrection.

Le Père Duchesne tirant à six cent mille, Robespierre, effrayé des six cent mille gueules aboyantes, étouffa ses velléités de ménager le sang (qu'il avait témoignées à Lyon) et qui l'auraient fait mettre au ciel, proclamer le sauveur des hommes. Il se cacha dans la Terreur.

Si, moi aussi, je voulais critiquer, je pourrais dire que Louis Blanc a fait ce qu'il a pu pour obscurcir cette bascule, dans laquelle Robespierre (terrifié, craignant Hébert, puis Saint-Just même) tua tout, modérés, enragés. Il n'est pas à son aise dans ce cruel récit. Il étrangle très spécialement le tragique moment où Robespierre, comme un chat qui a peur, qui avance et recule, voulant, ne voulant pas, lorgna la tête de Danton.

En vérité, il faut un grand courage pour suivre Robespierre dans l'épuration jacobine. Nul n'est pur à droite ou à gauche, nul révolutionnaire, ni Chaumette, ni Desmoulins. Et il garde les prêtres, l'infaillible élément de la contre-révolution!

La monarchie commence à la mort de Danton. Dès longtemps, il est vrai, Robespierre, par toute la France, avait ses Jacobins qui remplissaient les places. Mais c'est après Danton, subitement, en six semaines, qu'il prit le grand pouvoir central. Il avait sa police (Hermann), la police du Comité (Héron). Il avait la Justice (Dumas), le grand tribunal général, qui jugeait même pour les départements. Il avait la Commune (Payan), les quarante-huit comités des sections. Par la Commune, il avait dans la main l'armée révolutionnaire (Henriot). Et tout cela sans titre, sans écriture ni signature. Au Comité de Salut public, il ne paraissait pas, faisait signer ses actes par ses collègues, ne signait point pour eux.

Ainsi, il lui était loisible de se laver les mains de tout. Ses amis, aujourd'hui, peuvent nous le montrer comme un spéculatif, un philanthrope rêveur dans les bois de Montmorency ou aux Champs-Elysées, promeneur pacifique entre Brount et Cornélia.

Il jouait un gros jeu. *Dans son isolement*, dans son inertie apparente, il n'en tenait pas moins un procès et sur les grands hommes d'affaires du Comité (Carnot, Cambon, Lindet), et sur les deux cents Montagnards qui avaient eu des missions, avaient enduré tout, bravé tous les dangers, s'étaient violemment compromis. Ils voulaient que l'on constatât leur fortune avant et après, qu'on établît leur probité. Il refusa cela, se réservant de pouvoir les poursuivre un jour. Au 9 thermidor, il les eut contre lui. C'est ce que Louis Blanc se garde bien de dire. La Montagne, aussi bien que la droite et le centre, le repoussa alors. Les plus honnêtes gens, futurs martyrs de prairial, Romme, Soubrany, etc., lui étaient sympathiques, mais pourtant le voyaient, par la force des choses, dictateur et tyran. A ses cris, ils se turent et ne répondirent rien. Le jugement de ces grands citoyens scella celui de l'avenir.

Les trente et un procès-verbaux des sections qui subsistent, et que j'ai suivis pas à pas, montrent parfaitement que Paris était contre lui, qu'il n'eut pour lui *que ses comités* révolutionnaires (non élus, mais nommés, payés), et que les *sections,* le peuple, tout le monde, ne bougea, le laissa périr. Louis Blanc ne dit rien de ce vrai jugement du peuple.

Quant à l'appel aux armes contre la Loi qu'il commença d'écrire, n'acheva pas, on pouvait l'expliquer par un noble scrupule, s'il fut fait à minuit quand il avait des forces — ou par le désespoir, s'il fut fait vers une heure, lorsqu'il était abandonné. Nul témoin. J'ai suivi l'interprétation la plus digne de ce temps-là et celle qui honore sa mémoire, celle que Louis Blanc a suivie après moi.

Sa fin m'a fort touché, et la fatalité qui le poussa. Nul doute qu'il n'aimât la patrie, qu'en ajournant la liberté, il n'y rêvât pourtant. Il lisait constamment le fameux *Dialogue de Sylla et d'Eucrate.* Comme Sylla peut-être, il aurait de lui-même quitté la dictature.

Les rois, qui ne voyaient en lui qu'un homme d'ordre et de gouvernement, le recherchaient déjà, l'estimaient et le regrettèrent. La Russie le pleura, son grand historien, Karamsin.

Robespierre venait justement de se poser sous un aspect nouveau, « en guillotinant l'anarchie ». C'est ainsi qu'il appelait les premiers socialistes, Jacques Roux, etc. Au cœur de Paris même, dans les noires et profondes rues ouvrières (les Arcis, Saint-Martin) fermentait le socialisme, une révolution sous la révolution. Robespierre s'alarma, frappa, et se perdit. Il est certain qu'au 9 thermidor, bien avant les troupes de la Convention, ces sections marchèrent à la Grève et débauchèrent les canonniers de Robespierre. Dès cette heure, il était perdu.

Extraordinaire méprise. Dans ses douze volumes, Louis Blanc prend Robespierre comme apôtre et symbole du socialisme, qu'il frappait et qui le tua.

Je l'avais dit en toutes lettres, et d'après l'irrécusable témoignage des *Procès-verbaux des sections,* que j'ai fidèlement copiés.

Rien n'était plus facile que de voir mes copies. On s'entend entre gens de lettres. Quand je fis mon *Vico,* un de mes concurrents m'aida, en me fournissant un livre rare. Tout récemment, un savant suisse m'a envoyé ses propres notes sur un sujet que nous traitions tous deux. Si j'avais été averti, j'aurais très volontiers donné les miennes à Louis Blanc, sans demander s'il devait en user pour moi ou contre moi.

J'ai été vif dans ma courte réponse. C'est qu'il s'agit bien moins de moi que de la Révolution elle-même, tellement rétrécie, mutilée, décapitée, en tous ses partis différents, moins l'unique Parti jacobin. La réduire à ce point, c'est en faire un tronçon sanglant, terrible épouvantail pour la joie de nos ennemis.

C'est à cela que je devais répondre, m'opposer de mon mieux. Il ne fallait pas moins que ce devoir pour me sortir de mes habitudes pacifiques. Je n'aime pas à rompre l'unité de la grande Eglise.

Paris, 1er octobre 1868.

PRÉFACE DE 1847

Chaque année, lorsque je descends de ma chaire, que je vois la foule écoulée, encore une génération que je ne reverrai plus, ma pensée retourne en moi.

L'été s'avance, la ville est moins peuplée, la rue moins bruyante, et le pavé plus sonore autour de mon Panthéon. Ses grandes dalles blanches et noires retentissent sous mes pieds.

Je rentre en moi. J'interroge sur mon enseignement, sur mon histoire, son tout-puissant interprète, l'esprit de la Révolution.

Lui, il sait, et les autres n'ont pas su. Il contient leur secret, à tous les temps antérieurs. En lui seulement la France eut conscience d'elle-même. Dans tout moment de défaillance où nous semblons nous oublier, c'est là que nous devons chercher, nous ressaisir. Là se garde toujours pour nous le profond mystère de vie, l'inextinguible étincelle.

La Révolution est en nous, dans nos âmes; au-dehors, elle n'a point de monument. Vivant esprit de la France, où te saisirai-je, si ce n'est en moi?... Les pouvoirs qui se sont succédé, ennemis dans tout le reste, ont semblé d'accord sur un point, relever, réveiller les âges lointains et morts... Toi, ils auraient voulu t'enfouir... Et pourquoi?... Toi seul, tu vis.

Tu vis!... Je le sens, chaque fois qu'à cette époque de l'année, mon enseignement me lasse, et le travail pèse, et la saison s'alourdit... Alors, je vais au Champs-de-Mars, je m'assieds sur l'herbe séchée, je respire le grand souffle qui court sur la plaine aride.

Le Champ-de-Mars, voilà le seul monument qu'a laissé la Révolution... L'Empire a sa colonne, et il a pris encore presque à lui seul l'Arc de Triomphe; la royauté a son Louvre, ses Invalides; la féodale église de 1200 trône encore à Notre-Dame; il n'est pas jusqu'aux Romains, qui n'aient les Thermes de César. Et la Révolution a pour monument... le vide...

Son monument, c'est ce sable, aussi plan que l'Arabie... Un *tumulus* à droite, et un *tumulus* à gauche, comme ceux que la Gaule élevait, obscurs et douteux témoins de la mémoire des héros...

Le héros, n'est-ce pas celui qui fonda le pont d'Iéna?... Non, il y a ici quelqu'un de plus grand que celui-là, de plus puissant, de plus vivant, qui remplit cette immensité.

« Quel Dieu? on n'en sait rien... Ici réside un Dieu! »

Oui, quoiqu'une génération oublieuse ose prendre ce lieu pour théâtre de ses vains amusements, imités de l'étranger, quoique le cheval anglais batte insolemment la plaine... un grand souffle la parcourt que vous ne sentez nulle part, une âme, un tout-puissant esprit...

Et si cette plaine est aride, et si cette herbe est séchée, elle reverdira un jour.

Car dans cette terre est mêlée profondément la sueur féconde de ceux qui, dans un jour sacré, ont soulevé ces collines, le jour où, réveillés au canon de la Bastille, vinrent du nord et du midi, s'embrasser la France et la France — le jour où trois millions d'hommes, levés comme un homme, armés, décrétèrent la paix éternelle.

Ah! pauvre Révolution, si confiante à ton premier jour, tu avais convié le monde à l'amour et à la paix...

« O mes ennemis, disais-tu, il n'y a plus d'ennemis! » Tu tendis la main à tous, leur offris ta coupe à boire à la paix des nations... Mais ils ne l'ont pas voulu.

Et lors même qu'ils sont venus pour la frapper par surprise, l'épée que la France a tirée, ce fut l'épée de la paix. C'est pour délivrer les peuples, pour leur donner la vraie paix, la liberté, qu'elle frappa les tyrans. Dante assigne pour fondateur aux portes de l'enfer l'Amour éternel. Ainsi sur son drapeau de guerre la Révolution écrivit: La Paix.

Ses héros, ses invincibles, furent, entre tous, les pacifiques. Les Hoche, les Marceau, les Desaix et les Kléber, sont pleurés, comme les hommes de la paix, des amis et des ennemis, pleurés du Nil et du Rhin, pleurés de la guerre elle-même, de l'inflexible Vendée.

La France s'était fiée si bien à la puissance de l'idée qu'elle fit ce qu'elle pouvait pour ne pas faire de conquête. Tout peuple ayant même besoin, la liberté, poursuivant le même droit, d'où pouvait naître la guerre? La Révolution qui n'était dans son principe que le triomphe du droit, la résurrection de la justice, la réaction tardive de l'idée contre la force brutale, pouvait-elle, sans provocation, employer la violence?

Ce caractère profondément pacifique, bienveillant, de la Révolution, semble un paradoxe aujourd'hui. Tant on ignore ses origines, tant sa nature est méconnue, tant la tradition, au bout d'un temps si court, se trouve déjà obscurcie!

Les efforts violents, terribles, qu'elle fut obligée de faire, pour ne pas périr, contre le monde conjuré, une génération oublieuse les a pris pour la Révolution elle-même.

Et de cette confusion, il est résulté un mal grave, profond, très difficile à guérir chez ce peuple: l'adoration de la force.

La force de résistance, l'effort désespéré pour défendre l'unité, 93... Ils frémissent, et ils se jettent à genoux.

La force d'attaque et de conquête, 1800, les Alpes abaissées, puis la foudre d'Austerlitz... Ils se prosternent, ils adorent.

Dirai-je qu'en 1815, trop faciles à louer la force, à prendre le succès comme le jugement de Dieu, ils ont eu, au fond de leur cœur, sous leur douleur et leur colère, un misérable argument pour amnistier l'ennemi. Beaucoup se sont dit tout bas: « Il est fort, donc il est juste. »

Ainsi deux maux, les plus graves qui puissent affliger un peuple, ont frappé la France à la fois. Sa propre tradition lui est échappée, elle s'est oubliée elle-même. Et chaque jour, plus incertaine, plus pâle et plus fugitive, a flotté devant ses yeux la douteuse image du Droit.

Ne cherchez pas pourquoi ce peuple va baissant, s'affaiblissant. N'expliquez pas sa décadence par des causes extérieures; qu'il n'accuse ni le ciel, ni la terre; le mal est en lui.

Qu'une tyrannie insidieuse ait eu prise pour le corrompre, c'est qu'il était corruptible. Elle l'a trouvé faible, désarmé, tout prêt pour la tentation; il avait perdu de vue l'idée qui seule le soutenait; il allait, misérable, aveugle, à tâtons dans la voie fangeuse, il ne voyait plus son étoile... Quelle? l'astre de la victoire?... Non, le soleil de la justice et de la Révolution.

Que les puissances de ténèbres aient travaillé par toute la terre pour éteindre la lumière de la France, opérer l'éclipse du Droit, cela était naturel. Mais jamais, avec tous leurs efforts, elles n'y auraient réussi. L'étrange, c'est que les amis de la lumière ont aidé ses ennemis à la voiler et l'obscurcir.

Le parti de la liberté a présenté, aux derniers temps, deux graves et tristes symptômes d'un mal intérieur, Qu'il permette à un ami, à un solitaire, de lui dire toute sa pensée.

Une main perfide, odieuse, la main de la mort, s'est offerte à lui, avancée vers lui, et il n'a point retiré la sienne. Il a cru que les ennemis de la liberté religieuse pouvaient devenir les amis de la liberté politique. Vaines distinctions scolastiques, qui lui ont troublé la vue. Liberté, c'est liberté.

Et pour plaire à l'ennemi, il a renié l'ami... Que dis-je? son propre père, le grand XVIII° siècle. Il a oublié que ce siècle a fondé la liberté sur l'affranchissement de l'esprit, jusque-là lié par la chair, lié par le principe matériel de la double incarnation théologique et politique, sacerdotale et royale. Ce siècle, celui de l'esprit, abolit les dieux de chair, dans l'Etat, dans la religion, en sorte qu'il n'y eût plus d'idole, et qu'il n'y eût de Dieu que Dieu.

Et pourquoi des amis sincères de la liberté ont-ils pactisé avec le parti de la tyrannie religieuse? C'est parce qu'ils s'étaient réduits à une faible minorité. Ils ont été étonnés de leur petit nombre, et n'ont osé repousser les avances d'un grand parti qui semblait s'offrir à eux.

Nos pères n'ont point agi ainsi, Ils ne se sont jamais comptés. Quand Voltaire enfant entra, sous Louis XVI même, dans la périlleuse carrière de la lutte religieuse, il paraissait être seul. Seul était Rousseau, au milieu du siècle, quand il osa, dans la dispute des chrétiens et des philosophes, poser le dogme nouveau... Il était seul; le lendemain, le monde entier fut à lui.

Si les amis de la liberté voient leur nombre décroître, c'est qu'ils l'ont voulu eux-mêmes. Plusieurs se sont fait un système d'épuration progressive, de minutieuse orthodoxie, qui vise à faire d'un parti une secte, une petite église. On rejette ceci, puis cela; on abonde en restrictions, distinctions, exclusions. On découvre chaque jour quelque nouvelle hérésie.

De grâce, disputons moins sur la lumière du Thabor, comme faisait Byzance assiégée. Mahomet II est aux portes.

De même que, les sectes chrétiennes se multipliant, il y eut des jansénistes, des molinistes, etc., et il n'y eut plus de chrétiens, les sectes de la Révolution annulent la Révolution; on se refait constituant, girondin, montagnard; plus de révolutionnaire.

On fait peu de cas de Voltaire, on rejette Mirabeau, on exclut Mme Roland. Danton même n'est pas orthodoxe... Quoi! il ne restera donc que Robespierre et Saint-Just?

Sans méconnaître ce qu'il y eut dans ces hommes, sans vouloir les juger encore, qu'il suffise ici d'un mot: Si la Révolution exclut, condamne leurs prédécesseurs, elle exclut précisément ceux qui lui donnèrent prise sur le genre humain, ceux qui firent un moment le monde entier révolutionnaire. Si elle déclare au monde qu'elle s'en tient à ceux-ci, si elle ne lui montre sur son autel que l'image de ces deux apôtres, la conversion sera lente, la propagande française n'est pas fort à craindre, les gouvernements absolus peuvent parfaitement dormir.

Fraternité! fraternité! ce n'est pas assez de redire le mot... Il faut, pour que le monde nous vienne, comme il fit d'abord, qu'il nous voie un cœur fraternel. C'est la fraternité de l'amour qui le gagnera, et non celle de la guillotine.

Fraternité? Eh! qui n'a dit ce mot depuis la création? Croyez-vous qu'il ait commencé par Robespierre ou Mably?

Déjà la cité antique parle de fraternité; mais elle ne parle qu'aux citoyens, aux hommes; l'esclave est une chose. Ici la fraternité est exclusive, inhumaine.

Quand les esclaves ou affranchis gouvernent l'Empire, quand ils s'appellent Térence, Horace, Phèdre, Épictète, il est difficile de ne pas étendre la fraternité à l'esclavage. « Soyez frères », dit le christianisme. Mais, pour être frère, il faut *être;* or, l'homme n'est pas encore; le droit et la liberté constituent seuls la vie de l'homme. Un dogme qui ne les donne pas n'est qu'une fraternité spéculative entre zéro et zéro.

« La Fraternité, *ou la mort* », a dit plus tard la Terreur. Encore fraternité d'esclaves. Pourquoi y joindre, par une dérision atroce, le saint nom de la liberté?

Des frères qui se fuient, qui pâlissent à se regarder en face, qui avancent, qui retirent une main morte et glacée... Spectacle odieux, choquant. Si quelque chose doit être libre, c'est le sentiment fraternel.

La liberté seule, fondée au dernier siècle, a rendu possible la fraternité. La philosophie trouva l'homme sans droit, c'est-à-dire nul encore, engagé dans un système religieux et politique, dont l'arbitraire était le fond. Et elle dit: « Créons l'homme, qu'il soit par la liberté... » Créé à peine, il aima.

C'est par la liberté encore, que notre temps, réveillé, rappelé à sa vraie tradition, pourra à son tour commencer son œuvre. Il n'écrira pas dans la loi: « Sois mon frère, *ou meurs!* » Mais par une culture habile des meilleurs sentiments de l'âme humaine, il fera que tous, sans le dire, veuillent être frères en effet. L'Etat sera ce qu'il doit être, une initiation fraternelle, une éducation, un constant échange des lumières spontanées d'inspiration et de foi qui sont dans la foule, et des lumières réfléchies de science et de méditation qui se trouvent chez les penseurs.

Voilà l'œuvre de ce siècle. Puisse-t-il donc enfin s'y mettre sérieusement!

Il serait triste vraiment qu'au lieu de rien faire lui-même, il passât le temps à blâmer le plus laborieux des siècles, celui auquel il doit tout. Nos pères, il faut le répéter, firent ce qu'il fallait faire alors, commencèrent précisément comme il fallait commencer.

Ils trouvèrent l'arbitraire dans le ciel et sur la terre, et ils commencèrent le droit.

Ils trouvèrent l'individu désarmé, nu, sans garantie, confondu, perdu dans une apparente unité, qui n'était qu'une mort commune. Pour qu'il n'eût aucun recours, même au suprême tribunal, le dogme religieux l'enveloppait en même temps dans la solidarité d'une faute qu'il n'avait pas faite; ce dogme, éminemment charnel, supposait que, du père au fils, l'injustice passe avec le sang.

Il fallait, avant toute chose, revendiquer le droit de l'homme si cruellement méconnu, rétablir cette vérité, trop vraie, et pourtant obscurcie: « L'homme a droit, il est quelque chose; on ne peut le nier, l'annuler, même au nom de Dieu; il répond, mais pour ses actions, pour ce qu'il fait de mal ou de bien. »

Ainsi disparaît du monde la fausse solidarité. *L'injuste transmission du bien*, perpétuée dans la noblesse; *l'injuste transmission du mal*, par le péché originel, ou la flétrissure civile des descendants du coupable. La Révolution les efface.

Est-ce là, hommes de ce temps, ce que vous taxez d'individualisme, ce que vous appelez un droit égoïste?...

Mais songez donc que, sans ce droit de l'individu qui seul l'a constitué, l'homme n'était pas, n'agissait pas, donc, ne pouvait fraterniser. Il fallait bien abolir la fraternité de la mort, pour fonder celle de la vie.

Ne parlez pas d'égoïsme. L'histoire répondrait ici, tout autant que la logique. C'est au premier moment de la Révolution, au moment où elle proclame le droit de l'individu, c'est alors que l'âme de la France, loin de se resserrer, s'étend, embrasse le monde entier d'une pensée sympathique, alors qu'elle offre à tous la paix, veut mettre en commun entre tous son trésor, la liberté.

Il semble que le moment de la naissance, l'entrée d'une vie douteuse encore, est pour tout être celui d'un légitime égoïsme; le nouveau-né, nous le voyons, veut durer, vivre, avant tout..

Ici, il n'en fut pas de même.

La jeune liberté française, lorsqu'elle ouvrit les yeux au jour, lorsqu'elle dit le premier mot qui ravit toute créature nouvelle: « Je suis! », eh bien! alors même, sa pensée ne fut point limitée au *moi,* elle ne s'enferma pas dans une joie personnelle, elle étendit au genre humain sa vie et son espérance; le premier mouvement qu'elle fit dans son berceau, ce fut d'ouvrir des bras fraternels. « Je suis! dit-elle à tous les peuples; ô mes frères, vous serez aussi! »

Ce fut sa glorieuse erreur, sa faiblesse, touchante et sublime: la Révolution, il faut l'avouer, commença par aimer tout.

Elle alla jusqu'à aimer son ennemie, l'Angleterre.

Elle aima, s'obstina longtemps à sauver la royauté, la clé de voûte des abus qu'elle venait démolir. Elle voulait sauver l'Eglise; elle tâchait de rester chrétienne, s'aveuglant volontairement sur la contradiction du vieux principe, la Grâce arbitraire, et du nouveau, la Justice.

Cette sympathie universelle qui, d'abord, lui fit adopter, mêler indiscrètement tant d'éléments contradictoires, la menait à l'inconséquence, à vouloir et ne pas vouloir, à faire, défaire en même temps. C'est l'étrange résultat de nos premières assemblées.

Le monde a souri sur cette œuvre; qu'il n'oublie pas cependant que ce qu'elle eut de discordant, elle le dut en partie à la sympathie trop facile, à la bienveillance indistincte qui fit le premier caractère de notre Révolution.

Génie profondément humain! j'aime à le suivre, à l'observer dans ces admirables fêtes où tout un peuple, à la fois acteur et témoin, donnait, recevait l'élan de l'enthousiasme moral, où chaque cœur grandissait de toute la grandeur de la France, d'une Patrie qui, pour son droit, proclamait le droit de l'Humanité.

A la fête du 14 juillet 1792, parmi les saintes images de la Liberté, de la Loi, dans la procession civique où figuraient avec les magistrats, les représentants, les veuves et les orphelins des morts de la Bastille, on voyait divers emblèmes, ceux des métiers utiles aux hommes, des instruments d'agriculture, des charrues, des gerbes, des branches chargées de fruits; ceux qui les portaient étaient couronnés d'épis et de pampres verts. Mais on en voyait aussi d'autres en deuil, couronnés de cyprès; ils portaient une table couverte d'un crêpe, et sous le crêpe, un glaive voilé, celui de la Loi... Touchante image! la Justice qui montrait son glaive en deuil, ne se distinguait plus de l'Humanité elle-même.

Un an après, le 10 août 1793, une fête tout autre fut célébrée, celle-ci héroïque et sombre. Mais la loi s'était mutilée, le pouvoir législatif avait été violé, le pouvoir judiciaire, sans garantie, annulé, était serf de la violence. On n'osa plus montrer le glaive; l'œil ne l'aurait plus supporté.

Une chose qu'il faut dire à tous, qu'il est trop facile d'établir, c'est que l'époque humaine et bienveillante de notre Révolution a pour acteur le peuple même, le peuple entier, tout le monde. Et l'époque des violences, l'époque des actes sanguinaires où plus tard le danger la pousse, n'a pour acteur qu'un nombre d'hommes minime, infiniment petit.

Voilà ce que j'ai trouvé, constaté et vérifié, soit par les témoignages écrits, soit par ceux que j'ai recueillis de la bouche des vieillards.

Elle restera, la parole d'un homme du faubourg Saint-Antoine: « Nous étions tous au 10 août, et pas un au 2 septembre. »

Une autre chose que cette histoire mettra en grande lumière, et qui est vraie de tout parti, c'est que le peuple valut généralement beaucoup mieux que ses meneurs. Plus j'ai creusé, plus j'ai trouvé que le meilleur était dessous, dans les profondeurs obscures. J'ai vu aussi que ces parleurs brillants, puissants, qui ont exprimé la pensée des masses, passent à tort pour les seuls acteurs. Ils ont reçu l'impulsion bien plus qu'ils ne l'ont donnée. L'acteur principal est le peuple. Pour le retrouver, celui-ci, le replacer dans son rôle, j'ai dû ramener à leurs proportions les ambitieuses marionnettes dont il a tiré les fils, et dans lesquelles, jusqu'ici, on croyait voir, on cherchait le jeu secret de l'histoire.

Ce spectacle, je dois l'avouer, m'a frappé moi-même d'étonnement. A mesure que je suis entré profondément dans cette étude, j'ai vu que les chefs de parti, les héros de cette histoire convenue, n'ont ni prévu, ni préparé, qu'ils n'ont eu l'initiative d'aucune des grandes choses, d'aucune spécialement de celles qui furent l'œuvre unanime du peuple au début de la Révolution. Laissé à lui-même, dans ces moments décisifs, par ses prétendus meneurs, il a trouvé ce qu'il fallait faire, et l'a accompli.

Grandes et surprenantes choses! Mais le cœur qui les fit fut bien plus grand!... Les actes ne sont rien auprès. Cette richesse de cœur fut telle alors, que l'avenir, sans crainte de trouver le fond, peut y puiser à jamais. Tout homme qui en approchera, s'en ira plus homme.

Tout âme abattue, brisée, tout cœur d'homme ou de nation, n'a, pour se relever, qu'à regarder là; c'est un miroir où chaque fois que l'humanité se voit, elle se retrouve héroïque, magnanime, désintéressée; une pureté singulière, qui craint l'or comme la boue, est alors la gloire de tous.

Je donne aujourd'hui l'époque unanime, l'époque sainte où la nation tout entière, sans distinction de parti, sans connaître encore (ou bien peu) les oppositions des classes, marcha sous un drapeau fraternel. Personne ne verra cette unité merveilleuse, un même cœur de vingt millions d'hommes, sans en rendre grâces à Dieu. Ce sont les jours sacrés du monde, jours bienheureux pour l'histoire. Moi, j'ai eu ma récompense, puisque je les ai racontés... Jamais, depuis ma Pucelle d'Orléans, je n'avais eu un tel rayon d'en haut, une si lumineuse échappée du ciel...

Et comme tout se mêle en la vie, pendant que j'avais tant de bonheur à renouveler la tradition de la France, la mienne s'est rompue pour toujours. J'ai perdu celui qui si souvent me conta la Révolution, celui qui était pour moi l'image et le témoin vénérable du grand siècle, je veux dire du XVIIIe. J'ai perdu mon père, avec qui j'avais vécu toute ma vie, quarante-huit années.

Lorsque cela m'est arrivé, je regardais, j'étais ailleurs, je réalisais à la hâte cette œuvre si longtemps rêvée. J'étais au pied de la Bastille, je prenais la forteresse, j'arborais sur les tours l'immortel drapeau... Ce coup m'est venu, imprévu, comme une balle de la Bastille...

Plusieurs de ces graves questions, qui m'obligeaient de sonder si profondément ma foi, elles se sont débattues en moi dans la plus grave circonstance de la vie humaine, entre la mort et les funérailles, lorsque celui qui survivait, mort déjà pour une part, siégeait, jugeait entre deux mondes.

Puis, j'ai repris mon chemin jusqu'au terme de cette œuvre, plein de mort et plein de vie, m'efforçant de tenir mon cœur au plus près de la justice, m'affermissant dans ma foi par mes pertes et mes espérances, me serrant, à mesure que mon foyer se brisait, au foyer de la patrie.

31 janvier 1847.

Introduction

PREMIÈRE PARTIE

De la religion du Moyen Age

I

Je définis la Révolution, l'avènement de la Loi, la résurrection du Droit, la réaction de la Justice.

La Loi, telle qu'elle apparut dans la Révolution, est-elle conforme, ou contraire, à la loi religieuse qui la précéda? Autrement dit: La Révolution est-elle chrétienne, antichrétienne?

Cette question, historiquement, logiquement, précède toute autre. Elle atteint, elle pénètre celles même qu'on croirait exclusivement politiques. Toutes les institutions d'ordre civil que trouva la Révolution, étaient ou émanées du christianisme, ou calquées sur ses formes, autorisées par lui.

Religieuse ou politique, les deux questions ont leurs profondes racines si inextricablement mêlées. Confondues dans le passé, elles apparaîtront demain ce qu'elles sont, unes et identiques.

Les disputes socialistes, les idées qu'on croit aujourd'hui nouvelles et paradoxales, se sont agitées dans le sein du christianisme et de la Révolution. Il est peu de ces idées dans lesquelles les deux systèmes ne soient entrés bien avant. La Révolution spécialement, dans sa rapide apparition, où elle réalisa si peu, a vu, aux lueurs de la foudre, des profondeurs inconnues, des abîmes d'avenir.

Donc, malgré les développements que les théories ont pu prendre, malgré les formes nouvelles et les mots nouveaux, je ne vois encore sur la scène que *deux grands* faits, deux principes, deux acteurs et deux personnes, le christianisme, la Révolution.

Celui qui va raconter la crise où le nouveau principe surgit et se fit sa place, ne peut se dispenser de lui demander ce qu'il est par rapport à son aîné, en quoi il le continue, en quoi il le dépasse, le domine ou l'abolit. Grave problème que personne n'a encore envisagé face à face.

C'est un spectacle curieux de voir que tous tournent autour, et personne n'y veut regarder sérieusement. Ceux même qui croient ou qui font semblant de croire la question surannée, montrent assez, en l'évitant, qu'elle est vivante, actuelle, périlleuse et formidable... Si ce puits ne vous fait pas peur, pourquoi vous reculez-vous? pourquoi rejetez-vous la tête?... Il y a là apparemment une puissance de vertige, et d'attraction dangereuse...

Nos grands politiques ont aussi, il faut le dire, une raison mystérieuse d'éviter ces questions. Ils croient que le christianisme est encore un grand parti, qu'il est bon de ménager. Pourquoi se brouiller avec lui?... Ils aiment mieux lui sourire, en se tenant à distance, lui faire politesse sans se compromettre... Ils croient d'ailleurs que cette foule religieuse est généralement fort simple, qu'il suffira pour l'amuser, de vanter un peu l'Evangile. Cela n'engage pas beaucoup. L'Evangile, dans sa vague moralité, ne contient presque aucun des dogmes qui firent du christianisme une religion si positive, si prenante et si absorbante, si forte pour envelopper l'homme. Dire, comme les mahométans, que Jésus est un grand prophète, ce n'est pas être chrétien.

L'autre parti réclame-t-il? Le zèle de Dieu qui le dévore, lui met-il au cœur une indignation sérieuse contre ce jeu des politiques? Nullement, il crie beaucoup, mais sur des choses accessoires; sur le fond, il est trop heureux qu'on ne l'inquiète jamais. Les ménagements, un peu légers, des politiques, et parfois suspects d'ironie, ne lui font pas trop de chagrin. Il leur laisse croire qu'il s'y trompe. Tout vieux qu'il est, il a encore une prise infinie sur le monde. Pendant que les autres tournent dans leur manège parlementaire, roulant leur roue inutile, s'épuisant sans avancer, lui, le vieux parti, il tient encore ce qui est le fond de la vie, la famille et le foyer, la femme et par elle l'enfant... Ceux qui lui sont le plus hostiles lui livrent ce qu'ils aiment et tout leur bonheur... On lui remet chaque jour l'homme enfant, désarmé, faible, dont l'esprit, à l'état de rêve, ne peut se défendre encore. Ceci lui donne bien des chances. Qu'il le garde et le fortifie, ce vaste, ce muet empire, qu'on ne lui dispute pas, sa part encore est la meilleure; il gémira, se plaindra, mais se gardera bien de forcer les politiques à formuler leur croyance.

Politiques des deux côtés! connivence et connivence! où me tournerai-je pour trouver les amis de la vérité?

Les amis du saint et du Juste?... Est-ce qu'il n'y aura plus donc en ce monde personne qui se soucie de Dieu?

Enfants du christianisme, vous qui vous prétendez fidèles, nous vous adjurons ici... Passer ainsi Dieu sous silence, omettre, en toute dispute, ce qui est vraiment la foi, comme chose trop dangereuse, scandaleuse pour l'oreille, est-ce de la religion?

Un jour que je parlais, devant un de nos meilleurs évêques, de la lutte de la Grâce et de la Justice, qui est le fond même du dogme chrétien, il m'arrêta et me dit: « Cette question heureusement n'occupe plus les esprits. Là-dessus, nous jouissons du repos et du silence... Tenons-nous-y, n'en sortons point. Il est superflu de rentrer dans ce débat... »

Et ce débat, monseigneur, n'est pas moins que la question de savoir si le dogme de la Grâce et du salut par le Christ, seule base du christianisme, est conciliable avec la Justice, de savoir si ce dogme est juste, de savoir s'il subsistera... Rien ne dure contre la Justice... La durée du christianisme vous paraît-elle donc une question accessoire?

Je sais bien qu'après un débat de plusieurs siècles, après

qu'on eut entassé des montagnes de distinctions, de subtilités scolastiques, sans avancer rien, le pape imposa silence, jugeant, comme mon évêque, que la question pouvait être négligée, désespérant de pacifier l'affaire, et laissant dans cette arène, la justice et l'injustice s'arranger, comme elles pourraient.

Ceci est beaucoup plus fort que ce qu'ont jamais fait les plus grands ennemis du christianisme. Ils lui ont, tout au moins, accordé ce respect de l'examiner, de ne pas le mettre hors de cour sans daigner l'entendre.

Nous qui ne sommes point ennemis, comment refuserions-nous l'examen et le débat? La prudence ecclésiastique, la légèreté des politiques, leurs fins de non-recevoir, ne nous vont aucunement. Nous devons au christianisme de voir ce qu'il peut avoir de conciliable avec la Révolution, de savoir quel rajeunissement le vieux principe peut trouver dans le sein du nouveau. Nous avons très sincèrement souhaité qu'il se transformât, qu'il vécût encore. Dans quel sens cette transformation s'opérerait-elle? quel espoir en devons-nous conserver?

Historien de la Révolution, je ne puis, sans cette recherche, faire même un seul pas. Mais quand je n'y serais invinciblement mené par la loi de mon sujet, j'y serais poussé par mon cœur. La misérable connivence où restent les deux partis est une des causes dominantes de notre affaiblissement moral. Combat de condottieri, où personne ne combat; on avance, on recule, on menace, sans se toucher, chose pitoyable à voir... Tant que les questions fondamentales restent ainsi éludées, il n'y a nul progrès à espérer, ni religieux, ni social. Le monde attend une foi, pour se remettre à marcher, à respirer, à vivre. Mais, jamais dans le faux, dans la ruse, dans les traités du mensonge, ne peut commencer la foi.

Solitaire, désintéressé, je ferai, dans ma faiblesse, ce que ne font pas les forts. Je sonderai la question devant laquelle ils reculent, et j'aurai peut-être, avant de mourir, le prix de la vie, qui est de trouver le vrai et le dire selon son cœur.

Au moment de raconter les temps héroïques de la Liberté, j'ai espoir que peut-être elle me soutiendra elle-même, qu'elle fera son œuvre en ce livre, et fondera la base profonde sur laquelle un temps meilleur pourra édifier la foi de l'avenir.

II

Plusieurs esprits éminents, dans une louable pensée de conciliation et de paix, ont affirmé de nos jours que la Révolution n'était que l'accomplissement du christianisme, qu'elle venait le continuer, le réaliser, tenir tout ce qu'il a promis.

Si cette assertion est fondée, le XVIIIe siècle, les philosophes, les précurseurs, les maîtres de la Révolution se sont trompés, ils ont fait tout autre chose que ce qu'ils ont voulu faire. Généralement, ils ont un tout autre but que l'accomplissement du christianisme.

Si la Révolution était cela, rien de plus, elle ne serait pas distincte du christianisme, elle en serait un âge; elle serait son âge viril, son âge de raison. Elle ne serait rien en elle-même. En ce cas, il n'y aurait pas deux acteurs, mais un seul, le christianisme. S'il n'y a qu'un acteur, il n'y a point de drame, point de crise; la lutte que nous croyons voir est une pure illusion; le monde paraît s'agiter, en réalité il est immobile.

Mais non, il n'en est pas ainsi. La lutte n'est que trop réelle. Ce n'est pas ici un combat simulé entre le même et le même. Il y a deux combattants.

Et il ne faut pas dire non plus que le principe nouveau n'est qu'une critique de l'ancien, un doute, une pure négation. Qui a vu une négation? Qu'est-ce qu'une négation vivante, une négation qui agit, qui enfante comme celle-ci ?... Un monde est né d'elle hier... Non, pour produire, il faut être.

Donc, il y a deux choses, et non pas une, nous ne pouvons le méconnaître, deux principes, deux esprits, l'ancien, le nouveau.

En vain le jeune, sûr de vivre et d'autant plus pacifique, dirait doucement à l'ancien : « Je viens accomplir, et non abolir... » L'ancien ne se soucie nullement d'être *accompli*. Ce mot a pour lui quelque chose de funèbre et de sinistre, il repousse cette bénédiction filiale, ne veut ni pleurs, ni prières, il écarte le rameau qu'on vient secouer sur lui.

Il faut sortir des malentendus, si l'on veut savoir où l'on va.

La Révolution continue le christianisme, et elle le contredit. Elle en est à la fois l'héritière et l'adversaire.

Dans ce qu'ils ont de général et d'humain, dans le sentiment, les deux principes s'accordent. Dans ce qui fait la vie propre et spéciale, dans l'idée mère de chacun d'eux, ils répugnent et se contrarient.

Ils s'accordent dans le sentiment de la fraternité humaine. Ce sentiment, né avec l'homme, avec le monde, commun à toute société, n'en a pas moins été étendu, approfondi par le christianisme. A son tour, la Révolution, fille du christianisme, l'a enseignée pour le monde, pour toute race, toute religion qu'éclaire le soleil.

Voilà toute la ressemblance. Et voici la différence.

La Révolution fonde la fraternité sur l'amour de l'homme pour l'homme, sur le devoir mutuel, sur le droit et la justice. Cette base est fondamentale, et n'a besoin de nulle autre.

Elle n'a point cherché à ce principe certain un douteux principe historique. Elle n'a point motivé la fraternité par une parenté commune, une filiation qui, du père aux enfants, transmettrait avec le sang la solidarité du crime.

Ce principe charnel, matériel, qui met la justice et l'injustice dans le sang, qui les fait circuler, avec le flux de la vie, d'une génération à l'autre, contredit violemment la notion spirituelle de la Justice qui est au fond de l'âme humaine. Non, la Justice n'est pas un fluide qui se transmette avec la génération. La volonté seule est juste ou injuste, le cœur seul se sent responsable; la Justice est toute en l'âme; le corps n'a rien à voir ici.

Ce point de départ barbare et matériel étonne dans une religion qui a poussé plus loin qu'aucune autre la subtilité du dogme. Il imprime à tout le système un caractère profond d'arbitraire dont aucune subtilité ne le tirera. L'arbitraire atteint, pénètre les développements du dogme, toutes les institutions religieuses qui en dérivent, et enfin l'ordre civil, qui lui-même au Moyen Age dérive de ces institutions, en imite les formes, en subit l'esprit.

Donnons-nous ce grand spectacle.

1. Le point de départ est celui-ci: Le crime vient d'un seul, le salut d'un seul; Adam a perdu, le Christ a sauvé.

Il a sauvé, pourquoi? parce qu'il a voulu sauver. Nul autre motif. Nulle vertu, nulle œuvre de l'homme, nul mérite humain ne peut mériter ce prodigieux sacrifice d'un Dieu qui s'immole. Il se donne, mais pour rien; c'est là le miracle d'amour; il ne demande à l'homme nulle œuvre, nul mérite antérieur.

2. Que demande-t-il, en retour de ce sacrifice immense? Une seule chose: qu'on y croie, qu'on se croie en effet sauvé par le sang de Jésus-Christ. La foi est la condition du salut, non les œuvres de justice. Nulle justice hors de la foi. Qui ne croit pas, est injuste. La Justice, sans la foi, sert-elle à quelque chose? A rien.

Saint Paul, en posant ce principe du salut par la foi seule a mis la Justice hors de cour. Elle n'est désormais tout au plus qu'un accessoire, une suite, un des effets de la foi.

3. Sortis une fois de la Justice, il nous faut aller toujours, descendre dans l'arbitraire.

Croire ou périr!... La question posée ainsi, on découvre

avec terreur qu'on périra, que le salut est attaché à une condition indépendante de la volonté. On ne croit pas comme on veut.

Saint Paul avait établi que l'homme ne peut rien par ses œuvres de justice, qu'il ne peut que par la foi. Saint Augustin démontre son impuissance en la foi même, Dieu seul la donne; la donne gratuitement, sans rien exiger, ni foi, ni justice. Ce don *gratuit,* cette *grâce,* est la seule cause de salut. Dieu fait *grâce* à qui il veut. Saint Augustin a dit: « Je crois, parce que c'est absurde. » Il pouvait dire en ce système: « Je crois, parce que c'est injuste. »

L'arbitraire ne va pas plus loin. Le système est consommé. Dieu aime, nulle autre explication, il aime qui lui plaît, le dernier de tous, le pécheur, le moins méritant. L'amour est sa raison à lui-même; il n'exige aucun mérite.

Que serait donc le *mérite,* si nous pouvions encore employer ce mot? Etre aimé, élu de Dieu, prédestiné au salut.

Et le *démérite,* la damnation!... Etre haï de Dieu, condamné d'avance, créé pour la damnation.

Hélas! nous avions cru tout à l'heure que l'humanité était sauvée. Le sacrifice d'un Dieu semblait avoir effacé les péchés du monde; plus de jugement, plus de Justice. Aveugles! nous nous réjouissions, croyant la Justice noyée dans le sang de Jésus-Christ.. Et voilà que le jugement reparaît plus dur, un jugement sans justice, ou du moins dont la justice nous sera toujours cachée. L'élu de Dieu, ce favori, reçoit de lui, avec le don de la foi, le don de faire des œuvres justes, le don du salut... Que la justice soit un don!... Nous, nous l'avions crue active, l'acte même de la volonté. Et voilà qu'elle est passive, qu'elle se transmet en présent, de Dieu à l'élu de son cœur.

Cete doctrine, formulée durement par les protestants, n'en est pas moins celle du monde catholique, telle que la reconnaît le Concile de Trente. Si la grâce, dit-il avec l'apôtre, n'était pas *gratuite,* comme son nom même l'in-

Les contradictions du christianisme

dique, si elle devait être méritée par des œuvres de Justice, elle serait la Justice, et ne serait plus la grâce (Conc. Trid. sess. VI, cap. VIII).

Telle a été, dit le concile, la croyance permanente de l'Eglise. Et il fallait bien qu'il en fût ainsi; c'est le fond du christianisme; hors de là, il y a philosophie, et non plus religion. Celle-ci, c'est la religion de la grâce, du salut gratuit, arbitraire, et du bon plaisir de Dieu.

L'embarras fut grand lorsque le christianisme, avec cette doctrine opposée à la Justice, fut appelé à gouverner, à juger le monde, lorsque la jurisprudence descendit de son prétoire, et dit à la nouvelle foi : « Jugez à ma place. »

On put voir alors, au fond de cette doctrine qui semblait suffire au monde, un abîme d'insuffisance, d'incertitude, de découragement.

Si l'on restait fidèle au principe que le salut est un don, et non le prix de la Justice, l'homme se croisait les bras, s'asseyait et attendait; il savait bien que ses œuvres ne pouvaient rien pour son sort. Toute activité morale cessait en ce monde.

Et la vie civile, l'ordre, la justice humaine, comment les maintiendrait-on? Dieu aime et ne juge plus. Comment l'homme jugera-t-il? Tout jugement religieux ou politique est une contradiction flagrante dans une religion uniquement fondée sur un dogme étranger à la justice.

On ne vit pas sans justice. Donc, il faut que le monde chrétien subisse la contradiction. Cela met dans beaucoup de choses du faux et du louche; on ne se tire de cette double position que par des formules hypocrites. L'Eglise juge et ne juge pas, tue et ne tue pas. Elle a horreur de verser le sang; voilà pourquoi elle brûle... Que dis-je? Elle ne brûle pas. Elle remet le coupable à celui qui brûlera, et elle ajoute encore une petite prière, comme pour intercéder... Comédie terrible où la justice, la fausse et cruelle justice, prend le masque de la grâce.

Etrange punition de l'ambition extraordinaire qui voulut

plus que la Justice, et la méprisa! Cette Eglise est restée incapable de Justice. Quand elle voit, au Moyen Age, celle-ci qui se relève, elle voudrait s'en rapprocher. Elle essaie de dire comme elle, de prendre sa langue, elle avoue que l'homme peut quelque chose pour son salut par les œuvres de Justice. Vains efforts! Le christianisme ne peut se réconcilier avec Papinien qu'en s'éloignant de saint Paul, en quittant sa propre base, s'inclinant hors de lui-même, au risque de perdre l'équilibre et de chavirer.

Parti de l'arbitraire, ce système doit rester dans l'arbitraire, il n'en peut sortir d'un pas.

Tous les mélanges bâtards par lesquels les scolastiques, et d'autres depuis, ont vainement essayé de faire un dogme *raisonnable,* un christianisme philosophe et juriste, ces mélanges doivent être écartés. Ils n'ont ni vertu, ni force. On a été obligé de les laisser de côté; on les a fait rentrer dans l'oubli et le silence. Il faut voir le système en lui, dans sa pureté terrible, qui a fait toute sa force, il faut le suivre dans son règne du Moyen Age, le voir partir surtout à l'époque où, fixé enfin, complet, armé, inflexible, il prend possession du monde.

Sombre doctrine, qui, dans la destruction de l'Empire romain, lorsque l'ordre civil périt, et que la justice humaine est comme effacée, ferme le recours du tribunal suprême, et, pour mille ans, voile la face de la justice éternelle.

L'iniquité de la conquête, confirmée par arrêt de Dieu, s'autorise, et se croit juste. Les vainqueurs sont les élus, les vaincus les réprouvés. Damnation sans appel. De longs siècles peuvent se passer, la conquête s'oublier. Mais le ciel, vide de justice, n'en pèsera pas moins sur la terre, la formant à son image. L'arbitraire, qui fait le fond de cette théologie, se retrouvera partout, avec une fidélité désespérante, dans les institutions politiques, dans celles même où l'homme avait cru bâtir un asile à la justice. La monarchie divine, la monarchie humaine gouvernent pour leurs élus.

Où donc se réfugiera l'homme? La grâce règne seule au ciel, et la faveur ici-bas.

Pour que la Justice, deux fois proscrite et bannie, se hasarde à relever la tête, il faut une chose difficile (tant le sens humain est étouffé sous la pesanteur des maux et la pesanteur des siècles), il faut que la Justice recommence à se croire juste, qu'elle s'éveille, se souvienne d'elle-même, reprenne conscience du droit.

Cette conscience, éveillée lentement pendant six cents ans de tentatives religieuses, elle éclate en 89 dans le monde politique et social.

La Révolution n'est autre chose que la réaction tardive de la Justice contre le gouvernement de la faveur et la religion de la grâce.

III

Si vous avez voyagé quelquefois dans les montagnes, vous aurez peut-être vu ce qu'une fois je rencontrai.

Parmi un entassement confus de roches amoncelées, au milieu d'un monde varié d'arbres et de verdure, se dressait un pic immense. Ce solitaire, noir et chauve, était trop visiblement le fils des profondes entrailles du globe. Nulle verdure ne l'égayait, nulle saison ne le changeait; l'oiseau s'y posait à peine, comme si, en touchant la masse échappée du feu central, il eût craint de brûler ses ailes. Ce sombre témoin des tortures du monde intérieur semblait y rêver encore, sans faire la moindre attention à ce qui l'environnait, sans se laisser jamais distraire de sa mélancolie sauvage...

Quelles furent donc les révolutions souterraines de la terre, quelles incalculables forces se combattirent dans son sein, pour que cette masse, soulevant les monts, perçant les rocs, fendant les bancs de marbre, jaillît jusqu'à la surface!... Quelles convulsions, quelles tortures arrachèrent du fond du globe ce prodigieux soupir!

Je m'assis, et, de mes yeux obscurcis, des larmes, lentes, pénibles, commencèrent à s'exprimer une à une... La nature m'avait trop rappelé l'histoire. Ce chaos de monts entassés m'opprimait du même poids qui, pendant tout le Moyen Age, pesa sur le cœur de l'homme, et dans ce pic désolé, que du fond de ses entrailles la terre lançait contre le ciel, je retrouvais le désespoir et le cri du genre humain.

Que la Justice ait porté mille ans sur le cœur cette montagne du dogme, qu'elle ait, dans cet écrasement, compté les heures, les jours, les années, les longues années... C'est là, pour celui qui sait, une source d'éternelles larmes. Celui qui, par l'histoire, partagea ce long supplice, n'en reviendra jamais bien ; quoi qu'il arrive, il sera triste ; le soleil, la joie du monde, ne lui donnera plus de la joie ; il a trop longtemps vécu dans le deuil et les ténèbres.

Ce qui m'a percé le cœur, c'est cette longue résignation, cette douceur, cette patience, c'est l'effort que l'humanité fit pour aimer ce monde de haine et de malédiction sous lequel on l'accablait.

Quand l'homme qui s'était démis de la liberté, défait de la Justice, comme d'un meuble inutile, pour se confier aveuglément aux mains de la Grâce, la vit se concentrer sur un point imperceptible, les privilégiés, les élus, et tout le reste perdu sur la terre, et sous la terre, perdu pour l'éternité, vous croiriez qu'il s'éleva de partout un hurlement de blasphème ! Non, il n'y eut qu'un gémissement...

Et ces touchantes paroles : « S'il vous plaît que je sois damné, que votre volonté soit faite, ô Seigneur ! »

Et ils s'enveloppèrent, paisibles, soumis, résignés, du linceul de damnation.

Chose grave, chose digne de mémoire, que la théologie n'eût prévue jamais. Elle enseignait que les damnés ne pouvaient rien que haïr. Mais ceux-ci aimaient encore. Ils s'exerçaient, ces damnés, à aimer les élus, leur maîtres. Le prêtre, le seigneur, ces enfants préférés du Ciel, ne trouvèrent pendant des siècles que douceur, docilité, amour et confiance, dans cet humble peuple. Il servit, souffrit, en silence; foulé, il remercia; il ne pécha point contre ses lèvres, comme fit le saint homme Job.

Qui le préserva de la mort? Une seule chose, il faut le dire, qui ranima, rafraîchit le patient dans son long supplice. Cette étonnante douceur d'âme qu'il y conservait, lui porta bonheur; de ce cœur percé, mais si bon! s'échappa une vive source d'aimable et tendre fantaisie, un flot de religion populaire contre la sécheresse de l'autre. Arrosée de ces eaux fécondes, la Légende fleurit et monta, elle ombragea l'infortuné de ses compatissantes fleurs... Fleurs du sol natal, fleurs de la patrie, qui couvrirent quelque peu et firent oublier parfois l'aride métaphysique byzantine et la théologie de la mort.

La mort pourtant fut sous ces fleurs. Le patron, le bon saint du lieu, ne suffisait pas à défendre son protégé contre un dogme d'épouvante. Le Diable attendait à peine que l'homme expirât pour le prendre. Il l'environnait vivant. Il était seigneur de ce monde; l'homme était sa chose et son fief. Il n'y paraissait que trop à l'ordre social du temps. Quelle tentation constante de désespoir et de doute!.. Que le servage d'ici-bas, avec toutes ses misères, fût le commencement, l'avant-goût de la damnation éternelle! D'abord, une vie de douleur, puis, pour consolation, l'enfer!... Damnés d'avance!... Pourquoi alors ces comédies du Jugement qu'on joue aux parvis des églises! N'y a-t-il pas barbarie à tenir dans l'incertitude, dans l'anxiété affreuse, toujours suspendu sur l'abîme, celui qui, avant de naître, est adjugé à l'abîme, lui est dû, lui appartient!

Avant de naître!... L'enfant, l'innocent, créé exprès pour l'enfer!... Mais, que dis-je, l'innocent? C'est là l'horreur du système, il n'y a plus d'innocence.

Je ne sais point, mais j'affirme, hardiment, sans hésiter: là fut l'insoluble nœud où s'arrêta l'âme humaine, où branla la patience...

L'enfant damné! J'ai indiqué ailleurs cette plaie profonde, effroyable, du cœur maternel... Je l'ai indiquée, et puis j'ai remis le voile... Celui qui la sonderait y trouverait beaucoup plus que les affres de la mort.

C'est de là, croyez-le bien, que partit le premier soupir... De protestation? Nullement... Et pourtant, à l'insu même du cœur d'où il s'échappa, il y avait un *Mais* terrible dans cet humble, dans ce bas, dans ce douloureux soupir.

Si bas, mais si déchirant!... L'homme qui l'entendit dans la nuit ne dormit plus cette nuit... ni bien d'autres... Et le matin, avant le jour, il allait sur son sillon; et alors, il trouvait là bien des choses changées. Il trouvait la vallée et la plaine de labour plus basses, beaucoup plus basses, profondes, comme un sépulcre; et plus hautes, plus sombres, plus lourdes, les deux tours à l'horizon, sombre le clocher de l'église, sombre le donjon féodal... Et il commençait aussi à comprendre la voix des deux cloches. L'église sonnait: *Toujours*. Le donjon sonnait: *Jamais*... Mais en même temps, une voix forte parla plus haut dans son cœur... Cette voix disait: *Un jour!* Et c'était la voix de Dieu!

Un jour reviendra la justice! Laisse là ces vaines cloches; qu'elles jasent avec le vent... Ne t'alarme pas de ton doute. Ce doute, c'est déjà de la foi. Crois, espère; le Droit ajourné aura son avènement, il viendra siéger, juger, dans le dogme et dans le monde.. Et *ce jour* du Jugement s'appellera la Révolution.

IV

Je me suis souvent demandé en poursuivant la sombre étude du Moyen Age, par des chemins pleins de ronces, *tristis usque ad mortem*: « Comment la religion la plus douce dans son principe, celle qui part de l'amour même, a-t-elle donc pu couvrir le monde de cette vaste mer de sang? »

L'Antiquité païenne, toute guerrière, meurtrière, destructive, avait prodigué la vie humaine, sans en connaître le prix. Jeune et sans pitié, belle et froide, comme la vierge de Tauride, elle tue et ne s'émeut pas. Vous ne trouvez pas dans ces grandes destructions la passion, l'acharnement, la fureur de haine qui caractérise au Moyen Age les combats et les vengeances de la religion de l'amour.

La première raison que j'en trouvai naguère, dans mon livre du *Prêtre*, c'est le prodigieux enivrement d'orgueil que cette croyance donne à son élu. Quel vertige! tous les jours, amener Dieu sur l'autel, se faire obéir de Dieu!... Le dirai-je? (J'hésitais, croyant blasphémer:) *Faire Dieu!*... Celui qui chaque jour accomplit ce miracle des miracles, comment le nommer lui-même? Un Dieu? ce ne serait pas assez.

Plus cette grandeur est étrange, contre nature, monstrueuse, plus celui qui la revendique est inquiet, troublé d'avance... Il me semble comme assis à la flèche de Strasbourg, sur la pointe de la croix... Imaginez ce qu'il aura de haine et de violence, pour tout homme qui le touchera, l'ébranlera, voudra le faire descendre! Descendre? on ne descend pas. On tombe d'une telle place, on tombe, d'une pesante chute, à s'enfoncer dans la terre.

Soyez bien convaincu que s'il peut, pour se maintenir, supprimer le monde d'un signe; si, ce que Dieu fit d'un mot, il peut l'exterminer d'un mot, le monde est exterminé.

Cet état d'inquiétude, de colère, de haine tremblante, explique seul les incroyables fureurs de l'Eglise au Moyen Age, à mesure qu'elle voit monter contre elle, cette rivale, la Justice...

Celle-ci, vous l'auriez vue à peine d'abord. Il n'y avait rien de si bas, de si petit, de si humble... Méchante petite herbe, oubliée dans le sillon: on se baissait, et c'est beaucoup si l'on pouvait distinguer.

Justice, tout à l'heure si faible, qu'as-tu pour croître si vite? Que je tourne un moment la tête, je ne te reconnais plus. Je te retrouve à chaque heure plus haute de dix coudées... La théologie se trouble, elle rougit, elle pâlit...

Une lutte commence alors, terrible, effroyable, pour

laquelle manque toute parole... La théologie, jetant le masque doucereux de la grâce, s'abdiquant, se reniant, pour anéantir la Justice, s'efforçant de l'absorber, de la perdre en elle-même, de la plonger dans ses entrailles... Les voilà toutes deux en face; laquelle, à la fin de cette mortelle bataille, se trouve avoir absorbé l'autre, incorporé, assimilé?

Que la Terreur révolutionnaire se garde bien de se comparer à l'Inquisition. Qu'elle ne se vante jamais d'avoir, dans ses deux ou trois ans, rendu au vieux système ce qu'il nous fit six cents ans!... Combien l'Inquisition aurait droit de rire!... Qu'est-ce que c'est que les seize mille guillotinés de l'une devant ces millions d'hommes égorgés, pendus, rompus, ce pyramidal bûcher, ces masses de chairs brûlées, que l'autre a montées jusqu'au ciel? La seule Inquisition d'une des provinces d'Espagne établit, dans un monument authentique, qu'en seize années elle brûla vingt mille hommes... Mais pourquoi parler de l'Espagne, plutôt que des Albigeois, plutôt que des Vaudois des Alpes, plutôt que des beggards de Flandre, que des protestants de France, plutôt que de l'épouvantable croisade des hussites, et de tant de peuples que le pape livrait à l'épée?

L'histoire dira que, dans son moment féroce, implacable, la Révolution craignit d'aggraver la mort, qu'elle adoucit les supplices, éloigna la main de l'homme, inventa une machine pour abréger la douleur.

Et elle dira aussi que l'Eglise du Moyen Age s'épuisa en inventions pour augmenter la souffrance, pour la rendre poignante, pénétrante, qu'elle trouva des arts exquis de torture, des moyens ingénieux pour faire que, sans mourir, on savourât longtemps la mort, et qu'arrêtée dans cette route par l'inflexible nature qui, à tel degré de douleur, fait grâce en donnant la mort, elle pleura de ne pouvoir en faire endurer davantage.

Je ne puis, je ne veux pas remuer ici cette mer de sang. Si Dieu me donne d'y toucher un jour, il reprendra ce sang, sa vie bouillonnante, il roulera en torrents, pour noyer la fausse histoire, les flatteurs gagés du meurtre, pour emplir leur bouche menteuse...

Je sais bien que la meilleure partie de ces grandes destructions ne peut plus être racontée. Ils ont brûlé les livres, brûlé les hommes, rebrûlé les os calcinés, jeté la cendre... Quand retrouverai-je l'histoire des Vaudois, des Albigeois, par exemple? Le jour où j'aurai l'histoire de l'étoile que j'ai vue filer cette nuit... Un monde, un monde tout entier a péri, sombré, corps et biens... On a retrouvé un poème, on a retrouvé des ossements au fond des cavernes, mais point de noms, point de signes... Est-ce avec ces tristes restes que je puis refaire cette histoire?... Qu'ils triomphent, nos ennemis, de l'impuissance qu'ils nous ont faite, et d'avoir été si barbares qu'on ne peut avec certitude raconter leurs barbaries!.. Tout au moins le désert raconte, et le désert du Languedoc, et les solitudes des Alpes, et les montagnes dépeuplées de la Bohême, tant d'autres lieux, où l'homme a disparu, où la terre est devenue à jamais stérile, où la nature, après l'homme, semble exterminée elle-même.

Mais une chose crie plus haut que toutes les destructions (chose authentique, celle-là), c'est que le système qui tuait au nom d'un principe, au nom d'une foi, se servit indifféremment de deux principes opposés, de la tyrannie des rois, de l'aveugle anarchie des peuples. En un siècle seulement, au XVIe, Rome change trois fois, elle se jette à droite, à gauche, sans pudeur, sans ménagement. D'abord elle se donne aux rois; puis, elle se jette au peuple; puis encore, retourne aux rois. Trois politiques, un seul but, comment atteint? Il n'importe. Quel but? La mort de la pensée.

Un écrivain a trouvé que le nonce du pape n'a pas su d'avance la Saint-Barthélemy. Et moi, j'ai trouvé que le pape l'avait préparée, travaillée dix ans.

« Bagatelle, dit un autre, simple affaire municipale, une vengeance de Paris. »

Malgré le dégoût profond, le mépris, le vomissement que me donnent ces théories, je les ai confrontées aux monuments de l'histoire, aux actes irrécusables. Et j'ai retrouvé de proche en proche la trace rouge du massacre. J'ai vérifié que, du jour où Paris proposa (1561) la vente générale des biens du clergé, du jour où l'Eglise vit le roi incertain, et tenté de cette proie, elle se tourna vivement, violemment vers le peuple, employant tous les moyens de prédication, d'aumône, d'influence diverse, son immense clientèle, ses couvents, ses marchands, ses mendiants, à organiser le meurtre.

« Affaire populaire », dites-vous. C'est vrai. Mais dites donc aussi par quelle ruse diabolique, quelle persévérance infernale, vous avez travaillé dix ans à pervertir le sens du peuple, le troubler, le rendre fol.

Esprit de ruse et de meurtre, j'ai vécu trop de siècles en face de toi, pendant tout le Moyen Age, pour que tu m'abuses. Après avoir nié si longtemps la justice et la liberté, tu pris leur nom pour cri de guerre. En leur nom, tu as exploité une riche mine de haine, l'éternelle tristesse que l'inégalité met au cœur de l'homme, l'envie du pauvre pour le riche... Tu as, sans hésitation, toi, tyran, toi, propriétaire, et le plus absorbant du monde, embrassé tout à coup, et passé d'un bond, les impraticables théories des niveleurs.

Avant la Saint-Barthélemy, le clergé disait au peuple, pour l'animer au massacre: « Les protestants *sont des nobles,* des gentilshommes de province. » Cela était vrai, le clergé ayant déjà exterminé, comprimé le protestantisme des villes. Les châteaux seuls étant fermés, pouvaient être encore protestants. Mais lisez leurs premiers martyrs; c'étaient des hommes des villes, petits marchands, ouvriers. Ces croyances qu'on désignait à la haine du peuple, comme celles de l'aristocratie, étaient sorties du peuple même. Et qui ne sait que Calvin fut le fils d'un tonnelier?

Il me serait trop facile de montrer comment tout ceci a

été embrouillé de nos jours par les écrivains valets du clergé, puis copié légèrement. J'ai voulu seulement montrer par un exemple la féroce adresse avec laquelle le clergé poussa le peuple, et se fit une arme mortelle de la jalousie sociale. Le détail serait curieux; je regrette de l'ajourner. Il faudrait dire comment, pour perdre un homme, une classe d'hommes, la calomnie élaborée par une presse spéciale, lentement manipulée aux écoles, aux séminaires, surtout aux parloirs des couvents, directement confiée (pour être répandue plus vite) aux pénitentes, aux marchands attitrés des curés et des chanoines, s'en allait grondant dans le peuple; comment elle s'exaltait dans les mangeries, buveries, qu'on appelait confréries, à qui on livrait, entre autres choses, les grands biens des hôpitaux... Détails bas, mesquins, misérables, mais sans lesquels on ne comprend jamais les grandes exécutions de la démagogie catholique.

Parfois, s'il fallait perdre un homme en renom, on ajoutait à ces moyens un art supérieur. On trouvait, par argent, par crainte, quelque écrivain de talent qu'on lançait sur lui. Ainsi le confesseur du roi, pour parvenir à brûler Vallée, fit écrire contre lui Ronsard. Ainsi, pour perdre Théophile, le confesseur poussa Balzac, qui ne pouvait pardonner à Théophile d'avoir tiré l'épée pour lui, et de lui avoir sauvé des coups de bâton.

De nos jours, j'ai pu observer dans le petit, dans le bas, dans le ruisseau de la rue, comment on travaille ecclésiastiquement la haine et l'émeute. J'ai vu dans une ville de l'Ouest un jeune professeur de philosophie qu'on voulait chasser de sa chaire, suivi, montré dans la rue par des femmes ameutées. Que savaient-elles des questions? Rien que ce qu'on leur apprenait dans le confessionnal. Elles n'étaient pas moins furieuses, se mettaient toutes sur la porte, le montraient, criaient: « Le voilà! »

Dans une grande ville de l'Est, j'ai vu un autre spectacle, peut-être plus odieux. Un vieux pasteur protestant, presque aveugle, qui tous les jours, souvent plusieurs fois par jour, était suivi, insulté par les enfants d'une école, qui le tiraient par-derrière, et voulaient le faire tomber.

Voilà comment les choses commencent, par des agents innocents, contre lesquels vous ne pouvez vous défendre, des petits enfants, des femmes... Dans des temps plus favorables, dans des pays d'ignorance et d'exaltation facile, l'homme se met de la partie. Le maître qui tient à l'église, comme membre de confrérie, comme marchand, comme locataire, crie, gronde, cabale, ameute. Le compagnon, le valet, s'enivrent pour faire un mauvais coup; l'apprenti les suit, les dépasse, frappe, sans savoir pourquoi; l'enfant parfois assassine.

Puis, arrivent les esprits faux, les théoriciens ineptes, pour baptiser le pieux assassinat du nom de justice du peuple, pour canoniser le crime élaboré par les tyrans, au nom de la liberté.

C'est ainsi qu'en un même jour, on trouva moyen d'égorger d'un coup tout ce qui honorait la France, le premier philosophe du temps, le premier sculpteur et le premier musicien, Ramus, Jean Goujon, Goudimel. Combien plus eût-on égorgé notre grand jurisconsulte, l'ennemi de Rome et des Jésuites, le génie du droit, Dumoulin!...

Heureusement, il était à l'abri; il leur avait sauvé un crime, réfugié sa noble vie en Dieu... Mais auparavant, il avait vu l'émeute organisée quatre fois par le clergé contre lui et sa maison. Cette sainte maison d'étude quatre fois forcée, pillée, ses livres, profanés, dispersés, ses manuscrits irréparables, patrimoine du genre humain, traînés au ruisseau, détruits... Il n'ont pas détruit la Justice; le vivant esprit enfermé dans ces livres s'émancipa par la flamme, s'épandit, et remplit tout; il pénétra l'atmosphère, en sorte que, grâce aux fureurs meurtrières du fanatisme, on ne put respirer d'air que celui de l'équité.

Le carnage du Colisée

V

Quand il y avait eu au Colisée de Rome grande fête, grand carnage, quand le sable avait bu le sang, que les lions se couchaient repus, soûls de chair humaine, alors, pour divertir le peuple, lui faire un peu oublier, on lui donnait une farce. On mettait un œuf dans la main d'un misérable esclave condamné aux bêtes, et on le jetait dans l'arène. S'il arrivait jusqu'au bout, si par bonheur il parvenait à porter son œuf jusque sur l'autel, il était sauvé... La distance n'était pas longue, mais qu'elle lui semblait longue!... Ces bêtes, rassasiées, dormantes ou voulant bientôt dormir, ne laissaient pas de soulever, au petit bruit du léger pas, leurs paupières appesanties, elle bâillaient effroyablement, et semblaient se demander s'il fallait quitter leur repos, pour cette ridicule proie... Lui, moitié mort de frayeur, se faisant petit, courbé, tout affaissé sur lui-même, comme pour rentrer dans la terre, il eût dit (s'il eût pu dire): « Hélas! hélas! je suis si maigre! lions, seigneurs lions, de grâce, laissez passer ce squelette; le repas n'est pas digne de vous... » Jamais bouffon, jamais mime n'eut tel effet sur le peuple; les contorsions bizarres, les convulsions de la peur jetaient tous les assistants dans les convulsions du rire; on se tordait sur le bancs; c'était une tempête effroyable de gaieté, un rugissement de joie.

Je suis obligé de dire, quoi qu'il en coûte, que ce spectacle s'est renouvelé vers la fin du Moyen Age, lorsque le vieux principe, furieux de se voir mourir, crut qu'il aurait encore le temps de faire mourir la pensée humaine. On revit, comme au Colisée, de misérables esclaves porter à travers les bêtes, non rassasiées, non assoupies, mais furieuses, atroces, avides, le pauvre petit dépôt de la vérité proscrite, l'œuf fragile qui pouvait sauver le monde, s'il arrivait à l'autel...

D'autres riront... malheur à eux!... Moi, je ne rirai jamais à la vue de ce spectacle... Cette farce, ces contorsions, pour donner le change aux monstres aboyants, pour amuser ce peuple indigne, elles me percent de douleur. Ces esclaves que je vois passer là-bas sur l'arène sanglante, ce sont les rois de l'esprit, les bienfaiteurs du genre humain... O mes pères, ô mes frères, Voltaire, Molière, Rabelais, amis chéris de ma pensée, est-ce donc vous que je reconnais, tremblants, souffreteux, ridicules, sous ce triste déguisement?... Génies sublimes, chargés de porter le dépôt de Dieu, vous avez donc accepté, pour nous, ce difforme martyre, d'être les bouffons de la peur?...

Avilis!... oh! non, jamais! Du milieu de l'amphithéâtre, ils me disaient avec douceur: « Qu'importe, ami, qu'on rie de nous? qu'importe que nous subissions la morsure des bêtes sauvages, l'outrage des hommes cruels, pourvu que nous arrivions, pourvu que le cher trésor, mis en sûreté sur l'autel, soit repris par le genre humain qu'il doit sauver tôt ou tard. Sais-tu bien quel est ce trésor? La liberté, la justice, la vérité, la raison. »

Quand on songe par quels degrés, quelles difficultés, quels obstacles, surgit toute grande pensée, on s'étonne moins de voir les humiliations, les bassesses où peut descendre, pour la sauver, celui qui l'eut une fois... Qui nous donnera de pouvoir suivre, des profondeurs à la surface, l'ascension d'une pensée? Qui dira les formes confuses, les mélanges, les retards funestes qu'elle subit pendant des siècles? Combien, de l'instinct au rêve, à la rêverie, et de là au clair-obscur poétique, elle a lentement cheminé! Comme elle a erré longtemps entre les enfants et les simples, entre les poètes et les fols!.. Et un matin cette folie s'est trouvée le bon sens de tous!... Mais cela ne suffit pas. Tous pensent, personne n'ose dire... Pourquoi? Le courage manque donc? Oui, mais pourquoi manque-t-il? Parce que la vérité trouvée n'est pas assez nette encore; il faut qu'elle brille en sa lumière, pour qu'on se dévoue pour elle... Elles éclate enfin, lumineuse, dans un génie, et elle le rend héroïque, elle l'embrasse de dévouement, d'amour et de sacrifice... Il la place sur son cœur, et va à travers les lions...

De là, ce spectacle étrange que je voyais tout à l'heure, cette farce sublime et terrible... Voyez, voyez, comme il a peur, comme il passe, humble et tremblant, comme il serre, il cache, il presse, ce je ne sais quoi qu'il porte... Ah! ce n'est pas pour lui qu'il tremble... Peur glorieuse, peur héroïque!... Ne voyez-vous pas qu'il porte le salut du genre humain?

Une seule chose m'inquiète... Quel est donc le lieu de refuge où l'on va cacher ce dépôt? quel autel assez sacré pour garder le sacré trésor? Et quel dieu est assez dieu pour protéger ce qui n'est autre chose que la pensée de Dieu même?

Grands hommes qui portez ce dépôt du salut, d'un embrassement si tendre, comme une mère son enfant, prenez garde, je vous supplie, prenez bien garde à l'asile auquel vous le confiez... Craignez les idoles humaines, évitez les dieux de chair ou de bois, qui, loin de protéger les autres, ne peuvent se protéger...

Je vous vois tous, dès la fin du Moyen Age, du XIIIe au XVIe siècle, bâtir à l'envi, grandir ce sanctuaire de refuge: l'autel de la Royauté. Pour détrôner les idoles, vous érigez une idole... Vous lui offrez tout, l'or, l'encens, la myrrhe... A elle, la douce sagesse; à elle, la tolérance, la liberté, la philosophie; à elle, la raison dernière des sociétés: le Droit.

Comment cette divinité ne grandirait-elle pas? Les plus puissants esprits du monde, poursuivis, chassés à mort par le vieux principe implacable, travaillent à élever toujours plus haut leur asile; ils voudraient le porter au ciel... De là, une suite de légendes, de mythes, parés, amplifiés par tous les efforts du génie: au XIIIe siècle, le *saint* roi, plus prêtre que le prêtre même, le roi *chevalier* au XVIe, le *bon* roi dans Henri IV, le roi-Dieu, Louis XIV.

SECONDE PARTIE

De l'ancienne Monarchie

I

Dès 1300, je vois le grand poète gibelin qui, contre le pape, affermit, élève au niveau du soleil le colosse de César. L'*unité,* c'est le salut; *un* monarque, un seul pour la terre. Puis, suivant à l'aveugle sa logique austère, inflexible, il établit que, plus ce monarque est grand, plus il est tout, plus il est Dieu, et moins on doit craindre qu'il n'abuse jamais de rien. S'il a tout, il ne désire point; encore moins peut-il envier, haïr... Il est parfait, il est parfaitement, souverainement juste; il gouverne précisément, comme la justice de Dieu.

Voilà la base de toutes les théories qu'on a depuis entassées pour appuyer ce principe: l'*unité,* et le résultat opposé de l'unité, *la paix*... Et depuis, nous n'avons eu presque jamais que des guerres.

Il faut creuser plus bas que Dante, découvrir et regarder dans la terre la profonde assise populaire où fut bâti le colosse.

L'homme a besoin de justice. Captif dans l'enceinte d'un dogme qui porte tout entier sur la grâce arbitraire de Dieu, il crut sauver la justice dans une religion politique, se créa d'un homme un *Dieu de justice,* espérant que ce Dieu visible lui garderait la lumière d'équité qu'on avait obscurcie dans l'autre.

J'entends ce mot sortir des entrailles de l'ancienne France, mot tendre, d'accent profond: « Mon roi! »

Il n'y a pas là de flatterie. Louis XIV jeune fut véritablement aimé de deux personnes, du peuple et de La Vallière.

C'est, dans ce temps, la foi de tous. Le prêtre même semble retirer son Dieu de l'autel, pour faire place au nouveau Dieu. Les Jésuites effacent Jésus de la porte de leur maison pour y mettre Louis-le-Grand. Je lis aux voûtes de la chapelle de Versailles: *Intrabit templum suum dominator*. Le mot n'avait pas deux sens; la Cour ne connaissait qu'un Dieu.

L'évêque de Meaux craint que Louis XIV n'ait pas assez de foi en lui-même, il l'encourage: « O rois, exercez hardiment votre puissance, elle est divine... Vous êtes des dieux! »

Dogme étonnant! Et pourtant le peuple ne demandait qu'à le croire. Il souffrait tant des tyrannies locales que, des points les plus éloignés, il appelait le Dieu de là-bas, le Dieu de la Monarchie. Nul mal ne lui est imputé. Si ses gens en font, c'est qu'il est trop haut ou trop loin... « Si le roi savait!... »

C'est ici un trait singulier de la France. Ce peuple n'a compris longtemps la politique que comme dévouement et amour.

Amour robuste, obstiné, aveugle, qui fait un mérite à son Dieu de toutes ses imperfections. Ce qu'il y voit d'humain, loin de s'en choquer, il l'en remercie. Il croit qu'il en sera plus près de lui, moins fier, moins dur, plus sensible. Il sait gré à Henri IV d'aimer Gabrielle.

Cet amour de la royauté, au début de Louis XIV et de Colbert fut idolâtrie. L'effort du roi pour faire justice égale à tous, diminuer l'odieuse inégalité de l'impôt, lui donna le cœur du peuple. Colbert biffa quarante mille prétendus nobles, les mit à la taille. Il força les bourgeois notables de rendre compte enfin des finances des villes qu'ils exploitaient à leur profit. Les nobles des provinces qui, à la faveur du désordre, se faisaient barons féodaux, reçurent les visites formidables des envoyés du Parlement. La justice royale fut bénie pour sa rigueur. Le roi apparut terrible, dans ses *Grands Jours*, comme le Jugement dernier, entre le peuple et la noblesse, le peuple à droite, se serrant contre son juge, plein d'amour, et de confiance...

« Tremblez, tyrans, ne voyez-vous pas que nous avons Dieu avec nous? » C'est exactement le discours de ce simple peuple, qui croit avoir le roi pour lui. Il s'imagine voir déjà en lui l'ange de la Révolution, il lui tend les bras, l'invoque, plein de tendresse et d'espoir. Rien de plus touchant à lire, entre autres faits de ce genre, que le récit des *Grands Jours d'Auvergne,* le naïf espoir du peuple, le tremblement de la noblesse. Un paysan, parlant à un seigneur, ne s'était pas découvert; le noble jette le chapeau par terre: « Si vous ne le ramassez, dit le paysan, les Grands Jours vont venir, le roi vous fera couper la tête... » Le noble eut peur et ramassa.

Grande, sublime position de la royauté!.. Pourquoi faut-il qu'elle en soit descendue, que le juge de tous soit le juge *de quelques-uns,* que ce Dieu de la justice, comme celui des théologiens, ait voulu avoir des *élus?*

Tant de confiance et d'amour!... Tout cela trompé.
Ce roi tant aimé fut dur pour le peuple. Cherchez partout, dans les livres, les tableaux, voyez-le dans ses portraits; pas un mouvement, par un regard ne révèle un cœur touché. L'amour d'un peuple, cette chose si grande, si rare, ce vrai miracle, n'a réussi qu'à faire de son idole un miracle d'égoïsme.

Il a pris l'adoration au mot, s'est cru un Dieu. Mais ce mot Dieu, il n'y a rien compris. Etre Dieu, c'est vivre pour tous... Lui, de plus en plus, il se fait le roi de la Cour; ceux qu'il voit, ce petit nombre, cette bande de mendiants dorés qui l'assiègent, c'est son peuple. Divinité étrange, il a rétréci, étouffé un monde dans un homme, au lieu d'étendre et d'agrandir cet homme à la mesure d'un monde. Tout son monde aujourd'hui, c'est Versailles; là même, cherchez bien; si vous trouvez un lieu petit, obscur, un sombre cabinet, une tombe déjà! c'est ce qu'il lui faut; assez pour un individu.

Le peuple et son souverain

II

J'approfondirai tout à l'heure l'idée dont vivait la France, le gouvernement de la grâce et la Monarchie paternelle. Cet examen sera fort avancé peut-être, si j'établis d'abord par preuves authentiques les résultats où ce système avait abouti à la longue; l'arbre se juge sur les fruits.

D'abord on ne peut contester qu'il n'ait assuré à ce peuple la gloire d'une prodigieuse et incroyable patience. Lisez les voyageurs étrangers des deux derniers siècles, vous les voyez stupéfaits, en traversant nos campagnes, de leur misérable apparence, de la tristesse, du désert, de l'horreur, de la pauvreté, des sombres chaumières nues et vides, du maigre peuple en haillons. Ils apprennent là ce que l'homme peut endurer sans mourir, ce que personne, ni Anglais, ni Hollandais, ni Allemand n'aurait supporté.

Ce qui les étonne encore plus, c'est la résignation de ce peuple, son respect pour ses maîtres, laïques, ecclésiastiques, son attachement idolâtrique pour ses rois... Qu'il garde, parmi de telles souffrances, tant de patience et de douceur, de bonté, de docilité, si peu de rancune pour l'oppression, c'est là un étrange mystère. Il s'explique peut-être en partie par l'espèce de philosophie insouciante, la facilité trop légère avec laquelle le Français accueille le mauvais temps; le beau viendra tôt ou tard; la pluie aujourd'hui, demain le soleil... Il n'en veut pas à la pluie.

La sobriété française aussi, cette qualité éminemment militaire, aidait à la résignation. Nos soldats, en ce genre, comme en tout autre, ont montré la limite de la force humaine. Leurs jeûnes, dans les marches pénibles, dans les travaux excessifs, auraient effrayé les fainéants solitaires de la Thébaïde, les Antoine et les Pacôme.

Il faut apprendre du maréchal de Villars comment vivaient les armées de Louis XIV: « Plusieurs fois, nous avons cru que le pain manquerait absolument, et puis, par des efforts, on en a fait arriver pour un demi-jour. On gagne le lendemain en jeûnant. Quand M. d'Artagnan a marché, il a fallu que les brigades qui ne marchaient pas jeûnassent... C'est un miracle que nos subsistances, et une merveille que la vertu et la fermeté des soldats... *Panem nostrum da nobis hodié,* me disent-ils quand je parcours les rangs, après qu'ils n'ont plus que le quart et que la demi-ration. Je les encourage, je leur fais des promesses; ils se contentent de plier les épaules, et me regardent d'un air de résignation qui m'attendrit... « M. le maréchal a raison, disent-ils, il faut savoir souffrir quelquefois. »

Patience! vertu! résignation! Peut-on n'être pas touché, en retrouvant ces traces de la bonté de nos pères?

Qui me donnera de pouvoir faire l'histoire de leurs longues souffrances, de leur douceur, de leur modération? Elle fit longtemps l'étonnement, parfois la risée de l'Europe: Grand amusement pour les Anglais de voir ce soldat maigre et presque nu, gai pourtant, aimable et bon pour ses officiers, faisant sans murmure des marches immenses, et, s'il ne trouve rien le soir, soupant de chansons.

Si la patience mérite le ciel, ce peuple aux deux derniers siècles a vraiment dépassé tous les mérites des saints. Mais, comment en faire la légende?... Les traces en sont fort éparses. La misère est un fait général, la patience à la supporter une vertu chez nous si commune que les historiens les remarquent rarement. L'histoire manque d'ailleurs au XVIIIe siècle; la France, après le cruel effort des guerres de Louis XIV, souffre trop pour se raconter. Plus de Mémoires; personne n'a le courage d'écrire sa vie individuelle; la vanité même se tait, n'ayant que de la honte à dire. Jusqu'au mouvement philosophique, ce pays est silencieux, comme le palais désert de Louis XIV, survivant à sa famille, comme la chambre du mourant qui gouverne, le vieux cardinal Fleury.

L'histoire de cette misère est d'autant moins aisée à faire que les époques n'en sont pas, comme ailleurs, marquées par des révoltes. Elles n'ont été plus rares chez aucun

Misère de la nation

peuple... Celui-ci aimait ses maîtres; il n'a pas eu de révolte, rien qu'une Révolution.

C'est de ses maîtres même, rois, princes, ministres, prélats, magistrats, intendants, que nous allons apprendre les extrémités où il était parvenu. Ce sont eux qui vont caractériser le régime sous lequel on tenait le peuple.

Le chœur lugubre où ils semblent venir tous l'un après l'autre, raconter la mort de la France, s'ouvre par Colbert en 1681: « On ne peut plus aller », dit-il, et il meurt. On va pourtant, car on chasse un demi-million d'hommes industrieux vers 1685, et l'on en tue encore plus dans une guerre de trente années. Mais combien, grand Dieu! il en meurt davantage de misère!

Dès 1698, le résultat est visible. Les intendants eux-mêmes, qui font le mal, le révèlent, le déplorent. Dans les mémoires qu'on leur demande pour le jeune duc de Bourgogne, ils déclarent que tel pays a perdu le quart de ses habitants, tel le tiers, tel la moitié. Et la population ne se répare pas; le paysan est si misérable que ses enfants sont tous faibles, malades, ils ne peuvent vivre.

Suivons bien le cours des années. Cette époque déplorable de 1698 devient un objet de regret. Alors, nous dit un magistrat, Boisguillebert, alors « il y avait encore de l'huile dans la lampe. Aujourd'hui (1707), tout a pris fin, faute de matière... » Mot lugubre, et il ajoute un mot menaçant, on se croirait déjà en 89: « Le procès va rouler maintenant entre ceux qui paient et ceux qui n'ont de fonction que recevoir. »

Le précepteur du petit-fils de Louis XIV, l'archevêque de Cambrai, n'est pas moins révolutionnaire que le petit juge normand: « Les peuples ne vivent plus en hommes, il n'est plus permis de compter sur leur patience. La vieille machine achèvera de se briser au premier choc... On n'oserait envisager le bout de ses forces, auquel on touche; tout se réduit à fermer les yeux et à ouvrir la main pour prendre toujours... »

Louis XIV meurt enfin, on remercie Dieu. Voici heureusement le régent, ce bon duc d'Orléans qui, si Fénelon vivait, le prendrait pour conseiller; il imprime le *Télémaque*; la France sera une Salente. Plus de guerre. Nous sommes maintenant les amis de l'Angleterre; nous lui livrons notre commerce, notre honneur, jusqu'à nos secrets d'Etat. Qui croirait qu'en pleine paix, pour sept années seulement, ce prince aimable trouve moyen d'ajouter aux deux milliards et demi de dette que laisse Louis XIV, *sept cent cinquante millions* de plus? Le tout, payé net... en papier.

« Si j'étais sujet, disait-il, je me révolterais à coup sûr. » Et comme on lui disait qu'en effet une émeute allait avoir lieu, il dit: « Le peuple a raison, il est bien bon de tant souffrir! »

Fleury est aussi économe que le régent fut prodigue. La France se refait-elle? J'en doute, quand je vois qu'en 1739 on présente à Louis XV le pain que mangeait le peuple, du pain de fougère. L'évêque de Chartres lui dit que dans son diocèse, les hommes broutaient avec les moutons. Ce qui peut-être est plus fort, c'est que M. d'Argenson (un ministre), parlant des souffrances du temps, lui oppose *le bon temps*. Devinez lequel? Celui du régent et de M. le duc, le temps où la France, éreintée par Louis XIV, et n'étant plus qu'une plaie, y applique pour remède la banqueroute de trois milliards.

Tout le monde voit venir la crise. Fénelon le dit, dès 1709: « La vieille machine se brisera au premier choc. » Elle ne se brise pas encore. La maîtresse de Louis XV, Mme de Châteauroux, vers 1743: « Il y aura un grand bouleversement, je le vois, si l'on n'y apporte remède. » Oui, madame, tout le monde le voit, et le roi, et celle qui vous succède, Mme de Pompadour, et les économistes, et les philosophes, et les étrangers, tout le monde. Tous admirent la longanimité de ce peuple; c'est Job entre les nations. O douceur, ô patience... Walpole en rit, moi j'en pleure. Il aime encore, ce peuple infortuné! Il croit encore, il s'obstine à espérer. Il attend toujours un sauveur; et quel? Son dieu-homme, son roi.

Risible, touchante idôlâtrie... Ce roi, ce Dieu, que fera-t-il? Il n'a ni la volonté forte, ni le pouvoir peut-être, de guérir le mal profond, invétéré, universel, qui ronge cette société, qui l'altère et qui l'affame, qui a bu ses veines et séché ses os.

Ce mal c'est que, du plus haut au plus bas, elle est organisée pour produire de moins en moins, et payer de plus en plus. Elle ira toujours grandissant, donnant, après le sang, la moelle, et il n'y aura pas de fin, jusqu'à ce qu'ayant atteint le dernier souffle vital, au point de le perdre, les convulsions de l'agonie la relèvent, remettent sur ces jambes ce corps faible et pâle... Faible?... redevenu peut-être fort par la fureur!

Creusons, s'il vous plaît, ce mot: *Produisant de moins en moins*. Il est exact à la lettre.

Dès Louis XIV, les aides pèsent déjà tellement, qu'à Mantes, à Etampes et ailleurs, on arrache toutes les vignes.

Le paysan n'ayant point de meubles à saisir, le fisc n'a nul objet de saisie que le bétail; il extermine peu à peu. Plus d'engrais. La culture des céréales, étendue au XVIIe siècle par d'immenses défrichements, se restreint au XVIIIe. La terre ne peut plus réparer ses forces génératrices, elle jeûne, elle s'épuise; comme le bétail a fini, la terre semble finir elle-même.

Non seulement la terre produit moins, mais on cultive moins de terre. Elle ne vaut plus la peine, dans bien des lieux, d'être cultivée. Les grands propriétaires, las de faire aux métayers des avances qui ne rentrent plus, négligent la terre qui voudrait de coûteux amendements. Le pays cultivé se resserre, le désert s'étend. On parle d'agriculture, on écrit sur l'agriculture, on fait des livres, des essais coûteux, des cultures paradoxales. Et la culture, sans secours, sans bestiaux, devient sauvage. Les hommes s'attellent à la charrue, et les femmes, et les enfants. Ils cultiveraient avec les ongles, si nos anciennes lois ne défendaient au moins le soc, le pauvre et dernier outil qui ouvre le sein de la terre. Comment s'étonner que les récoltes maigrissent, avec ce maigre laboureur, que la terre pâtisse et refuse? L'année ne nourrit plus l'année. A mesure qu'on avance vers 1879, la nature accorde moins. Comme la bête trop fatiguée qui ne veut plus avancer, qui aime mieux se coucher et mourir, elle attend et ne produit plus. La liberté n'est pas seulement la vie de l'homme, c'est celle de la nature.

III

Ne dites pas que la nature soit jamais devenue marâtre. Ne croyez pas que Dieu ait détourné de la terre son fécond regard. Elle est toujours, cette terre, la bonne mère nourrice qui ne demande qu'à aider l'homme; stérile, ingrate à la surface, elle l'aime intérieurement.

Mais c'est l'homme qui n'aime plus, l'homme qui est ennemi de l'homme. La malédiction qui pèse sur lui, c'est la sienne, celle de l'égoïsme et de l'injustice, le poids d'une société injuste. Qui accusera-t-il? Ni la nature, ni Dieu, mais lui-même, mais son œuvre, ses idoles, les dieux qu'il s'est faits.

Il a promené de l'un à l'autre son idolâtrie. A ces dieux de bois, il a dit: « Protégez-moi, soyez mes sauveurs... » Il l'a dit aux prêtres, il l'a dit au noble, il l'a dit au roi... Eh! pauvre homme, sauve-toi toi-même.

Il les aimait, c'est son excuse; elle explique son aveuglement. Comme il aimait, comme il croyait! Quelle foi naïve au *bon Seigneur,* au *cher saint homme de Dieu!* Comme écrasé, foulé par eux, il s'obstinait à mettre en eux ses vœux et ses espérances!... Toujours mineur, toujours enfant, il trouvait je ne sais quelle douceur filiale à ne rien réserver contre eux, à leur abandonner tout le soin de son avenir. « Je n'ai rien, je suis un pauvre homme;

mais je suis l'homme du baron, du beau château qui est là-bas. » Ou bien: « J'ai l'honneur d'être serf de ce fameux monastère. Je ne puis pas manquer jamais. »

Va maintenant, va, bon homme, au jour de ta nécessité, va, frappe à leur porte.

Au château? mais la porte est close, la grande table, où tous s'assirent, n'a pas servi depuis longtemps, la cheminée est froide, ni feu, ni fumée. Le seigneur est à Versailles. Il ne t'oublie pas pourtant. Il a laissé ici pour toi le procureur et l'huissier.

Eh bien! j'irai au monastère. Cette maison de charité n'est-elle pas celle du pauvre?... L'Eglise me dit tous les jours: « Dieu a tant aimé le monde!... Il s'est fait homme, il s'est fait aliment pour nourrir l'homme! L'Eglise n'est rien, ou elle est la charité divine réalisée sur la terre. »

Frappe, frappe, pauvre Lazare! tu resteras-là longtemps. Tu ne sais donc pas que l'Eglise est maintenant retirée du monde, que toutes ces affaires de pauvres et de charité ne la regardent plus? Elle eut deux choses au Moyen Age, des biens et des fonctions, dont elle était fort jalouse; plus équitable au temps moderne, elle a fait deux parts; les biens, elle les a gardés; les fonctions, hôpitaux, aumônes, patronage du pauvre, toutes ces choses qui la mêlaient trop aux soins d'ici-bas, elle les a généreusement remises à la puissance laïque.

Elle a des devoirs qui l'absorbent, celui principalement de défendre jusqu'à la mort ces pieuses fondations dont elle est dépositaire, de n'en rien laisser dépérir, de les transmettre toujours augmentées. Là, elle est vraiment héroïque, prête au martyre, s'il le faut. En 1788, l'Etat obéré, aux abois, ne sachant plus que prendre à un peuple ruiné, s'adresse suppliant au clergé, le prie de payer l'impôt. Sa réponse est admirable, digne de mémoire: « Non, *le peuple* de France n'est pas imposable à volonté. »

Invoquer le nom du peuple pour se dispenser de venir en aide au peuple! Dernier point, vraiment sublime, où devait monter la sagesse pharisienne! Vienne maintenant 89! Ce clergé peut mourir, il n'irait jamais plus loin; il a la consolation, si rare pour les mourants, d'avoir été au bout de ses voies.

IV

Le peuple au XVIIIe siècle n'espère rien du patronage, qui le soutint en d'autres temps, ni du clergé, ni de la noblesse. Ils ne feront rien pour lui. C'est au roi qu'il croit encore, il reporte au petit Louis XV sa foi et son besoin d'aimer. Celui-ci, reste unique d'une si grande famille, sauvé comme le petit Joas, il est sauvé apparemment pour qu'il sauve lui-même les autres. On pleure à le voir, cet enfant!.. Que de mauvaises années se passent! On attend, on espère toujours; cette minorité, cette longue tutelle de vingt ou trente ans finira.

Quand on apprit à Paris que Louis XV, parti pour l'armée, était resté malade à Metz, c'était la nuit. « On se lève, on court en tumulte, sans savoir où l'on va; les églises s'ouvrent en pleine nuit... On s'assemblait dans les carrefours, on s'abordait, on s'interrogeait sans se connaître. Il y eut plusieurs églises où le prêtre qui prononçait la prière pour la santé du roi interrompit le chant par ses pleurs, et le peuple lui répondit par ses sanglots et par ses cris... Le courrier qui apporta la nouvelle de sa convalescence fut embrassé et presque étouffé; on baisait son cheval, on le menait en triomphe... Toutes les rues retentissaient d'un cri de joie. « Le roi est guéri! »

Ceci en 1774. Louis XV est nommé le *Bien-Aimé*.

Dix ans passent. Le même peuple croit que le Bien-Aimé prend des bains de sang humain, que, pour rajeunir son sang épuisé, il se plonge dans le sang des enfants. Un jour que la police, selon son habitude atroce, enlevait des hommes, des enfants errants dans les rues, des petites filles (surtout les jolies), les mères poussent des cris affreux, le peuple s'assemble, une émeute éclate. Dès ce moment, le roi ne vint jamais à Paris. Il ne le traversait guère que pour aller de Versailles à Compiègne. Il fit faire à la hâte une route qui évitait Paris, dispensait le roi de voir son peuple. Cette route s'appelle encore le chemin de la Révolte.

Ces dix années sont la crise même du siècle (1744-1754). Le roi, ce Dieu, cette idole, devient un objet d'horreur. Le dogme de l'incarnation royale périt sans retour.

Et à la place s'élève la royauté de l'esprit. Montesquieu, Buffon, Voltaire publient dans ce court intervalle leurs grandes œuvres; Rousseau commence la sienne.

L'unité reposait jusque-là sur l'idée d'incarnation, religieuse ou politique. Il fallait un Dieu humain, un Dieu de chair, pour unir l'Eglise ou l'Etat. L'humanité, faible encore, plaçait son union dans un signe, un signe visible, vivant, un homme, un individu. Désormais, l'unité plus pure, dispensée de cette condition matérielle, sera dans l'union des cœurs, la communauté de l'esprit, le profond mariage de sentiments et d'idées qui se fait de tous avec tous.

Ces grands docteurs de la nouvelle Eglise, dissidents encore dans les choses secondaires, s'accordent admirablement en deux choses essentielles, qui font le génie du siècle et celui de l'avenir.

1. L'esprit est libre chez eux des formes de l'incarnation; ils le dégagent de ce vêtement de chair qu'il a porté si longtemps.

2. L'esprit pour eux n'est pas seulement lumière, il est chaleur, il est amour, l'ardent amour du genre humain. L'amour en soi, et non soumis à tel dogme, à telle condition de politique religieuse. La *charité* du Moyen Age, esclave de la théologie, a trop aisément suivi son impérieuse maîtresse; trop docile, en vérité, conciliante, jusqu'à admettre tout ce qu'admettrait la haine. Qu'est-ce que la charité qui fait la Saint-Barthélemy, allume les bûchers, organise l'Inquisition?

En écartant de la religion le caractère charnel, repoussant l'incarnation religieuse, ce siècle, d'abord timide dans son audace, reste longtemps charnel en politique, il voudrait pouvoir respecter l'incarnation royale, employer le roi, ce dieu homme, au bonheur des hommes. C'est la chimère des philosophes et des économistes, des Voltaire et des Turgot, de faire la Révolution par le roi.

Rien de plus curieux que de voir l'idole, disputée par les deux partis. Les philosophes tirent à droite, les prêtres à gauche. Qui l'emportera? Les femmes. Ce dieu est un dieu de chair.

Celle qui le retient vingt années, née Poisson, dame Pompadour, voudrait d'abord, contre la Cour, se faire un appui du public. Les philosophes sont mandés, Voltaire fait l'histoire du roi, des poèmes, des drames pour le roi; d'Argenson devient ministre; le contrôleur général, Machault, demande un état des biens ecclésiastiques... Ce coup réveille le clergé. Contre une femme, les Jésuites ne s'amusent pas à discourir; ils opposent une femme, et triomphent... Quelle? La propre fille du roi... Ici, il faudrait Suétone. Ces choses ne s'étaient guère vues, depuis les douze Césars.

Voltaire fut chassé, et d'Argenson, et plus tard, Machault. La Pompadour plia, communia, se mit aux pieds de la reine. Cependant, elle préparait une infâme et triste machine, par où elle reprit le roi, et le garda jusqu'à sa mort: un sérail, qu'on recrutait par des enfants achetées.

Là, s'éteignit Louis XV. Le dieu de chair abdiqua tout souvenir de l'esprit.

Fuyant Paris, fuyant son peuple, toujours isolé à Versailles, il y trouve trop d'hommes encore, trop de jour. Il lui faut l'ombre, les bois, la chasse, le secret de Trianon, ou son couvent du Parc-aux-Cerfs. Chose étrange, inexplicable, que ces amours, ces ombres du moins, ces images de l'amour ne puissent amollir son cœur! Il achète les filles du peuple; par elles, il vit avec le peuple, il en reçoit les caresses enfantines, en prend le langage. Et il reste l'ennemi du peuple dur, égoïste, sans entrailles; de roi, il se fait trafiquant de blé, spéculateur en famine...

Dans cette âme, si bien morte, une chose restait vivante: la peur de mourir. Sans cesse, il parlait de mort, de convoi, de funérailles. Il pressentait souvent celles de la Monarchie. Qu'elle vécût autant que lui, il n'en voulait pas davantage.

Dans une année de disette (elles n'étaient pas rares alors), il chassait à son ordinaire, dans la forêt de Sénart. Il rencontre un paysan qui portait une bière, et demande: « Où portez-vous cela? » — « A tel lieu. » — « Pour un homme ou une femme? » — « Un homme. » — « De quoi est-il mort? » — « De faim. »

V

Cet homme mort, c'est la vieille France; cette bière c'est le cercueil de l'ancienne Monarchie. Mettons-y bien pour toujours les songes dont nous fûmes bercés, la royauté paternelle, le gouvernement de la grâce, la clémence du monarque et la charité du prêtre, la confiance filiale, l'abandon aux dieux d'ici-bas...

La fiction de ce vieux monde, la légende trompeuse qu'il eut toujours à la bouche, c'était de mettre l'*amour à la place de la loi*.

S'il peut renaître, ce monde presque anéanti au nom de l'amour, meurtri par la charité, navré par la grâce, il renaîtra par la loi, la justice et l'équité.

Blasphème! ils avaient opposé la grâce à la loi, l'amour à la justice... Comme si la grâce injuste pouvait être encore la grâce, comme si ces choses que notre faiblesse divise n'étaient pas deux aspects du même, la droite et la gauche de Dieu.

Ils ont fait de la justice une chose négative, qui défend, prohibe, exclut, un poteau pour arrêter, un couteau pour égorger... Ils ne savent pas que la justice c'est l'œil de la Providence. L'amour, aveugle chez nous, clairvoyant en Dieu, voit par la justice. Regard vital et fécond. Une force prolifique est dans la justice de Dieu. Toutes les fois qu'elle touche la terre, celle-ci est heureuse, elle enfante. Le soleil et la rosée n'y suffisent, il faut la Justice. Qu'elle vienne, et les moissons viennent. Des moissons d'hommes et de peuples vont sourdre, germer, fleurir, au soleil de l'équité.

Un jour de justice, un seul, qu'on appelle la Révolution, a produit dix millions d'hommes.

Mais qu'elle paraît loin encore au milieu du XVIIIe siècle, reculée et impossible... Car avec quoi la ferai-je? tout finit autour de moi. Pour bâtir, il faudrait des pierres, de la chaux et du ciment, et j'ai les mains vides. Les deux sauveurs de ce peuple, le prêtre et le roi, l'ont perdu, au point qu'on ne sait plus où prendre de quoi le faire revenir. Plus de vie féodale, ni de vie municipale; perdue dans la royauté. Plus de vie religieuse, éteinte avec le clergé. Hélas! pas même de légendes locales, de traditions nationales, plus de ces heureux préjugés qui font la vie du peuple enfant. Ils ont tout détruit chez lui, jusqu'à ses erreurs. Le voilà dénué et vide, table rase; l'avenir écrira ce qu'il pourra.

Esprit pur, dernier habitant de ce monde détruit, héritier universel de toutes ces puissances éteintes, comment vas-tu nous ramener à la seule qui fasse vivre? Comment nous rendras-tu la Justice et l'idée du droit?

Tu ne vois rien ici qu'obstacles, vieilles ruines qu'il faut ruiner encore, mettre en poudre et passer outre. Rien n'est debout, rien n'est vivant. Quoi que tu fasses, au moins, tu auras la consolation de n'avoir tué que des morts.

Le procédé de l'esprit pur est celui même de Dieu, l'art de Dieu est son art. Sa construction est trop profondément harmonique au-dedans pour le paraître au-dehors. Ne cherchez pas ici les droites et les angles, les lignes rigides de vos bâtiments de pierre et de marbre. Dans un organisme vivant, l'harmonie, bien autrement forte, est surtout au fond des organes.

D'abord que ce monde nouveau ait la vie matérielle; donnons-lui pour commencement, pour première assise, la colossale *Histoire naturelle;* mettons l'ordre dans la nature; pour elle, l'ordre c'est la justice.

Mais l'ordre est impossible encore. De la nature qui bouillonne et s'anime, comme au réveil de l'Etna, flamboie un volcan immense. Toute science et tout art en éclatent... Une masse reste, l'éruption faite, mêlée de scories et d'or, masse énorme: l'*Encyclopédie*.

Voilà deux âges du jeune monde, deux jours de la création. L'ordre manque et l'unité manque. Créons l'homme, l'unité du monde, et qu'avec lui l'ordre vienne, et celle que nous attendons, cette désirée lumière de la Justice divine.

L'homme apparaît sous trois figures: Montesquieu, Voltaire et Rousseau. Trois interprètes du Juste.

Notons la loi, cherchons la loi; peut-être la trouverons-nous cachée en quelque coin du globe. Peut-être est-il un climat favorable à la justice, une terre meilleure qui d'elle-même porte le fruit de l'équité. Le voyageur, le chercheur, qui va la demandant par toute la terre, c'est le calme et grand Montesquieu. Mais la justice fuit devant lui; elle reste mobile et relative; la loi pour lui, c'est un rapport, loi abstraite et non vivante. Elle ne guérira pas la vie.

Montesquieu peut s'y résigner, non Voltaire. Voltaire est celui qui souffre, celui qui a pris pour lui toutes les douleurs des hommes, qui ressent, poursuit toute iniquité. Tout ce que le fanatisme et la tyrannie ont jamais fait de mal au monde, c'est à Voltaire qu'ils l'ont fait. Martyr, victime universelle, c'est lui qu'on égorgea à la Saint-Barthélemy, lui qu'on enterra aux mines du Nouveau-Monde, lui qu'on brûla à Séville, lui que le Parlement de Toulouse roua avec Calas... Il pleure, il rit dans les souffrances, rire terrible, auquel s'écroulent les bastilles des tyrans, les temples des Pharisiens.

Et s'écroulent en même temps toutes les petites barrières où s'enfermait chaque église, se disant universelle et voulant faire périr les autres. Elles tombent devant Voltaire, pour faire place à l'église *humaine*, à la catholique église qui les recevra, les contiendra toutes dans la justice et dans la paix.

Voltaire est le témoin du droit, son apôtre et son martyr. Il a tranché la vieille question posée dès l'origine du monde: « Y a-t-il religion sans justice, sans humanité? »

VI

Montesquieu écrit, interprète le droit. Voltaire pleure et crie pour le droit. Et Rousseau le fonde.

Beau moment, où surprenant Voltaire accablé d'un nouveau malheur, le désastre de Lisbonne, Voltaire aveugle de larmes, et ne voyant plus le ciel, Rousseau le relève, lui rend Dieu et, sur les ruines du monde, proclame la Providence.

Car c'est bien plus que Lisbonne, c'est le monde qui s'écroule. La religion et l'Etat, les mœurs et les lois, tout périt... Et la famille, où est-elle? l'amour? l'enfant même, l'avenir?... Oh! que faut-il penser d'un monde où finit l'amour maternel?

Et c'est toi, pauvre ouvrier, ignorant, seul, abandonné, haï des philosophes, haï des dévots, toi, malade en plein hiver, mourant sur la neige, dans ton pavillon tout ouvert de Montmorency, toi qui veux résister seul, écrire (l'encre gèle à ta plume), réclamer contre la mort.

Est-ce donc avec ton épinette et ton *Devin du Village*, pauvre musicien, que tu vas nous refaire un monde?... Tu avais un filet de voix, de l'ardeur, une chaude parole, quand tu arrivas à Paris, riche de ton Pergolèse, de musique et d'espérance. Il y a déjà longtemps, tu as bientôt un demi-siècle, tu es vieux, tout est fini... Que parles-tu de renaissance à cette société mourante, quand toi-même tu n'es plus?

Oui, c'était vraiment difficile, même pour un homme moins cruellement maltraité du sort, de tirer le pied du sable mobile, de la boue profonde, où tout allait s'enfonçant.

Où prit-il son point d'appui, l'homme fort qui, frappant du pied, s'arrêta, tint ferme?... Et tout s'arrêta.

Où il le prit, ô monde infirme, hommes faibles et malades qui le demandez, ô fils oublieux de Rousseau et de la Révolution?

Il le prit en ce qui chez vous a trop défailli... Dans son cœur. Il lut au fond de sa souffrance, il y lut distinctement ce que le Moyen Age n'a jamais pu lire: *Un Dieu juste...* Et ce qu'a dit un glorieux enfant de Rousseau: « *Le droit est le souverain du monde.* »

Ce mot magnifique n'est dit qu'à la fin du siècle; il en est la révélation, la formule profonde et sublime.

Rousseau l'a dite par un autre, par Mirabeau. Et elle n'en est pas moins le fond du génie de Rousseau. Du moment qu'il s'est arraché de la fausse science du temps, d'une société non moins fausse, vous la voyez poindre dans ses écrits, cette belle lumière: le devoir, le droit!

Elle brille avec tout son éclat, sa douce et féconde puissance, dans la *Profession de Foi du Vicaire savoyard*. Dieu même soumis à la justice, Dieu sujet du droit! Disons mieux: Dieu et Droit sont identiques.

Si Rousseau eût parlé dans les termes de Mirabeau, sa parole n'eût pas agi. Autres temps, autres besoins. A un monde prêt pour agir le jour même de l'action, Mirabeau dit: « Le droit est le souverain du monde », vous êtes les sujets du droit. A un monde endormi encore, faible, inerte et sans élan, Rousseau dit et devait dire: « La volonté, c'est le droit et la raison. » Votre volonté, c'est le droit. Réveillez-vous donc, esclaves!

« Votre volonté collective, c'est la Raison elle-même. » Autrement dit: Vous êtes Dieux.

Et qui donc, sans se croire Dieu, pourrait faire aucune grande chose?... C'est ce jour-là que vous pouvez, tranquille, passer le pont d'Arcole; c'est ce jour, qu'on s'arrache, au nom du devoir, son plus cher amour, son cœur...

Soyons Dieu! L'impossible devient possible et facile... Alors, renverser un monde, c'est peu; mais on crée un monde.

Et voilà ce qui explique pourquoi ce faible souffle sorti d'une poitrine d'homme, cette mélodie échappée du cœur du pauvre musicien, nous ressuscita.

La France est remuée en ses profondeurs. L'Europe en est toute changée. La vaste, la massive Allemagne tressaille sur ses vieux fondements. Ils critiquent, mais obéissent... « Sentimentalité pure », disent-ils en tâchant de sourire. Ils n'en suivent pas moins, ces rêveurs. Les philosophes, eux-mêmes, les abstracteurs de quintessence, vont, malgré eux, par la voie simple du pauvre Vicaire savoyard.

Et que s'est-il donc passé? Quelle lumière divine a donc lui, pour faire un si grand changement? Est-ce la force d'une idée, d'une inspiration nouvelle, d'une révélation d'en haut?... Oui, il y a eu révélation. Mais la nouveauté des doctrines n'est pas ce qui agit le plus. Il y a ici un phénomène plus étrange, plus mystérieux, une influence que ressentent ceux même qui ne lisent pas, qui ne pourraient jamais comprendre. On ne sait d'où cela vient, mais depuis que cette parole ardente s'est répandue dans les airs, la température a changé, c'est comme si une tiède haleine avait soufflé sur le monde; la terre commence à porter des fruits qu'elle n'eût donnés jamais.

Qu'est-ce cela? Si vous voulez que je vous le dise? C'est ce qui trouble et fond les cœurs, c'est un souffle de jeunesse; voilà pourquoi nous cédons tous. Vous nous prouveriez en vain que cette parole est trop souvent faible, ou forcée, parfois d'un sentiment vulgaire. La jeunesse est telle, telle la passion. Tels nous fûmes, et si parfois nous retrouvons là les faiblesses de notre jeune âge, nous n'y ressentons que mieux le charme doux et amer du temps qui ne reviendra plus.

Chaleur, mélodie pénétrante, voilà la magie de Rousseau. Sa force, comme elle est dans l'*Emile* et le *Contrat social*, peut être discutée, combattue. Mais par ses *Confessions*, ses *Rêveries*, par sa faiblesse, il a vaincu; tous ont pleuré.

Les génies étrangers, hostiles, ont pu repousser la lumière; mais ils ont subi la chaleur. Ils n'écoutaient pas la parole; la musique les subjuguait... Les dieux de l'harmonie profonde, rivaux de l'orage, qui tonnaient du Rhin aux Alpes, ont eux-mêmes ressenti l'incantation toute-puissante de la douce mélodie, de la simple voix humaine, du petit chant matinal, chanté pour la première fois sous la vigne des Charmettes.

Cette jeune et touchante voix, cette mélodie du cœur, on l'entend, quand ce cœur si tendre est depuis longtemps dans la terre. Les *Confessions,* qui paraissent après la mort de Rousseau, semblent un soupir de la tombe. Il revient, il ressuscite, plus puissant, plus admiré, plus adoré que jamais.

Ce miracle, il l'a de commun avec son rival, Voltaire. Rival? Non. Ennemi? Non... Qu'ils soient à jamais sur le même piédestal, les deux apôtres de l'humanité.

Voltaire, presque octogénaire, enterré aux neiges des Alpes, brisé d'âge et de travaux, ressuscite aussi pourtant. La grande pensée du siècle, inaugurée par lui, doit être fermée par lui; celui qui ouvrit le premier, doit reprendre et finir le chœur. Glorieux siècle! qu'il mérite d'être appelé à jamais l'âge héroïque de l'esprit. Voici un vieillard au bord du tombeau, il a vu passer les autres, Montesquieu, Diderot, Buffon; il a assisté au violent succès de Rousseau, trois livres en trois ans... « Et la terre s'est tue... » Voltaire n'est point découragé; le voici qui entre, vif et jeune, dans une carrière nouvelle... Où donc est le vieux Voltaire? Il était mort. Mais une voix l'a tiré, vivant, du tombeau, celle qui l'avait toujours fait vivre: la voix de l'humanité.

Vieil athlète, à toi la couronne!... Te voici encore, vainqueur des vainqueurs! Un siècle durant, par tous les combats, par toute arme et toute doctrine (opposée, contraire, n'importe), tu as poursuivi, sans te détourner jamais, un intérêt, une cause, l'humanité sainte... Et ils t'ont appelé sceptique! et ils t'ont dit variable! ils ont cru te surprendre aux contradictions apparentes d'une parole mobile qui servait la même pensée!

Ta foi aura pour sa couronne l'œuvre même de la foi. Les autres ont dit la Justice, toi, tu la feras; tes paroles sont des actes, des réalités. Tu défends Calas et La Barre, tu sauves Sirven, tu brises l'échafaud des protestants. Tu as vaincu pour la liberté religieuse, et tout à l'heure, pour la liberté civile, avocat des derniers serfs, pour la réforme de nos procédures barbares, de nos lois criminelles qui elles-mêmes étaient des crimes.

Tout cela, c'est déjà la Révolution qui commence. Tu la fais, et tu la vois... Regarde, pour ta récompense, regarde; la voilà là-bas! Maintenant, tu peux mourir; ta ferme foi t'a valu de ne point partir d'ici-bas avant d'avoir vu la terre sainte.

VII

Quand ces deux hommes ont passé, la Révolution est faite, dans la haute région des esprits.

A leurs fils maintenant, légitimes, illégitimes, de la divulguer, la répandre, en cent manières, tel en verbeuse éloquence, tel en ardente satire. Tel autre en fondra des médailles de bronze pour passer de main en main. Les Mirabeau, les Beaumarchais, les Raynal et les Mably, les Sieyès vont faire leur œuvre.

La Révolution est en marche, toujours Rousseau, Voltaire en tête. Les rois eux-mêmes à la suite, les Frédéric, les Catherine, les Joseph, les Léopold; c'est la cour des deux chefs du siècle... Régnez, grands hommes, vrais rois du monde, régnez, ô mes rois!...

La révolution nécessaire

Tous paraissent convertis, tous veulent la Révolution; chacun, il est vrai, la veut, non pour soi, mais pour les autres. La noblesse la ferait volontiers sur le clergé, le clergé sur la noblesse.

Turgot est leur épreuve à tous; il les appelle à dire s'ils veulent vraiment s'amender. Tous disent unanimement: « Non... Que ce qui doit se faire se fasse! »

En attendant, je vois la Révolution partout, dans Versailles même. Tous l'admettent, jusqu'à telle limite, où elle ne les blessera pas. Louis XVI jusqu'aux plans de Fénelon et du duc de Bourgogne, le comte d'Artois jusqu'à Figaro; il force le roi de laisser jouer le terrible drame. La reine veut la Révolution, chez elle au moins, pour les parvenus; cette reine, sans préjugés, met les grandes dames à la porte, pour garder sa belle amie, Mme de Polignac.

L'*emprunteur* Necker tue lui-même les emprunts en publiant la misère de la Monarchie. Révolutionnaire par la publicité, il croit l'être par ses petites assemblées provinciales, où les privilégiés diront ce qu'il faut ôter aux privilégiés.

Le spirituel Calonne vient ensuite, et ne pouvant, en crevant la caisse publique, soûler les privilégiés, il prend son parti, les accuse, les livre à la haine du peuple.

Il a fait la Révolution contre les notables. Loménie, prêtre philosophe, la fait contre les parlements.

Calonne dit un mot admirable, quand il avoua le déficit, montra le gouffre qui s'ouvrait: « Que reste-t-il pour le combler? *Les abus.* »

C'était clair pour tous. La seule chose qui le fût moins, c'était de savoir si Calonne ne parlait pas au nom *du premier des abus,* de celui qui soutenait tous les autres, qui faisait la clé de voûte du triste édifice?... En deux mots, ces abus, dénoncés par l'homme du roi, la royauté en était-elle le soutien, ou le remède?

Que le clergé fût un abus, et la noblesse un abus, cela était trop évident.

L'ancienne Monarchie

Le privilège du clergé, fondé sur l'enseignement et l'exemple qu'il donnait jadis au peuple, était devenu un non-sens. Personne n'avait moins la foi. Dans sa dernière assemblée, il s'agite pour obtenir qu'on punisse les philosophes, et pour le demander, députe un athée et un sceptique, Loménie et Talleyrand.

Le privilège de la noblesse était de même un non-sens. Jadis, elle ne payait pas, parce qu'elle payait de son épée. Elle fournissait le ban, l'arrière-ban, vaste cohue indisciplinée, qu'on appela la dernière fois en 1674. Elle continua de donner seule les officiers, fermant la carrière aux autres, rendant impossible la création d'une véritable armée. L'armée civile, l'administration, la bureaucratie furent envahies par la noblesse. L'armée ecclésiastique, dans ses meilleurs postes, se remplit aussi de nobles. Ceux qui faisaient profession de vivre noblement, c'est-à-dire de ne rien faire, s'étaient chargés de faire tout. Et rien ne se faisait plus.

Le clergé et la noblesse, encore une fois, étaient un poids pour la terre, la malédiction du pays, un mal rongeur qu'il fallait couper. Cela sautait aux yeux de tous.

La seule question obscure était celle de la royauté. Question, non de pure forme, comme on l'a tant répété, mais de fond, question intime, plus vivace qu'aucune autre en France, question non de politique seulement, mais d'amour, de religion. Nul peuple n'a tant aimé ses rois.

Les yeux s'ouvrirent sous Louis XV, se refermèrent sous Louis XVI, la question s'obscurcit encore. L'espoir du peuple se plaça encore une fois dans la royauté. Turgot espéra, Voltaire espéra... Ce pauvre jeune roi, si mal né, si mal élevé, aurait voulu pouvoir le bien. Il lutta, et fut entraîné. Ses préjugés de naissance et d'éducation, ses vertus même de famille, le menèrent à la ruine... Triste problème historique!... Des justes l'ont excusé, des justes l'ont condamné... Duplicité, restrictions mentales (peu surprenantes sans doute dans l'élève du parti jésuite), voilà ses fautes, enfin son crime, qui le mena à la mort, son appel à l'étranger...

Avec tout cela n'oublions pas qu'il avait été longtemps anti-autrichien, anti-anglais, qu'il avait mis une passion réelle à relever notre marine, qu'il avait fondé Cherbourg à dix-huit lieues de Portsmouth, qu'il aida à couper l'Angleterre. Cette larme que Carnot verse en signant son arrêt, elle lui reste dans l'histoire; l'histoire et la justice même, en le jugeant, pleureront.

Chaque jour amène sa peine. Ce n'est pas aujourd'hui que je dois raconter ces choses. Qu'il suffise de dire ici que le meilleur fut le dernier, grande leçon de la Providence! afin qu'il parût bien à tous que le mal était moins dans l'homme que dans l'institution même, afin que ce fût plus que le jugement du roi, mais le jugement de l'ancienne royauté. Elle finit cette religion. Louis XV ou Louis XVI, infâme ou honnête, le Dieu n'est pas moins toujours homme; s'il ne l'est par vice, il l'est par vertu, par bonté facile. Homme et faible, incapable de refuser, de résister, chaque immolant le peuple au peuple des courtisans, et comme le Dieu des prêtres, damnant la foule, sauvant ses *élus*.

Nous l'avons dit. La *religion de la grâce,* partiale pour les élus, *le gouvernement de la grâce,* dans les mains des favoris, sont tout à fait analogues. La mendicité privilégiée, qu'elle soit sale et monastique, ou dorée comme à Versailles, c'est toujours la mendicité. Deux puissances paternelles: la paternité ecclésiastique, caractérisée par l'Inquisition; la paternité monarchique, par le Livre rouge et par la Bastille.

VIII

Du Livre rouge

Lorsque la reine Anne d'Autriche se trouva régente, « il n'y eut plus, dit le cardinal de Retz, que deux petits mots dans la langue: « La reine est si bonne! »

Ce jour-là s'arrête l'élan de la France; l'essor des classes inférieures qui, malgré la dure administration de Richelieu, avait été si puissant, il retombe sur lui-même. Pourquoi? c'est que « la reine est bonne »; elle comble la foule brillante qui se presse dans le palais; toute la noblesse de province qui fuyait sous Richelieu vient, demande, obtient, prend et pille; tout au moins exigent-ils des exemptions d'impôt. Le paysan qui est parvenu à acheter quelques terres paie seul, tout retombe sur lui, il est obligé de revendre, il redevient fermier, métayer, pauvre domestique.

Louis XIV est dur d'abord; point d'exemption d'impôt; Colbert en raie quarante mille. Le pays prospère. Mais Louis XIV devient bon; il est de plus en plus touché du sort de la pauvre noblesse; tout pour elle, les grades, les places, les pensions, les bénéfices même, et Saint-Cyr pour les nobles demoiselles.. La noblesse est florissante, la France est aux abois.

Louis XVI est dur d'abord, grondeur, il refuse toujours; les courtisans plaisantent amèrement sa rudesse, *ses coups de boutoir*. C'est qu'il a un mauvais ministre, cet inflexible Turgot; c'est qu'hélas! la reine ne peut rien encore. En 1778, le roi finit par céder; la réaction de la nature agit puissamment pour la reine; il ne peut plus rien refuser, ni à elle, ni à son frère. L'homme le plus aimable de France devient contrôleur général; M. de Calonne met autant d'esprit, de grâce à donner, que ses prédécesseurs mettaient d'adresse à éluder, refuser. « Madame, disait-il à la reine, si c'est possible, c'est fait; impossible? cela se fera. » La reine achète Saint-Cloud; le roi, si serré jusque-là, se laisse entraîner lui-même; il achète Rambouillet. Qui dira tout ce que la Diane de Polignac, dirigeant habilement la Jules de Polignac, surprit de biens et d'argent? La Révolution gâta tout. Elle écarta durement le voile gracieux qui couvrait la ruine publique. Le voile arraché laissa voir le tonneau des Danaïdes. La monstrueuse affaire du Puy Paulin et de Fenestrange, ces millions jetés (entre la disette et la banqueroute), jetés par une femme insensée dans le giron d'une femme, cela dépassa de beaucoup tout ce qu'avait dit la satire. On rit, mais on rit d'horreur.

L'inflexible rapporteur du comité des finances apprit à l'Assemblée un mystère que personne ne savait: « Le roi, pour les dépenses, est *le seul ordonnateur.* »

La seule mesure aux dépenses était la bonté du roi. Trop sensible pour refuser, pour affliger ceux qu'il voyait, il se trouvait en réalité dans leur dépendance. A la moindre velléité d'économie, on était triste, on le boudait: Il lui fallait bien se rendre. Plusieurs étaient plus hardis; ils parlaient haut, fort et ferme, remettaient le roi à sa place. M. de Coigny (premier ou second amant de la reine, par ordre de date) refusa de se prêter à l'économie qu'on eût voulu faire d'un de ses gros traitements; il fit une scène à Louis XVI, s'emporta. Le roi plia les épaules, ne répondit rien. Il dit le soir: « Vraiment, il m'aurait battu, que je l'aurais laissé faire. »

Il n'est pas de grande famille, faisant quelque perte, point de mère illustre mariant sa fille, son fils, qui ne tire argent du roi. « Ces grandes familles concourent à l'éclat de la Monarchie, elles font la splendeur du trône, etc. » Le roi signe tristement, et copie dans son livre rouge: *A Madame... cinq cents livres.* La dame porte au ministre: « Je n'ai pas d'argent, madame. » Elle insiste, elle menace, elle peut nuire, elle a du crédit chez la reine. Le ministre finit par trouver l'argent... Il ajournera plutôt, comme Loménie, le paiement des petits rentiers; qu'ils meurent de faim, s'ils veulent; ou bien encore, comme il fit, il prendra les charités pour l'incendie et la grêle, il ira jusqu'à voler la caisse des hôpitaux.

La France est en bonnes mains. Tout va bien. Un si bon roi, une si aimable reine... La seule difficulté, c'est qu'indépendamment des *pauvres privilégiés* qui sont à Versailles, il y a une autre classe, non moins noble, et bien plus nombreuse, les *pauvres privilégiés* de province, qui n'ont rien, ne reçoivent rien, disent-ils; ils percent l'air de leurs cris... Ceux-là, bien avant le peuple, commenceront la Révolution.

A propos, il y a un peuple. Entre ces pauvres et ces pauvres qui tous ont de la fortune, nous avions oublié le peuple.

Ah! le peuple, ceci regarde MM. les fermiers généraux. Les choses sont bien changées. Jadis les financiers étaient des hommes fort durs. Aujourd'hui, tous philanthropes, doux, aimables, magnifiques; d'une main ils affament, il est vrai, mais souvent de l'autre ils nourrissent. Ils mettent des millions d'hommes à la mendicité, et font des aumônes. Ils bâtissent des hôpitaux, et ils les remplissent.

« Persépolis, dit Voltaire dans un de ses contes, a trente rois de la finance, qui tirent des millions du peuple, et qui en rendent au roi quelque chose. Sur la gabelle, par exemple, qui rapportait cent vingt millions, la Ferme générale en gardait soixante, et daignait en laisser cinquante ou soixante au roi.

La perception n'était rien de moins qu'une guerre organisée; elle faisait peser sur le sol une armée de deux cent mille mangeurs. Ces sauterelles rasaient tout, faisaient place nette. Pour exprimer quelque substance d'un peuple ainsi dévoré, il fallait des lois cruelles, une pénalité terrible, les galères, la potence, la roue. Les agents de la Ferme étaient autorisés à employer les armes; ils tuaient, et ils étaient jugés par les tribunaux spéciaux de la Ferme générale.

Le plus choquant du système, c'était la bonté, la facilité du roi, des fermiers généraux. D'une part, le roi, de l'autre, les trente rois de la finance, donnaient (ou vendaient à bon compte) les exemptions d'impôts; le roi faisait des nobles; les fermiers généraux se créaient des employés fictifs qui, à ce titre étaient exempts. Ainsi, le fisc travaillait contre lui-même; en même temps qu'il augmentait la somme à payer, il diminuait le nombre de ceux qui payaient; le poids pesant sur moins d'épaules, allait s'appesantissant.

Les deux ordres privilégiés payaient ce qui leur plaisait: le clergé un don gratuit imperceptible; la noblesse contribuait pour certains droits, mais selon ce qu'elle voulait bien déclarer; les agents du fisc, chapeau bas, enregistraient, sans examen, sans vérification. Le voisin payait d'autant plus.

Si c'était par la conquête, par la tyrannie d'un maître, que ce peuple périssait, il se résignerait encore. Il périt par la bonté! Il souffrirait peut-être la dureté d'un Richelieu; mais comment supporter la bonté d'un Loménie et d'un Calonne, la sensibilité des financiers, la philanthropie des fermiers généraux?

Souffrir, mourir à la bonne heure! mais souffrir *par élection,* mourir du fait de *l'arbitraire,* de sorte que la *grâce* pour l'un soit mort et ruine de l'autre! C'est trop, oh! c'est trop de moitié.

Hommes sensibles qui pleurez sur les maux de la Révolution (avec trop de raison sans doute), versez donc aussi quelques larmes sur les maux qui l'ont amenée.

Venez voir, je vous prie, ce peuple couché par terre, pauvre Job, entre ses faux amis, ses patrons, ses fameux sauveurs, le clergé, la royauté. Voyez le douloureux regard qu'il lance au roi sans parler. Et ce regard, que dit-il?

« O Roi, dont j'avais fait mon dieu, dont j'avais dressé l'autel, que j'implorais avant Dieu même, à qui, du fond de la mort, j'ai tant demandé mon salut, vous, mon espoir, vous, mon amour... Quoi! vous n'avez donc rien senti?... »

IX

La Bastille

Le médecin de Louis XV et de Mme de Pompadour, l'illustre Quesnay, qui logeait chez elle à Versailles, voit un jour le roi entrer à l'improviste, et se trouble. La spirituelle femme de chambre, Mme du Hausset, qui a laissé de si curieux Mémoires, lui demanda pourquoi il se déconcertait ainsi. « Madame, répondit-il, quand je vois le roi, je me dis : « Voilà un homme qui peut me faire couper la tête. » — « Oh ! dit-elle, le roi est *trop bon !* »

La femme de chambre résumait là d'un seul mot les garanties de la Monarchie.

Le roi était trop bon pour faire couper la tête à un homme ; cela n'était plus dans les mœurs. Mais il pouvait d'un mot le faire mettre à la Bastille, et l'y *oublier*.

Reste à savoir lequel vaut mieux, de périr d'un coup, ou de mourir lentement en trente ou quarante années.

Il y avait en France une vingtaine de Bastilles, dont six seulement (en 1775) contenaient trois cents prisonniers. A Paris, en 79, il y avait une trentaine de prisons, où l'on pouvait être enfermé sans jugement. Une infinité de couvents servaient de suppléments à ces Bastilles.

Toutes ces prisons d'Etat, vers la fin de Louis XIV, furent, comme était tout le reste, gouvernées par les jésuites. Elles furent dans leurs mains des instruments de supplice pour les protestants et les jansénistes, des antres à conversion. Un secret plus profond que celui des *plombs,* des *puits* de Venise, l'oubli de la tombe, enveloppait tout. Les jésuites étaient confesseurs de la Bastille et de bien d'autres prisons ; les prisonniers morts étaient enterrés sous de faux noms à l'église des Jésuites. Tous les moyens de terreur étaient dans leurs mains, ces cachots surtout, d'où l'on sortait parfois l'oreille ou le nez mangé par les rats... Non seulement la terreur, mais la flatterie aussi... L'une et l'autre si puissantes sur les pauvres prisonnières. L'aumônier, pour rendre la grâce plus efficace, employait jusqu'à la cuisine, affamait, nourrissait bien, gâtait par des friandises, celle qui cédait ou résistait. On cite telle prison d'Etat où les geôliers et les jésuites alternaient près des prisonnières et en avaient des enfants. Une aima mieux s'étrangler.

Le lieutenant de police allait de temps à autre déjeuner

à la Bastille. Cela comptait pour visite, surveillance du magistrat. Ce magistrat ne savait rien, et c'était pourtant lui seul qui instruisait le ministre. Une famille, une dynastie, Châteauneuf et son fils La Vrillière, et son petit-fils Saint-Florentin (mort en 1777), eurent pendant un siècle le Département des prisons d'Etat et des lettres de cachet. Pour que cette dynastie subsistât, il fallait des prisonniers; quand les protestants sortirent, on suppléa par des jansénistes; puis on prit des gens de lettres, des philosophes, les Voltaire, les Fréret, les Diderot. Le ministre, généreusement, donnait des lettres de cachet en blanc aux intendants, aux évêques, aux gens en place. A lui seul, Saint-Florentin en donna cinquante mille. Jamais on ne fut plus prodigue du plus cher trésor de l'homme, de la liberté. Ces lettres de cachet étaient l'objet d'un profitable trafic; on en vendait aux pères qui voulaient enfermer leurs fils; on en donnait aux jolies femmes trop gênées par leur maris. Cette dernière cause de réclusion était une des plus ordinaires.

Et tout cela par bonté. Le roi était trop bon pour refuser une lettre de cachet à un grand seigneur. L'intendant était trop aimable pour n'en pas accorder à la prière d'une dame. Les commis du ministère, les maîtresses des commis, les amis de ces maîtresses, par obligeance, par égards, simple politesse, obtenaient, donnaient, prêtaient, ces ordres terribles par lesquels on était enterré vivant. Enterré, car telle était l'incurie, la légèreté de ces employés aimables, nobles presque tous, gens de société, tous occupés de plaisirs, que l'on n'avait plus le temps, le pauvre diable une fois enfermé, de songer à son affaire.

Ainsi le *gouvernement de la grâce*, avec tous ses avantages, descendant du roi au dernier commis de bureau, disposait, selon le caprice et l'inspiration légère, de la liberté, de la vie.

Comprenons bien ce système.

Pourquoi tel réussit-il? Qu'a-t-il pour que tout lui cède? Il a la grâce de Dieu. Il a la bonne grâce du roi.

Celui qui est en disgrâce, dans ce monde de la grâce, qu'il sorte du monde... Banni, damné et maudit.

La Bastille, la lettre de cachet, c'est l'excommunication du roi.

L'excommunié mourra-t-il? Non. Il faudrait une décision du roi, une résolution pénible à prendre, dont souffrirait le roi même. Entre lui et sa conscience, ce serait un jugement. Dispensons-le de juger, de tuer. Il y a un milieu entre la vie et la mort: une vie morte, enterrée. Organisons un monde exprès pour l'oubli. Mettons le mensonge aux portes, au-dehors et au-dedans, pour que la vie et la mort ne restent pas incertaines... Le mort vivant ne sait plus rien des siens, ni de ses amis.. « Mais ma femme? » — « Ta femme est morte... je me trompe... remariée... » — « Et mes amis, vivent-ils? ont-il souvenir de moi?... » — « Tes amis, eh! radoteur, ce sont eux qui t'ont trahi... » Ainsi l'âme du misérable, livrée à leurs jeux féroces, est nourrie de dérisions, de vipères et de mensonges.

Oublié! mot terrible. Qu'une âme ait péri dans les âmes!.. Celui que Dieu fit pour la vie, n'avait-il donc pas le droit de vivre, au moins dans la pensée? Qui osera, sur terre, donner même au plus coupable cette mort par-delà toute mort, le tuer dans le souvenir?

Mais non, ne le croyez pas. Rien n'est oublié, nul homme, nulle chose. Ce qui a été une fois ne peut s'anéantir ainsi... Les murs même n'oublieront pas, le pavé sera complice, transmettra des sons, des bruits; l'air n'oubliera pas; de cette petite lucarne, où coud une pauvre fille, à la Porte Saint-Antoine, on a vu, on a compris... Que dis-je? la Bastille sera touchée elle-même. Ce rude porte-clé est encore un homme. Je vois inscrit sur les murs l'hymne d'un prisonnier à la gloire d'un geôlier son bienfaiteur... Pauvre bienfait!... une chemise qu'il donna à ce Lazare, barbarement abandonné, mangé des vers dans son tombeau!

Pendant que j'écris ces lignes, une montagne, une Bastille a pesé sur ma poitrine. Hélas! pourquoi m'arrêter si longtemps sur les prisons démolies, sur les infortunés que la mort a délivrés?... Le monde est couvert de prisons, du Spielberg à la Sibérie, de Spandau au Mont-Saint-Michel. Le monde est une prison.

Vaste silence du globe, bas gémissement, humble soupir de la terre muette encore, je ne vous entends que trop... L'esprit captif, qui se tait dans les espèces inférieures, qui rêve dans le monde barbare de l'Afrique et de l'Asie, il pense, il souffre en notre Europe.

Où parle-t-il, sinon en France, malgré les entraves? C'est encore ici que le génie muet de la terre trouve une voix, un organe. Le monde pense, la France parle.

Et c'est justement pour cela que la Bastille de France, la Bastille de Paris (j'aimerais mieux dire, la prison de la pensée), fut, entre toutes les Bastilles, exécrable, infâme et maudite. Dès le dernier siècle, Paris était déjà la voix du globe. La planète parlait par trois hommes: Voltaire, Jean-Jacques et Montesquieu. Que les interprètes du monde vissent toujours pendue sur leur tête l'indigne menace, que l'étroite issue par où la douleur du genre humain pouvait exhaler ses soupirs, on essayât de la fermer, c'était trop... Nos pères l'écrasèrent, cette Bastille, en arrachèrent les pierres de leur mains sanglantes, les jetèrent au loin. Et ensuite, ils les reprirent, et le fer leur donna une autre forme, et pour qu'à jamais elle fussent foulées sous les pieds du peuple, ils en bâtirent le pont de la Révolution...

Toutes les prisons s'étaient adoucies. Celle-ci s'était endurcie. De règne en règne, on diminuait ce que les geôliers appelaient pour rire: les libertés de la Bastille. Peu à peu, on bouchait les fenêtres, l'on ajoutait des grilles. Sous Louis XVI, on supprima le jardin et la promenade des tours.

Deux choses vers cette époque ajoutèrent à l'irritation, les mémoires de Linguet, qui firent connaître l'ignoble et féroce intérieur, et, ce qui fut plus décisif, l'affaire de Latude non écrite, non imprimée, circulant mystérieusement en passant de bouche en bouche.

Pour moi, je dois avouer l'effet profond, cruel que me firent les lettres du prisonnier. Ennemi déclaré des fictions barbares sur l'éternité des peines, je me suis surpris à demander à Dieu un enfer pour les tyrans.

Ah! monsieur de Sartine, ah! madame de Pompadour, quel poids vous traînez! Comme on voit par cette histoire comment, une fois dans l'injustice, on s'en va de mal en pis, comme la terreur qui pèse du tyran à l'esclave retourne au tyran. Ayant une fois tenu celui-ci prisonnier sans jugement pour une faute légère. Il faut que la Pompadour, que Sartine le tiennent toujours, qu'ils scellent sur lui d'une pierre éternelle l'enfer du silence.

Et cela ne se peut pas. Cette pierre se soulève toujours... toujours, monte une voix basse, terrible, un souffle de feu... Dès 81, Sartine en ressent l'atteinte... 84, le roi même en est blessé... 89, le peuple sait tout, voit tout, l'échelle même par où s'enfuit le prisonnier... 93, on guillotine la famille de Sartine.

Pour le malheur des tyrans, il se trouva qu'ils avaient enfermé en ce prisonnier un homme ardent et terrible, que rien ne pouvait dompter, dont la voix ébranlait les murs, dont l'esprit, l'audace étaient invincibles... Corps de fer, indestructible, qui devait user toutes les prisons, et la Bastille, et Vincennes, et Charenton, enfin l'horreur de Bicêtre, où tout autre aurait péri.

Ce qui rend l'accusation lourde, accablante, sans appel, c'est que cet homme, tel quel, échappé deux fois, se livra deux fois lui-même. Une fois, de sa retraite, il écrit à Mme de Pompadour, et elle le fait reprendre... Quoi! l'appartement du roi n'est donc pas un lieu sacré!...

Je suis malheureusement obligé de dire que dans cette société, molle, faible, caduque, il y eut force philanthropes, ministres, magistrats, grands seigneurs, pour pleurer sur l'aventure; pas un ne fit rien. Malesherbes pleura, et de Gourgues, et Lamoignon, et Rohan, tous pleuraient à chaudes larmes.

Il était sur son fumier, à Bicêtre, mangé des poux *à la lettre,* logé sous terre, et souvent hurlant de faim. Il avait encore adressé un mémoire à je ne sais quel philanthrope, par un porte-clé ivre. Celui-ci heureusement le perd, une femme le ramasse. Elle le lit, elle frémit, elle ne pleure pas, celle-ci, mais elle agit à l'instant.

Mme Legros était une pauvre petite mercière qui vivait de son travail, en cousant dans sa boutique; son mari, coureur de cachets, répétiteur de latin. Elle ne craignit pas de s'embarquer dans cette terrible affaire. Elle vit, avec un ferme bon sens, ce que les autres ne voyaient pas, ou bien ne voulaient pas voir: que le malheureux n'était pas fol, mais victime d'une nécessité affreuse de ce gouvernement, obligé de cacher, de continuer l'infamie de ses vieilles fautes. Elle le vit, et elle ne fut point découragée, effrayée. Nul héroïsme plus complet: elle eut l'audace d'entreprendre, la force de persévérer, l'obstination du sacrifice de chaque jour et de chaque heure, le courage de mépriser les menaces, la sagacité et toutes les saintes ruses, pour écarter, déjouer les calomnies des tyrans.

Trois ans de suite, elle suivit son but avec une opiniâtreté inouïe dans le bien, mettant à poursuivre le droit, la justice, cette âpreté singulière du chasseur ou du joueur, que nous ne mettons guère que dans nos mauvaises passions.

Tous les malheurs sur la route, et elle ne lâche pas prise. Son père meurt, sa mère meurt; elle perd son petit commerce; elle est blâmée de ses parents, vilainement soupçonnée. On lui demande si elle est la maîtresse de ce prisonnier auquel elle s'intéresse tant. La maîtresse de cette ombre, de ce cadavre, dévoré par la gale et la vermine!

La tentation des tentations, le sommet, la pointe aiguë du Calvaire, ce sont les plaintes, les injustices, les défiances de celui pour qui elle s'use et se sacrifie!

Grand spectacle de voir cette femme pauvre, mal vêtue, qui s'en va de porte en porte, faisant la cour aux valets pour entrer dans les hôtels, plaider sa cause devant les grands, leur demander leur appui.

La police frémit, s'indigne. Mme Legros peut être enlevée d'un moment à l'autre, enfermée, perdue pour toujours; tout le monde l'en avertit. Le lieutenant de police la fait venir, la menace. Il la trouve immuable, ferme; c'est elle qui le fait trembler.

Par bonheur on lui ménage l'appui de Mme Duchesne, femme de chambre de Mesdames. Elle part pour Versailles, à pied, en plein hiver; elle était grosse de sept mois... La protectrice était absente; elle court après, gagne une entorse, et elle n'en court pas moins. Mme Duchesne pleure beaucoup, mais, hélas! que peut-elle faire? Une femme de chambre contre deux ou trois ministres, la partie est forte? Elle tenait en main la supplique; un abbé de cour qui se trouva là, la lui arrache des mains, lui dit qu'il s'agit d'un enragé, d'un misérable, qu'il ne faut pas s'en mêler.

Il suffit d'un mot pareil pour glacer Marie-Antoinette, à qui l'on en avait parlé. Elle avait la larme à l'œil. On plaisanta. Tout finit.

Il n'y avait guère en France d'homme meilleur que le roi. On finit par aller à lui. Le cardinal de Rohan (un polisson, mais après tout charitable) parla trois fois à Louis XVI, qui par trois fois refusa. Louis XVI était trop bon pour ne pas en croire M. de Sartine. Il n'était plus en place, mais ce n'était pas une raison pour le déshonorer, le livrer à ses ennemis. Sartine à part, il faut le dire, Louis XVI aimait la Bastille, il ne voulait pas lui faire tort, la perdre de réputation.

Le roi était très humain. Il avait supprimé les bas cachots du Châtelet, supprimé Vincennes, créé la Force pour y mettre les prisonniers pour dettes, les séparer des voleurs.

Mais la Bastille! la Bastille! c'était un vieux serviteur que ne pouvait maltraiter à la légère la vieille monarchie.

C'était un système de terreur, c'était, comme dit Tacite: « *Instrumentum regni.* »

Quand le comte d'Artois et la reine, voulant faire jouer *Figaro*, le lui lurent, il dit seulement, comme objection sans réponse: « Il faudrait donc alors que l'on supprimât la Bastille! »

Quand la révolution de Paris eut lieu, en juillet 89, le roi, assez insouciant, parut prendre son parti. Mais, quand on lui dit que la municipalité parisienne avait ordonné la démolition de la Bastille, ce fut pour lui comme un coup à la poitrine: « Ah! dit-il, voici qui est fort! »

Il ne pouvait pas bien recevoir en 1781 une requête qui compromettait la Bastille. Il repoussa celle que Rohan lui présentait pour Latude. Des femmes de haut rang insistèrent. Il fit alors consciencieusement une étude de l'affaire, lut tous les papiers; il n'y en avait guère d'autres que ceux de la police, ceux des gens intéressés à garder la victime en prison jusqu'à la mort. Il répondit définitivement que c'était un homme dangereux; qu'il ne pouvait lui rendre la liberté *jamais*.

Jamais! tout autre en fût resté là. Eh bien! ce qui ne se fait pas par le roi se fera malgré le roi. Mme Legros persiste. Elle est accueillie des Condé, toujours mécontents et grondeurs; accueillie du jeune duc d'Orléans, de sa sensible épouse, la fille du bon Penthièvre, accueillie des philosophes, de M. le marquis de Condorcet, secrétaire perpétuel de l'Académie des sciences, de Dupaty, de Villette, quasi-gendre de Voltaire, etc.

L'opinion va grondant; le flot, le flot va montant. Necker avait chassé Sartine; son ami et successeur Lenoir était tombé à son tour... La persévérance sera couronnée tout à l'heure. Latude s'obstine à vivre, et Mme Legros s'obstine à délivrer Latude.

L'homme de la reine, Breteuil, arrive en 83, qui voudrait la faire adorer. Il permet à l'Académie de donner le prix de vertu à Mme Legros, de la couronner... à la condition singulière qu'on ne motive pas la couronne.

Puis, 1784, on arrache à Louis XVI la délivrance de Latude. Et quelques semaines après, étrange et bizarre ordonnance qui prescrit aux intendants de n'enfermer plus personne, à la requête des familles, que *sur raison bien motivée,* d'indiquer *le temps précis* de la détention demandée, etc. C'est-à-dire qu'on dévoilait la profondeur du monstrueux abîme d'arbitraire où l'on avait tenu la France. Elle en savait déjà beaucoup, mais le gouvernement en avouait davantage.

Du prêtre au roi, de l'Inquisition à la Bastille, le chemin est direct, mais long. Sainte, sainte Révolution, que vous tardez à venir!.. Moi qui vous attendais depuis mille ans, sur le sillon du Moyen Age, quoi! je vous attends encore!... Oh! que le temps va lentement! Oh! que j'ai compté les heures!... Arriverez-vous jamais?

« Ah! c'est fini, dit Mably, en 1784, nous sommes tombés trop bas, les mœurs sont devenues trop faibles. Jamais, oh! plus jamais ne viendra la Révolution! »

Hommes de peu de foi, ne voyez-vous pas que tant qu'elle restait parmi vous, philosophes, parleurs, sophistes, elle ne pouvait rien faire. Grâce à Dieu, la voilà partout, dans le peuple et dans les femmes... En voici une qui, par sa volonté persévérante, indomptable, ouvre les prisons d'Etat; d'avance, elle a pris la Bastille... Le jour où la liberté, la raison, sort des raisonnements, et descend à la nature, au cœur (et le cœur du cœur, c'est la femme)), tout est fini. Tout l'artificiel est détruit... Rousseau, nous te comprenons, tu avais bien raison de dire: « Revenez à la nature! »

Une femme se bat à la Bastille. Les femmes font le 5 octobre. Dès février 89, je lis avec attendrissement la courageuse lettre des femmes et filles d'Angers: « Lecture faite des arrêtés de messieurs de la jeunesse, déclarons que *nous nous joindrons à la nation,* nous réservant de prendre soin des bagages, provisions, des consolations et services qui peuvent dépendre de nous; nous périrons plutôt que d'abandonner nos époux, amants, fils et frères... »

O France, vous êtes sauvée! ô monde, vous êtes sauvé!... Je revois au ciel ma jeune lueur, où j'espérais si longtemps, la lumière de Jeanne d'Arc... Que m'importe que de fille elle soit devenue un jeune homme, Hoche, Marceau, Joubert ou Kléber!

Grande époque, moment sublime, où les plus guerriers des hommes sont pourtant les hommes de paix! Où le Droit, si longtemps pleuré, se retrouve à la fin des temps, où la Grâce, au nom de laquelle la tyrannie nous écrasa, se retrouve concordante, identique, à la Justice.

Qu'est-ce que l'Ancien Régime, le roi, le prêtre, dans la vieille monarchie? La tyrannie au nom de la Grâce.

Qu'est-ce que la Révolution? La réaction de l'équité, l'avènement tardif de la Justice éternelle.

Justice, ma mère, Droit, mon père, qui ne faites qu'un avec Dieu...

Car, de qui me réclamerai-je, moi, un de la foule, un de ceux qui naquirent dix millions d'hommes, et qui ne seraient jamais nés sans notre Révolution?...

Pardonnez-moi, ô Justice, je vous ai crue austère et dure, et je n'ai pas vu plus tôt que vous étiez la même chose que l'Amour et que la Grâce... Et voilà pourquoi j'ai été faible pour le Moyen Age, qui répétait ce mot d'Amour sans faire les œuvres de l'Amour. Aujourd'hui, rentré en moi-même, le cœur plus brûlant que jamais, je te fais amende honorable, belle Justice de Dieu... C'est toi qui es vraiment l'Amour, tu es identique à la Grâce...

Et comme tu es la Justice, tu me soutiendras dans ce livre, où mon cœur me frayait la route, jamais mon intérêt propre, ni aucune pensée d'ici-bas. Tu seras juste envers moi, et je le serai envers tous... Pour qui donc ai-je écrit ceci, si ce n'est pour toi, Justice éternelle?

31 janvier 1847.

Livre premier

Avril-juillet 1789

CHAPITRE PREMIER

Elections de 1789

Le peuple entier appelé à élire les électeurs, à écrire ses plaintes et ses demandes. On comptait sur l'incapacité du peuple. Sûreté de l'instinct populaire; fermeté du peuple, son unanimité. On retarde les élections de Paris. Premier acte de souveraineté nationale. Les électeurs troublés par l'émeute. Emeute Réveillon. Qui y avait intérêt. Les élections s'achèvent. (Janvier-avril 1789.)

La convocation des états généraux de 1789 est l'ère véritable de la naissance du peuple. Elle appela le peuple entier à l'exercice de ses droits.

Il put du moins écrire ses plaintes, ses vœux, élire les électeurs.

On a vu de petites sociétés républicaines admettre tous leurs membres à la participation des droits politiques, jamais un grand royaume, un empire, comme était la France. La chose était nouvelle, non seulement dans nos annales, mais dans celles même du monde.

Aussi, quand pour la première fois, à la fin des temps, ce mot fut entendu: *Tous* s'assembleront pour élire, *tous* écriront leurs plaintes, ce fut une commotion immense, profonde, comme un tremblement de terre; la masse en tressaillit jusqu'aux régions obscures et muettes, où l'on eût le moins soupçonné la vie.

Toutes les villes élurent, et non pas seulement les *bonnes* villes, comme aux anciens états; *les campagnes* élurent, et non pas seulement les villes.

On assure que cinq millions d'hommes prirent part à l'élection.

Elections de 1789

Grande scène, étrange, étonnante! de voir tout un peuple qui d'une fois passait du néant à l'être, qui, jusque-là silencieux, prenait tout d'un coup une voix.

Le même appel d'égalité s'adressait à des populations prodigieusement inégales, non seulement de position, mais de culture, d'état moral et d'idées. Ce peuple, comment répondrait-il? C'était une grande question. Le fisc d'une part, la féodalité de l'autre, semblaient lutter pour l'abrutir sous la pesanteur des maux. La royauté lui avait ôté la vie municipale, l'éducation que lui donnaient les affaires de la commune. Le clergé, son instituteur obligé, depuis longtemps ne l'enseignait plus. Ils semblaient avoir tout fait pour le rendre incapable, muet, sans parole et sans pensée, et c'est alors qu'ils lui disaient: « Lève-toi maintenant, marche, parle. »

On avait compté, trop compté sur cette incapacité; autrement jamais on n'eût hasardé de faire ce grand mouvement. Les premiers qui prononcèrent le nom des états généraux, les parlements qui les réclamèrent, les ministres qui les promirent, Necker qui les convoqua, tous croyaient le peuple hors d'état d'y prendre une part sérieuse. Ils pensaient seulement, par cette évocation solennelle d'une grande masse inerte, faire peur aux privilégiés. La Cour, qui était elle-même le privilège des privilégiés, l'abus des abus, n'avait nulle envie de leur faire la guerre. Elle espérait seulement, des contributions forcées du clergé et de la noblesse, remplir la caisse publique dont elle faisait la sienne.

La reine, que voulait-elle? Livrée aux parvenus, chansonnée par la noblesse, peu à peu méprisée et seule, elle voulait tirer de ces moqueurs une petite vengeance, les intimider, les obliger de se serrer près du roi. Elle voyait son frère Joseph essayer aux Pays-Bas d'opposer les petites villes aux grosses villes, aux prélats, aux grands. Cet exemple, sans nul doute, la rendit moins contraire aux idées de Necker; elle consentit à donner au tiers autant de députés qu'en avait la noblesse et le clergé réunis.

La question du tiers

Et Necker, que voulait-il? Deux choses tout à la fois: montrer beaucoup et faire peu.

Pour la montre, pour la gloire, pour être célébré, exalté des salons, du grand public, il fallait généreusement doubler les députés du tiers.

En réalité, on voulait être généreux à bon marché.

Le tiers, plus ou moins nombreux, ne ferait toujours qu'un des trois ordres, n'aurait qu'une voix contre deux; Necker comptait bien maintenir le vote par ordre, qui avait tant de fois paralysé les anciens états généraux.

Le tiers d'ailleurs, dans tous les temps, avait été très modeste, très respectueux, trop bien appris pour vouloir être représenté par des hommes du tiers. Il nommait souvent des nobles pour députés, le plus souvent des anoblis, gens du Parlement et autres, qui se piquaient de voter avec la noblesse, contre les intérêts du tiers qui les avait nommés.

Chose étrange, et qui prouve qu'on n'avait pas d'intention sérieuse, qu'on voulait seulement, par cette grande fantasmagorie, vaincre l'égoïsme des privilégiés, desserrer leur bourse, c'est que dans ces états appelés contre eux, on s'arrangeait néanmoins pour leur assurer une influence dominante. Les assemblées populaires devaient élire *à haute voix*. On ne supposait pas que les petites gens, dans un tel monde d'élection, en présence des nobles et notables, eussent assez de fermeté pour leur tenir tête, assez d'assurance pour prononcer d'autres noms que ceux qui leur seraient dictés.

En appelant à l'élection les gens de la campagne, des villages, Necker croyait faire, on n'en peut douter, une chose très politique; autant l'esprit démocratique s'était éveillé dans les villes, autant les campagnes étaient dominées par les nobles et le clergé, possesseurs des deux tiers des terres. Des millions d'hommes arrivaient ainsi à l'élection, qui dépendaient des privilégiés, comme fermiers, métayers, etc., ou qui indirectement devaient être influencés, intimidés par leurs agents, intendants, procureurs, hommes d'affaires. Necker savait, par l'expérience de la Suisse et des petits cantons, que le suffrage universel peut être, dans certaines conditions, l'appui de l'aristocratie. Les notables qu'il consulta entrèrent si bien dans cette idée qu'ils voulaient faire électeurs les domestiques même. Necker n'y consentit pas, l'élection fût tombée entièrement dans les mains des grands propriétaires.

L'événement trompa tout calcul. Ce peuple, si peu préparé, montra un instinct très sûr. Quand on l'appela à l'élection, et qu'on lui apprit son droit, il se trouva qu'on avait peu à lui apprendre. Dans ce prodigieux mouvement de cinq ou six millions d'hommes, il y eut quelque hésitation, par l'ignorance des formes, et spécialement parce que la plupart ne savaient écrire. Mais il surent parler; ils surent, en présence de leurs seigneurs, sans sortir de leurs habitudes respectueuses, ni quitter leur humble maintien, nommer de dignes électeurs qui tous nommèrent des députés sûrs et fermes.

L'admission des campagnes à l'élection eut le résultat inattendu de placer dans les députés même des ordres privilégiés une démocratie nombreuse, à laquelle on ne pensait pas, deux cents curés et davantage, très hostiles à leurs évêques. Dans la Bretagne, dans le Midi, le paysan nommait volontiers son curé, qui, d'ailleurs, sachant seul écrire, recevait les votes, et menait toute l'élection.

Le peuple des villes, un peu mieux préparé, ayant reçu quelques lueurs de la philosophie du siècle, montra une admirable ardeur, une vive conscience de son droit. Il y parut aux élections, à la rapidité, à la certitude avec laquelle des masses d'hommes inexpérimentés firent ce premier pas politique. Il y parut à l'uniformité des cahiers, où ils consignèrent leurs plaintes, accord inattendu, imposant, qui donna au vœu public une irrésistible force. Ces plaintes, depuis combien de temps elles étaient dans les cœurs!... Il n'en coûta guère d'écrire. Tel cahier d'un de nos districts,

L'union des classes

qui comprenait presque un code, fut commencé à minuit, et terminé à trois heures.

Un mouvement si vaste, si varié, si peu préparé, et néanmoins unanime!... c'est un phénomène admirable. Tous y prirent part, et (moins un nombre imperceptible) tous voulurent la même chose.

Unanime! il y eut un accord complet, sans réserve, une situation toute simple, la nation d'un côté et le privilège de l'autre. Et dans la nation, alors, aucune distinction possible de peuple et de bourgeoisie; une seule distinction parut, les lettrés et les illettrés; les lettrés seuls parlèrent, écrivirent, mais ils écrivirent la pensée de tous. Ils formulèrent les demandes communes, et ces demandes, c'étaient celles des masses muettes, autant et plus que les leurs.

Ah! qui ne serait touché au souvenir de ce moment unique, qui fut notre point de départ? Il dura peu, mais il reste pour nous l'idéal où nous tendrons toujours, l'espoir de l'avenir?... Sublime accord, où les libertés naissantes des classes, opposées plus tard, s'embrassèrent si tendrement, comme des frères au berceau, est-ce que nous ne vous verrons pas revenir sur cette terre?

Cette union des classes diverses, cette grande apparition du peuple dans sa formidable unité, était l'effroi de la Cour. Elle faisait les derniers efforts auprès du roi pour le décider à manquer à sa parole. Le comité Polignac avait imaginé, pour le mettre entre deux peurs, de faire écrire, signer des princes une lettre audacieuse où ils menaçaient le roi, se portaient pour chefs des privilégiés, parlaient de refus d'impôt, de scission, presque de guerre civile.

Et pourtant, comment le roi eût-il éludé les états? Indiqués par la cour des Aides, demandés par les parlements et par les notables, promis par Brienne et promis par Necker, ils devaient enfin ouvrir le 27 avril. On les ajourna encore au 4 mai... Périlleux délai! A tant de voix qui s'élevaient, une s'était jointe, hélas! qui fut souvent entendue au XVIIIe siècle, la voix de la terre... la terre désolée, stérile, refusant la vie aux hommes!... L'hiver avait été terrible, l'été fut sec et ne donna rien, la famine commença. Les boulangers, toujours en péril devant la foule ameutée et affamée, dénoncèrent eux-mêmes des compagnies qui accaparaient les grains. Une seule chose contenait le peuple, le faisait patiemment jeûner, attendre: l'espoir des états généraux. Vague espoir, mais qui soutenait; la prochaine assemblée était un Messie; il suffisait qu'elle parlât, et les pierres allaient se changer en pain.

Les élections, tant retardées, le furent encore plus à Paris. Elles ne furent convoquées qu'à la veille des états. On espérait que les députés n'assisteraient pas aux premières séances, et qu'avant leur arrivée, on assurerait la séparation des trois ordres, qui donnait la majorité aux privilégiés.

Autre sujet de mécontentement, et plus grave, pour Paris. Dans cette ville, la plus éclairée du royaume, l'élection était assujettie à des conditions plus sévères. Un règlement spécial, donné après la convocation, appelait comme électeurs primaires, non pas tous les imposés, mais ceux-là seulement qui payaient six livres d'impôt.

Paris fut rempli de troupes, les rues de patrouilles, tous les lieux d'élection furent entourés de soldats. Les armes furent chargées dans la rue devant la foule.

En présence de ces vaines démonstrations, les électeurs furent très fermes. A peine réunis, ils destituèrent les présidents que le roi leur avait donnés. Sur soixante districts, trois seulement renommèrent le président nommé par le roi, en lui faisant déclarer qu'il présidait comme élu. Grave mesure, premier acte de la souveraineté nationale. Et c'était elle en effet qu'il fallait fonder. Les questions d'argent, de réformes ne venaient qu'après. Hors du droit, quelle garantie, quelle réforme sérieuse?

Les électeurs, créés par ces assemblées de districts, agirent précisément de même. Ils élurent président l'avocat Target; vice-président Camus, l'avocat du clergé; secrétaire, l'aca-

Les électeurs primaires

démicien Bailly, et le docteur Guillotin, un médecin philanthrope.

La Cour fut étonnée de la décision, de la fermeté, de la suite avec laquelle procédèrent vingt-cinq mille électeurs primaires si neufs dans la vie politique. Il n'y eut aucun désordre. Assemblés dans les églises, ils y portèrent l'émotion de la chose grande et sainte qu'ils accomplissaient. La mesure la plus hardie, la destitution des présidents nommés par le roi, s'accomplit sans bruit, sans cris, avec la simplicité vigoureuse que donne la conscience du droit.

Les électeurs, sous un président de leur choix, siégeaient à l'Archevêché, ils allaient procéder à la fusion des cahiers de districts et à la rédaction du cahier commun; ils s'accordaient déjà sur une chose, que Sieyès avait conseillée, l'utilité de placer en tête une déclaration des droits de l'homme. Au milieu de cette délicate et difficile besogne métaphysique, un bruit terrible les interrompit. C'était la foule en guenille qui venait demander la tête d'un de leurs collègues, d'un électeur, Réveillon, fabricant de papier au faubourg Saint-Antoine. Réveillon était caché; mais le mouvement n'en était pas moins dangereux. On était déjà au 28 avril; les états généraux, promis pour le 27, puis remis encore au 4 mai, risquaient fort, si le mouvement durait, d'être ajournés de nouveau.

Il avait commencé précisément le 27, et il n'était que trop facile de le propager, le continuer, l'agrandir, dans une population affamée. On avait répandu dans le faubourg Saint-Antoine que le papetier Réveillon, ex-ouvrier enrichi, avait dit durement qu'il fallait abaisser les journées à quinze sols; on ajoutait qu'il devait être décoré du cordon noir. Sur ce bruit, grand mouvement. Voilà d'abord une bande qui, devant la porte de Réveillon, pend son effigie décorée du cordon, la promène, la porte à la Grève, la brûle en cérémonie, sous les fenêtres de l'Hôtel de Ville, sous les yeux de l'autorité municipale, qui ne s'émeut pas. Cette autorité et les autres, si éveillées tout à l'heure, semblent endormies. Le lieutenant de police, le prévôt des marchands Flesselles, l'intendant Berthier, tous ces agents de la Cour, qui naguère entouraient les élections de soldats, ont perdu leur activité.

La bande a dit tout haut qu'elle irait le lendemain faire justice chez Réveillon. Elle tient parole. La police, si bien informée, ne prend nulle précaution. C'est le colonel des gardes françaises qui, de lui-même, envoie trente hommes, secours ridicule; dans une foule compacte de mille ou deux mille pillards et de cent mille curieux, les soldats ne veulent, ne peuvent rien faire. La maison est forcée, on brise, on casse, on brûle tout. Rien ne fut emporté, sauf cinq cents louis en or. Beaucoup s'établirent aux caves, burent le vin et les couleurs de la fabrique, qu'ils prirent pour du vin.

Chose incroyable, cette vilaine scène dura tout le jour. Remarquez qu'elle se passait à l'entrée même du faubourg, sous le canon de la Bastille, à la porte du fort. Réveillon, qui y était caché, voyait tout des tours. On envoyait de temps à autre des compagnies de gardes françaises, qui tiraient, à poudre d'abord, puis à balles. Les pillards n'en tenaient compte, quoiqu'ils n'eussent que des pierres à jeter. Tard, bien tard, le commandant Besenval envoya des Suisses, les pillards résistèrent encore, tuèrent quelques hommes; les soldats répondirent par des décharges meurtrières qui laissèrent sur le carreau nombre de blessés et de morts. Beaucoup de ces morts en guenilles avaient de l'argent dans leurs poches.

Si, pendant ces deux longs jours où les magistrats dormirent, où Besenval s'abstint d'envoyer des troupes, le faubourg Saint-Antoine s'était laissé aller à suivre la bande qui saccageait Réveillon, si cinquante mille ouvriers sans travail, sans pain, s'étaient mis, sur cet exemple, à piller les maisons riches, tout changeait de face; la Cour avait un excellent motif pour concentrer une armée sur Paris et sur Versailles, un prétexte spécieux pour ajourner les états. Mais la grande masse du faubourg resta honnête et s'abstint;

elle regarda, sans bouger. L'émeute, ainsi réduite à quelques centaines de gens ivres et de voleurs, devenait honteuse pour l'autorité qui la permettait. Besenval trouva, à la fin, son rôle trop ridicule, il agit et finit tout brusquement. La Cour lui en sut mauvais gré; elle n'osa le blâmer, mais ne lui dit pas un mot. Le Parlement ne put se dispenser, pour son honneur, d'ouvrir une enquête, et l'enquête resta là. On a dit, sans preuve suffisante, qu'il lui fut fait défense, au nom du roi, de passer outre.

Quels furent les instigateurs? Peut-être personne. Le feu, dans ces moments d'orage, prend bien de lui-même. On ne manqua pas d'accuser « le parti révolutionnaire ». Qu'était-ce que ce parti? Il n'y avait encore nulle association active.

On prétendit que le duc d'Orléans avait donné de l'argent. Pourquoi? Qu'y gagnait-il alors? Le grand mouvement qui commençait offrait à son ambition trop de chances légales pour qu'à cette époque il eût besoin de recourir à l'émeute. Il était mené, il est vrai, par des intrigants prêts à tout; mais leur plan, à cette époque, était entièrement dirigé vers les états généraux; seul populaire entre les princes, leur duc, ils s'en croyaient sûrs, allait y jouer le premier rôle. Tout événement qui pouvait retarder les états leur paraissait un malheur.

Qui désirait les retarder? qui trouvait son compte à terrifier les électeurs? qui profitait à l'émeute?

La Cour seule, il faut l'avouer. L'affaire venait tellement à point pour elle qu'on pourrait l'en croire auteur. Il est néanmoins plus probable qu'elle ne la commença point, mais la vit avec plaisir, ne fit rien pour l'empêcher, et regretta qu'elle finît. Le faubourg Saint-Antoine n'avait pas alors sa terrible réputation; l'émeute, sous le canon même de la Bastille, ne semblait pas dangereuse.

Les nobles de Bretagne avait donné l'exemple de troubler les opérations légales des états provinciaux, en remuant les paysans, en lançant contre le peuple une populace mêlée de laquais. A Paris même, un journal, *L'Ami du Roi,* peu de jours avant l'affaire Réveillon, semblait essayer des mêmes moyens: « Qu'importe ces élections? disait-il hypocritement, le pauvre sera toujours pauvre; le sort de la plus intéressante portion du royaume est oublié, etc. » Comme si les premiers résultats de la Révolution — que ces élections commençaient — la suppression de la dîme, la suppression de l'octroi et des aides, la vente à bas prix de moitié des terres du royaume, n'avaient pas produit la plus subite amélioration dans le sort du pauvre qu'aucun peuple eût vue jamais!

Le 29 avril, au matin, tout se retrouva tranquille. L'assemblée des électeurs put reprendre paisiblement ses travaux. Ils durèrent jusqu'au 20 mai, et la Cour obtint l'avantage qu'elle s'était proposé par cette convocation tardive, d'empêcher la députation de Paris de siéger aux premières séances des états généraux. Le dernier élu de Paris et de la France fut celui qui dans l'opinion était le premier de tous, celui qui d'avance avait tracé à la Révolution une marche si droite et si simple, qui en avait marqué les premiers pas, un à un. Tout avançait sur le plan donné par Sieyès, d'un mouvement majestueux, pacifique et ferme, comme la loi.

La loi seule allait régner; après tant de siècles d'arbitraire et de caprice, le temps arrivait où personne n'aurait raison contre la raison.

Qu'ils s'assemblent donc, qu'ils s'ouvrent, ces redoutés états généraux! Ceux qui les ont convoqués, et qui maintenant voudraient qu'on n'en eût parlé jamais, n'y peuvent rien faire. C'est un Océan qui monte; des causes infinies, profondes, agissant du fond des siècles en soulèvent la masse grondante... Opposez-lui, je vous prie, toutes les armées du monde, ou bien le doigt d'un enfant, il n'en fait pas la différence... Dieu le pousse, la justice tardive, l'expiation du passé, le salut de l'avenir!

CHAPITRE II

Ouverture des états généraux

Procession des états généraux. Ouverture, 5 mai. Discours de Necker. Question de la séparation des ordres. Le tiers invite à la réunion. Inaction de l'assemblée. Pièges qu'on lui tend (4 mai-9 juin 1789).

La veille de l'ouverture des états généraux, on dit solennellement à Versailles la messe du Saint-Esprit. C'était bien ce jour, ou jamais, qu'on pouvait chanter l'hymne prophétique: « Tu vas créer des peuples, et la face de la terre en sera renouvelée. »

Ce grand jour fut le 4 mai. Les douze cents députés, le roi, la reine, toute la Cour, entendirent à l'église de Notre-Dame le *Veni Creator*. Puis, l'immense procession, traversant toute la ville, se rendit à Saint-Louis. Les larges rues de Versailles, bordées de gardes-françaises et de gardes suisses, tendues de tapisseries de la couronne, ne pouvaient contenir la foule.

Tout Paris était venu. Les fenêtres, les toits même, étaient chargés de monde. Les balcons étaient ornés d'étoffes précieuses, parés de femmes brillantes, dans la toilette coquette et bizarre qu'on portait alors, mêlée de plumes et de fleurs. Tout ce monde était ému, attendri, plein de trouble et d'espérance.

Une grande chose commençait; quel en serait le progrès, l'issue, les résultats, qui pouvait le dire?... L'éclat d'un tel spectacle, si varié, si majestueux, la musique, qui se faisait entendre de distance en distance, faisaient taire toute autre pensée.

Beau jour, dernier jour de paix, premier d'immense avenir!...

Les passions étaient vives, diverses, opposées sans doute, mais elles n'étaient pas aigries, comme elles le furent bientôt. Ceux même qui avaient le moins souhaité cette ère nouvelle ne pouvaient s'empêcher de partager l'émotion commune. Un député de la noblesse avoue qu'il pleurait de joie: « Cette France, ma patrie, je la voyais, appuyée sur la religion, nous dire: Etouffez vos querelles!... Des larmes coulaient de mes yeux. Mon Dieu, ma patrie, mes concitoyens étaient devenus moi-même. »

En tête de la procession apparaissait d'abord une masse d'hommes, vêtus de noir, le fort et profond bataillon des cinq cent cinquante députés du tiers; sur ce nombre, plus de trois cents légistes, avocats ou magistrats, représentaient avec force l'avènement de la loi. Modestes d'habits, fermes de marche et de regards, ils allaient encore, sans distinction de partis, tous heureux de ce grand jour qu'ils avaient fait et qui était leur victoire.

La brillante petite troupe des députés de la noblesse venait ensuite, avec ses chapeaux à plumes, ses dentelles, ses parements d'or. Les applaudissements qui avaient accueillis le tiers cessèrent tout à coup. Sur ces nobles, cependant, quarante environ semblaient de chauds amis du peuple, autant que les hommes du tiers.

Même silence pour le clergé. Dans cet ordre, on voyait très distinctement deux ordres: une noblesse, un tiers état; une trentaine de prélats en rochets et robes violettes; à part et séparés d'eux par un chœur de musiciens, l'humble troupe des deux cents curés dans leurs noires robes de prêtres.

A regarder cette masse imposante de douze cents hommes animés de grande passion, une chose put frapper l'observateur attentif. Ils offraient très peu d'individualités fortes, beaucoup d'hommes honorables sans doute et d'un talent estimé, aucun de ceux qui, par l'autorité réunie du génie et du caractère, ont le droit d'entraîner la foule, nul grand inventeur, nul héros.

Les puissants novateurs qui avaient ouvert les voies à ce siècle n'existaient plus alors. Il restait leur pensée pour mener les nations. De grands orateurs surgirent pour l'exprimer, l'appliquer, mais ils n'y ajoutèrent pas. La gloire de la Révolution dans ces premiers moments, mais son péril aussi, ce qui pouvait la rendre moins certaine dans sa marche, c'était de se passer d'hommes, d'aller seule, par l'élan des idées, sur la foi de la raison pure, sans idole et sans faux Dieu.

Ce corps de la noblesse, qui se présentait comme dépositaire et gardien de notre gloire militaire, n'offrait aucun général célèbre. « C'étaient d'illustres obscurs que tous les grands seigneurs de France. » Un seul peut-être excitait l'intérêt, celui qui, malgré la Cour, avait le premier pris part à la guerre d'Amérique, le jeune et blond La Fayette. Personne ne soupçonnait le rôle exagéré qu'allait lui donner la fortune.

Le tiers, dans sa masse obscure, portait déjà la Convention. Mais qui aurait su la voir? qui distinguait, dans cette foule d'avocats, la taille roide, la pâle figure de tel avocat d'Arras?

Deux choses étaient remarquées, l'absence de Sieyès, la présence de Mirabeau.

Sieyès n'était pas venu encore; on cherchait dans ce grand mouvement celui dont la sagacité singulière l'avait vu, formulé et calculé.

Mirabeau était présent, et il attirait tous les regards. Son immense chevelure, sa tête léonine, marquée d'une laideur puissante, étonnaient, effrayaient presque; on n'en pouvait détacher les yeux. C'était un homme celui-là, visiblement, et les autres étaient des ombres; un homme malheureusement de son temps et de sa classe, vicieux comme l'était la haute société du temps, scandaleux de plus, bruyant et courageux dans le vice: voilà ce qui l'avait perdu. Le monde était plein du roman de ses aventures, de ses captivités, de ses passions. Car il avait eu des passions, et violentes, furieuses... Qui alors en avait de telles? Et la tyrannie de ses passions, exigeantes et absorbantes, l'avait souvent mené bien bas... Pauvre par la dureté de sa famille, il eut les misères morales, les vices du pauvre, par-dessus les vices du riche. Tyrannie de la famille, tyrannie de l'Etat, tyrannie morale, intérieure, celle de la passion... Ah! personne ne devait saluer avec plus d'ardeur cette aurore de la liberté, le renouvellement de l'âme, il le disait à ses amis. Il allait renaître jeune avec la France, jeter son vieux manteau taché... Seulement, il fallait vivre encore; au seuil de cette vie nouvelle qui s'ouvrait, fort, ardent, passionné, il n'en était pas moins entamé profondément; son teint était altéré, ses joues s'affaissaient... Nimporte! il portait haut sa tête énorme, son regard était plein d'audace. Tout le monde pressentait en lui la grande voix de la France.

Le tiers fut applaudi en général; puis, dans la noblesse, le seul duc d'Orléans, le roi enfin, qu'on remerciait ainsi d'avoir convoqué les états. Telle fut la justice du peuple.

Au passage de la reine, il y eut quelques murmures, des femmes crièrent: « Vive le duc d'Orléans! » croyant la blesser davantage en nommant son ennemi... L'impression fut forte sur elle, elle pensa s'évanouir, on la soutint, mais elle se remit bien vite, relevant sa tête hautaine, belle encore. Elle s'essayait dès lors à repousser la haine publique d'un regard ferme et méprisant... Triste effort qui n'embellit pas. Dans le solennel portrait que nous a laissé d'elle, en 1788, son peintre, Mme Lebrun, qui l'aimait, et qui a dû la parer de son affection même, on sent déjà pourtant quelque chose de répulsif, de dédaigneux, d'endurci.

Ainsi, cette belle fête de paix, d'union, trahissait la guerre. On indiquait un jour à la France pour s'unir et s'embrasser dans une pensée commune, et l'on faisait en même temps ce qu'il fallait pour la diviser. Rien qu'à voir cette diversité de costumes imposée aux députés, on trouvait réalisé le mot dur de Sieyès: « Trois ordres? Non, trois nations. »

La Cour avait fait fouiller les vieux livres, pour y retrouver le détail odieux d'un cérémonial gothique, ces oppositions de classes, ces signes de distinction et de haine sociale qu'il eût fallu plutôt enfouir. Des blasons, des figures, des symboles, après Voltaire, après *Figaro*! c'était tard. A vrai dire, ce n'était pas tant de manie de vieilleries qui avait guidé la Cour, mais bien le plaisir secret de mortifier, d'abaisser ces petites gens qui, aux élections, avaient fait les rois, de les rappeler à leurs basses origines... La faiblesse se jouait au dangereux amusement d'humilier une dernière fois les forts.

Dès le 3 mai, la veille de la messe du Saint-Esprit, les députés étant présentés à Versailles; à ce moment de cordialité, de facile émotion, le roi glaça les députés, qui presque tous arrivaient favorablement disposés pour lui. Au lieu de les recevoir mêlés par provinces, il les fit entrer par ordres; le clergé, la noblesse d'abord.. puis, après une pause, le tiers.

On aurait voulu imputer ces petites insolences aux officiers, aux valets; mais Louis XVI ne montra que trop qu'il tenait lui-même au vieux cérémonial. A la séance du 5, le roi s'étant couvert, et la noblesse après lui, le tiers en voulut en faire autant; mais le roi, pour l'empêcher de prendre ainsi l'égalité avec la noblesse, aima mieux se découvrir.

Qui croirait que cette cour insensée se rappelât, regrettât l'usage absurde de faire haranguer le tiers à genoux? On ne voulut pas l'en dispenser expressément, et l'on aima mieux décider que le président du tiers ne ferait pas de harangue. C'est-à-dire que, au bout de deux cents ans de séparation et de silence, le roi revoyait son peuple et lui défendait de parler.

Le 5 mai, l'assemblée s'ouvrit, non chez le roi au château, mais dans l'avenue de Paris, à la salle des Menus. Cette salle, qui malheureusement n'existe plus, était immense;

elle pouvait contenir, outre les douze cents députés, quatre milliers d'auditeurs.

Un témoin oculaire, Mme de Staël, fille de Necker, qui était venue là pour voir applaudir son père, nous dit qu'il le fut en effet, et que Mirabeau venant prendre place, on entendit quelques murmures... Murmures contre l'homme immoral? Cette société brillante, qui se mourait de ses vices, et tenait à sa dernière fête, n'avait pas droit de sévérité.

L'assemblée essuya trois discours, celui du roi, celui du garde des sceaux, et celui de Necker, tous sur le même texte, tous indignes de la circonstance. Le roi se retrouvait enfin en présence de la nation, et il n'avait pas une parole paternelle à dire, pas un mot du cœur pour le cœur. L'exorde, c'était une gronderie gauche, timide, sournoise, sur l'esprit d'innovation. Il exprimait sa sensibilité... pour les deux ordres supérieurs, « qui se montraient disposés à renoncer à leurs privilèges pécuniaires ». La préoccupation d'argent dominait les trois discours; peu ou rien, sur la question de droit, celle qui remplissait, élevait toutes les âmes, le droit de l'égalité. Le roi et ses deux ministres, dans un pathos maladroit où l'enflure alterne avec la bassesse, semblent convaincus qu'il s'agit uniquement d'impôt, d'argent, de subsistances, de la question du ventre. Ils croient que si les privilégiés accordent au tiers, en aumône, l'égalité de l'impôt, tout va s'arranger de soi-même. De là, trois éloges, dans les trois discours, pour le sacrifice des ordres supérieurs qui veulent bien renoncer à leurs exemptions. Les éloges vont *crescendo,* jusqu'à Necker, qui ne voit aucun héroïsme comparable dans l'histoire.

Ces éloges, qui ont plutôt l'air d'une invitation, annoncent trop clairement que ce sacrifice admirable et tant loué n'est pas fait encore. Qu'il se fasse donc bien vite! c'est toute la question pour le roi et les ministres, qui ont appelé là le tiers comme épouvantail, et le renverraient volontiers. De ce grand sacrifice, ils n'ont encore que des assurances partielles, douteuses; quelques seigneurs l'ont offert, mais les autres se sont moqués d'eux. Plusieurs membres du clergé, contre l'opinion connue de l'Assemblée du clergé, ont donné cette espérance. Les deux ordres n'ont pas hâte de s'expliquer là-dessus; le mot décisif ne peut sortir de leur bouche, il reste à la gorge. Il faut deux mois, les plus graves, les plus terribles circonstances, disons-le, la victoire du tiers, pour qu'enfin, le 26 juin, le clergé vaincu renonce, et même alors la noblesse *promet* seulement de renoncer.

Necker parla trois heures de finance et de morale: « Rien, dit-il, sans la morale publique, sans la morale particulière. » Son discours n'en était pas moins l'immorale énumération des moyens qu'avait le roi pour se passer d'états généraux, continuer l'arbitraire. Les états, dès lors, étaient un vulgaire don, une faveur octroyée et révocable.

Il avouait imprudemment que le roi *était inquiet*... Il exprimait le désir que les deux ordres supérieurs, restant seuls et libres, accomplissent leurs sacrifices, sauf à se réunir au tiers pour discuter plus tard les questions d'intérêt commun. Dangereuse insinuation! Le ministre, une fois libre de puiser l'impôt à ces riches sources de la grande propriété, n'eût guère insisté pour obtenir la réunion des ordres. Les privilégiés auraient gardé leur fausse majorité; deux ordres ligués contre un auraient empêché les réformes. Qu'importe! la banqueroute étant évitée, la disette ayant cessé, l'opinion s'étant rendormie, la question de droit, de garantie, était ajournée, l'inégalité et l'arbitraire raffermis, Necker régnait, ou plutôt la Cour qui, une fois quitte du péril, eût renvoyé à Genève le banquier sentimental.

Le 6 mai, les députés du tiers prennent possession de la grande salle; la foule impatiente, qui assiégeait les portes, s'élance à leur suite.

La noblesse à part, le clergé à part, s'établissent dans leurs chambres, et, sans perdre de temps, décident que les pouvoirs doivent êtres vérifiés par chaque ordre et dans son sein. Forte majorité dans la noblesse, petite dans le clergé;

un grand nombre de curés voulaient se réunir au tiers.

Le tiers, fort de son grand nombre et maître de la grande salle, déclare *qu'il attend les deux autres ordres*. Le vide de cet immense local semblait accuser leur absence: la salle elle-même parlait.

La question de la réunion des ordres contenait toutes les autres. Celui du tiers, déjà double de nombre, devait y gagner la voix de cinquante nobles environ et d'une centaine du curés, partant dominer les deux ordres d'une majorité énorme, et se trouver en tout leur juge. Le privilège jugé par ceux contre qui il fut établi! il était facile de prévoir l'arrêt.

Donc, le tiers attendait le clergé et la noblesse; il attendait dans sa force, patiemment, comme toute chose éternelle. Les privilégiés s'agitaient; ils se retournaient, trop tard, vers le grand privilégié, le roi, leur centre naturel, qu'ils avaient ébranlé eux-mêmes. Ainsi, dans ce moment d'attente qui dura un mois et plus, les choses se classèrent selon leurs affinités: les privilégiés avec le roi. l'Assemblée avec le peuple.

Elle vivait avec lui, parlait avec lui, les portes toutes grandes ouvertes; nulle barrière encore. Paris siégeait à Versailles, pêle-mêle avec les députés. Une communication continuelle existait sur toute la route. L'assemblée des électeurs de Paris, l'assemblée irrégulière, tumultueuse, que la foule tenait au Palais-Royal, demandait de moment en moment nouvelle des députés; on interrogeait avidement tout ce qui venait de Versailles. Le tiers, qui voyait la Cour s'irriter de plus en plus et s'entourer de soldats, ne se sentait qu'une défense, la foule qui l'écoutait, la presse qui le faisait écouter de tout le royaume. Le jour même de l'ouverture des états, la Cour essaya d'étouffer la presse; un arrêt du Conseil supprima, condamna le journal des états généraux, que Mirabeau publiait; un autre arrêt défendit qu'aucun écrit périodique parût sans permission. Ainsi la censure, inactive depuis plusieurs mois et comme suspendue, était rétablie en face de la nation assemblée, rétablie pour les communications nécessaires, indispensables, des députés et de ceux qui les avaient députés. Mirabeau n'en tint compte, et continua sous ce titre: *Lettres à mes Commettants*. L'assemblée des électeurs de Paris, qui travaillait encore à ses cahiers, s'interrompit (7 mai) pour réclamer unanimement contre l'arrêt du Conseil. Ce fut la première intervention de Paris dans les affaires générales. La grande et capitale question de la liberté de la presse se trouva emportée d'emblée. La Cour pouvait dès lors rassembler des canons et des armées; une artillerie plus puissante, celle de la presse, tonnait désormais à l'oreille du peuple, tout le royaume entendait.

Le 7 mai, le tiers, sur la proposition de Malouet et de Mounier, permit à quelques-uns des siens d'inviter le clergé et la noblesse à venir siéger. La noblesse passa outre, se constitua en assemblée. Le clergé, plus divisé, plus craintif, voulut voir venir les choses; les prélats, d'ailleurs, croyaient avec le temps gagner des voix parmi les curés.

Six jours perdus. Le 12 mai, Rabaut de Saint-Etienne, député protestant de Nîmes, fils du vieux martyr des Cévennes, proposa de conférer pour amener la réunion. A quoi le breton Chapelier voulait qu'on substituât « une *notification* de l'étonnement où le tiers se trouvait de l'absence des autres ordres, de l'impossibilité de conférer ailleurs qu'en réunion commune, de l'intérêt et du droit qu'avait chaque député de juger la validité du titre de tous; les états ouverts, il n'y a plus de député d'ordre ou de province, mais des représentants de la nation; les députés du privilège y gagnent, leurs fonctions en sont agrandies ».

L'avis de Rabaut l'emporta comme le plus modéré. Des conférences eurent lieu, et elles ne servirent qu'à aigrir les choses. Le 24 mai, Mirabeau reproduit un avis qu'il avait ouvert, d'essayer de détacher le clergé de la noblesse, de l'inviter à la réunion, « au nom du Dieu de paix ». L'avis était très politique; nombre de curés attendaient impatiemment l'occasion de se réunir. La nouvelle invitation faillit entraîner l'ordre entier. A grand-peine les prélats obtinrent un délai. Le soir, ils coururent au château, au comité Polignac. Par la reine, on tira du roi une lettre où il déclarait « désirer que les conférences reprissent en présence du garde des sceaux et d'une commission royale ». Le roi empêchait ainsi la réunion du clergé au tiers, et se faisait visiblement l'agent des privilégiés.

Cette lettre, peu royale, était un piège tendu. Si le tiers acceptait, le roi, juge des conférences, pouvait étouffer la question par un arrêt du Conseil, et les ordres restaient divisés. Si le tiers refusait seul, les autres ordres acceptant, il portait seul l'odieux de l'inaction commune; seul, dans ce moment de misère et de famine, il ne voulait pas faire un pas pour secourir la nation. Mirabeau, en montrant le piège, conseilla à l'Assemblée de paraître dupe, d'accepter les conférences, en protestant par une adresse.

Nouveau piège. Dans ces conférences, Necker fit appel au sentiment, à la générosité, à la confiance. Il conseillait que chaque ordre s'en remît aux autres de vérifier ses pouvoirs; en cas de dissentiment, *le roi jugerait*. Le clergé accepta sans hésiter. Si la noblesse eût accepté, le tiers restait seul contre deux. Qui le tira de ce danger? La noblesse elle-même, folle et courant à sa perte. Le comité Polignac ne voulut point d'un expédient proposé par son ennemi. Avant même de lire la lettre du roi, la noblesse avait décidé, pour fermer la voie à toute conciliation, que la délibération par ordres et le *veto* de chaque ordre sur les décisions des autres étaient des principes constitutifs de la monarchie. Le plan de Necker tentait beaucoup de nobles modérés; deux anoblis de grand talent, mais violents et de faibles têtes, Cazalès et d'Eprémesnil, embrouillèrent la question et parvinrent à éluder ce dernier moyen de salut, à repousser la planche que le roi leur tendait dans leur naufrage (6 juin).

Un mois de retard, après le retard des trois ajournements qu'avaient subis la convocation! un mois, en pleine famine!... Notez que, dans cette grande attente, les riches se tenaient immobiles, ajournaient toute dépense. Le travail avait cessé. Celui qui n'a que ses bras, son travail du jour pour nourrir le jour, allait chercher du travail, n'en trouvait pas, mendiait, ne recevait pas, volait... Des bandes affamées couraient le pays; où il y avait résistance, elles devenaient furieuses, tuaient, brûlaient... L'effroi s'étendait au loin; les communications cessaient, la disette allait croissant. Mille contes absurdes circulaient. C'étaient, disait-on, des brigands payés par la Cour. Et la Cour rejetait l'accusation sur le duc d'Orléans.

La position de l'Assemblée était difficile. Il lui fallait siéger inactive, lorsque tout le remède qu'on pouvait espérer était dans son action. Il lui fallait fermer l'oreille en quelque sorte au cri douloureux de la France, pour sauver la France même, lui fonder la liberté!...

Le clergé aggrava cette position cruelle, et s'avisa contre le tiers d'une invention vraiment pharisienne. Un prélat vint, dans l'Assemblée, pleurer sur le pauvre peuple, sur la misère des campagnes. Devant les quatre mille personnes qui assistaient à la séance, il tira de sa poche un affreux morceau de pain noir: « Voilà, dit-il, le pain du paysan. » Le clergé proposait d'agir, de former une commission pour conférer ensemble sur la question des subsistances, sur la misère des pauvres.

Dangereux piège. Ou l'Assemblée cédait, se mettait en activité et consacrait ainsi la séparation des ordres, ou bien elle se déclarait insensible aux malheurs publics. La responsabilité du désordre, qui commençait partout, tombait sur elle d'aplomb. Les parleurs ordinaires se turent sur cette question compromettante. Mais des députés obscurs, MM. Populus et Robespierre, exprimèrent avec violence, avec talent, le sentiment général. On invita le clergé à venir *dans la salle commune* délibérer sur ces maux publics dont l'Assemblée n'était pas moins touchée que lui.

Cette réponse ne diminuait pas le péril. Quelle facilité la Cour, les nobles, les prêtres n'avaient-ils pas désormais pour tourner le peuple? Quel beau texte qu'une assemblée d'avocats, orgueilleuse, ambitieuse, qui avaient promis de sauver la France, et la laissaient mourir de misère plutôt que de rien céder d'une injuste prétention.

La Cour saisit avidement cette arme, et crut tuer l'Assemblée. Le roi dit au président du clergé qui vint lui soumettre la proposition charitable de son ordre sur l'affaire des subsistances « qu'il verrait avec plaisir se former une commission des états généraux, qui pût l'aider de ses conseils ».

Donc le clergé songeait au peuple, le roi aussi; rien n'empêchait la noblesse de dire les mêmes paroles. Et alors, le tiers serait resté seul. Il allait être constaté que tous voulaient le bien du peuple, le tiers seul ne le voulait pas.

CHAPITRE III

Assemblée nationale

Dernière sommation du tiers, 10 juin. Il prend le nom de Communes. Les Communes prennent le titre d'Assemblée nationale, 17 juin. Elles se saisissent du droit de l'impôt. Le roi fait fermer la salle. L'Assemblée au Jeu de Paume, 20 juin 1789.

Le 10 juin, Sieyès dit, en entrant dans l'Assemblée: « Coupons le câble, il est temps. » Depuis ce jour, le vaisseau de la Révolution, malgré les tempêtes et malgré les calmes, retardé, jamais arrêté, cingle vers l'avenir.

Ce grand théoricien, qui d'avance avait calculé si juste, se montra ici vraiment homme d'Etat; il avait dit ce qu'il fallait faire, et il le fit au moment.

Il n'y a qu'un moment pour chaque chose. Ici, c'était le 10 juin, pas plus tôt, pas plus tard. Plus tôt, la nation n'était pas assez convaincue de l'endurcissement des privilégiés; il leur fallait un mois pour bien mettre en lumière toute leur mauvaise volonté. Plus tard, deux choses étaient à craindre, ou que le peuple, poussé à bout, ne laissât la liberté pour un morceau de pain, que les privilégiés ne finissent tout, en renonçant à leur exemption d'impôt; ou bien que la noblesse, s'unissant au clergé, ne formât (comme on le leur conseillait) une chambre haute. Une telle chambre qui, de nos jours, n'a nul rôle que d'être une machine commode à la royauté, eût été en 89 une puissance par elle-même: elle eût réuni ceux qui possédaient alors la moitié ou les deux tiers des terres du royaume, ceux qui, par leurs agents, leurs fermiers, leurs domestiques innombrables, avaient tant de moyens d'influer sur les campagnes. On venait de voir aux Pays-Bas le formidable accord de ces deux ordres, qui avait entraîné le peuple, chassé les Autrichiens, dépossédé l'empereur.

Le mercredi 10 juin 1789, Sieyès proposa de *sommer* une dernière fois le clergé et la noblesse, de les avertir que l'appel se ferait *dans une heure,* et qu'il serait *donné défaut* contre les non-comparants.

Cette sommation dans la forme judiciaire était un coup inattendu. Les députés des communes prenaient, à l'égard de ceux qui leur contestaient l'égalité, une position supérieure, celle de juges, en quelque sorte.

Cela était sage, on risquait trop à attendre, mais cela était hardi. On a répété souvent que ceux qui avaient tout un peuple derrière eux, une ville comme Paris, n'avaient rien à craindre, qu'ils étaient les forts, qu'ils avançaient sans péril... Après coup, et toute chose ayant réussi, on peut soutenir la thèse. Sans doute, ceux qui franchirent ce pas se sentaient une grande force, mais cette force n'était nullement organisée; le peuple n'était pas militaire, comme il l'est devenu plus tard. Une armée entourait Versailles, allemande et suisse en partie (neuf régiments au moins sur quinze); une batterie de canons était devant l'Assemblée... La gloire du grand logicien qui formula la pensée nationale, la gloire de l'Assemblée qui accepta la formule, fut de ne rien voir de cela, mais de croire à la logique, et d'avancer dans sa foi.

La Cour, très irrésolue, ne sut rien faire que s'enfermer dans un dédaigneux silence. Deux fois, le roi évita de recevoir le président des Communes; il était à la chasse, disait-on, ou bien, il était trop affligé de la mort récente du dauphin. Et l'on savait qu'il recevait tous les jours les prélats, les nobles, les parlementaires. Ils commençaient à s'effrayer, ils venaient s'offrir au roi. La Cour les écoutait, les marchandait, spéculait sur leurs craintes. Toutefois, il était visible que le roi, obsédé par eux, leur prisonnier en quelque sorte, leur appartiendrait tout entier, et se montrerait de plus en plus ce qu'il était, un privilégié à la tête des privilégiés. La situation devenait nette et facile à saisir; il ne restait que deux choses, le privilège d'un côté, le droit de l'autre.

L'Assemblée avait parlé haut. Elle attendait de sa démarche la réunion d'une partie du clergé. Les curés se sentaient peuple, et voulaient aller prendre leur vraie place à côté du peuple. Mais les habitudes de subordination ecclésiastique, les intrigues des prélats, leur autorité, leur voix menaçante, la Cour, la reine d'autre part, les tenaient encore fixés sur leurs bancs. Trois seulement se hasardèrent, puis sept, enfin dix-huit en tout. Grande risée à la Cour sur la belle conquête que faisait le tiers.

L'Assemblée devait ou périr, ou avancer, faire un second pas. Elle devait envisager hardiment la situation simple, terrible, que nous indiquions tout à l'heure, le droit en face du privilège, le droit de la nation concentré dans l'Assemblée... Et il ne suffisait pas de voir cela, il fallait le faire voir et le promulguer, donner à l'Assemblée son vrai nom: Assemblée *nationale*.

Dans sa fameuse brochure que tout le monde savait par cœur, Sieyès avait dit ce mot remarquable qui ne tomba pas en vain: « Le tiers seul, dira-t-on, ne peut pas former les états généraux... Eh! tant mieux, il composera une *Assemblée nationale*. »

Prendre ce titre, s'intituler ainsi la nation, réaliser le dogme révolutionnaire posé par Sieyès: *Le tiers, c'est le tout*, c'était un pas trop hardi pour le franchir tout d'abord. Il fallait y préparer les esprits, s'acheminer vers ce but peu à peu et par degré.

D'abord le mot d'*Assemblée nationale* ne se dit point dans l'Assemblée même, mais à Paris entre les électeurs qui avaient élu Sieyès, et ne craignaient pas de parler sa langue.

Le 15 mai, M. Boissy d'Anglas, obscur alors et sans influence, prononça le mot, mais pour l'éloigner, l'ajourner, avertissant la Chambre qu'elle devait se garder de toute précipitation, s'affranchir du moindre reproche de *légèreté*... Avant que le mouvement commençât, il voulait déjà enrayer.

L'Assemblée s'en tint au nom de *Communes,* qui, dans son humble signification, mal définie, la débarrassait pourtant de ce petit nom spécial, inexact de *tiers*. Vives réclamations de la part de la noblesse.

Le 15 juin, Sieyès, avec audace et prudence, demanda que les Communes s'intitulassent: Assemblée des représentants connus et vérifiés *de la nation française*. Il semblait n'énoncer qu'un fait impossible à contester, les députés des Communes avaient soumis leurs pouvoirs à une vérification publique, faite solennellement dans la grande salle ouverte et devant la foule. Les deux autres ordres avaient vérifié entre eux, à huis clos. Le simple mot de députés *vérifiés* réduisait les autres au nom de députés *présumés;* ces derniers pouvaient-ils empêcher les autres d'agir? les absent pouvaient-ils paralyser les *présents*? Sieyès rappelait que ceux-ci *représentaient déjà les quatre-vingt-seize centièmes* (au moins) *de la nation*.

On connaissait trop bien Sieyès pour douter que cette proposition ne fût un degré pour amener à une autre, plus hardie, plus décisive. Mirabeau lui reprocha tout d'abord « de lancer l'Assemblée dans la carrière, sans lui montrer le but auquel il voulait la conduire ».

Et en effet, au second jour de la bataille, la lumière se fit. Deux députés servirent de précurseurs à Sieyès. M. Legrand proposa que l'Assemblée se constituât en assemblée *générale;* qu'elle ne se tînt arrêtée par rien de ce qui sortirait de *l'indivisibilité d'une Assemblée nationale*. M. Galand demanda que, le clergé et la noblesse étant simplement deux corporations, la nation étant une et indivisible, l'Assemblée se constituât Assemblée légitime et active *des représentants de la nation* française. Sieyès alors sortit des obscurités, laissa les ambages, et proposa le titre d'*Assemblée nationale*.

Les représentants du peuple

Depuis la séance du 10, Mirabeau regardait Sieyès marcher sous la terre, et il était effrayé. Cette marche rectiligne aboutissait à un point où elle rencontrait de front la royauté, l'aristocratie. S'arrêterait-elle par respect devant l'idole vermoulue? il n'y avait pas d'apparence. Or, malgré la dure discipline par laquelle la tyrannie forma Mirabeau pour la liberté, il faut dire que le fameux tribun était aristocrate de goût et de mœurs, royaliste de cœur; il l'était d'origine et de sang, pour ainsi dire. Deux choses, l'une grande, l'autre basse, le poussaient aussi. Entouré de femmes avides, il lui fallait de l'argent; et la monarchie lui paraissait la main ouverte et prodigue, versant l'argent, les faveurs. Elle lui avait été dure, cruelle, cette royauté; mais cela même la servait maintenant auprès de lui; il eût trouvé beau de sauver un roi qui avait signé dix-sept fois l'ordre de l'emprisonner. Tel fut ce pauvre grand homme, si magnanime et généreux, qu'on voudrait pouvoir rejeter ses vices sur son déplorable entourage, sur la barbarie paternelle, qui l'isola de la famille. Son père le persécuta toute sa vie, et il a demandé en mourant d'être enterré auprès de son père.

Le 10, lorsque Sieyès proposa de *donner défaut* contre les non-comparants, Mirabeau appuya ce mot dur, parla fort et ferme. Mais le soir, voyant le péril, il prit sur lui d'aller voir Necker, son ennemi; il voulait l'éclairer sur la situation, offrir à la royauté le secours de sa parole puissante.

Mal reçu et indigné, il n'entreprit pas moins de barrer la route à Sieyès, de se mettre, lui tribun, lui relevé d'hier par la Révolution, et qui n'avait de force qu'elle, il voulut, dis-je, se mettre en face d'elle, et s'imagina l'arrêter.

Tout autre y eût péri d'abord, sans pouvoir s'en tirer jamais. Qu'il soit plus d'une fois tombé dans l'impopularité, et qu'il ait pu remonter toujours, c'est ce qui donne une idée bien grande du pouvoir de l'éloquence sur cette nation, sensible entre toutes au génie de la parole.

Quoi de plus difficile que la thèse de Mirabeau! Il

essayait, devant cette foule émue, exaltée, devant un peuple élevé au-dessus de lui-même par la grandeur de la crise, d'établir « que le peuple ne s'intéressait pas à de telles discussions, qu'il demandait seulement de ne payer que ce qu'il pouvait, et de porter paisiblement sa misère ».

Après ces paroles basses, affligeantes, décourageantes, fausses d'ailleurs en général, il se hasardait à poser la question de principe: « Qui vous a convoqués? Le roi... Vos mandats, vos cahiers, vous autorisent-ils à vous déclarer l'assemblée des seuls représentants connus et vérifiés?.. Et si le roi vous refuse sa sanction?... La suite en est évidente. Vous aurez des pillages, des boucheries, vous n'aurez pas même l'exécrable honneur d'une guerre civile. »

Quel titre fallait-il donc prendre?

Mounier et les imitateurs du Gouvernement anglais proposaient: « Représentants *de la majeure partie* de la nation, en l'absence de la mineure partie. » Cela divisait la nation en deux, conduisait à l'établissement des deux chambres.

Mirabeau préférait la formule: « Représentants du *peuple* français. » Ce mot, disait-il, était élastique, pouvait dire peu ou beaucoup.

C'est précisément le reproche que lui firent deux légistes éminents, Target (de Paris), Thouret (de Rouen). Ils lui demandèrent si *peuple* signifiait plebs ou populus. L'équivoque était mise à nu. Le roi, le clergé, la noblesse auraient sans nul doute interprété *peuple* dans le sens de *plebs,* du peuple inférieur, d'une simple *partie* de la nation.

Beaucoup n'avaient pas senti l'équivoque, ni combien elle allait faire perdre de terrain à l'Assemblée. Tous le comprirent, lorsque Malouet, l'ami de Necker, accepta ce mot de *peuple*.

La peur que Mirabeau essayait de faire du *veto* royal, ne fit qu'indigner. Le janséniste Camus, l'un des plus fermes caractères de l'Assemblée, répondit ces fortes paroles: « Nous sommes ce que nous sommes. Le *veto* peut-il empêcher que la vérité ne soit une et immuable? La sanction royale peut-elle changer l'ordre des choses, et altérer leur nature? »

Mirabeau, irrité par la contradiction, et perdant toute prudence, s'emporta jusqu'à dire: « Je crois le *veto* du roi tellement nécessaire que j'aimerais mieux vivre à Constantinople qu'en France, s'il ne l'avait pas... Oui, je déclare, je ne connaîtrais rien de plus terrible que l'aristocratie souveraine de six cents personnes qui demain pourraient se rendre inamovibles, après-demain héréditaires, et finiraient, comme les aristocraties de tous les pays du monde, par tout envahir. »

Ainsi, de deux maux, l'un possible, l'autre présent, Mirabeau préférait le mal présent et certain. Dans l'hypothèse qu'un jour cette Assemblée pourrait vouloir se perpétuer et devenir un tyran héréditaire, il armait du pouvoir tyrannique d'empêcher toute réforme, cette cour incorrigible qu'il s'agissait de réformer... *Le roi! le roi!* pourquoi abuser toujours de cette vieille religion? Qui ne savait que depuis Louis XIV il n'y avait point de roi? La guerre était entre deux républiques, l'une qui siégeait dans l'Assemblée, c'étaient les grands esprits du temps, les meilleurs citoyens, c'était la France elle-même; l'autre, la république des abus, tenait son conciliabule chez Diane de Polignac, aux vieux cabinets des Dubois, des Pompadour et des du Barry.

Le discours de Mirabeau fut accueilli d'un tonnerre d'indignation, d'une tempête d'imprécations et d'insultes. La rhétorique éloquente par laquelle il réfutait ce que personne n'avait dit (que le mot de *peuple* est vil) n'avait nullement donné le change.

Il était neuf heures du soir. On ferma la discussion pour aller aux voix. La netteté singulière avec laquelle la question s'était posée sur la royauté elle-même faisait craindre que la Cour ne fît la seule chose qu'elle avait à faire pour empêcher le peuple d'être roi le lendemain; elle avait la force brutale, une armée autour de Versailles; elle pouvait l'employer, enlever les principaux députés, dissoudre les états, et si Paris remuait, affamer Paris... Ce crime hardi était son dernier coup de dé; on croyait qu'elle le jouerait. On voulait le prévenir en constituant l'Assemblée cette nuit même. C'était l'avis de plus de quatre cents députés; une centaine, au plus, était contre. Cette petite minorité empêcha toute la nuit, par les cris et la violence, qu'on ne pût faire l'appel nominal. Mais ce spectacle honteux d'une majorité tyrannisée, de l'Assemblée mise en péril par le retard, l'idée que, d'un moment à l'autre, l'œuvre de la liberté, le salut de l'avenir, pouvaient être anéantis, tout exalta jusqu'au transport la foule qui remplissait les tribunes; un homme s'élança, et saisit au collet Malouet, le meneur principal de ces crieurs obstinés. L'homme s'évada. Les cris continuèrent. « En présence de ce tumulte, dit Bailly qui présidait, l'Assemblée resta ferme et digne; patiente autant que forte, elle attendait en silence que cette bande turbulente fût épuisée par ses cris. » A une heure après minuit, les députés étaient moins nombreux, on remit le vote au matin.

Le matin, au moment du vote, on annonça au président qu'il était mandé à la chancellerie pour prendre une lettre du roi. Cette lettre, où il rappelait qu'on ne pouvait rien sans le concours des trois ordres, serait arrivée bien à point pour fournir un texte aux cent opposants, donner lieu à de longs discours, inquiéter, refroidir beaucoup d'esprits faibles. L'Assemblée, avec une gravité royale, ajourna la lettre du roi, défendit à son président de quitter la salle avant la fin de la séance. Elle voulait voter et vota.

Les diverses motions pouvaient se réduire à trois, ou plutôt à deux;

1º celle de Sieyès: Assemblée *nationale;*

2º celle de Mounier: Assemblée des représentants de la *majeure* partie de la nation, en l'absence de la *mineure partie*. La formule équivoque de Mirabeau rentrait dans celle de Mounier, le mot *peuple* pouvant se prendre dans un sens restreint, et comme la *majeure partie de la nation*.

Mounier avait l'avantage apparent d'une littéralité judaïque, d'une justesse arithmétique, au fond contraire à la justice. Elle opposait symétriquement, mettait en regard, et comme de niveau, deux valeurs énormément différentes. L'Assemblée représentait la nation, moins les privilégiés, c'est-à-dire quatre-vingt-seize ou quatre-vingt-dix-huit centièmes, contre quatre centièmes (selon Sieyès), deux centièmes (selon Necker). Pourquoi donner à ces deux ou quatre centièmes une si énorme importance? Ce n'était pas à coup sûr pour ce qu'ils gardaient de puissance morale, ils n'en avaient plus; c'était dans la réalité parce que toute la grande propriété du royaume, les deux tiers des terres, étaient dans leurs mains. Mounier était l'avocat de la propriété contre la population, de la terre contre l'homme. Point de vue féodal, anglais et matérialiste; Sieyès avait donné la formule française.

Avec l'arithmétique de Mounier, sa justesse injuste, avec l'équivoque de Mirabeau, la nation restait *une classe*, et la grande propriété, la terre, constituait aussi *une classe* en face de la nation. Nous restions dans l'injustice antique; le Moyen Age continuait, le système barbare où la glèbe compta plus que l'homme, où la terre, le fumier, la cendre, furent suzerains de l'esprit.

Sieyès, mis aux voix d'abord, eut près de cinq cents voix pour lui, et il n'y eut pas cent opposants. Donc l'Assemblée fut proclamée *Assemblée nationale*. Beaucoup crièrent: « Vive le roi! »

Deux interruptions vinrent encore, comme pour arrêter l'Assemblée, l'une de la noblesse qui envoyait sous un prétexte; l'autre de certains députés qui voulaient qu'avant tout on créât un président, un bureau régulier. L'Assemblée passa outre, et procéda à la solennité du serment. En présence d'une foule émue de quatre mille spectateurs, les six cents députés, debout, la main levée, dans un silence profond, les yeux fixés sur l'honnête et grave figure de leur président, l'écoutèrent lisant la formule, et crièrent:

« Nous le jurons! » Un sentiment universel de respect et de religion remplit tous les cœurs.

L'Assemblée était fondée, elle vivait; il lui manquait la force, la certitude de vivre. Elle se l'assure, en saisissant le droit d'impôt. Elle déclara que l'impôt, *illégal jusqu'alors*, serait perçu *provisoirement* « jusqu'au jour de la séparation de la présente Assemblée ». C'était, d'un coup, condamner tout le passé, s'emparer de l'avenir.

Elle adoptait hautement la question de l'honneur, la dette, et s'en portait garant.

Et tous ces actes royaux étaient en langage royal, dans les formules même que le roi seul prenait jusqu'ici: « L'Assemblée *entend et décrète...* »

Finalement, elle s'inquiétait des substances publiques. Le pouvoir administratif ayant défailli autant que les autres, la législature, seule autorité respectée alors, était forcée d'intervenir. Elle demandait au reste pour son comité de subsistances ce que le roi lui-même avait offert à la députation du clergé, la communication des renseignements qui éclaireraient cette matière. Mais ce qu'il offrait alors, il ne voulut plus l'accorder.

Le plus surpris de tous fut Necker; il croyait naïvement mener le monde, et le monde avançait sans lui. Il avait toujours regardé la jeune Assemblée comme sa fille, sa pupille; il répondait au roi qu'elle serait docile et sage; et voilà que tout à coup, sans consulter le tuteur, elle allait seule, avançait, enjambait les vieilles barrières sans daigner même y regarder.. Dans sa stupéfaction immobile, Necker reçut deux conseils, d'un royaliste, d'un républicain, et les deux revenaient au même. Le royaliste était l'intendant Bertrand de Molleville, un intendant d'Ancien Régime, passionné et borné; le républicain était Durovray, un de ces démocrates que le roi avait chassés de Genève en 1782.

Il faut savoir ce que c'était que cet étranger qui, dans une crise si grave, s'intéressait tant à la France, et se hasardait à donner conseil. Durovray, établi en Angleterre, pensionné par les Anglais, devenu Anglais de cœur et de maximes, fut un peu plus tard un chef d'émigrés. En attendant, il faisait partie d'un petit comité genevois qui, malheureusement pour nous, circonvenait Mirabeau. L'Angleterre semblait entourer le principal organe de la liberté française. Peu favorable aux Anglais jusque-là, le grand homme s'était laissé prendre à ces ex-républicains, soi-disant martyrs de la liberté. Les Durovray, les Dumont et autres faiseurs médiocres, infatigables, étaient toujours là pour aider à la paresse. Il était déjà malade, et faisait ce qu'il fallait pour l'être de plus en plus. Ses nuits tuaient ses jours; au matin, il se souvenait de l'Assemblée, des affaires, et il cherchait sa pensée; il avait là tout à point la pensée anglaise, rédigée par les Genevois; il prenait les yeux fermés, et il y mettait le talent. Telle était sa facilité, son imprévoyance, qu'à la tribune même sa parole admirable n'était parfois qu'une traduction des notes que ces Genevois, de moment en moment, lui faisaient passer.

Durovray, qui n'était point en rapport avec Necker, se fit conseiller officieux dans cette grave circonstance.

Il voulait, comme Bertrand de Molleville, que le roi *cassât le décret* de l'Assemblée, lui ôtât son nom d'*Assemblée nationale*, ordonnât la réunion des trois ordres, se déclarât le *législateur provisoire de la France,* fît, *par l'autorité royale,* ce que les communes avaient fait sans elle. Bertrand croyait avec raison qu'après ce coup, il ne restait qu'à dissoudre. Durovray prétendait que l'Assemblée brisée, humiliée, sous la prérogative royale, accepterait son petit rôle de machine à faire des lois.

Dès le 17 au soir, les chefs du clergé, le cardinal de La Rochefoucauld et l'archevêque de Paris, avaient couru à Marly implorer le roi, la reine. Le 19, vaines disputes dans la Chambre de la noblesse; Orléans propose de s'unir au tiers, Montesquiou de s'unir au clergé. Le même jour, les curés avaient emporté la majorité de leur ordre pour la réunion au tiers, coupé l'ordre en deux. Le cardinal, l'archevêque, le soir même, retournent encore à Marly, se jettent aux genoux du roi: c'est fait de la religion. Puis viennent les gens du Parlement: La monarchie est perdue si l'on ne dissout les états.

Parti dangereux, déjà impossible à suivre. Le flot montait d'heure en heure. Versailles, Paris frémissaient... Necker avait persuadé à deux ou trois des ministres, au roi même, que son projet était le seul moyen de salut. On l'avait relu, ce projet, dans un dernier conseil définitif, le vendredi 19, au soir; tout était fini, convenu: « Déjà les portefeuilles se refermaient, dit Necker, lorsqu'on vit entrer un officier de service; il parla bas au roi, et, sur-le-champ, Sa Majesté se leva, ordonnant à ses ministres de rester en place. M. de Montmorin, assis près de moi, me dit: « Il n'y a rien de fait; la reine seule a pu se permettre d'interrompre le Conseil d'Etat; les princes apparemment l'ont circonvenue. »

Tout fut arrêté: on pouvait le prévoir; c'était pour cela, sans nul doute, qu'on avait mené le roi à Marly, loin de Versailles et du peuple, seul avec la reine, plus tendre et plus faible pour elle, dans leur douleur commune pour la mort de leur enfant... Belle occasion, forte prise pour les suggestions des prêtres. La mort du dauphin n'était-elle pas un avis sévère de la Providence, lorsque le roi se prêtait aux innovations dangereuses d'un ministre protestant?

Le roi flottant encore, mais déjà presque vaincu, se contenta d'ordonner, pour empêcher le clergé de se réunir au tiers, que la salle serait fermée le lendemain samedi (20 juin); le prétexte était les préparatifs nécessaires pour une séance royale qui se tiendrait le lundi.

Tout cela arrêté dans la nuit, affiché dans Versailles à six heures du matin. Le président de l'Assemblée nationale apprend par hasard qu'elle ne peut se réunir. Il était plus de sept heures, lorsqu'il reçoit une lettre, non du roi (comme il était naturel, le roi écrivait bien de sa main au président du Parlement), mais simplement un avis du

Fermeture de la salle des états

jeune Brézé, maître des cérémonies. Ce n'était pas au président, à M. Bailly en son logis, qu'un tel avis devait être donné, mais à l'Assemblée elle-même. Bailly n'avait pas pouvoir pour agir à sa place. A l'heure indiquée la veille pour la séance, à huit heures, il se rend à la porte de la salle avec beaucoup de députés. Arrêté par la sentinelle, il proteste contre l'empêchement, déclare la séance tenante. Plusieurs jeunes députés firent mine de forcer la porte; l'officier fit prendre les armes, annonçant ainsi que sa consigne ne faisait nulle réserve pour l'inviolabilité.

Voilà donc nos nouveaux rois, mis et tenus à la porte, comme des écoliers indociles. Les voilà errants à la pluie parmi le peuple sur l'avenue de Paris. Tous s'accordent sur la nécessité de tenir séance, et de s'assembler. Les uns disent: « A la place d'armes! » D'autres: « A Marly! » Tel: « A Paris! » Ce parti était extrême, il mettait le feu aux poudres...

Le député Guillotin ouvrit l'avis moins hasardé de se rendre aux Vieux-Versailles, et de s'établir au Jeu de Paume... Triste lieu, laid, démeublé, pauvre... Et il n'en valait que mieux. L'Assemblée y fut pauvre, et représenta ce jour-là d'autant plus le peuple. Elle resta debout tout le jour, ayant à peine un banc de bois... Ce fut comme la crèche pour la nouvelle religion, son étable de Bethléem.

Un de ces curés intrépides qui avaient décidé la réunion du clergé, l'illustre Grégoire, longtemps après, lorsque l'Empire avait si cruellement effacé la Révolution sa mère, allait souvent près de Versailles voir les ruines de Port-Royal; un jour (en revenant sans doute), il entra dans le Jeu de Paume... L'un ruiné, l'autre abandonné... Des larmes coulèrent des yeux de cet homme si ferme, qui n'avait molli jamais... Deux religions à pleurer, c'était trop pour un cœur d'homme!

Nous aussi, nous l'avons revu, en 1846, ce témoin de la liberté, ce lieu dont l'écho répéta sa première parole, qui reçut, qui garde encore son mémorable serment... Mais que pouvions-nous lui dire? quelles nouvelles lui donner du monde qu'il enfanta?... Ah! le temps n'a pas marché vite, les générations se sont succédé, l'œuvre n'a guère avancé... Quand nous posâmes le pied sur ses dalles vénérables, la honte nous vint au cœur de ce que nous sommes, du peu que nous avons fait. Nous nous sentîmes indigne, et sortîmes de ce lieu sacré.

CHAPITRE IV

Serment du Jeu de Paume

Serment du Jeu de Paume, 20 juin 1789. L'Assemblée errante. Coup d'Etat; projet de Necker; déclaration du roi, 23 juin 1789; l'Assemblée refuse de se séparer. Le roi prie Necker de rester, mais ne révoque point sa Déclaration.

Les voilà dans le Jeu de Paume, assemblés malgré le roi... Mais que vont-ils faire?

N'oublions pas qu'à cette époque, l'Assemblée tout entière est royaliste, sans excepter un seul membre.

N'oublions pas qu'au 17, quand elle se donna le titre d'Assemblée nationale, elle cria vive le roi. Et quand elle s'attribua le droit de voter l'impôt, déclarant illégal l'impôt perçu jusqu'alors, les opposants étaient sortis plutôt que de consacrer par leur présence cette atteinte à l'autorité royale.

Le roi, cette vieille ombre, cette superstition antique, si puissante dans la salle des Etats-Généraux, elle pâlit au Jeu de Paume. La misérable enceinte, tout moderne, nue, démeublée, n'a pas un seul recoin où les songes du passé puissent s'abriter encore. Règnent donc ici l'esprit pur, la raison, la justice, ce roi de l'avenir.

Ce jour, il n'y eut plus d'opposant; l'Assemblée fut une, de pensée et de cœur. Ce fut un des modérés, Mounier de Grenoble, qui proposa à l'Assemblée la déclaration célèbre: « Qu'en quelque lieu qu'elle fût forcée de se réunir, là était toujours l'Assemblée nationale, *que rien ne pouvait l'empêcher* de continuer ses délibérations; que, jusqu'à l'achèvement et l'affermissement de la Constitution, elle faisait *le serment de ne se séparer jamais.* »

Le serment du Jeu de Paume

Bailly jura le premier, et prononça le serment si distinctement, si haut, que toute la foule du peuple, qui se pressait au-dehors, put entendre, et applaudit, dans l'ivresse de l'enthousiasme... Des cris de vive le roi s'élevèrent de l'Assemblée et du peuple... C'était le cri de la vieille France, dans les vives émotions, et il se mêla encore au serment de la résistance.

En 1792, Mounier, émigré alors, seul sur la terre étrangère, s'interroge et se demande si sa proposition du 20 juin fut fondée en droit, si sa loyauté de royaliste et son devoir de citoyen ont été d'accord... Et là même, dans l'émigration, parmi tous les préjugés de la haine et de l'exil, il se répond: Oui!

Oui, dit-il, le serment fut juste; on voulait la dissolution, elle eût eu lieu sans le serment; la Cour, délivrée des états, ne les eût convoqués jamais; il fallait renoncer à fonder cette constitution réclamée unanimement dans les vœux écrits de la France... Voilà ce qu'un royaliste, le modéré des modérés, un juriste habitué à trouver des décisions morales dans les textes positifs, prononce sur l'acte primordial de notre Révolution.

Que faisait-on pendant ce temps à Marly? Le samedi et le dimanche, Necker fut aux prises avec les gens du Parlement auxquels le roi l'avait livré, et qui, avec le sang-froid qu'ont parfois les fous, bouleversaient son projet, en effaçaient ce qui l'aurait pu faire passer, lui ôtaient son caractère bâtard, pour en faire un pur coup d'État, brutal, à la Louis XV, un simple Lit de justice, comme le Parlement en avait subi tant de fois. Les discussions furent poussées dans la soirée. Ce fut à minuit seulement que le président apprit dans son lit que la séance royale ne pouvait avoir lieu le matin, qu'elle était remise à mardi.

La noblesse était venue le dimanche à Marly, à grand bruit et en grand nombre. Elle avait, dans une adresse, remontré au roi qu'il s'agissait de lui, maintenant, bien plus que de la noblesse. La Cour s'était animée d'audace chevaleresque; les gens d'épée semblaient n'attendre qu'un signal contre les hommes de plume. Le comte d'Artois, au milieu de ces bravades devint ivre d'insolence, jusqu'à faire dire au Jeu de Paume qu'il jouerait le lendemain.

L'Assemblée se retrouve donc, au lundi matin, sur le pavé de Versailles, errante, sans feu ni lieu. Digne amusement pour la Cour. Le maître de la salle a peur, craint les princes. L'Assemblée ne réussit pas mieux à la Porte des Récollets où elle s'en va frapper; les moines n'osent se compromettre... Quels sont donc ces vagabonds, cette bande dangereuse devant laquelle se ferment toutes les portes?... Rien que la nation elle-même.

Et pourquoi ne pas délibérer sous le ciel? Quel plus noble lieu d'assemblée?... Mais ce jour même la majorité du clergé veut venir siéger avec les Communes. Où les recevoir? Heureusement, déjà les cent trente-quatre curés, et quelques prélats à leur tête, s'étaient établis le matin dans l'église de Saint-Louis. L'Assemblée y fut introduite dans la nef, et les ecclésiastiques, d'abord réunis dans le chœur, en sortirent pour venir prendre place dans son sein. Beau moment, et de joie sincère! « Le temple de la religion, dit un orateur ému, devint celui de la patrie. »

Ce même jour, lundi 22, Necker bataillait encore en vain. Son projet, funeste à la liberté parce qu'il y conservait une ombre de modération, fit place à un autre plus franc, plus propre à mettre les choses dans leur véritable jour. Necker n'était plus qu'un médiateur coupable entre le bien et le mal, gardant un semblant d'équilibre entre le juste et l'injuste, courtisan à la fois du peuple et des ennemis du peuple. Au dernier conseil qui se tint le lundi, à Versailles, les princes y furent appelés, rendirent à la liberté le service essentiel d'écarter cet intermédiaire équivoque qui empêchait la raison et la déraison de se bien voir face à face.

Avant que la séance commence, je veux examiner les deux projets, celui de Necker, celui de la Cour. Sur le premier, je n'en veux croire que Necker lui-même.

Le serment du Jeu de Paume

Projet de Necker

Dans son livre de 1796, écrit en pleine réaction, Necker nous avoue confidentiellement ce que c'était que son projet; il montre que ce projet était *hardi, très hardi...* en faveur des privilégiés. Cet aveu lui coûte un peu à faire, mais enfin, il en fait l'effort. « Le défaut de mon projet est sa trop grande hardiesse; je risquais tout ce que pouvais risquer... Expliquez-vous... Je le ferai, je le dois. Daignez m'écouter. »

C'est aux émigrés qu'il parle, qu'il adresse cette apologie. Vaine entreprise! Comment lui pardonneront-ils jamais d'avoir appelé le peuple à la vie politique, fait cinq millions d'électeurs?

1. Les réformes nécessaires, infaillibles, que la Cour avait refusées si longtemps, et qu'elle acceptait par force, il les promulguait par le roi. Lui, qui savait à ses dépens que le roi était un jouet pour la reine et la Cour, une simple affiche, rien de plus, il se prêtait à continuer cette triste comédie.

La liberté, le droit sacré qui existe par lui-même, il en faisait un don du roi, *une charte octroyée,* comme fut en 1814 la charte de l'invasion. Mais il fallait trente ans de guerre, et toute l'Europe à Paris pour que la France acceptât cette constitution du mensonge.

2. Point d'unité législative, *deux chambres* au moins. C'était comme un conseil timide à la France de se faire anglaise; à quoi il y avait en effet deux avantages: de fortifier les privilégiés, prêtres et nobles, désormais concentrés en une chambre haute; puis, de faciliter au roi les moyens d'amuser le peuple, d'empêcher par la chambre haute au lieu d'empêcher lui-même, d'avoir (nous le voyons aujourd'hui) deux veto pour un.

3. Le Roi permettrait aux trois ordres de délibérer en commun sur les affaires *générales*; mais quant aux *privilèges* de distinction personnelle, d'honneur, quant aux

droits attachés aux fiefs, nulle discussion commune... C'était justement là ce que la France regardait comme l'affaire *générale* par excellence. Qui donc osait voir une affaire spéciale dans la question d'honneur?

4. Ces états boiteux, tantôt réunis, tantôt séparés en trois ordres, tantôt actifs, tantôt immobiles par leur triple mouvement, Necker les balance encore, les entrave, les neutralise par des *états provinciaux,* augmentent la division, quand la France a soif d'unité.

5. Voilà ce qu'il donne, et dès qu'il l'a donné, il le retire à l'instant... Cette belle machine législative, personne ne la verra jouer, il nous en envie le spectacle, elle fonctionne à huis clos: *nulle publicité des séances.* La loi se fera ainsi, loin du jour, dans les ténèbres, comme pourrait se faire un complot contre la loi.

6. La loi! que signifie ce mot, sans liberté personnelle? Qui peut agir, élire, voter librement, quand personne n'est sûr de coucher chez soi? Cette première condition de vie sociale, antérieure, indispensable à l'action politique, Necker ne l'assure pas encore. Le roi invitera l'Assemblée *à rechercher les moyens qui pourraient permettre* l'abolition des lettres de cachet... En attendant, il les garde, les enlèvements arbitraires, les prisons d'Etat, la Bastille.

Voilà l'extrême concession, que, dans son meilleur moment, poussée par un ministre populaire, fait la vieille royauté. Encore, ne peut-elle aller jusque-là. Le roi nominal promet; le vrai roi, qui est la Cour, se moque de la promesse... Qu'ils meurent dans leur péché!

Déclaration du roi (23 juin 89)

Le plan de la Cour vaut mieux que le plan bâtard de Necker. Au moins, on y voit plus clair. Tout ce qui est mal chez Necker est conservé précieusement, mais richement augmenté.

Cet acte, qu'on peut appeler le testament du despotisme, se divise en deux parties: 1° la prohibition des garanties, sous ce titre: Déclaration concernant la *présente* tenue des Etats; 2° les réformes, les bienfaits, comme ils disent, Déclaration des *intentions* du roi, de ses vœux, de ses désirs, pour le futur contingent. Le mal est sûr, et le bien possible. Voyons le détail:

I. Le roi brise la volonté de cinq millions d'électeurs, déclarant que leurs demandes ne sont que des renseignements.

Le roi brise les décisions des députés du tiers, les déclarant « nulles, illégales, inconstitutionnelles ».

Le roi veut que les ordres restent distincts, qu'un seul puisse entraver les autres (que deux centièmes de la nation pèsent autant que la nation).

S'ils veulent se réunir, il le permet, *pour cette fois seulement,* et seulement encore pour les affaires générales; dans ces affaires générales *ne sont compris* ni les droits des trois ordres, ni la constitution des prochains états, ni les propriétés féodales et seigneuriales, ni les privilèges d'argent ou d'honneur... C'est tout l'Ancien Régime qui se trouve ainsi excepté.

Tout ceci est de la Cour. Voici, selon toute apparence, l'article du roi, celui qui lui tenait au cœur, qu'il aura écrit lui-même: L'ordre du clergé aura un veto spécial (contre la noblesse et le tiers) pour tout ce qui touche la religion, la discipline, le régime des ordres séculiers *et réguliers*. Ainsi, pas un moine de moins, nulle réforme à faire. Ces couvents chaque jour plus odieux et plus inutiles, qu'on ne pouvait plus recruter, le clergé voulait les maintenir tous... La noblesse fut furieuse. Elle perdait son plus bel espoir; elle avait bien compté qu'un jour ou l'autre cette proie lui reviendrait; tout au moins espérait-elle que si le roi et le peuple la pressaient trop de faire quelque sacrifice, elle ferait généreusement celui du clergé.

Veto sur veto... A quoi bon? Voici un luxe de précautions, bien plus sûres pour rendre tout résultat impossible. Dans les délibérations communes des trois ordres, il suffit que les *deux tiers d'un seul ordre* réclament contre la délibération pour que la décision soit remise au roi. Bien plus, la chose décidée, *il suffit que cent membres* réclament pour qu'il n'y ait rien de décidé... C'est-à-dire que ces mots d'assemblée, de délibération, de décision, ne sont qu'une mystification, une farce... Mais, qui la jouerait sans rire?...

II. Maintenant, arrivent les *bienfaits:* publicité des finances, vote de l'impôt, fixité des dépenses pour laquelle *les états indiqueront les moyens*, et Sa Majesté « les adoptera, *s'ils s'accordent avec la dignité royale* et la célérité du service public ».

Second bienfait: le roi sanctionnera l'égalité d'impôt, *quand le clergé et la noblesse voudront renoncer à leurs privilèges pécuniaires*.

Troisième bienfait: les propriétés seront respectées, *spécialement les dîmes, droits et devoirs féodaux*.

Quatrième bienfait: liberté individuelle? Non. Le roi invite les états à *chercher*, et à lui *proposer* des moyens pour *concilier* l'abolition des *lettres de cachet* avec les précautions *nécessaires*, soit pour ménager l'honneur de familles, soit pour réprimer les commencements de sédition, etc.

Cinquième: liberté de la presse? Non. Les états chercheront le moyen de *concilier* la liberté de la presse avec *le respect dû à la religion*, aux mœurs et à l'honneur des citoyens.

Sixième: admission de tous aux emplois? Non. Refusé *expressément pour l'armée*. Le roi réclare *de la manière la plus expresse* qu'il veut *conserver* en entier, sans la moindre atteinte, *l'institution de l'armée*. C'est-à-dire que le roturier n'arrivera jamais aux grades, etc. Ainsi, le législateur idiot pousse les choses à la violence, à la force, à l'épée. Et c'est ce moment qu'il prend pour briser la sienne... Qu'il appelle maintenant des soldats, qu'il en entoure l'Assemblée, qu'il les pousse vers Paris, c'est autant de défenseurs qu'il donne à la Révolution.

La veille du grand jour, à minuit, trois députés nobles, MM. d'Aiguillon, de Menou, de Montmorency, vinrent avertir le président des résultats du dernier conseil tenu le soir même à Versailles: « M. Necker n'appuiera pas de sa présence un projet contraire au sien, il n'ira pas à la séance, et sans doute il va partir. » La séance s'ouvrait à dix heures; Bailly put dire aux députés, et ceux-ci à bien d'autres, le grand secret de la journée. L'opinion eût pu se diviser, prendre le change, si l'on eût vu le ministre populaire siéger à côté du roi; lui absent, le roi restait découvert, délaissé de l'opinion. La Cour espérait faire son coup sous l'abri de Necker, à ses dépens; elle ne lui a jamais pardonné de ne point s'être laissé abuser et déshonorer par elle.

Ce qui prouve que tout était su, c'est qu'à la sortie même du château, le roi trouva dans la foule un morne silence. L'affaire était éventée, la grande scène tant préparée n'avait plus d'effet.

Le misérable petit esprit d'insolence qui menait la Cour avait fait imaginer de faire entrer les deux ordres supérieurs par-devant, par la grande porte, les Communes par-derrière, de les tenir sous un hangar, moitié à la pluie.

Le tiers, ainsi humilié, sali et mouillé, serait entré tête basse, pour recevoir sa leçon.

Personne pour introduire, porte fermée, la garde au-dedans. Mirabeau au président: « Monsieur, conduisez la nation au-devant du roi! » Le président frappe à la porte; les gardes du corps du dedans: « Tout à l'heure. » Le président: « Messieurs, où donc est le maître des cérémonies? » Les gardes du corps: « Nous n'en savons rien. » Les députés: « Eh bien! partons, allons-nous-en! » Enfin, le président parvient à faire venir le capitaine des gardes, qui s'en va chercher Brézé.

L'Assemblée et les ordres du roi

Les députés, entrant à la file, trouvent dans la salle le clergé et la noblesse qui, déjà en place et siégeant, semblent les attendre, comme juges... Du reste, la salle est vide. Rien de plus triste que cette salle immense, d'où le peuple est exilé.

Le roi lut avec sa simplicité ordinaire la harangue qu'on lui avait composée, ces paroles despotiques si étranges dans sa bouche. Il en sentait peu la violence provocante, car il se montra surpris de l'aspect que présentait l'Assemblée. Les nobles ayant applaudi l'article qui consacrait les droits féodaux, des voix hautes et claires dirent: « Paix là! »

Le roi, après un moment de silence et d'étonnement, finit par un mot grave, intolérable, qui jetait le gant à l'Assemblée, commençait la guerre: « Si vous m'abandonnez dans une si belle entreprise, seul, je ferai le bien de mes peuples, *seul, je me considérerai comme leur véritable représentant.* »

Et enfin: « *Je vous ordonne, messieurs, de vous séparer tout de suite,* et de vous rendre demain matin dans les chambres affectées à votre ordre, pour y reprendre vos séances. »

Le roi sortit, la noblesse et le clergé suivirent. Les Communes demeurèrent assises, tranquilles, en silence.

Le maître des cérémonies entre alors et, d'une voix basse, dit au président: « Monsieur, vous avez entendu l'ordre du roi? » Il répondit: « L'Assemblée s'est ajournée après la séance royale; je ne puis la séparer sans qu'elle en ait délibéré. » Puis se tournant vers ses collègues voisins de lui: « Il me semble que la nation assemblée ne peut pas recevoir d'ordre. »

Ce mot fut repris admirablement par Mirabeau; il l'adressa au maître des cérémonies; de sa voix forte, imposante, et dans une majesté terrible, il lui lança ces paroles: « Nous avons entendu les intentions qu'on a suggérées au roi; et vous, monsieur, qui ne sauriez être son organe auprès de l'Assemblée nationale, vous qui n'avez ici ni place, ni voix, ni droit de parler, vous n'êtes pas fait pour nous rappeler son discours... Allez dire à ceux qui vous envoient que nous sommes ici par la volonté du peuple, et qu'on ne nous en arrachera que par la puissance des baïonnettes. »

Brézé fut déconcerté, atterré; il sentit la royauté nouvelle et rendant à celle-ci ce que l'étiquette ordonnait pour l'autre, il sortit à reculons comme on faisait devant le roi.

La Cour avait imaginé un autre moyen de renvoyer les Communes, moyen brutal employé jadis avec succès dans les états généraux, de faire simplement démeubler la salle, démolir l'amphithéâtre, l'estrade du roi. Des ouvriers entrent en effet; mais, sur un mot du président, ils s'arrêtent, déposent leurs outils, contemplent avec admiration la majesté calme de l'Assemblée, deviennent des auditeurs attentifs et respectueux.

Un député proposa de discuter le lendemain les résolutions du roi. Il ne fut pas écouté. Camus établit avec force, et fit déclarer: « Que la séance n'était qu'un acte ministériel, que l'Assemblée persistait dans ses arrêtés. »

Le jeune Dauphinois Barnave: « Vous avez déclaré ce que vous êtes; vous n'avez pas besoin de sanction. »

Le Breton Glezen: « Quoi donc! le souverain parle en maître, quand il devrait consulter. »

Pétion, Buzot, Garat, Grégoire, parlèrent aussi fortement. Et Sieyès, avec simplicité: « Messieurs, vous êtes aujourd'hui ce que vous étiez hier. »

L'Assemblée déclara ensuite, sur la proposition de Mirabeau, que ses membres étaient inviolables, que quiconque mettait la main sur un député était traître, infâme et digne de mort.

Ce décret n'était pas inutile. Les gardes du corps s'étaient formés en ligne devant la salle.

On croyait que soixante députés seraient enlevés dans la nuit.

La noblesse, son président en tête, alla tout droit remercier son sauveur, le comte d'Artois, puis Monsieur, qui fut prudent et se garda bien d'être chez lui. Beaucoup allèrent voir la reine, triomphante, rayonnante, qui, donnant la main à sa fille, portant le dauphin, leur dit: « Je le confie à la Noblesse. »

Le roi ne partageait aucunement cette joie. Le silence du peuple, si nouveau pour lui, l'avait accablé. Quand Brézé vint lui apprendre que les députés du tiers restaient en séance et lui demanda ses ordres, il se promena quelques minutes, et du ton d'un homme ennuyé, dit enfin: « Eh bien! qu'on les laisse. »

Le roi parlait sagement. Il y avait tout à craindre. Un pas de plus, et Paris marchait sur Versailles. Déjà Versailles était bouleversé. Voilà cinq mille, six mille hommes qui montent au château. La reine voit avec terreur cette étrange cour, toute nouvelle, qui remplit en un moment les jardins, les terrasses, déjà les appartements. Elle prie, supplie le roi de défaire ce qu'elle a fait, de rappeler Necker... Il n'avait pas à revenir de bien loin; il était là, tout à côté, convaincu à son ordinaire que rien n'irait jamais sans lui. Louis XVI lui dit avec bonhomie: « Moi, je n'y tiens nullement, à cette déclaration. »

Necker n'en voulut pas davantage, ne fit aucune condition. Sa vanité satisfaite, l'ivresse d'entendre crier *Necker!* lui ôtait toute autre pensée. Il sortit, gonflé de joie, dans la grande cour du château, et pour rassurer la foule, il passa tout au travers... Là, des fols se mirent à genoux, lui baisèrent les mains... Lui, troublé: « Oui, mes enfants, oui, mes enfants, je reste, rassurez-vous... » Et il alla fondre en larmes dans son cabinet.

Pauvre instrument de la Cour, il restait sans exiger rien, il restait pour couvrir la cabale de son nom, lui servir d'affiche, la rassurer contre le peuple; il rendait cœur à ces braves, et leur donnait le temps d'appeler encore des troupes.

CHAPITRE V

Mouvement de Paris

Assemblée des électeurs, 25 juin. Mouvement des gardes françaises. Agitation du Palais-Royal. Intrigues du parti d'Orléans. Le roi ordonne la réunion des ordres, 27 juin. Le peuple délivre les gardes françaises, 30 juin. La Cour prépare la guerre. Paris demande à s'armer. Renvoi de Necker, 11 juillet 1789.

La situation était étrange, visiblement provisoire.

L'Assemblée n'avait pas obéi. Mais le roi n'avait rien révoqué.

Le roi avait rappelé Necker. Mais il tenait l'Assemblée comme prisonnière au milieu des troupes. Mais il avait exclu le public des séances; la grande porte restait fermée; l'Assemblée entrait par la petite et discutait à huis clos.

L'Assemblée réclama faiblement, mollement. La résistance du 23 semblait avoir épuisé ses forces.

Paris ne mollit pas de même.

Il ne se résigna pas à voir ses députés lui faire des lois en prison.

Le 24, la fermentation fut terrible.

Elle éclate le 25, de trois manières à la fois: par les électeurs, par la foule, par les soldats. Le siège de la révolution se place à Paris.

Les électeurs s'étaient promis, après les élections, de se réunir encore, pour compléter leurs instructions aux députés qu'ils avaient élus. Quoique le ministère leur en refusât la permission, le coup d'Etat du 23 les fit passer outre; ils firent aussi leur coup d'Etat, et d'eux-mêmes se réunirent, le 25, rue Dauphine. Une misérable salle de traiteur, occupée à ce moment même par une noce qui fit place, reçut d'abord l'assemblée des électeurs de Paris. Ce fut leur Jeu de Paume, à eux.

Là, Paris, par leur organe, prit l'engagement de soutenir l'Assemblée nationale. L'un d'eux, Thuriot, leur conseilla d'aller à l'Hôtel de Ville, à la grande salle Saint-Jean, qu'on n'osa leur refuser.

Ces électeurs étaient pour la plupart des riches, des bourgeois notables; l'aristocratie y était en nombre. Mais il y avait parmi eux des têtes fort exaltées. Deux hommes d'abord, ardents révolutionnaires, avec une tendance singulière au mysticisme; l'un était l'abbé Fauchet, éloquent et intrépide; l'autre, son ami Bonneville (le traducteur de Shakespeare). Tous deux au XIIIe siècle se seraient fait brûler comme hérétiques, à coup sûr. Au XVIIIe ils prirent autant et plus que personne, l'initiative de la résistance, qu'on n'aurait guère attendue de l'assemblée bourgeoise des électeurs. Bonneville, le 6 juin, proposa qu'on armât Paris, et le premier cria: « Aux armes! »

Fauchet, Bonneville, Bertolio, Carra, un violent journaliste, firent les motions hardies qui auraient dû se faire dans l'Assemblée nationale: 1º la garde bourgeoise; 2º l'organisation prochaine d'une vraie commune, élective et annuelle; 3º une adresse au roi pour l'éloignement des troupes et la liberté de l'Assemblée, pour la révocation du coup d'Etat du 23.

Le jour même de la première assemblée des électeurs, comme si le cri « Aux armes! » eût retenti dans les casernes, les soldats des gardes françaises, retenus depuis plusieurs jours, forcèrent la consigne, se promenèrent dans Paris et vinrent fraterniser avec le peuple du Palais-Royal. Déjà, depuis quelque temps, des sociétés secrètes s'organisaient parmi eux; ils juraient de n'obéir à aucun ordre qui serait contraire aux ordres de l'Assemblée. L'acte du 23, dans lequel le roi déclare de la manière la plus forte *qu'il ne changerait jamais l'institution de l'armée,* c'est-à-dire que la noblesse aurait toujours tous les grades, que le roturier ne pourrait monter, que le soldat mourrait soldat, cette déclaration insensée dut achever ce que la contagion révolutionnaire avait commencé.

Ces gardes-françaises, habitués dans Paris, mariés pour la plupart, avaient vu supprimer peu auparavant, par leur colonel, un homme dur, M. du Châtel, le dépôt où l'on élevait gratis les enfants de troupe. Le seul changement qu'on fit *aux institutions militaires*, on le fit contre eux.

Pour bien apprécier ce mot *institutions de l'armée* il faut savoir qu'au budget de ce temps, les officiers comptaient pour quarante-six millions, les soldats pour quarante-quatre. Il faut savoir que Jourdan, Joubert, Kléber, qui d'abord avaient servi, quittèrent l'état militaire, comme une impasse, une carrière désespérée. Augereau était sous-officier d'infanterie. Hoche était sergent des gardes françaises, Marceau soldat; ces jeunes gens de grand cœur et de haute ambition étaient cloués là pour toujours. Hoche, qui avait vingt et un ans, n'en faisait pas moins son éducation, comme pour être général en chef; littérature, politique, philosophie même, il dévorait tout. Faut-il dire que ce grand homme, pour acheter quelques livres, brodait des gilets d'officiers, et les vendait dans un café! La faible paie du soldat était, sous un prétexte ou l'autre, absorbée par des retenues que des officiers, dit-on, dissipaient entre eux.

Le mouvement des gardes françaises n'était point une émeute prétorienne, un brutal mouvement de soldats. Il arrivait à l'appui des déclarations des électeurs et du peuple.

Cette troupe vraiment française, parisienne en grande partie, suivait Paris, suivait la loi, la loi vivante, l'Assemblée nationale.

Ils arrivent au Palais-Royal, salués, pressés de la foule, embrassés, presque étouffés. Le soldat, ce vrai paria de l'ancienne monarchie, si maltraité par les nobles, est recueilli par le peuple... Et qu'est-il, sous l'uniforme, sinon le peuple lui-même? Deux frères se sont retrouvés, le soldat, le citoyen, deux enfants d'une même mère; ils tombent dans les bras l'un de l'autre, et les larmes coulent...

La haine et l'esprit de parti ont rabaissé tout cela, défiguré ces grandes scènes, obscurci l'histoire à plaisir. On s'est attaché à telle ou telle anecdote ridicule. Digne amusement des petits esprits! On a donné à ces mouvements immenses je ne sais quelles misérables, quelles imperceptibles causes... Eh! malheureux! expliquez donc par la paille que la vague emporte l'agitation de l'Océan.

Non, ces mouvements furent ceux d'un peuple, vrais, sincères, immenses, unanimes; la France y prit part, Paris y prit part, tous (chacun dans sa mesure), tous agirent, ceux-ci du bras et de la voix, ceux-là de leur pensée, de leur ardent désir, du plus profond de leur cœur.

Et que disais-je, la France? Le monde, eût été mieux dit. Un ennemi, un envieux, un Genevois imbu de tous les préjugés anglais, ne peut s'empêcher d'avouer que, dans ce moment décisif, le monde entier regardait, qu'il observait avec une sympathie inquiète la marche de notre Révolution, qu'il sentait que la France faisait à ses risques et périls les affaires du genre humain...

Un agronome anglais, Arthur Young, homme positif, spécial, venu ici, chose bizarre, pour étudier l'agriculture, dans un tel moment, s'étonne du silence profond qui règne autour de Paris; nulle voiture, à peine un homme. La terrible agitation qui concentrait tout au-dedans, faisant du dehors un désert... Il entre, le tumulte l'effraie; il traverse avec étonnement cette capitale du bruit. On le mène au Palais-Royal, au centre de l'incendie, au point brûlant de la fournaise. Dix mille hommes parlaient à la fois; aux croisées dix mille lumières; c'était un jour de victoire pour le peuple, on tirait des feux d'artifice, on faisait des feux de joie... Ebloui, étourdi, devant cette mouvante Babel, il s'en retire à la hâte... Cependant l'émotion si grande, si vive de ce peuple uni dans une pensée, gagne bientôt le voyageur;

il s'associe peu à peu, sans s'avouer son changement, aux espérances de la liberté; l'Anglais fait des vœux pour la France!

Tous s'oubliaient. Le lieu, l'étrange lieu où la scène se passait, semblait, dans de tels moments, s'oublier lui-même. Le Palais-Royal n'était plus le Palais-Royal. Le vice, dans la passion d'une grandeur si sincère, à la flamme de l'enthousiasme devenait pur un instant. Les plus dépravés relevaient la tête et regardaient dans le ciel; leur passé, ce mauvais songe, était mort au moins pour un jour; honnêtes? ils ne pouvaient pas l'être, mais ils se sentaient héroïques, au nom des libertés du monde!... Amis du peuple, frères entre eux, n'ayant plus rien d'égoïste, tout prêts à tout partager.

Qu'il y eût des agitateurs intéressés dans cette foule, cela ne peut faire un doute. La minorité de la noblesse, hommes d'ambition et de bruit, les Lameth et les Duport, travaillaient le peuple par leurs brochures, par leurs agents. D'autres bien pires s'y joignaient. Tout cela se passait, il faut bien le dire, sous les fenêtres du duc d'Orléans, sous les yeux de cette cour intrigante, avide, immonde... Hélas! qui n'aurait pitié de notre Révolution? ce mouvement naïf, désintéressé, sublime, épié, couvé des yeux par ceux qui croient un jour ou l'autre le tourner à leur profit!

Regardons à ces fenêtres. J'y vois distinctement une femme blanche, un homme noir. Ce sont les conseillers du prince, le vice et la vertu, Mme de Genlis et Choderlos de Laclos. Les rôles sont divisés. Dans cette maison où tout est faux, la vertu est représentée par Mme de Genlis, sécheresse et sensiblerie, un torrent de larmes et d'encre, le charlatanisme d'une éducation modèle, la constante exhibition de la jolie Paméla. De ce côté du palais est le bureau philanthropique où la charité s'organise à grand bruit la veille des élections.

Le temps n'est plus où le prince jockey pariait, après souper, de courir tout nu de Paris à Bagatelle. C'est aujourd'hui un homme d'Etat avant tout, un chef de parti; ses maîtresses le veulent ainsi. Elles ont rêvé deux choses, une bonne loi de divorce et un changement de dynastie. Le confident politique du prince est cet homme sombre, taciturne, qui semble vous dire: « Je conspire, nous conspirons. » Ce profond Laclos qui, par son petit livre des *Liaisons dangereuses,* se flatte d'avoir fait passer le roman du vice au crime, y insinue que la galanterie scélérate est un prélude utile au scélérat politique. C'est ce nom qu'il ambitionne, ce rôle qu'il joue à ravir... Plusieurs disent, pour flatter le prince: « Laclos est un homme noir. »

Il n'était pourtant pas facile de faire un chef de parti de ce duc d'Orléans; il était usé, à cette époque, fini de corps et de cœur, très faible d'esprit. Des fripons lui faisaient faire de l'or dans les greniers du Palais-Royal, et ils lui avaient fait faire connaissance du diable.

Une autre difficulté, c'est que ce prince, sous tous les vices acquis, en avait un naturel, fondamental et durable, qui ne finit pas par l'épuisement, comme les autres, qui reste fidèle à son homme. Je parle de l'avarice. « Je donnerais, disait-il, l'opinion publique pour un écu de six francs. » Ce n'était pas un mot en l'air. Il l'avait bien appliqué, lorsque, malgré la clameur publique, il avait bâti le Palais-Royal.

Ses conseillers politiques n'étaient pas assez habiles pour le relever de là. Ils lui firent faire plus d'une démarche fausse et imprudente.

En 1788, le frère de Mme de Genlis, un jeune homme sans autre titre que celui d'officier de la maison d'Orléans, écrit au roi, pour demander... rien autre chose que le premier ministère, la place de Necker et de Turgot; il se fait fort de rétablir en un moment les finances de la monarchie. Le duc d'Orléans se fait porteur de l'incroyable missive, la remet au roi, l'appuie et devient l'amusement de la Cour.

Les sages conseillers du prince avaient cru faire passer

ainsi tout doucement le pouvoir entre ses mains. Trompés dans cette espérance, ils agirent plus ouvertement, essayèrent de faire un Guise, un Cromwell, se tournèrent du côté du peuple. Là aussi, ils rencontrèrent de grandes difficultés. Tous ne furent pas dupes; la ville d'Orléans n'élut pas le prince et, par représailles, il lui retira brusquement les bienfaits par lesquels il avait cru acheter son élection.

Rien n'avait été épargné cependant, ni l'argent ni l'intrigue. Ceux qui conduisaient l'affaire avaient imaginé de coller une brochure tout entière de Sieyès aux instructions électorales que le duc envoyait dans ses domaines, et de placer ainsi leur maître sous l'affiche et le patronnage du grand penseur, alors si populaire, qui n'avait pourtant nul rapport avec le duc d'Orléans.

Quand les Communes firent le pas décisif de prendre le titre d'*Assemblée nationale,* on avertit le duc d'Orléans que le moment était venu de se montrer, de parler, d'agir, qu'un chef de parti ne pouvait rester un personnage muet. On obtint de lui qu'il lirait au moins un discours de quatre lignes pour engager la noblesse à se réunir au tiers. Il le fit, mais en lisant le cœur lui faillit, il se trouva mal. On vit, en le déboutonnant, que dans la crainte d'être assassiné par la Cour, ce prince trop prudent mettait, en guise de cuirasse, cinq ou six gilets l'un sur l'autre.

Le jour du coup d'Etat manqué (23 juin), le duc crut le roi perdu, et lui roi demain ou après; il ne put cacher sa joie. La terrible fermentation de Paris, au soir et le lendemain, annonçait assez qu'un grand mouvement éclaterait. Le 25, la minorité de la noblesse sentit qu'elle baissait beaucoup, si Paris prenait l'initiative; elle alla, le duc d'Orléans en tête, s'unir aux Communes. L'homme du prince, Sillery, le commode mari de Mme de Genlis, fit, au nom de tous, un discours peu convenable, celui qu'aurait fait un médiateur, un arbitre accepté entre le roi et le peuple: « Ne perdons jamais de vue le respect que nous devons au meilleur des rois... Il nous offre la paix, pourrions-nous ne pas l'accepter? etc. »

Le soir, grande joie à Paris pour cette réunion des nobles amis du peuple. Une adresse à l'Assemblée se trouve au Café de Foy; tout le monde signe, jusqu'à trois mille personnes, à la hâte, la plupart sans lire. Cette pièce, faite de bonne main, contenait un mot étrange sur le duc d'Orléans: « Ce prince, objet de la *vénération* publique. » Un tel mot pour un tel homme semblait cruellement dérisoire; un ennemi n'aurait pas dit mieux. Les agents maladroits du prince crurent apparemment que l'éloge le plus hasardé serait le mieux payé aussi.

Grâce à Dieu, la grandeur, l'immensité du mouvement, épargna à la Révolution l'indigne médiateur. Depuis le 25, l'élan fut tellement unanime, l'accord si puissant, que les agitateurs emportés eux-mêmes durent perdre la prétention de rien diriger. Paris mena ses meneurs. Les Catilinas de salons et de cafés n'eurent qu'à se ranger à la suite. Une autorité se trouva tout à coup dans Paris, que l'on avait cru sans chef et sans guide, l'assemblée des électeurs. D'autre part, les gardes françaises commençant à se déclarer, on put prévoir que la force ne manquerait pas à l'autorité nouvelle. Pour tout résumer d'un mot, les médiateurs obligeants pouvaient se tenir tranquilles; si l'Assemblée était à Versailles, elle avait son asile ici, au cœur même de la France, et au besoin Paris pour armée.

La Cour indignée, frémissante, mais encore plus effrayée, se décida, le 26 au soir, à accorder la réunion des ordres. Le roi y invita la noblesse, et pour ménager un moyen de protester contre tout ce qui se faisait, on fit écrire par le comte d'Artois cette parole imprudente (fausse alors): « La vie du roi est en danger. »

Le 27 eut donc lieu la réunion tant attendue. La joie fut excessive dans Versailles, insensée et folle. Le peuple fit des feux de joie, il cria: « Vive la reine! » Il fallut qu'elle vînt au balcon. La foule lui demanda qu'elle lui montrât le dauphin, en signe de réconciliation complète et de raccommodement. Elle y consentit encore, et reparut avec son enfant. Elle n'en méprisait que plus cette foule crédule, et elle appelait des troupes.

Elle n'avait pris aucune part à la réunion des ordres. Et pouvait-on bien dire qu'il y eût réunion? C'était toujours des ennemis qui maintenant étaient dans une même salle, se voyaient, se coudoyaient. Le clergé avait fait expressément ses réserves. Les protestations des nobles arrivaient une à une, comme autant de défis, et remplissaient des séances; ceux qui venaient ne daignaient s'asseoir, ils erraient, se tenaient debout comme simples spectateurs. Ils siégeaient, mais ailleurs, dans un conciliabule. Beaucoup avaient dit qu'ils partaient, et ils restaient à Versailles; visiblement, ils attendaient.

L'Assemblée perdait le temps. Les avocats qui y étaient en majorité parlaient beaucoup et longtemps, croyaient trop à la parole. Que la Constitution se fît, tout était sauvé, selon eux. Comme si la Constitution peut être quelque chose, avec un gouvernement en conspiration permanente! Une liberté de papier, écrite ou verbale, tandis que le despotisme aurait la force et l'épée! Non-sens, dérision!

Mais ni la Cour ni Paris, ne voulaient de compromis. Tout tournait à la violence ouverte. Les militaires de cour étaient impatients d'agir. Déjà, M. du Châtelet, colonel des gardes françaises, avait mis à l'Abbaye onze de ces soldats qui avaient juré de n'obéir à aucun ordre contraire à ceux de l'Assemblée. Et il ne s'en tint pas là. Il voulut les tirer de la prison militaire, et les envoyer à celle des voleurs, à cet épouvantable égout, prison, hôpital à la fois, qui réunissait sous le même fouet les galériens et les vénériens. L'affaire terrible de Latude, plongé là pour y mourir, avait révélé Bicêtre, jeté une première lueur; un livre récent de Mirabeau avait soulevé les cœurs, terrifié les esprits... Et c'était là qu'on allait mettre des hommes dont le crime était de ne vouloir être que les soldats de la loi.

Le jour même où on va les transférer à Bicêtre, on l'apprend au Palais-Royal. Un jeune homme monte sur une chaise, crie: « A l'Abbaye! allons délivrer ceux qui n'ont pas voulu tirer sur le peuple! » Des soldats s'offrent; les citoyens les remercient et vont seuls. La foule grossit en route, les ouvriers s'y joignent avec de bonnes barres de fer. A l'Abbaye, ils étaient quatre mille. On enfonce le guichet; on brise, à grands coups de maillets, de haches, de barres, les grosses portes intérieures. Les victimes sont délivrées. On sortait, lorsqu'on rencontre des hussards et des dragons qui venaient bride abattue, l'épée haute... Le peuple saute à la bride; on s'explique; les soldats ne veulent pas massacrer les libérateurs des soldats; ils rengainent, ôtent leurs casques, on apporte du vin, et tous boivent ensemble au roi et à la nation.

Tout ce qui était en prison fut délivré en même temps. La foule mène sa conquête chez elle, à son Palais-Royal. Parmi les délivrés, on portait un vieux soldat qui, depuis des années, pourrissait à l'Abbaye et ne pouvait plus marcher. Le pauvre diable, qui depuis si longtemps n'éprouvait que des rigueurs, était trop ému: « J'en mourrai, messieurs, disait-il, je mourrai de tant de bonté! »

Il n'y en avait qu'un de bien coupable, on le ramena en prison. Tout le reste, pêle-mêle, citoyens, soldats, prisonniers, un cortège immense, arrive au Palais-Royal; on dresse une table dans le jardin, on les fait asseoir. La difficulté était de les loger; on les couche au spectacle dans la salle des Variétés; et on monte la garde à la porte. Le lendemain, établis en un hôtel qui se trouvait sous les arcades, soldés, nourris par le peuple. Toute la nuit, on avait illuminé des deux côtés de Paris, et autour de l'Abbaye, et dans le Palais-Royal. Bourgeois, ouvriers, riches et pauvres, dragons, hussards, gardes françaises, tous se promenaient ensemble, sans qu'il y eût d'autre bruit, que les cris « Vive la nation! » Tous se livraient au transport de cette réunion fraternelle, à leur jeune confiance dans l'avenir de la liberté.

Le matin, de bonne heure, les jeunes gens étaient à Versailles, aux portes de l'Assemblée. Là, ils ne trouvèrent que glace. Une révolte militaire, une prison forcée, tout cela apparaissait à Versailles sous l'aspect le plus sinistre. Mirabeau, se tenant à côté de la question, proposa une adresse aux Parisiens pour leur conseiller d'être sages. On s'arrêta à l'avis (peu rassurant pour ceux qui réclamaient l'intercession de l'Assemblée) de déclarer que l'affaire ne regardait que le roi, qu'on ne pouvait qu'implorer sa clémence.

C'était le 1er juillet. Le 2, le roi écrit, non à l'Assemblée, mais à l'archevêque de Paris, que, si les coupables rentrent en prison, il pourra faire grâce. La foule trouva cette promesse si peu sûre qu'elle alla demander à la ville, aux électeurs, ce qu'il fallait croire. Longue hésitation de ceux-ci; mais la foule insiste, elle augmente à chaque instant. A une heure après minuit, les électeurs s'engagent à aller demain à Versailles, *à ne point rentrer sans la grâce*. Sur leur parole, les délivrés se mirent eux-mêmes en prison et furent élargis bientôt.

Ceci n'était point de la paix. La guerre enveloppait Paris, tous les régiments étrangers étaient arrivés. On avait appelé pour les commander l'Hercule et l'Achille de la vieille monarchie, le vieux maréchal de Broglie. La reine avait mandé Breteuil, son homme de confiance, ex-ambassadeur à Vienne, homme de plume qui, pour le bruit et les bravades, valait tout homme d'épée. « Son gros son de voix ressemblait à de l'énergie; il marchait à grand bruit, en frappant du pied, comme s'il avait voulu faire sortir une armée de terre... »

Tout cet appareil de guerre réveilla enfin l'Assemblée. Mirabeau, qui déjà le 27 avait lu, sans être écouté, une adresse pour la paix, en proposa une nouvelle pour l'éloignement des troupes; cette pièce, harmonieuse et sonore, flatteuse à l'excès pour le roi, fut très goûtée par l'Assemblée. La meilleure chose qu'elle contînt, la demande d'une garde bourgeoise, fut la seule qu'on en ôta.

Les électeurs de Paris qui, les premiers, avaient fait cette demande écartée par l'Assemblée, la reprirent avec force le 10 juillet.

Carra, dans une dissertation fort abstraite, à la Sieyès, posa le droit de la Commune, droit imprescriptible, et, dit-il, *antérieur même à celui de la Monarchie,* lequel droit comprend spécialement celui de se garder soi-même. Bonneville, en son nom, au nom de son ami Fauchet, demandait qu'on passât à l'application, qu'on avisât à se constituer en Commune, conservant *provisoirement le prétendu* corps municipal. Charton voulait de plus *que les soixante districts fussent assemblés* de nouveau, qu'on transmît leurs décisions à l'Assemblée nationale, qu'on *s'entendît avec les grandes villes* du royaume.

Toutes ces motions hardies se faisaient dans la grande salle Saint-Jean de l'Hôtel de Ville, par-devant un peuple immense; Paris semblait se serrer autour de cette autorité qu'il avait créée, il ne se fiait à nulle autre; il eût voulu en tirer l'ordre de s'organiser, s'armer, d'assurer son salut lui-même.

La mollesse de l'Assemblée nationale n'était pas pour le rassurer. Le 11 juillet, elle reçut la réponse du roi à l'adresse, et s'en contenta. Quelle réponse cependant? Que les troupes étaient là pour assurer la liberté de l'Assemblée, que si elles causaient ombrage, le roi la transférerait à Noyon ou à Soissons, c'est-à-dire la placerait entre deux ou trois corps d'armée. Mirabeau ne put obtenir que l'on insistât pour le renvoi des troupes. Visiblement, la réunion des cinq cents députés du clergé et de la noblesse avait énervé l'Assemblée. Elle laissa la grande affaire, et se mit à écouter une Déclaration des droits de l'homme que présenta La Fayette.

Un modéré, très modéré, le philanthrope Guillotin, vint tout exprès à Paris pour communiquer cette quiétude à l'assemblée des électeurs. Honnête homme, et trompé sans doute, il assura que tout allait bien, que M. Necker était plus solide que jamais. Des applaudissements accueillirent cette excellente nouvelle, et les électeurs, non moins dupes que l'Assemblée, s'amusèrent, comme elle, à l'admirable Déclaration des droits, que par bonheur on venait d'apporter de Versailles. Ce jour même, pendant que le bon Guillotin parlait, M. Necker, congédié, était déjà bien loin sur le chemin de Bruxelles.

Quand Necker reçut l'ordre de s'éloigner à l'instant, il se mettait à table, il était trois heures. Le pauvre homme, qui avait si tendrement épousé le ministère, ne le quitta jamais qu'en pleurant, sut pourtant se contraindre devant ses convives et fit bonne contenance. Après dîner, sans même avertir sa fille, il partit avec sa femme, prenant la route la plus courte pour sortir du royaume, celle des Pays-Bas. Les gens de la reine, chose indigne, étaient d'avis qu'on l'arrêtât; ils connaissaient si peu Necker qu'ils avaient peur qu'il ne désobéît au roi et ne se jetât dans Paris!

MM. de Broglie et de Breteuil, au premier jour qu'on les manda, avaient été eux-mêmes effrayés de voir où l'on s'engageait. Broglie ne voulait pas qu'on renvoyât Necker, Breteuil aurait dit: « Donnez-nous donc alors cent mille hommes et cent millions. » — « Vous les aurez », dit la reine. Et l'on se mit à fabriquer secrètement une monnaie de papier.

M. de Broglie, pris au dépourvu, lourd de ses soixante et onze ans, s'agitait beaucoup sans agir. Ordres, contrordres se croisaient. Son hôtel était un quartier général, plein de commis, d'ordonnances, d'aides de camp prêts à monter à cheval. « On dressait une liste d'officiers généraux; on faisait un ordre de bataille. »

Les autorités militaires n'étaient pas trop d'accord entre elles. Il n'y avait pas moins de trois chefs: Broglie qui allait être ministre, Puységur qui l'était encore, enfin Besenval qui, depuis huit ans, avait le commandement des provinces de l'intérieur, et à qui l'on signifia sèchement qu'il obéirait au vieux maréchal. Besenval lui expliqua la situation, le danger, et qu'on n'était pas en campagne, mais devant une ville de huit cent mille âmes au dernier degré de l'exaltation. Broglie ne voulut pas l'écouter. Ferme sur sa guerre de Sept Ans, ne connaissant que le soldat, que les forces brutes, plein de mépris pour le bourgeois, il était convaincu qu'à la seule vue d'un uniforme le peuple fuirait. Il ne crut pas nécessaire d'envoyer des troupes à Paris; seulement il l'environna de régiments étrangers, ne s'inquiétant pas d'augmenter par là l'irritation populaire. Tous ces soldats allemands présentaient l'aspect d'une invasion autrichienne ou suisse; les noms barbares de leurs régiments effarouchaient les oreilles: Royal-Cravate était à Charenton, à Sèvres, Reinach et Diesbach, Nassau était à Versailles, Salis-Samade à Issy, les hussards de Bercheny à l'Ecole militaire; ailleurs, Châteauvieux, Esterhazy, Rœmer, etc.

La Bastille, assez défendue de ses épaisses murailles, venait de recevoir un renfort de Suisses. Elle avait des munitions, une monstrueuse masse de poudre, à faire sauter toute la ville. Les canons, en batterie sur les tours depuis le 30 juin, regardaient Paris de travers, et, tout chargés, passaient leur gueule menaçante entre les créneaux.

CHAPITRE VI

Insurrection de Paris

Danger de Paris. Explosion de Paris, 12 juillet 1789. Inaction de Versailles. Provocation des troupes; Paris prend les armes. L'Assemblée nationale s'adresse en vain au roi, 13 juillet. Les électeurs de Paris autorisent l'armement. Organisation de la garde bourgeoise. Hésitation des électeurs. Le peuple saisit des poudres, cherche des fusils. Sécurité de la Cour.

Du 23 juin au 12 juillet, de la menace du roi à l'explosion du peuple, il y eut une halte étrange. C'était, dit un observateur, c'était un temps orageux, lourd, sombre, comme un songe agité et pénible, plein d'illusions, de troubles. Fausses alarmes, fausses nouvelles; fables, inventions de toutes sortes. On savait, on ne savait pas. On voulait tout expliquer, tout deviner. On voyait des causes profondes, même aux choses indifférentes. Des mouvements commençaient sans auteur et sans projet, d'eux-mêmes, d'un fonds général de défiance, de sourde colère. Le pavé brûlait, le sol était comme miné, vous entendiez dessous déjà gronder le volcan.

On a vu que dès la première assemblée des électeurs, Bonneville avait crié: « Aux armes! » Cri étrange dans cette assemblée des notables de Paris, et qui tombait de lui-même. Plusieurs frémirent, d'autres sourirent, et l'un d'eux, prophétiquement: « Jeune homme, remettez votre motion à quinze jours. »

Aux armes? Contre une armée tout organisée qui était aux portes. Aux armes, quand cette armée pouvait si aisément affamer la ville, quand la disette s'y faisait déjà sentir,

Le 12 juillet 1789

quand on voyait la queue s'allonger à la porte des boulangers... Les pauvres gens des campagnes entraient par toutes les barrières, hâves, déguenillés, sur leurs longs bâtons de voyage. Une masse de vingt mille mendiants, qu'on occupait à Montmartre, était suspendue sur la ville; si Paris faisait un mouvement, cette autre armée pouvait descendre. Déjà quelques-uns avaient essayé de brûler et de piller les barrières.

Il y avait à parier que la Cour porterait les premiers coups. Il lui fallait faire sortir le roi des scrupules, des velléités de paix, en finir une fois avec tous les compromis... Pour cela, il fallait vaincre.

De jeunes officiers de hussards, des Sombreuil et des Polignac, allèrent jusque dans le Palais-Royal narguer la foule, et ils sortirent le sabre à la main. Visiblement la Cour se croyait trop forte; elle souhaitait des violences.

Le dimanche 12 juillet, au matin, jusqu'à dix heures, personne encore à Paris ne savait le renvoi de Necker. Le premier qui en parla au Palais-Royal fut traité d'aristocrate, menacé. Mais la nouvelle se confirme, elle circule, la fureur aussi... A ce moment, il était midi, le canon du Palais-Royal vint à tonner. « On ne peut rendre, dit l'*Ami du Roi,* le sombre sentiment de terreur dont ce bruit pénétra les âmes. » Un jeune homme, Camille Desmoulins, sort du Café de Foy, saute sur une table, tire l'épée, montre un pistolet: « Aux armes! les Allemands du Champ-de-Mars entreront ce soir dans Paris pour égorger les habitants! Arborons une cocarde! » Il arrache une feuille d'arbre et la met à son chapeau: tout le monde en fait autant; les arbres sont dépouillés.

« Point de théâtres! point de danse! c'est un jour de deuil! » On va prendre au cabinet des figures de cire le buste de Necker; d'autres, toujours là pour profiter des circonstances, y joignent celui d'Orléans. On les porte couverts de crêpes à travers Paris; le cortège, armé de bâtons, d'épées, de pistolets, de haches, suit d'abord la rue Richelieu, puis, en tournant le boulevard, les rues Saint-Martin, Saint-Denis, Saint-Honoré, et vient à la place Vendôme. Là, devant les hôtels des fermiers généraux, un détachement de dragons attendait le peuple; il fondit sur lui, le dispersa, lui brisa son Necker; un garde-française sans armes resta ferme, et fut tué.

Les barrières, qu'on achevait à peine, ces lourdes petites bastilles de la ferme générale, furent partout, ce même dimanche, attaquées par le peuple, mal défendues par la troupe, qui pourtant tua du monde, Elles brûlèrent pendant la nuit.

La Cour, si près de Paris, ne pouvait rien ignorer. Elle resta immobile, n'envoya ni ordre, ni troupe. Elle attendait apparemment que le trouble augmentant, devenant révolte et guerre, lui donnât ce que l'affaire Réveillon, étouffée trop tôt, n'avait pu donner, un prétexte spécieux pour dissoudre l'Assemblée. Donc, elle laissait à loisir Paris s'enfoncer dans son tort. Elle gardait bien Versailles, les ponts de Sèvres et de Saint-Cloud, coupait toute communication, et se croyait sûre de pouvoir toujours, au pis aller, affamer Paris. Elle-même, entourée de troupes allemandes, pour les deux tiers, qu'avait-elle à craindre?... Rien, que de perdre la France.

Le ministre de Paris (il y en avait un alors) resta à Versailles. Les autres autorités, le lieutenant de police, le prévôt des marchands Flesselles, l'intendant Berthier parurent de même inactifs. Flesselles, mandé à la Cour, ne put s'y rendre, mais vraisemblablement il en eut les instructions.

Le commandant Besenval, sans responsabilité, puisqu'il ne pouvait agir que par les ordres de Broglie, restait paresseusement à l'Ecole militaire. Il n'osait se servir des gardes françaises, et les tenait consignés. Mais il avait plusieurs détachements de divers corps, et trois régiments disponibles, un de Suisses et deux de cavalerie allemande. Vers l'après-midi, voyant le trouble augmenter, il mit ses Suisses dans les Champs-Elysées avec quatre pièces de canon, et réunit ses cavaliers sur la place Louis-XV. Avant le soir, avant l'heure où l'on rentre le dimanche, la foule revenait par les Champs-Elysées, remplissait les Tuileries; c'était généralement des promeneurs inoffensifs, des familles qui voulaient rentrer de bonne heure, « parce qu'il y avait du bruit ». Cependant, la vue de ces soldats allemands en bataille sur la place ne laissait pas d'émouvoir. Des hommes dirent des injures, des enfants jetèrent des pierres. C'est alors que Besenval, craignant à la fin qu'on ne lui reprochât à Versailles de n'avoir rien fait, donna l'ordre insensé, barbare, digne de son étourderie, de pousser ce peuple avec les dragons. Ils ne pouvaient se mouvoir dans cette foule compacte qu'en écrasant quelques personnes. Leur colonel, le prince de Lambesc, entre dans les Tuileries, mais d'abord au pas. Il rencontre une barricade de chaises; les bouteilles, les pierres commencent à pleuvoir sur lui; il répond par des coups de feu. Les femmes jettent des cris perçants; les hommes se mettent à fermer les Tuileries derrière Lambesc. Il jugea prudent de sortir. Un homme fut renversé, foulé; un vieillard qui fuyait fut blessé grièvement.

La foule, sortie des Tuileries avec des cris d'effroi et d'indignation, remplit Paris du récit de cette brutalité, de ces Allemands poussant leurs chevaux contre des femmes et des enfants, du vieillard blessé, disait-on, de la main même du prince... Alors, on court aux armuriers, on prend ce qu'on trouve. On court à l'Hôtel de Ville pour demander des armes, sonner le tocsin. Nul magistrat municipal n'était à son poste. Quelques électeurs de bonne volonté s'y rendirent vers six heures du soir, occupèrent dans la grande salle leur enceinte réservée, et tâchèrent de calmer la foule. Mais derrière cette foule, déjà entrée, il y en avait une autre sur la place, qui criait « des armes! » qui croyait que la ville avait un arsenal caché, qui menaçait de brûler tout. Ils forcent le poste, envahissent la salle, poussent la barrière, pressent les électeurs jusque sur leur bureau. Alors, ils leur font à la fois mille récits de ce qui vient de se passer... Les électeurs ne peuvent refuser les armes des gardes de la ville; mais déjà le peuple les a cherchées, trouvées, prises; déjà un homme en chemise, sans bas ni souliers, a pris la place du factionnaire, et, le fusil sur l'épaule, monte fièrement la garde à la porte de la salle.

Les électeurs reculaient devant la responsabilité d'autoriser le mouvement. Ils accordèrent seulement la convocation des districts, et envoyèrent quelques-uns des leurs « aux postes des citoyens armés, pour les prier, au nom de la patrie, de surseoir aux attroupements et voies de fait. » Elles avaient commencé le soir d'une manière fort sérieuse. Des gardes-françaises, échappés de leurs casernes, se formèrent au Palais-Royal, marchèrent sur les Allemands et vengèrent leur camarade. Ils tuèrent trois cavaliers sur le boulevard, puis allèrent à la place Louis-XV, qu'ils trouvèrent évacuée.

Le lundi 13 juillet, le député Guillotin, puis deux électeurs, allèrent à Versailles, et supplièrent l'Assemblée « de concourir à établir une garde bourgeoise ». Ils firent un tableau effrayant de la crise de Paris. L'Assemblée vota deux députations, l'une au roi, l'autre à la Ville. Elle ne tira du roi qu'une sèche et ingrate réponse, bien étrange quand le sang coulait: « Qu'il ne pouvait rien changer aux mesures qu'il avait prises, qu'il était seul juge de leur nécessité, que la présence des députés à Paris ne pouvait faire aucun bien... » L'Assemblée indignée arrêta: 1º que M. Necker emportait les regrets de la nation; 2º qu'elle insistait pour l'éloignement des troupes; 3º que non seulement les ministres, mais les conseils du roi, *de quelque rang* qu'ils pussent être, étaient personnellement responsables des malheurs présents; 4º que nul pouvoir n'avait droit de prononcer l'infâme mot de banqueroute. L'article 3 désignait assez la reine et les princes; le dernier les flétrissait. L'Assemblée reprit ainsi sa noble attitude; désarmée au milieu des troupes, sans autre appui que la loi, menacée pour le soir même de dispersion, d'enlèvement, elle marqua bravement ses ennemis à la face, de leur vrai nom: *banqueroutiers*.

L'Assemblée, après ce vote, n'avait qu'un asile, l'assemblée même, la salle qu'elle occupait; hors de là, pas un pouce de terre au monde; aucun de ses membres n'osait plus coucher chez lui. Elle craignait aussi que la Cour ne mît la main sur ses archives. La veille, le dimanche, l'un des secrétaires, Grégoire, avait enveloppé, scellé, caché tous les papiers dans une maison de Versailles. Le lundi, il présida par *intérim*, soutint de son grand courage ceux qui mollissaient, leur rappelant le Jeu de Paume, et le mot du Romain: « Que le monde croule, les ruines le frapperont sans l'effrayer. » *(Impavidum ferient ruinae.)*

On déclara la séance permanente, et elle continua pendant soixante-douze heures. M. La Fayette, qui n'avait pas peu contribué au vigoureux arrêté, fut nommé vice-président.

Paris était cependant dans la plus vive anxiété. Le faubourg Saint-Honoré croyait de moment en moment voir entrer les troupes. Malgré les efforts des électeurs qui coururent la nuit pour faire déposer les armes, tout le monde s'armait; personne n'était disposé à recevoir paisiblement les Croates et les Pandours, à porter les clés à la reine. Le lundi matin, dès six heures, toutes les cloches de toutes les églises sonnant coup sur coup le tocsin, quelques électeurs se rendent à l'Hôtel de Ville, y trouvent déjà la foule, la renvoient dans les districts. A huit heures, voyant qu'elle insiste, ils affirment que la garde bourgeoise est autorisée, ce qui n'était pas encore. Le peuple crie toujours: « Des armes! » A quoi les électeurs répondent: « Si la Ville en a, on ne peut les obtenir que par le prévôt des marchands. » — « Eh bien! envoyez-le chercher! »

Le prévôt Flesselles, ce même jour, était mandé à Versailles par le roi, à l'Hôtel de Ville par le peuple. Soit qu'il n'osât se refuser à cet appel de la foule, soit qu'il crût pouvoir mieux servir le roi à Paris, il alla à l'Hôtel de Ville, fut applaudi dans la Grève, dit paternement: « Vous serez contents, mes amis, je suis votre père. » Il déclara dans la salle qu'il ne voulait présider que par élection du peuple. Là-dessus, nouveaux transports.

Il n'y avait pas encore d'armée parisienne, et l'on discutait déjà quel serait le général. L'Américain Moreau de Saint-Méry, qui présidait les électeurs, montra un buste de La Fayette, et ce nom fut fort applaudi. D'autres proposèrent, obtinrent qu'on offrît le commandement au duc d'Aumont, qui demanda vingt-quatre heures pour réfléchir, et puis refusa. Le commandant en second fut le marquis de la Salle, militaire éprouvé, écrivain patriote, plein de dévouement et de cœur.

Tout cela traînait, et la foule frémissait d'impatience; elle avait hâte d'être armée, et non sans raison. Les mendiants de Montmartre jetaient la pioche, descendaient en ville; des masses d'hommes remuaient, inconnus, sans aveu. L'effroyable misère des campagnes avait rabattu de toutes parts des troupeaux d'affamés sur Paris; la famine le peuplait.

Dès le matin, sur un bruit qu'il y avait du blé à Saint-Lazare, la foule y court, et y trouve en effet une masse énorme de farines, que les bons pères avaient entassées, de quoi charger plus de cinquante voitures, qui furent conduites à la Halle. On brisa tout, on mangea, on but ce qui était dans la maison; du reste, on n'emporta rien; le premier qui essaya de le faire fut pendu par le peuple même.

Les prisonniers de Saint-Lazare avaient échappé. On délivra ceux de la Force, qui étaient détenus pour dettes. Les criminels du Châtelet voulaient profiter du moment, et déjà enfonçaient les portes. Le concierge appela une bande de peuple qui passait; elle entra, fit feu sur les rebelles, et les força de rentrer dans l'ordre.

Les armes du Garde-Meuble furent enlevées; mais plus tard remises fidèlement.

Les électeurs, ne pouvant plus différer l'armement, essayèrent de le limiter. Ils votèrent, et le prévôt prononça que chacun des soixante districts élirait, armerait deux cents hommes, et que tout le reste serait désarmé. C'était une armée de *douze mille* notables; à merveille pour la police, mais très mal pour la défense. Paris eût été livré. Le même jour, l'après-midi, on décida que la milice parisienne serait de *quarante-huit mille* hommes. La cocarde aux couleurs de la ville, bleue et rouge. Cet arrêté fut le jour même confirmé par tous les districts.

Un comité permanent est nommé pour veiller, nuit et jour, à l'ordre public. On le forme d'électeurs. « Pourquoi les seuls électeurs? » dit un homme qui s'avance. « Et qui voulez-vous qu'on nomme? » — « Moi, dit-il. » — Il est nommé par acclamation.

Le prévôt hasarda alors une question grave: « A qui prêtera-t-on serment? » — « A l'assemblée des citoyens », dit vivement un électeur.

L'affaire des subsistances pressait autant que celle des armes. Le lieutenant de police, mandé par les électeurs, dit que les arrivages ne le regardaient en rien. La ville dut aviser à se nourrir comme elle pourrait. Tous ses abords étaient occupés par les troupes; il fallait que les fermiers, les marchands qui apportaient les denrées, se hasardassent à traverser des postes et des camps d'étrangers qui ne parlaient qu'allemand. En supposant qu'ils arrivassent, ils trouvaient mille difficultés pour repasser les barrières.

Paris devait mourir de faim ou vaincre, et vaincre en un jour. Comment espérer ce miracle? Il avait l'ennemi dans la ville même, à la Bastille et à l'Ecole militaire, l'ennemi à toutes les barrières; les gardes-françaises, sauf un petit nombre, restaient dans leurs casernes, ne se décidaient pas encore. Que le miracle se fît par les Parisiens tout seuls, c'était presque ridicule à dire. Ils passaient pour une population douce, amollie, *bon enfant*. Que ce peuple devînt tout à coup une armée, et une armée aguerrie, rien n'était moins vraisemblable.

Voilà certainement ce que pensaient les hommes froids, les notables, les bourgeois qui composaient le comité de la ville. Ils voulaient gagner du temps, ne pas aggraver l'immense responsabilité qui déjà pesait sur eux. Ils gouvernaient Paris depuis le 12; était-ce comme électeurs? le pouvoir électoral s'étendait-il jusque-là? Ils croyaient à tout moment voir le vieux maréchal Broglie venir avec toutes ses troupes, leur demander compte... De là leurs hésitations, leur conduite longtemps équivoque; de là la défiance du peuple, qui trouvait en eux son obstacle principal, et fit ses affaires sans eux.

Vers le milieu du jour, les électeurs envoyés à Versailles en reviennent; ils rapportent la réponse menaçante du roi, le décret de l'Assemblée.

C'était tout de bon la guerre. Les envoyés avaient rencontré sur les routes la cocarde verte, couleur du comte d'Artois. Ils avaient passé à travers la cavalerie, toutes les troupes allemandes qui stationnaient sur la route, dans leurs blancs manteaux autrichiens.

La situation était terrible, dénuée, de peu d'espoir, à voir le matériel. Mais le cœur était immense, chacun le sentait grandir d'heure en heure dans sa poitrine. Tous venaient, à l'Hôtel de Ville, s'offrir au combat; c'étaient des corporations, des quartiers qui formaient des légions de volontaires. La compagnie de l'arquebuse offrit ses services. L'École de chirurgie vint, Boyer en tête; la Basoche voulait passer devant, combattre à l'avant-garde; tous ces jeunes gens juraient de mourir jusqu'au dernier.

Combattre? Mais avec quoi: sans armes, sans fusils, sans poudre?

L'arsenal, disait-on, était vide. Le peuple ne se tint pas content. Un invalide et un perruquier firent sentinelle aux environs, et bientôt ils virent sortir une grande quantité de poudre, qui allait être embarquée pour Rouen. Ils coururent à l'Hôtel de Ville, et obligèrent les électeurs de faire apporter ces poudres. Un brave abbé se chargea de la mission périlleuse de les garder et de les distribuer au peuple.

Il ne manquait plus que des fusils. On savait qu'il y en avait un grand dépôt dans Paris... L'intendant Berthier en avait fait venir trente mille, et il avait ordonné la fabrication de deux cent mille cartouches. Le prévôt ne pouvait ignorer ce grand mouvement de l'intendance. Pressé d'indiquer le dépôt, il dit que la manufacture de Charleville lui promettait trente mille fusils, et que, de plus, douze mille allaient arriver d'un moment à l'autre. A l'appui de ce mensonge, voilà des chariots qui traversent la Grève, portant ce mot: Artillerie. Ce sont les fusils sans doute. Le prévôt fait emmagasiner les caisses. Mais il veut des gardes-françaises pour en faire la distribution. On court aux casernes, et comme on devait l'attendre, les officiers ne donnent pas un soldat. Il faut donc que les électeurs distribuent les fusils eux-mêmes. Ils ouvrent les caisses!... Qu'y trouvent-ils? Des chiffons. La fureur du peuple est au comble, il crie à la trahison. Flesselles, ne sachant que dire, s'avise de les envoyer aux Célestins, aux Chartreux: « Les moines ont des armes cachées. » Nouveau désappointement; les Chartreux ouvrent, montrent tout; la perquisition la plus exacte ne donne pas un fusil.

Les électeurs autorisèrent les districts à fabriquer cinquante mille piques, et elle furent forgées en trente-six heures; mais ce temps si court était long pour une telle crise. Tout pouvait être fini dans la nuit. Le peuple, qui savait toujours, quand ses chefs ne savaient pas, apprit le soir l'existence du grand dépôt de fusils qui était aux Invalides. Les députés d'un district allèrent le soir même trouver le commandant Besenval, et Sombreuil, gouverneur de l'hôtel. « J'en écrirai à Versailles », dit froidement Besenval. Il avertit en effet le maréchal de Broglie.

Chose étrange, prodigieuse! il n'eut aucune réponse.

Ce silence inconcevable tenait sans doute, on l'a dit, à l'anarchie complète qui régnait dans le Conseil, tous étant discordants sur tout, sauf un point bien arrêté, la dissolution de l'Assemblée nationale. Il tenait aussi, je le crois, à la méprise de la Cour, qui, trop fine et trop subtile, voyait dans ce grand mouvement l'effet d'une petite intrigue, croyait que le Palais-Royal faisait tout, et qu'Orléans payait tout... Explication puérile: est-ce qu'on solde des millions d'hommes? Le duc avait donc aussi payé le soulèvement de Lyon et du Dauphiné, qui, au même moment, proclamaient le refus de l'impôt? Il avait payé les villes de Bretagne, qui prenaient les armes, payé les soldats, qui, à Rennes, refusèrent de tirer sur les bourgeois?

Le buste du prince, il est vrai, avait été porté en triomphe. Mais le prince lui-même était venu à Versailles se remettre à ses ennemis, protester qu'il avait autant, et plus que personne, peur de cette émeute. On le pria de vouloir bien coucher au château. La Cour l'ayant sous la main, croyant tenir le fabricateur de toute la machination, en eut peu d'inquiétude. Le vieux maréchal, à qui toutes les forces militaires étaient confiées en ce moment, s'enveloppa bien de troupes, tint le roi en sûreté, mit en défense Versailles, à qui personne ne songeait, et laissa les vaines fumées de Paris se dissiper d'elles-mêmes.

CHAPITRE VII

Prise de la Bastille, 14 juillet 1789

Difficulté de prendre la Bastille. L'idée de l'attaque appartient au peuple. Haine du peuple pour la Bastille. Joie du monde en apprenant la prise de la Bastille. Le peuple enlève les fusils aux Invalides. La Bastille était en défense. Thuriot somme la Bastille. Les électeurs y envoient inutilement plusieurs députations. Dernière attaque; Elie, Hullin. Danger du retard. Le peuple se croit trahi, menace le prévôt, les électeurs. Les vainqueurs à l'Hôtel de Ville. Comment la Bastille se livra. Mort du gouverneur. Prisonniers mis à mort. Prisonniers graciés. Clémence du peuple.

Versailles, avec un gouvernement organisé, un roi, des ministres, un général, une armée, n'était qu'hésitation, doute, incertitude, dans la plus complète anarchie morale.

Paris, bouleversé, délaissé de toute autorité légale, dans un désordre apparent, atteignit, le 14 juillet, ce qui moralement est l'ordre le plus profond, l'unanimité des esprits.

Le 13 juillet, Paris ne songeait qu'à se défendre. Le 14, il attaqua.

Le 13 au soir, il y avait encore des doutes, et il n'y en eut plus le matin. Le soir était plein de trouble, de fureur désordonnée. Le matin fut lumineux et d'une sérénité terrible.

Une idée se leva sur Paris avec le jour, et tous virent la même lumière. Une lumière dans les esprits, et dans chaque cœur une voix: « Va, et tu prendras la Bastille! »

Cela était impossible, insensé, étrange à dire... Et tous le crurent néanmoins. Et cela se fit.

La Bastille, pour être une vieille forteresse, n'en était pas moins imprenable, à moins d'y mettre plusieurs jours, et beaucoup d'artillerie. Le peuple n'avait, en cette crise, ni le temps, ni les moyens de faire un siège régulier. L'eût-il fait, la Bastille n'avait pas à craindre, ayant assez de vivres pour attendre un secours si proche, et d'immenses munitions de guerre. Ses murs de dix pieds d'épaisseur au sommet des tours, et trente ou quarante à la base, pouvaient rire longtemps des boulets; et ses batteries, à elle, dont le peu plongeait sur Paris, auraient pu en attendant démolir tout le Marais, tout le faubourg Saint-Antoine. Ses tours, percées d'étroites croisées et de meurtrières, avec doubles et triples grilles, permettaient à la garnison de faire en toute sûreté un affreux carnage des assaillants.

L'attaque de la Bastille ne fut nullement raisonnable. Ce fut un acte de foi.

Personne ne proposa. Mais tous crurent, et tous agirent. Le long des rues, des quais, des ponts, des boulevards, la foule criait à la foule: « A la Bastille! à la Bastille!... » Et, dans le tocsin qui sonnait, tous entendaient: « A la Bastille! »

Personne, je le répète, ne donna l'impulsion. Les parleurs du Palais-Royal passèrent le temps à dresser une liste de proscription, à juger à mort la reine, la Polignac, Artois, le prévôt Flesselles, d'autres encore. Les noms des vainqueurs de la Bastille n'offrent pas un seul des faiseurs de motions. Le Palais-Royal ne fut pas le point de départ, et ce n'est pas non plus au Palais-Royal que les vainqueurs ramenèrent les dépouilles et les prisonniers.

Encore moins les électeurs qui siégeaient à l'Hôtel de Ville eurent-ils l'idée de l'attaque. Loin de là, pour l'empêcher, pour prévenir le carnage que la Bastille pouvait faire si aisément, ils allèrent jusqu'à promettre au gouverneur que, s'il retirait ses canons, on ne l'attaquerait pas. Les électeurs ne trahissaient point, comme ils en furent accusés, mais ils n'avaient pas la foi.

Qui l'eut? Celui qui eut aussi le dévouement, la force, pour accomplir sa foi. Qui? Le peuple, tout le monde.

Le mouvement de la révolution

Les vieillards qui ont eu le bonheur et le malheur de voir tout ce qui s'est fait dans ce demi-siècle unique où les siècles semblent entassés, déclarent que tout ce qui suivit de grand, de national, sous la République et l'Empire, eut cependant un caractère partiel, non unanime, que le seul 14 juillet fut le jour du peuple entier. Qu'il reste donc, ce grand jour, qu'il reste une des fêtes éternelles du genre humain, non seulement pour avoir été le premier de la délivrance, mais pour avoir été le plus haut dans la concorde!

Que se passa-t-il dans cette courte nuit, où personne ne dormit, pour qu'au matin tout dissentiment, toute incertitude disparaissant avec l'ombre, ils eurent les mêmes pensées?

On sait ce qui se fit au Palais-Royal, à l'Hôtel de Ville; mais ce qui se passa au foyer du peuple, c'est là ce qu'il faudrait savoir.

Là pourtant, on le devine assez par ce qui suivit, là chacun fit dans son cœur le jugement dernier du passé, chacun, avant de frapper, le condamna sans retour... L'histoire revint cette nuit-là, une longue histoire de souffrances, dans l'instinct vengeur du peuple. L'âme des pères qui, tant de siècles, souffrirent, moururent en silence, revint dans les fils, et parla.

Hommes forts, hommes patients, jusque-là si pacifiques, qui deviez frapper en ce jour le grand coup de la Providence, la vue de vos familles, sans ressource autre que vous, n'amollit pas votre cœur. Loin de là, regardant une fois encore vos enfants endormis, ces enfants dont ce jour allait faire la destinée, votre pensée grandie embrassa les libres générations qui sortiraient de leur berceau, et sentit dans cette journée tout le combat de l'avenir!...

L'avenir et le passé faisaient tous deux même réponse; tous deux ils dirent: « Va!... »

Et ce qui est hors du temps, hors de l'avenir et hors du passé, l'immuable Droit le disait aussi. L'immortel sentiment du Juste donna une assiette d'airain au cœur agité de l'homme, il lui dit : « Va paisible, que t'importe? quoi qu'il t'arrive, mort, vainqueur, je suis avec toi! »

Et qu'est-ce que la Bastille faisait à ce peuple? Les hommes du peuple n'y entrèrent presque jamais... Mais la justice lui parlait, et une voix qui plus fortement encore parle au cœur, la voix de l'humanité et de la miséricorde; cette voix douce qui semble faible et qui renverse les tours, déjà, depuis dix ans, elle faisait chanceler la Bastille.

Il faut dire vrai; si quelqu'un eut la gloire de la renverser, c'est cette femme intrépide qui, si longtemps, travailla à la délivrance de Latude contre toutes les puissances du monde. La royauté refusa, la nation arracha la grâce; cette femme, ou ce héros, fut couronnée dans une solennité publique. Couronner celle qui avait pour ainsi dire forcé les prisons d'Etat, c'était déjà les flétrir, les vouer à l'exécration publique, les démolir dans le cœur et dans le désir des hommes... Cette femme avait pris la Bastille.

Depuis ce temps, le peuple de la ville et du faubourg, qui sans cesse, dans ce lieu si fréquenté, passait, repassait dans son ombre, ne manquait pas de la maudire. Elle méritait bien cette haine. Il y avait bien d'autres prisons, mais celle-ci, c'était celle de l'arbitraire capricieux, du despotisme fantasque, de l'inquisition ecclésiastique et bureaucratique. La Cour, si peu religieuse en ce siècle, avait fait de la Bastille le domicile des libres esprits, la prison de la pensée. Moins remplie sous Louis XVI, elle avait été plus dure (la promenade fut ôtée aux prisonniers), plus dure, et non moins injuste: on rougit pour la France d'être obligé de dire que le crime d'un des prisonniers était d'avoir donné un secret utile à notre marine! On craignit qu'il ne le portât ailleurs.

Le monde entier connaissait, haïssait la Bastille. Bastille, tyrannie, étaient, dans toutes les langues, deux mots synonymes. Toutes les nations, à la nouvelle de sa ruine, se crurent délivrées.

En Russie, dans cet empire du mystère et du silence, cette

Le matin du 14 juillet

Bastille monstrueuse entre l'Europe et l'Asie, la nouvelle arrivait à peine que vous auriez vu des hommes de toutes nations crier, pleurer sur les places; il se jetaient dans les bras l'un de l'autre, en se disant la nouvelle: « Comment ne pas pleurer de joie? *La Bastille était prise!* »

Le matin même du grand jour, le peuple n'avait pas d'armes encore.

La poudre qu'il avait prise la veille à l'arsenal, et mise à l'Hôtel de Ville, lui fut lentement distribuée pendant la nuit par trois hommes seulement. La distribution ayant cessé un moment vers deux heures, la foule désespérée enfonça les portes du magasin à coups de marteau; chaque coup faisait feu sur les clous.

Point de fusils! il fallait aller les prendre, les enlever des Invalides. Cela était très hasardeux. Les Invalides sont, il est vrai, une maison tout ouverte. Mais le gouverneur Sombreuil, vieux et brave militaire, avait reçu un fort détachement d'artillerie et des canons, sans compter ceux qu'il avait. Pour peu que ces canons servissent, la foule pouvait être prise en flanc par les régiments que Besenval avait à l'Ecole militaire, facilement dispersée.

Ces régiments étrangers auraient-ils refusé d'agir? Quoi qu'en dise Besenval, il est permis d'en douter. Ce qui apparaît bien mieux, c'est que, laissé sans ordre, il était lui-même plein d'hésitation et comme paralysé d'esprit. Le matin même, à cinq heures, il avait eu une visite étrange. Un homme entre, pâle, les yeux enflammés, la parole rapide et courte, le maintien audacieux... Le vieux fat, qui était l'officier le plus frivole de l'Ancien Régime, mais brave et froid, regarde l'homme, et le trouve beau ainsi: « Monsieur le baron, dit l'homme, il faut qu'on vous avertisse pour éviter la résistance. Les barrières seront brûlées aujourd'hui; j'en suis sûr, et n'y peux rien, vous non plus. N'essayez pas de l'empêcher. »

Besenval n'eut pas peur. Mais il n'avait pas moins reçu

le coup, subi l'effet moral. « Je lui trouvai, dit-il, je ne sais quoi d'éloquent qui me frappa... J'aurais dû le faire arrêter, et je n'en fis rien. » C'étaient l'Ancien Régime et la Révolution qui venaient de se voir face à face, et celle-ci laissait l'autre saisi de stupeur.

Il n'était pas neuf heures, et déjà trente mille hommes étaient devant les Invalides. On voyait en tête le procureur de la ville; le comité des électeurs n'avait osé le refuser. On voyait quelques compagnies de gardes-françaises, échappées de leur caserne. On remarquait au milieu les clercs de la Basoche, avec leur vieil habit rouge, et le curé de Saint-Etienne-du-Mont, qui, nommé président de l'assemblée réunie dans son église, ne déclina pas l'office périlleux de conduire la force armée.

Le vieux Sombreuil fut très habile. Il se présenta à la grille, dit qu'il avait effectivement des fusils, mais que c'était un dépôt qui lui était confié, que sa délicatesse de militaire et de gentilhomme ne lui permettait pas de trahir. Cet argument imprévu arrêta la foule tout court; admirable candeur du peuple, à ce premier âge de la Révolution. Sombreuil ajoutait qu'il avait envoyé un courrier à Versailles, qu'il attendait la réponse, le tout avec force protestations, d'attachement et d'amitié pour l'Hôtel de Ville et la ville en général.

La plupart voulaient attendre. Il se trouva là heureusement un homme moins scrupuleux qui empêcha la foule d'être ainsi mystifiée. Il n'y avait pas de temps à perdre; et ces armes, à qui étaient-elles, sinon à la nation?... On sauta dans les fossés, et l'hôtel fut envahi; vingt-huit mille fusils furent trouvés dans les caves, enlevés, avec vingt pièces de canon.

Tout ceci entre neuf et onze. Mais courons à la Bastille.

Le gouverneur de Launey était sous les armes, dès le 13, dès deux heures de nuit. Il n'avait négligé aucune précaution. Outre ses canons de tours, il en avait de l'Arsenal, qu'il mit dans la cour, chargés à la mitraille. Sur les tours, il fit porter six voitures de pavés, de boulets et de ferraille, pour écraser les assaillants. Dans les meurtrières du bas, il avait douze gros fusils de rempart qui tiraient chacun une livre et demie de balles. En bas, il tenait ses soldats les plus sûrs, trente-deux Suisses, qui n'avaient aucun scrupule de tirer sur des Français. Ses quatre-vingt-deux invalides étaient pour la plupart dispersés, loin des portes, sur les tours. Il avait évacué les bâtiments avancés qui couvraient le pied de la forteresse.

Le 13, rien, sauf des injures que les passants venaient dire à la Bastille.

Le 14, vers minuit, sept coups de fusils sont tirés sur les factionnaires des tours. Alarme! Le gouverneur monte avec l'état-major, reste une demi-heure, écoutant les bruits lointains de la ville; n'entendant plus rien, il descend.

Le matin, beaucoup de peuple, et de moment en moment, des jeunes gens (du Palais-Royal? ou autres); ils crient qu'il faut leur donner des armes. On ne les écoute pas. On écoute, on introduit la députation pacifique de l'Hôtel de Ville qui, vers dix heures, prie le gouverneur de retirer ses canons, promettant que, s'il ne tire point, on ne l'attaquera pas. Il accepte volontiers, n'ayant nul ordre de tirer, et plein de joie, oblige les envoyés de déjeuner avec lui.

Comme ils sortaient, un homme arrive, qui parle d'un tout autre ton.

Un homme violent, audacieux, sans respect humain, sans peur ni pitié, ne connaissant nul obstacle, ni délai, portant en lui le génie colérique de la Révolution... Il venait sommer la Bastille.

La terreur entre avec lui. La Bastille a peur; le gouverneur ne sait pourquoi, mais il se trouble, il balbutie.

L'homme, c'était Thuriot, un dogue terrible, de la race de Danton; nous le retrouverons deux fois, au commencement et à la fin; sa parole est deux fois mortelle: il tue la Bastille, il tue Robespierre.

Il ne doit pas passer le pont, le gouverneur ne le veut pas, et il passe. De la première cour, il marche à la seconde; nouveau refus, et il passe; il franchit le second fossé par le pont-levis. Et le voilà en face de l'énorme grille qui fermait la troisième cour. Celle-ci semblait moins une cour qu'un puits monstrueux, dont les huit tours, unies entre elles, formaient les parois. Ces affreux géants ne regardaient point du côté de cette cour, n'avaient point une fenêtre. A leur pied, dans leur ombre, était l'unique promenade du prisonnier; perdu au fond de l'abîme, oppressé de ces masses énormes, il n'avait à contempler que l'inexorable nudité des murs. D'un côté seulement, l'on avait placé une horloge entre deux figures de captifs aux fers, comme pour enchaîner le temps et faire plus lourdement poser la lente succession des heures.

Là étaient les canons chargés, la garnison, l'état-major.

Rien n'imposa à Thuriot: « Monsieur, dit-il au gouverneur, je vous somme au nom du peuple, au nom de l'honneur et de la patrie, de retirer vos canon, et de rendre la Bastille. » Et, se tournant vers la garnison, il répéta les mêmes mots.

Si M. de Launey eût été un vrai militaire, il n'eût pas introduit ainsi le parlementaire au cœur de la place; encore moins l'eût-il laissé haranguer la garnison. Mais il faut bien remarquer que les officiers de la Bastille étaient la plupart officiers par la grâce du lieutenant de police; ceux mêmes qui n'avaient servi jamais portaient la Croix de Saint-Louis. Tous, depuis le gouverneur jusqu'aux marmitons, avaient acheté leurs places, et ils en tiraient parti. Le gouverneur, à ses soixante mille livres d'appointement, trouvait moyen chaque année d'en ajouter tout autant par ses rapines. Il nourrissait sa maison aux dépens des prisonniers; il avait réduit leur chauffage, gagnait sur leur vin, sur leur triste mobilier. Chose impie, barbare, il louait à un jardinier le petit jardin de la Bastille, qui couvrait un bastion, et pour ce misérable gain, il avait ôté aux prisonniers cette promenade, ainsi que celle des tours, c'est-à-dire l'air et la lumière.

Cette âme basse et avide avait encore une chose qui lui abaissait le courage: il savait qu'il était connu; les terribles Mémoires de Linguet avaient rendu de Launey illustre en Europe. La Bastille était haïe, mais le gouverneur était personnellement haï. Les cris furieux du peuple, qu'il entendait, il les prenait pour lui-même; il était plein de trouble et de peur.

Les paroles de Thuriot eurent un effet différent sur les Suisses et sur les Français. Les Suisses ne les comprirent pas; leur capitaine, M. de Flue, fut résolu à tenir. Mais l'état-major, mais les invalides furent ébranlés; ces vieux soldats, en rapport habituel avec le peuple du faubourg, n'avaient nulle envie de tirer sur lui. Voilà la garnison divisée; que feront les deux partis? S'ils ne peuvent s'accorder, vont-ils tirer l'un sur l'autre?

Le triste gouverneur, d'un ton apologétique, dit ce qui venait d'être convenu avec la Ville. Il jura et fit jurer à la garnison que, s'ils n'étaient attaqués, ils ne commenceraient pas.

Thuriot ne s'en tint pas là. Il veut monter sur les tours, voir si effectivement les canons sont retirés. De Launey, qui n'en était pas à se repentir de l'avoir déjà laissé pénétrer si loin, refuse; mais ses officiers le pressent, il monte avec Thuriot.

Les canons étaient reculés, masqués, toujours en direction. La vue de cette hauteur de cent quarante pieds était immense, effrayante; les rues, les places, pleines de peuple; tout le jardin de l'arsenal comble d'hommes armés... Mais voilà de l'autre côté une masse noire qui s'avance... C'est le faubourg Saint-Antoine.

Le gouverneur devint pâle. Il prend Thuriot au bras: « Qu'avez-vous fait? vous abusez du titre de parlementaire! vous m'avez trahi! »

Tous deux étaient sur le bord, et de Launey avait une

sentinelle sur la tour. Tout le monde dans la Bastille faisait serment au gouverneur; il était, dans sa forteresse, le roi et la loi. Il pouvait se venger encore...

Mais ce fut au contraire Thuriot qui lui fit peur : « Monsieur, dit-il, un mot de plus, et je vous jure qu'un de nous deux tombera dans le fossé. »

Au moment même, la sentinelle approche, aussi troublée que le gouverneur, et, s'adressant à Thuriot : « De grâce, monsieur, montrez-vous, il n'y a pas de temps à perdre; voilà qu'ils s'avancent... Ne vous voyant pas, il vont attaquer. » Il passa la tête aux créneaux; et le peuple, le voyant en vie, et fièrement monté sur la tour, poussa une immense clameur de joie et d'applaudissement.

Thuriot descendit avec le gouverneur, traversa de nouveau la cour, et parlant encore à la garnison : « Je vais faire mon rapport; j'espère que le peuple ne se refusera pas à fournir une garde bourgeoise qui garde la Bastille avec vous. »

Le peuple s'imaginait entrer dans la Bastille, à la sortie de Thuriot. Quand il le vit partir pour faire son rapport à la Ville, il le prit pour traître et le menaça. L'impatience allait jusqu'à la fureur; la foule prit trois invalides, et voulait les mettre en pièces. Elle s'empara d'une demoiselle qu'elle croyait être la fille du gouverneur, il y en avait qui voulaient la brûler, s'il refusait de se rendre. D'autres l'arrachèrent de leurs mains. « Que deviendront-nous, disaient-ils, si la Bastille n'est pas prise avant la nuit?... » Le gros Santerre, un brasseur que le faubourg s'était donné pour commandant, proposait d'incendier la place en y lançant de l'huile d'œillet et d'aspic, qu'on avait saisie la veille et qu'on enflammerait avec du phosphore. Il envoyait chercher des pompes.

Un charron, ancien soldat, sans s'amuser à ce parlage, se mit bravement à l'œuvre. Il avance, la hache à la main, monte sur le toit d'un petit corps de garde, voisin du premier pont-levis, et, sous une grêle de balles, il travaille paisiblement, coupe, abat les chaînes, fait tomber le pont. La foule passe; elle est dans la cour. On tirait à la fois des tours et des meurtrières qui étaient au bas. Les assaillants tombaient en foule et ne faisaient aucun mal à la garnison. De tous les coups de fusils qu'ils tirèrent tout le jour, deux portèrent: un seul des assiégés fut tué.

Le comité des électeurs, qui déjà voyait arriver les blessés à l'Hôtel de Ville, qui déplorait l'effusion du sang, aurait voulu l'arrêter. Il n'y avait plus qu'un moyen pour cela, c'était de sommer la Bastille au nom de la Ville, et d'y faire entrer la garde bourgeoise. Le prévôt hésitait fort; Fauchet insista; d'autres électeurs pressèrent. Ils allèrent, comme députés; mais, dans le feu et la fumée, ils ne furent pas même vus; ni la Bastille ni le peuple ne cessèrent de tirer. Les députés furent dans le plus grand péril.

Une seconde députation, le procureur de la Ville marchant à la tête, avec un tambour et un drapeau, fut aperçue de la place. Les soldats qui étaient sur les tours arborèrent un drapeau blanc, renversèrent leurs armes. Le peuple cessa de tirer, suivit la députation, entra dans la cour. Arrivés là, ils furent accueillis d'une furieuse décharge qui coucha plusieurs hommes par terre, à côté des députés. Très probablement, les Suisses qui étaient en bas avec de Launey ne tinrent compte des signes que faisaient les invalides.

La rage du peuple fut inexprimable. Depuis le matin, on disait que le gouverneur avait attiré la foule dans la cour pour tirer dessus; ils se crurent trompés deux fois, et résolurent de périr ou de se venger des traîtres. A ceux qui les rappelaient, ils disaient dans leur transport: « Nos cadavres serviront du moins à combler les fossés! » Et ils allèrent obstinément, sans se décourager jamais, contre la fusillade, contre ces tours meurtrières, croyant qu'à force de mourir, ils pourraient les renverser.

Mais alors, et de plus en plus, nombre d'hommes généreux qui n'avaient encore rien fait s'indignèrent d'une lutte tellement inégale qui n'était qu'un assassinat. Ils voulurent en être. Il n'y eut plus moyen de tenir les gardes-françaises; tous prirent parti pour le peuple. Ils allèrent trouver les commandants nommés par la Ville et les obligèrent de leur donner cinq canons. Deux colonnes se formèrent, l'une d'ouvriers et de bourgeois, l'autre de gardes-françaises. La première prit pour son chef un jeune homme d'une taille et d'une force héroïques, Hullin, horloger de Genève, mais devenu domestique, chasseur du marquis de Conflans, le costume hongrois de chasseur fut pris sans doute pour un uniforme; les livrées de la servitude guidèrent le peuple au combat de la liberté. Le chef de l'autre colonne fut Elie, officier de fortune, du régiment de la reine, qui d'abord en habit bourgeois, prit son brillant uniforme, se désignant bravement aux siens et à l'ennemi. Dans ses soldats, il en avait un, admirable de vaillance, de jeunesse, de pureté, l'une des gloires de la France, Marceau, qui se contenta de combattre et ne réclama rien dans l'honneur de la victoire.

Les choses n'étaient guère avancées quand ils arrivèrent. On avait poussé, allumé trois voitures de paille, brûlé les casernes et les cuisines. Et l'on ne savait plus que faire. Le désespoir du peuple retombait sur l'Hôtel de Ville. On accusait le prévôt, les électeurs, on les pressait avec menaces d'ordonner le siège de la Bastille. Jamais on n'en put tirer l'ordre.

Divers moyens bizarres, étranges, étaient proposés aux électeurs pour prendre la forteresse. Un charpentier conseillait un ouvrage de charpenterie, une catapulte romaine pour lancer des pierres contre les murailles. Les commandants de la Ville disaient qu'il fallait attaquer dans les règles, ouvrir la tranchée. Pendant ces longs et vains discours, on apporta, on lut un billet que l'on venait de saisir; Besenval écrivait à de Launey de tenir jusqu'à la dernière extrémité.

Pour sentir le prix du temps, dans cette crise suprême,

Le peuple et les marchands

pour s'expliquer l'effroi du retard, il faut savoir qu'à chaque instant il y avait de fausses alertes. On supposait que la Cour, instruite à deux heures de l'attaque de la Bastille, commencée depuis midi, prendrait ce moment pour lancer sur Paris ses Suisses et ses Allemands. Ceux de l'Ecole militaire passeraient-ils le jour sans agir? Cela n'était pas vraisemblable. Ce que dit Besenval du peu de fonds qu'il pouvait faire sur ses troupes a l'air d'une excuse. Les Suisses se montrèrent très fermes à la Bastille, il y parut au carnage; les dragons allemands avaient tiré plusieurs fois le 12, tué des gardes-françaises; ceux-ci avaient tué des dragons; la haine de corps assurait la fidélité.

Le faubourg Saint-Honoré dépavait, se croyait attaqué de moment en moment; La Villette était dans les mêmes transes, et effectivement un régiment vint l'occuper, mais trop tard.

Toute lenteur semblait trahison. Les tergiversations du prévôt le rendaient suspect, ainsi que les électeurs. La foule indignée sentit qu'elle perdait le temps avec eux. Un vieillard s'écrie: « Amis, que faisons-nous là avec ces traîtres? allons plutôt à la Bastille! » Tout s'écoula; les électeurs stupéfaits se trouvèrent seuls... L'un d'eux sort, et rentrant tout pâle, avec le visage d'un spectre: « Vous n'avez pas dix minutes à vivre, si vous restez... La Grève frémit de rage... Les voilà qui montent... » Ils n'essayèrent pas de fuir, et c'est ce qui les sauva.

Toute la fureur du peuple se concentra sur le prévôt des marchands. Les envoyés des districts venaient successivement lui jeter sa trahison à la face. Une partie des électeurs se voyant compromis devant le peuple, par son imprudence et ses mensonges, tournèrent contre lui, l'accusèrent. D'autres, le bon vieux Dussaulx (le traducteur de Juvénal), l'intrépide Fauchet, essayèrent de le défendre, innocent ou coupable, de le sauver de la mort. Forcé par le peuple de passer du bureau dans la grande salle Saint-Jean, ils l'entourèrent, et Fauchet s'assit à côté de lui. Les affres de la mort étaient sur son visage: « Je le voyais, dit Dussaulx, mâchant sa dernière bouchée de pain, elle lui restait aux dents, et il la garda deux heures sans venir à bout de l'avaler. » Environné de papiers, de lettres, de gens qui venaient lui parler affaires, au milieu des cris de mort, il faisait effort pour répondre avec affabilité. Ceux du Palais-Royal et du district de Saint-Roch étant les plus acharnés, Fauchet y courut pour demander grâce. Le district était assemblé dans l'église de Saint-Roch; deux fois, Fauchet monta en chaire, priant, pleurant, disant les paroles ardentes que son grand cœur pouvait trouver dans cette nécessité; sa robe, toute criblée des balles de la Bastille, était éloquente aussi; elle priait pour le peuple même, pour l'honneur de ce grand jour, pour laisser pur et sans tache le berceau de la liberté.

Le prévôt, les électeurs, restaient à la salle Saint-Jean, entre la vie et la mort, plusieurs fois couchés en joue. Tous ceux qui étaient là, dit Dussaulx, étaient comme des sauvages: parfois, ils écoutaient, regardaient en silence; parfois, un murmure terrible, comme un tonnerre sourd, sortait de la foule. Plusieurs parlaient et criaient, mais la plupart étaient étourdis de la nouveauté du spectacle. Les bruits, les voix, les nouvelles, les alarmes, les lettres saisies, les découvertes vraies ou fausses, tant de secrets révélés, tant d'hommes amenés au tribunal, brouillaient l'esprit et la raison; un des électeurs disait: « N'est-ce pas le Jugement dernier?... » L'étourdissement était arrivé à ce point qu'on avait tout oublié, le prévôt et la Bastille.

Il était cinq heures et demie. Un cri monte de la Grève. Un grand bruit, d'abord lointain, éclate, avance, se rapproche, avec la rapidité, le fracas de la tempête... La Bastille est prise!

Dans cette salle déjà pleine, il entre d'un coup mille hommes, et dix mille poussaient derrière. Les boiseries craquent, les bancs se renversent, la barrière est poussée sur le bureau, le bureau sur le président.

Une foule ivre

Tous armés, de façons bizarres, les uns presque nus, d'autres vêtus de toutes couleurs. Un homme était porté sur les épaules et couronné de lauriers; c'était Elie, toutes les dépouilles et les prisonniers autour. En tête, parmi ce fracas où l'on n'aurait pas entendu la foudre, marchait un jeune homme recueilli et plein de religion; il portait, suspendue et percée de sa baïonnette, une chose impie, trois fois maudite: le règlement de la Bastille.

Les clés aussi étaient portées, ces clés monstrueuses, ignobles, grossières, usées par les siècles et par les douleurs des hommes. Le hasard ou la Providence voulut qu'elles fussent remises à un homme qui ne les connaissait que trop, à un ancien prisonnier. L'Assemblée nationale les plaça dans ses archives, la vieille machine des tyrans à côté des lois qui ont brisé les tyrans. Nous les tenons encore aujourd'hui, ces clés, dans l'armoire de fer des Archives de la France... Ah! puissent, dans l'armoire de fer, venir s'enfermer les clés de toutes les Bastilles du monde!

La Bastille ne fut pas prise, il faut le dire, elle se livra. Sa mauvaise conscience la troubla, la rendit folle et lui fit perdre l'esprit.

Les uns voulaient qu'on se rendît, les autres tiraient, surtout les Suisses qui, cinq heures durant, sans péril, n'ayant nulle chance d'être atteints, désignèrent, visèrent à leur aise, abattirent qui ils voulaient. Ils tuèrent quatre-vingt-trois hommes, en blessèrent quatre-vingt-huit. Vingt des morts étaient de pauvres pères de famille qui laissaient des femmes, des enfants pour mourir de faim.

La honte de cette guerre sans danger, l'horreur de verser le sang français, qui ne touchaient guère les Suisses, finirent par faire tomber les armes des mains des invalides. Les sous-officiers, à quatre heures, prièrent, supplièrent de Launey de finir ces assassinats. Il savait ce qu'il méritait; mourir pour mourir, il eut envie un moment de se faire sauter, idée horriblement féroce: il aurait détruit un tiers de Paris. Ses cent trente-cinq barils de poudre auraient soulevé la Bastille dans les airs, écrasé, enseveli tout le faubourg, tout le Marais, tout le quartier de l'Arsenal... Il prit la mèche d'un canon. Deux sous-officiers empêchèrent le crime, ils croisèrent la baïonnette et lui fermèrent l'accès des poudres. Il fit mine alors de se tuer, et prit un couteau qu'on lui arracha.

Il avait perdu la tête, et ne pouvait donner d'ordre. Quand les gardes-françaises eurent mis leurs canons en batterie, et tiré (selon quelques-uns), le capitaine des Suisses vit bien qu'il fallait traiter; il écrivit, il passa un billet où il demandait à sortir avec les honneurs de la guerre. Refusé. Puis, la vie sauve. Hullin et Elie promirent.

La difficulté était de faire exécuter la promesse. Empêcher une vengeance entassée depuis des siècles, irritée par tant de meurtres que venait de faire la Bastille, qui pouvait cela?... Une autorité qui datait d'une heure, qui venait de la Grève à peine, qui n'était même connue que des deux petites bandes de l'avant-garde, n'était pas suffisante pour contenir cent mille hommes qui suivaient.

La foule était enragée, aveugle, ivre de son danger même. Elle ne tua cependant qu'un seul homme dans la place, elle épargna ses ennemis les Suisses, qu'à leurs sarraux elle prenait pour des domestiques ou des prisonniers; elle blessa, maltraita ses amis les invalides. Elle aurait voulu pouvoir exterminer la Bastille; elle brisa à coups de pierres les deux esclaves du cadran; elle monta aux tours pour insulter les canons; plusieurs s'en prenaient aux pierres, et s'ensanglantaient les mains à les arracher. On alla vite aux cachots délivrer les prisonniers; deux étaient devenus fous. L'un, effarouché du bruit, voulait se mettre en défense; il fut tout surpris quand ceux qui brisèrent sa porte se jetèrent dans ses bras en le mouillant de leurs larmes. Un autre, qui avait une barbe jusqu'à la ceinture, demanda comment se portait Louis XV; il croyait qu'il régnait encore. A ceux qui demandaient son nom il disait qu'il s'appelait le major de l'Immensité.

Mort du gouverneur

Les vainqueurs n'avaient pas fini; ils soutenaient dans la rue Saint-Antoine un autre combat. En avançant vers la Grève, ils rencontraient de proche en proche des foules d'hommes, qui, n'ayant pas pris part au combat, voulaient pourtant faire quelque chose, tout au moins massacrer les prisonniers. L'un fut tué dès la rue des Tournelles, un autre sur le quai. Des femmes suivaient échevelées, qui venaient de reconnaître leurs maris parmi les morts, et elles les laissaient là pour courir aux assassins; l'une d'elles, écumante, demandait à tout le monde qu'on lui donnât un couteau.

De Launey était mené, soutenu, dans ce grand péril, par deux hommes de cœur et d'une force peu commune, Hullin, et un autre. Ce dernier alla jusqu'au Petit-Antoine, et fut arraché de lui par un tourbillon de foule. Hullin ne lâcha pas prise. Conduire son homme de là à la Grève, qui est si près, c'était plus que les douze travaux d'Hercule. Ne sachant plus comment faire, et voyant qu'on ne connaissait de Launey qu'à une chose, que seul il était sans chapeau, il eut l'idée héroïque de lui mettre le sien sur la tête, et dès ce moment reçut les coups qu'on lui destinait. Il passa enfin l'Arcade-Saint-Jean; s'il pouvait lui faire monter le perron, le lancer dans l'escalier, tout était fini. La foule le voyait bien; aussi, de son côté, fit-elle un furieux effort. La force de géant qu'Hullin avait déployée ne lui servit plus ici. Étreint du boa énorme que la masse tourbillonnante serrait et resserrait sur lui, il perdit terre, fut poussé, repoussé, lancé sur la pierre. Il se releva par deux fois. A la seconde, il vit dans l'air, au bout d'une pique, la tête de de Launey.

Une autre scène se passait dans la salle Saint-Jean. Les prisonniers étaient là, en grand danger de mort; on s'acharnait surtout contre trois invalides qu'on croyait avoir été les canonniers de la Bastille. L'un était blessé; le commandant de La Salle, par d'incroyables efforts, en invoquant son titre de commandant, vint à bout de le sauver;

pendant qu'il le menait dehors, les deux autres furent entraînés, accrochés à la lanterne du coin de la Vannerie, en face de l'Hôtel de Ville.

Ce grand mouvement, qui semblait avoir fait oublier Flesselles, fut pourtant ce qui le perdit. Ses implacables accusateurs du Palais-Royal, peu nombreux, mais mécontents de voir la foule occupée de toute autre affaire, se tenaient près du bureau, le menaçaient, le sommaient de les suivre... Il finit par leur céder, soit qu'une si longue attente de la mort lui parût pire que la mort même, soit qu'il espérât échapper dans la préoccupation universelle du grand événement du jour: « Eh bien! messieurs, dit-il, allons au Palais-Royal. » Il n'était pas au quai, qu'un jeune homme lui cassa la tête d'un coup de pistolet.

La masse du peuple accumulé dans la salle ne demandait pas de sang; il le voyait couler avec stupeur, dit un témoin oculaire. Il regardait bouche béante ce prodigieux spectacle, bizarre, étrange à rendre fou. Les armes du Moyen Age, de tous les âges, se mêlaient; les siècles étaient présents. Elie, debout sur une table, le casque en tête, à la main son épée faussée à trois places, semblait un guerrier romain. Il était tout entouré de prisonniers, et priait pour eux. Les gardes-françaises demandaient pour récompense la grâce des prisonniers.

A ce moment on amène, on apporte plutôt, un homme suivi de sa femme; c'était le prince de Montbarry, ancien ministre, arrêté à la barrière. La femme s'évanouit, l'homme est jeté sur le bureau, tenu sous les bras de douze hommes, plié en deux... Le pauvre diable, dans cette étrange attitude, expliqua qu'il n'était plus ministre depuis longtemps, que son fils avait eu grande part à la révolution de sa province... Le commandant de La Salle parlait pour lui, et s'exposait beaucoup lui-même. Cependant on s'adoucit, on lâcha prise un moment. De La Salle, qui était très fort, enleva le malheureux... Ce coup de force plut au peuple et fut applaudi...

Les victimes innocentes

Au moment même, le brave et excellent Elie trouva moyen de finir d'un coup tout procès, tout jugement. Il aperçut les enfants du service de la Bastille, et se mit à crier: « Grâce pour les enfants! grâce! »

Vous auriez vu alors les visages bruns, les mains noircies par la poudre, qui commençaient à se laver de grosses larmes, comme tombent après l'orage les grosses gouttes de pluie... Il ne fut plus question de justice, ni de vengeance. Le tribunal était brisé. Elie avait vaincu les vainqueurs de la Bastille. Ils firent jurer aux prisonniers fidélité à la nation, et les emmenèrent avec eux; les invalides s'en allèrent paisiblement à leur hôtel; les gardes-françaises s'emparèrent des Suisses, les mirent en sûreté dans leurs rangs, les conduisirent à leurs propres casernes, les logèrent et les nourrirent.

Les veuves, chose admirable! se montrèrent aussi magnanimes. Indigentes et chargées d'enfants, elles ne voulurent pas recevoir seules une petite somme qui leur fut distribuée; elles mirent dans le partage la veuve d'un pauvre invalide qui avait empêché la Bastille de sauter, et qui fut tué par méprise. La femme de l'assiégé fut ainsi comme adoptée par celles des assiégeants.

Livre II

14 juillet-6 octobre 1789

CHAPITRE PREMIER

La fausse paix

Versailles, le 14 juillet. Le roi à l'Assemblée, 15 juillet. Deuil et misère de Paris. Députation à l'Assemblée de la ville de Paris, 15 juillet. La fausse paix. Le roi va à Paris, 17 juillet. Première émigration: Artois, Condé, Polignac, etc. Isolement du roi.

L'Assemblée passa toute la journée du 14 entre deux craintes, les violences de la Cour, les violences de Paris, les chances d'une insurrection, peut-être malheureuse, qui tuerait la liberté. On écoutait tous les bruits, on mettait l'oreille à terre, on croyait reconnaître le retentissement d'une canonnade lointaine. Ce mouvement pouvait être le dernier; plusieurs voulaient qu'on posât à la hâte les bases de la Constitution, que l'Assemblée, si elle devait être dispersée, détruite, laissât d'elle ce testament, cette lumière pour guider la résistance.

La Cour organisait l'attaque; peu de choses manquaient pour l'exécution. A deux heures, l'intendant Bertier en ordonnait encore les détails à l'Ecole militaire. Son beau-père, Foulon, sous-ministre de la Guerre, achevait à Versailles les préparatifs. Paris devait, à la nuit, être attaqué de sept côtés à la fois. On discutait en conseil la liste des députés qui seraient enlevés le soir; on proscrivait celui-ci, on exemptait celui-là; M. de Breteuil défendait l'innocence de Bailly. La reine cependant et Mme de Polignac allaient à l'Orangerie animer les troupes, faire donner du vin aux soldats, qui dansaient et formaient des rondes. Pour compléter l'enivrement, la belle des belles emmenait chez elle les officiers, les troublait de liqueurs, de ses douces paroles et de ses regards... Ces aveugles une fois lancés, la nuit aurait été sanglante... On surprit leurs lettres, où ils écrivaient: « Nous marchons à l'ennemi... » Quel ennemi? La loi et la France.

Voilà cependant un tourbillon de poussière sur l'avenue de Paris, c'est un gros de cavaliers, c'est le prince de Lambesc, avec tous ses officiers, qui fuit le peuple de Paris... Mais il trouve celui de Versailles; si l'on n'eût craint de blesser les autres, on aurait tiré sur lui.

M. de Noailles arrive: « La Bastille est prise. » M. de Wimpfen arrive: « Le gouverneur est tué, il a failli être traité comme lui. » Deux envoyés des électeurs viennent enfin, exposent à l'Assemblée l'état affreux de Paris. On s'indigne, on invoque contre la Cour et les ministres la vengeance de Dieu et des hommes... Des têtes! dit Mirabeau; il nous faut M. de Broglie. »

Une députation de l'Assemblée va trouver le roi, et n'en tire que deux paroles équivoques. Il envoie des officiers pour prendre le commandement de la milice bourgeoise... Il ordonne aux troupes du Champ-de-Mars de se replier... Mouvement très bien attendu pour l'attaque générale.

Indignation de l'Assemblée, clameur, envoi d'une seconde députation... « Le cœur du roi est déchiré, mais il ne peut rien de plus. »

Louis XVI, dont on a si souvent déploré la faiblesse, avait ici les apparences d'une fermeté déplorable.

Bertier était venu près de lui; il était dans son cabinet, l'affermissait, lui disait que le mal était peu de chose. Dans le trouble où était Paris, il y avait encore des chances pour la grande attaque du soir. Cependant, on sut bientôt que la ville était sur ses gardes. Elle avait déjà placé des canons sur Montmartre, qui couvraient La Villette, tenaient en respect Saint-Denis.

Parmi les rapports contradictoires, le roi ne donna nul ordre, et, fidèle à ses habitudes, alla se coucher de bonne heure. Le duc de Liancourt qui, par le droit de sa charge, entrait toujours, même de nuit, ne put le voir périr ainsi, dans son apathie et son ignorance. Il entra, il l'éveilla. Il aimait le roi, et il voulait le sauver. Il lui dit son danger, la grandeur du mouvement, son irrésistible force, qu'il devait l'accepter, devancer le duc d'Orléans, se rapprocher de l'Assemblée... Louis XVI, mal éveillé (et qui ne s'éveilla jamais) : « Mais quoi ? c'est donc une révolte ? » — « Sire, c'est une révolution. »

Le roi ne cachait rien à la reine ; on sut tout chez le comte d'Artois. Ses serviteurs eurent grand-peur ; la royauté pouvait se sauver à leurs dépens. Un d'eux, qui connaissait le prince, le prit par son côté sensible, par la peur, lui dit qu'il était proscrit au Palais-Royal, comme Flesselles et de Launey, qu'il pouvait calmer les esprits, en s'unissant au roi dans la démarche populaire qu'imposait la nécessité. Le même homme, qui était député, courut à l'Assemblée (il était minuit), y trouva le bonhomme Bailly qui n'osait aller coucher, et lui demanda, de la part du prince, un discours que le roi pût prononcer le lendemain.

Il y avait quelqu'un, à Versailles, affligé autant que personne. Je parle du duc d'Orléans. Le 12 juillet, son buste avait été porté triomphalement, et puis brutalement cassé. Et tout avait fini là, personne ne s'en était ému. Le 13, quelques-uns parlèrent de lieutenance générale, mais ce peuple était comme sourd, il n'entendait pas, ou ne voulait pas entendre. Le 14, au matin, Mme de Genlis fit la démarche, audacieuse, incroyable, d'envoyer sa Paméla avec un rouge laquais, tout au milieu de l'émeute. Quelqu'un dit : « Que n'est-ce la reine ! » Et ce mot tomba encore... Toutes les petites intrigues furent comme noyées dans ce mouvement immense ; tout misérable intérêt périt dans l'élan de ce jour sacré.

Le pauvre duc d'Orléans alla le matin du 15 au château, au conseil. Mais il resta à la porte. Il attendit, puis écrivit, non pas pour demander la lieutenance générale, non pour offrir sa médiation (comme il était convenu entre lui, Mirabeau et quelques autres), mais pour assurer le roi, en bon et loyal sujet, que si les temps devenaient plus fâcheux, il passerait en Angleterre. Il ne bougea tout le jour de l'Assemblée, de Versailles, le soir alla au château; contre toute accusation de complot, il s'assurait l'*alibi,* il se lavait les mains pour la prise de la Bastille. Mirabeau fut furieux, et dès lors s'éloigna de lui. Il dit (j'adoucis les termes): « C'est un eunuque pour le crime; il voudrait, mais il ne peut! »

L'homme du duc d'Orléans, Sillery-Genlis, pendant que le duc faisait antichambre à la porte du conseil, travaillait à le venger; il lisait, faisait adopter un insidieux projet d'adresse, qui pouvait amoindrir l'effet de la visite du roi, lui ôter la grâce de l'imprévu, glacer d'avance les cœurs: « Venez, sire, Votre Majesté verra la consternation de l'Assemblée, mais elle sera peut-être étonnée de son calme, etc. » Et, en même temps, il annonçait que des farines qui allaient à Paris avaient été arrêtées à Sèvres... « Que sera-ce, si cette nouvelle parvient à la capitale! »

A quoi Mirabeau ajouta une effrayante sortie. S'adressant aux députés que l'on envoyait au roi: « Eh bien! dites au roi que les hordes étrangères dont nous sommes investis ont reçu hier la visite des princes et des princesses, des favoris et des favorites, et leurs caresses, et leurs exhortations, et leurs présents. Dites-lui que, toute la nuit, ces satellites étrangers, gorgés de vin et d'or, ont prédit, dans leurs chants impies, l'asservissement de la France, et que leurs vœux brutaux invoquaient la destruction de l'Assemblée nationale. Dites-lui que, dans son palais même, les courtisans ont mêlé leurs danses au son de cette musique barbare, et que telle fut l'avant-scène de la Saint-Barthélemy!... Dites-lui que ce Henri dont l'univers bénit la mémoire, celui de ses aïeux qu'il affectait de vouloir prendre pour modèle, faisait passer des vivres dans Paris révolté, qu'il assiégeait en personne; et que ses féroces conseillers font rebrousser les farines que le commerce apporte dans Paris affamé et fidèle. »

La députation sortait. Mais voilà que le roi arrive; il entre, sans gardes, avec ses frères. Il fait quelques pas dans la salle, et debout, en face de l'Assemblée, il annonce qu'il a donné ordre aux troupes de s'éloigner *de Paris et de Versailles,* et il invite l'Assemblée à en avertir Paris... Triste aveu que sa parole obtiendra peu de créance, si l'Assemblée n'assure que le roi n'a pas menti!... Il ajouta pourtant un mot plus noble, plus habile: « On a osé publier que vos personnes n'étaient pas en sûreté. Serait-il donc nécessaire de rassurer sur des bruits aussi coupables, démentis d'avance par mon caractère connu? Eh bien! c'est moi qui ne suis qu'un avec la nation, c'est moi qui me fie à vous. »

Eloigner les troupes de Paris et de Versailles, sans indiquer la distance, c'était encore une promesse obscure, équivoque, médiocrement rassurante. Mais l'Assemblée était généralement si alarmée de l'immensité obscure qui s'entrouvrait devant elle, elle avait tant besoin d'ordre, qu'elle se montra crédule, enthousiaste pour le roi, jusqu'à oublier ce qu'elle se devait à elle-même.

Les voilà qui se précipitent tous, le suivent; il retourne à pied. L'Assemblée, le peuple, l'entourent, le pressent; le roi, fort replet, traversant la zone torride de la place d'Armes, n'en pouvait plus; des députés, entre autres le duc d'Orléans, firent la chaîne autour de lui. A l'arrivée, la musique joua l'air: « Où peut-on être mieux qu'au sein de sa famille?... » Famille trop limitée, le peuple n'en était pas; on ferma les portes sur lui. Le roi dit qu'on les rouvrît. Cependant il s'excusa de recevoir les députés qui voulaient le voir encore; il allait à sa chapelle remercier Dieu. La reine parut au balcon avec ses enfants et ceux du comte d'Artois, montrant une joie contrainte, et ne sachant trop que croire d'un enthousiasme si peu mérité.

Versailles nageait dans la joie. Paris, malgré sa victoire, était encore dans l'alarme et dans le deuil. On y enterrait les morts; beaucoup d'entre eux laissaient des familles sans ressource. Ceux qui n'avaient pas de famille, leurs camarades leur rendaient les derniers devoirs. Ils avaient mis un chapeau à côté d'un des morts, et ils disaient aux passants: « Monsieur, pour ce pauvre diable qui s'est fait tuer pour la nation! Madame, pour ce pauvre diable qui s'est fait tuer pour la nation!... Humble et simple oraison funèbre pour des hommes dont la mort donnait la vie à la France...

Tout le monde gardant Paris, personne ne travaillait. Plus d'ouvrage. Peu de subsistance, et chère. L'Hôtel de Ville assurait que Paris avait des vivres pour quinze jours, et il n'en avait pas pour trois. Il fallut ordonner un impôt pour la subsistance des pauvres. Les farines étaient arrêtées par les troupes à Sèvres et à Saint-Denis. Deux nouveaux régiments arrivaient, pendant qu'on promettait le renvoi des troupes. Les hussards venaient reconnaître les barrières. Le bruit courait qu'on avait essayé de surprendre la Bastille. Les alarmes étaient enfin telles qu'à deux heures le comité des électeurs ne put refuser au peuple un ordre pour dépaver Paris.

A deux heures, précisément, un homme arrive, haletant, tout prêt de se trouver mal... Il a couru depuis Sèvres, où les troupes voulaient l'arrêter... Tout est fini, la Révolution est finie, le roi est venu dans l'Assemblée, il a dit: « Je me fie à vous... » Cent députés partent en ce moment de Versailles, envoyés par l'Assemblée à la ville de Paris.

Ces députés s'étaient mis sur-le-champ en route; Bailly ne voulut pas dîner. Les électeurs eurent à peine le temps de courir à leur rencontre, comme ils étaient, en désordre, ne s'étant pas couchés depuis plusieurs nuits. On voulait tirer le canon; il était encore en batterie, on ne put le faire venir. Il n'y en avait pas besoin pour solenniser la fête. Paris était assez beau de son soleil de juillet, de son trouble, de tout ce grand peuple armé. Les cent députés, précédés des gardes-françaises, des Suisses, des officiers de la milice citoyenne, des députés des électeurs, s'avançaient par la rue Saint-Honoré au son des trompettes... Tous les bras étaient tendus vers eux, les cœurs s'élançaient... De toutes les fenêtres les bénédictions, les fleurs pleuvaient, et les larmes...

L'Assemblée nationale et le peuple de Paris, le serment du Jeu de Paume, la prise de la Bastille et la victoire venaient s'embrasser!

Plusieurs députés baisèrent en pleurant les drapeaux des gardes-françaises: « Drapeaux de la patrie! disaient-ils, drapeaux de la liberté! »

Arrivés à l'Hôtel de Ville, on fit asseoir au bureau La Fayette, Bailly, l'archevêque de Paris, Sieyès et Clermont-Tonnerre. La Fayette parla, froidement, sagement, puis Lally-Tollendal avec son entraînement irlandais, ses larmes faciles. C'était à cette même Grève que, trente ans auparavant, l'Ancien Régime avait bâillonné, décapité le père de Lally; son discours, tout attendri, n'était justement qu'une sorte d'amnistie de l'Ancien Régime, amnistie vraiment trop précipitée, lorsqu'il tenait encore Paris tout enveloppé de troupes.

L'attendrissement n'en gagna pas moins dans cette assemblée bourgeoise de l'Hôtel de Ville. « Le plus gras des hommes sensibles, comme on appelait Lally, fut couronné de fleurs, porté plutôt que conduit à la fenêtre, montré à la foule... Résistant tant qu'il pouvait, il mit la couronne sur la tête de Bailly, du premier président qu'ait eu l'Assemblée nationale. Bailly refusait aussi, elle fut retenue, affermie sur sa tête par la main de l'archevêque... Etrange et bizarre spectacle, qui faisait bien ressortir le faux de la situation. Le président du Jeu de Paume fut couronné par la main du prélat qui conseilla le coup d'Etat et qui força Paris à vaincre... La contradiction fut si peu sentie, que l'archevêque ne craignit pas de proposer un *Te Deum,* et que tout le monde le suivit à Notre-Dame... C'était plutôt un *De profundis* qu'il devait dire à ces morts qu'il avait faits.

Malgré l'émotion commune, le peuple resta dans son bon

sens. Il ne souffrit pas volontiers qu'on touchât à sa victoire; cela n'était ni juste, ni utile, il faut le dire; cette victoire n'était pas assez complète pour la sacrifier, l'oublier déjà. L'effet moral en était immense; mais le résultat matériel, faible encore et incertain. Dès la rue Saint-Honoré, la garde citoyenne (alors c'était tout le peuple) amena au-devant des députés, au son de la musique militaire, le garde-française qui, le premier, avait arrêté le gouverneur de la Bastille; il était conduit en triomphe sur la voiture de de Launey, couronné de lauriers, portant la Croix de Saint-Louis, que le peuple arracha au geôlier pour la mettre à son vainqueur... Il ne voulait pas la garder; toutefois, avant de la rendre, en présence des députés, il s'en para bravement, la montrant sur sa poitrine... La foule applaudit, les députés applaudirent, couvrant de leur approbation ce qui s'était fait la veille.

Autre incident, plus clair encore. Dans les discours qu'on fit à l'Hôtel de Ville, M. de Liancourt, bon homme, mais étourdi, dit que le roi *pardonnait* volontiers aux gardes-françaises. Plusieurs d'entre eux étaient là qui s'avancèrent, et l'un d'eux: « Nous n'avons que faire de pardon, dit-il. En servant la nation, nous servons le roi; les intentions qu'il manifeste aujourd'hui prouvent assez à la France que nous seuls peut-être nous avons été fidèles au roi et à la patrie. »

Bailly est proclamé maire, La Fayette commandant de la milice citoyenne. On part pour le *Te Deum*. L'archevêque donnait le bras à ce brave abbé Lefebvre qui avait gardé et distribué les poudres, qui sortait pour la première fois de son antre, et était tout noir encore. Bailly était de même conduit par Hullin, applaudi, pressé de la foule, presque à étouffer. Quatre fusiliers le suivaient; malgré la joie de ce jour et l'honneur inattendu de sa position nouvelle, il ne put s'empêcher de songer « qu'il avait l'air d'un homme qu'on mène en prison... » S'il eût pu mieux prévoir, il aurait dit: « A la mort! »

Qu'était-ce que ce *Te Deum,* sinon un mensonge? Qui pouvait croire que l'archevêque remerciât Dieu de bon cœur pour la prise de la Bastille? Rien n'avait changé, ni les hommes, ni les principes... La Cour était toujours la Cour, l'ennemi toujours l'ennemi.

Ce qui était fait était fait. L'Assemblée nationale, les électeurs de Paris, avec leur toute-puissance, ne pouvaient rien sur le passé. Il y avait eu, le 14 juillet, un vaincu qui était le roi, un vainqueur qui était le peuple. Comment donc défaire cela, faire que cela ne fût point, biffer l'histoire, changer la réalité des événements accomplis, donner le change au roi, au peuple, de sorte que le premier se tînt heureux d'être battu, que l'autre, sans défiance, se remît aux mains d'un maître si cruellement provoqué?

Mounier, racontant le 16 dans l'Assemblée nationale la visite des cent députés à la ville de Paris, fit l'étrange proposition (reprise le lendemain et votée à l'Hôtel de Ville), d'élever une statue à Louis XVI sur la place de la Bastille démolie... Une statue pour une défaite, c'était neuf, original... Le ridicule était sensible; qui pouvait-on tromper ainsi? Faire triompher le vaincu, était-ce vraiment assez pour escamoter la victoire?

L'obstination du roi dans toute la journée du 14 faisait sentir aux plus simples que sa démarche du 15 n'était nullement spontanée. Au moment même où l'Assemblée le ramenait au château, dans ce délire feint ou réel, une femme embrassa ses genoux et ne craignit pas de dire: « Ah! sire, êtes-vous bien sincère? ne vont-ils pas vous faire changer? »

Le peuple de Paris avait les idées les plus sombres. Il ne pouvait croire qu'avec quarante mille hommes autour de Versailles la Cour ne fît rien du tout. Il croyait que la démarche du roi n'était qu'un moyen d'endormir pour attaquer avec plus d'avantage. Il se défiait des électeurs: deux d'entre eux, envoyés le 15 à Versailles, furent ramenés, menacés comme traîtres, en grand péril. Les gardes-françaises craignaient quelque embûche dans leurs casernes, et ne voulaient pas y rentrer. Le peuple s'obstinait à croire que, si la Cour n'osait combattre, elle se vengerait par quelque noir attentat, qu'elle pouvait avoir quelque part une mine pour faire sauter Paris.

La crainte n'était pas ridicule, mais plutôt la confiance. Pourquoi se serait-on rassuré? Les troupes, malgré la promesse, ne s'éloignaient pas. Le baron de Falckenheim, qui commandait à Saint-Denis, disait qu'il n'avait pas d'ordre. On arrêta à la barrière deux de ses officiers qui étaient venus observer. Une chose non moins grave, c'est que le lieutenant de police donnait sa démission, l'intendant Bertier avait fui, et avec lui tous les préposés de l'administration des subsistances. Un jour ou deux de plus, peut-être, la halle était sans farine, le peuple allait à l'Hôtel de Ville demander du pain et la tête des magistrats. Les électeurs envoyèrent plusieurs des leurs chercher des blés à Senlis, à Vernon, jusqu'au Havre même.

Paris attendait le roi. Il croyait que, s'il avait parlé bien franchement et de cœur, il laisserait son Versailles et ses mauvais conseillers, se jetterait dans les bras du peuple. Rien n'eût été plus habile, ni d'un plus grand effet le 15; il devait partir pour Paris en sortant de l'Assemblée, *se confier,* non de parole, mais vraiment et de sa personne, entrer hardiment dans la foule, se confondre à ce peuple armé... L'émotion, si grande encore, tournait tout entière pour lui.

Voilà ce que le peuple attendait, ce qu'il croyait et disait. Il le dit à l'Hôtel de Ville, il le répétait dans les rues. Le roi hésita, consulta, différa d'un jour, et tout fut manqué.

Où le passa-t-il, ce jour irréparable? Le 15 au soir, le 16 au matin, il était enfermé encore avec ces mêmes ministres dont l'audacieuse ineptie avait ensanglanté Paris, ébranlé pour jamais le trône. A ce conseil, la reine voulait fuir, éloigner le roi, le mettre à la tête des troupes, commencer la guerre civile. Mais les troupes étaient-elles sûres? Qu'arriverait-il, si la guerre éclatait dans l'armée même, entre les soldats français et les mercenaires étrangers? Ne valait-il pas mieux louvoyer, gagner du temps, amuser le peuple... Louis XVI, entre ces deux avis, n'en eut aucun, ne voulut rien; il était prêt à suivre indifféremment l'un ou l'autre. La majorité du Conseil fut pour le second parti, et le roi resta.

Un maire de Paris, un commandant de Paris, nommés sans l'aveu du roi par les électeurs, ces places acceptées par des hommes aussi graves que Bailly et La Fayette, les nominations confirmées par l'Assemblée, sans rien demander au roi, ceci n'était plus l'émeute, c'était une révolution, bien et dûment organisée. La Fayette, « ne doutant pas que toutes les communes ne voulussent confier leur défense à des citoyens armés », proposa d'appeler la milice citoyenne *garde nationale* (nom déjà trouvé par Sieyès). Ce nom semblait généraliser, étendre l'armement de Paris à tout le royaume, de même que la cocarde bleue et rouge de la ville, augmentée du blanc, la vieille couleur française, devint celle de la France entière.

Si le roi restait à Versailles, s'il tardait, il hasardait Paris. Les dispositions, de moment en moment, étaient plus hostiles. Les districts étant invités à joindre leurs députés à ceux de l'Hôtel de Ville, pour aller remercier le roi, plusieurs répondirent « qu'il n'y avait pas lieu de remercier encore ».

Ce fut seulement le 16 au soir que Bailly, ayant vu par hasard Vicq-d'Azyr, le médecin de la reine, l'avertit que la Ville de Paris désirait, attendait le roi. Le roi promit, et le soir même écrivit à M. Necker pour l'inviter à revenir.

Le 17, le roi se mit en route à neuf heures, fort sérieux, triste, pâle; il avait entendu la messe, communié, remit à Monsieur sa nomination de lieutenant général, en cas qu'il fût tué ou retenu prisonnier; la reine, dans son absence, écrivit d'une main agitée le discours qu'elle irait prononcer à l'Assemblée, si l'on retenait le roi.

Sans gardes, mais entouré de trois ou quatre cents députés, il arriva à trois heures à la barrière. Le maire lui présentant les clés, dit: « Ce sont les mêmes clés qui ont été présentées à Henri IV; il avait reconquis son peuple, ici le peuple a reconquis son roi. » Ce dernier mot, si vrai, si fort, dont Bailly même ne sentait pas bien la portée, fut applaudi vivement.

La place Louis-XV offrait un cercle de troupes, au centre, en bataillon carré, les gardes-françaises. Le bataillon s'ouvrit, se mit en files, laissant voir dans son sein des canons. (Ceux de la Bastille?) Il prit la tête du cortège, traînant ses canons... et le roi après.

Devant la voiture du roi, allait à cheval, en habit bourgeois, l'épée à la main, la cocarde et le panache au chapeau, le commandant La Fayette. Tout suivait son moindre signe. L'ordre était grand, le silence aussi; pas un cri de « Vive le roi! » De moment en moment, on criait: « Vive la nation! » Du Point-du-Jour à Paris, de la barrière à l'Hôtel de Ville, il y avait deux cent mille hommes sous les armes, trente mille fusils et davantage, cinquante mille piques, et, pour le reste, des lances, des sabres, des épées, des fourches, des faux. Point d'uniformes, mais deux lignes régulières dans toute cette longueur immense, sur trois hommes d'épaisseur, parfois sur quatre ou sur cinq.

Formidable apparition de la nation armée!... Le roi ne pouvait s'y méprendre; ce n'était pas un parti. Tant d'armes, tant d'habits différents, même âme et même silence!

Tous étaient là, tous avaient voulu venir; personne ne manquait à cette revue solennelle. On voyait même des dames armées près de leurs maris, des filles près de leurs pères. Une femme figurait dans les vainqueurs de la Bastille.

Des moines, croyant aussi qu'ils étaient hommes et citoyens, étaient venus prendre leur part de cette grande croisade. Les Mathurins étaient en ligne sous la bannière de leur ordre, devenu le drapeau du district des Mathurins.

Des capucins portaient sur l'épaule l'épée, le mousquet. Les *dames de la place Maubert* avaient mis la révolution de Paris sous la protection de sainte Geneviève, et la veille, offert un tableau où la sainte encourageait l'ange exterminateur à renverser la Bastille, qu'on voyait croulante, avec des couronnes, des sceptres brisés.

On applaudissait deux hommes, Bailly, La Fayette; c'était tout. Les députés marchaient autour de la voiture du roi, l'air triste, agité; il y avait quelque chose de sombre dans cette fête... Ces armes sauvages, ces fourches et ces faux ne charmaient point le regard. Les canons qui dormaient là sur ces places, muets, parés de fleurs, semblaient ne pas bien dormir... Sur tous les semblants de paix planait une image de guerre, claire et significative, les lambeaux déchirés du drapeau de la Bastille.

Le roi descend, et Bailly lui présente la nouvelle cocarde, aux couleurs de la ville, qui devient celle de la France. Il le prie d'accepter « ce signe distinctif des Français ». Le roi la mit à son chapeau, et, séparé de sa suite par la foule, il monta la sombre voûte de l'Hôtel de Ville; sur sa tête, les épées croisées formaient un berceau d'acier; honneur bizarre emprunté aux usages maçonniques, qui semblait à double sens, et qui pouvait faire croire que le roi passait sous les Fourches Caudines.

Il n'y avait nulle intention de déplaire, ni d'humilier. Loin de là, il fut accueilli avec un attendrissement extraordinaire. La grande salle, mêlée de notables et d'hommes de toutes classes, présenta un spectacle étrange; ceux qui étaient au milieu se tenaient à genoux, pour ne pas priver les autres de voir le roi, tous, les mains levées vers le trône, et les yeux remplis de larmes.

Bailly avait, dans son discours, prononcé le mot d'*Alliance* entre le roi et le peuple. Le président des électeurs, Moreau de Saint-Méry (celui qui avait tenu le fauteuil dans les grandes journées, donné trois mille ordres en trente heures) hasarda un mot qui semblait engager le roi: « *Vous venez promettre* à vos sujets que les auteurs de ces conseils désastreux ne vous entoureront plus, que la Vertu, trop longtemps exilée, restera votre appui. » La vertu voulait dire Necker.

Le roi, soit timidité, soit prudence, ne disait rien. Le procureur de la Ville émit la proposition de la statue à élever sur la place de la Bastille; votée à l'unanimité. Puis, Lally, toujours éloquent, mais trop sensible et pleureur, avoua *le chagrin du roi, le besoin qu'il avait de consolation*... C'était le montrer vaincu, au lieu de l'associer à la victoire du peuple sur les ministres qui partaient. « Eh bien! citoyens, êtes-vous satisfaits? Le voilà ce roi, etc. » Ce *Voilà,* trois fois répété, fit l'effet d'une triste paraphrase de l'*Ecce homo*.

Ceux qui faisaient ce rapprochement l'achevèrent, le trouvèrent complet, quand Bailly montra le roi à la fenêtre de l'Hôtel de Ville, la cocarde à son chapeau. Il y resta un quart d'heure, sérieux, silencieux. Au départ, on lui dit tout bas qu'il devrait dire un mot lui-même. Mais on n'en put rien tirer que la confirmation de la garde bourgeoise, du maire et du commandant, et cette trop brève parole: « Vous pouvez toujours compter sur mon amour. »

Les électeurs s'en contentèrent, mais le peuple non. Il s'était imaginé que le roi, quitte de ses mauvais conseillers, venait fraterniser avec la ville de Paris. Mais, quoi! pas un mot, pas un signe!... La foule applaudit cependant au retour; elle semblait avoir besoin d'épancher enfin un sentiment contenu. Toutes les armes étaient renversées en signe de paix. On criait: « Vive le roi! » Il fut porté à sa voiture. Une femme de la halle lui sauta au col. Des hommes armés de bouteilles arrêtèrent ses chevaux, versèrent du vin au cocher, aux valets, burent avec eux à la santé du roi. Il sourit, mais il ne dit rien encore. Le moindre mot de bonté, prononcé à ce moment, eût été répété, célébré avec un effet immense.

Il ne rentra au château qu'à plus de neuf heures du

soir. Sur l'escalier, il trouva la reine et ses enfants en larmes qui vinrent se jeter dans ses bras... Le roi avait donc couru un bien grand danger en allant visiter son peuple! Ce peuple, était-ce l'ennemi?... Et qu'aurait-on fait de plus pour un roi délivré, pour Jean ou François Ier, sortant de Londres ou de Madrid?

Le même jour, vendredi 17, comme pour protester que le roi ne faisait rien, ne disait rien à Paris que par force et par contrainte, son frère le comte d'Artois, les Condé et les Conti, les Polignac, Vaudreuil, Broglie, Lambesc et autres, se sauvèrent de France. Ce ne fut pas sans difficulté. Ils trouvèrent partout l'horreur de leur nom, le peuple soulevé contre eux. Les Polignac et Vaudreuil ne purent échapper qu'en déclamant sur leur route contre Vaudreuil et Polignac.

La conspiration de la Cour aggravée de mille récits populaires, étranges et horribles, avait saisi les imaginations, les avait rendues incurablement soupçonneuses et méfiantes. Versailles, exalté au moins autant que Paris, veillait le château nuit et jour, comme le foyer des trahisons. Il semblait désert, ce palais immense. Beaucoup n'osaient plus y venir. L'aile du nord, celle des Condés, était presque vide; l'aile du midi, celle du comte d'Artois, les sept vastes appartements de Mme de Polignac étaient fermés pour toujours. Plusieurs domestiques du roi auraient voulu quitter leur maître. Il commençaient à avoir d'étranges idées sur lui.

Pendant trois jours, dit Besenval, le roi n'eut guère auprès de lui que M. de Montmorin et moi. Le 19, tout ministre était absent, j'étais entré chez le roi pour lui faire signer l'ordre de donner des chevaux à un colonel qui s'en retournait. Comme je présentais cet ordre, un valet de pied se place entre le roi et moi, pour voir ce qu'il écrivait. Le roi se retourne, aperçoit l'insolent, et se saisit des pincettes. Je l'empêchai de suivre ce mouvement d'une colère très naturelle; il me serra la main pour m'en remercier, et je remarquai des larmes dans ses yeux.

CHAPITRE II

Jugements populaires

Aucun pouvoir n'inspire confiance. Le pouvoir judiciaire a perdu la confiance. Club breton. Avocats, basoche. Danton et Camille Desmoulins. Barbarie des lois, des supplices. Jugement au Palais-Royal. La Grève et la faim. Mort de Foulon et de Bertier. 22 juillet 1789.

La royauté reste seule. Les privilégiés s'exilent ou se soumettent; ils déclarent qu'il voteront désormais dans l'Assemblée nationale, subiront la majorité; isolée et découverte, la royauté apparaît ce que depuis longtemps elle était au fond: un néant.

Ce néant, c'était la vieille foi de la France; et cette foi déçue fait maintenant sa méfiance, son incrédulité; il la rend prodigieusement inquiète et soupçonneuse. Avoir cru, avoir aimé, avoir été depuis un siècle toujours trompé dans cet amour, c'est de quoi ne plus croire à rien.

Où sera la foi maintenant?... On éprouve à cette question un sentiment de terreur et de solitude, comme Louis XVI lui-même au fond de son palais désert. La foi ne sera plus dans aucun pouvoir mortel.

Le pouvoir législatif lui-même, cette Assemblée chère à la France, elle a maintenant le malheur d'avoir absorbé ses ennemis, cinq ou six cents nobles et prêtres, et de les contenir dans son sein. Autre mal, elle a trop vaincu, elle va être maintenant l'autorité, le gouvernement, le roi... Et tout roi est impossible.

Le pouvoir électoral, qui de même s'est trouvé obligé de de se faire gouvernement, en quelques jours il est tué; il le sent, il prie les districts de lui créer un successeur. Au canon de la Bastille, il a frémi, il a douté. Gens de peu de foi?... Perfides? Non. Cette bourgeoisie de 89, nourrie du grand siècle de la philosophie, était certainement moins égoïste que la nôtre. Elle était flottante, incertaine, hardie de principes, timide d'application; elle avait servi si longtemps!

C'est la vertu du pouvoir judiciaire, lorsqu'il reste entier et fort, de suppléer tous les autres; et lui, nul ne le supplée. Il fut le soutien, la ressource de notre ancienne France, dans ses plus terribles crises. Au XIVe siècle, au XVIe, il siégea immuable et ferme, en sorte que, dans la tempête, la patrie, presque perdue, se reconnaissait, se retrouvait toujours au sanctuaire inviolable de la justice civile.

Eh bien! ce pouvoir est brisé.

Brisé de son inconséquence et de ses contradictions. Servile et hardi à la fois, pour le roi et contre le roi, pour le pape et contre le pape, défenseur de la loi et champion du privilège, il parle de liberté et résiste un siècle à tout progrès libéral. Lui aussi, autant que le roi, il a trompé l'espoir du peuple. Quelle joie, quel enthousiasme, quand le Parlement revint de l'exil à l'avènement de Louis XVI! Et c'est pour répondre à cette confiance qu'il s'unit aux privilégiés, arrête toute réforme, fait chasser Turgot! En 1787, le peuple le soutient encore, et, pour l'en récompenser, le Parlement demande que les états généraux soient calqués sur la vieille forme de 1614, c'est-à-dire inutiles, impuissants et dérisoires!

Non, le peuple ne peut se fier au pouvoir judiciaire.

Chose étrange, c'est ce pouvoir, gardien de l'ordre et des lois, qui a commencé l'émeute. Elle s'essaie autour du Parlement, à chaque Lit de justice. Elle est encouragée du sourire du magistrat. Les jeunes conseillers, les d'Esprémenil, les Duport, pleins des souvenirs de la Fronde, ne demandent qu'à copier Broussel et le coadjuteur. La basoche organisée fournit une armée de clercs; elle a son roi, ses jugements, ses prévôts, vieux étudiants, comme était Moreau à Rennes, brillants parleurs et duellistes, comme Barnave à Grenoble. La solennelle défense faite aux clercs de porter l'épée ne les rend que plus belliqueux.

Le premier club fut celui que le conseiller Duport ouvrit chez lui, rue du Chaume, au Marais. Il y réunit les parlementaires les plus avancés, des députés, des avocats, les Bretons surtout. Le club, transporté à Versailles, s'appela *le Club breton*. Revenu à Paris avec l'Assemblée, et changeant de caractère, il s'établit aux Jacobins.

Mirabeau n'alla qu'une fois chez Duport; il appelait Duport, Barnave et Lameth, le *Triumgueusat*. Sieyès y alla aussi et n'y voulut pas retourner: « C'est une politique de caverne, disait-il; ils prennent des attentats pour des expédients. » Il les désigne ailleurs plus durement encore: « On peut se les représenter comme une troupe de polissons méchants toujours en action, criant, intriguant, s'agitant au hasard et sans mesure, puis riant du mal qu'ils avaient fait. On peut leur attribuer la meilleure part dans l'égarement de la Révolution. Heureuse encore la France si les agents subalternes de ces premiers perturbateurs, devenus chefs à leur tour, par un genre d'hérédité ordinaire dans les longues révolutions, avaient renoncé à l'esprit dont ils furent agités si longtemps! »

Ces subalternes dont parle Siyès, qui succédèrent à leurs chefs (et qui leur sont bien supérieurs), furent surtout deux hommes, deux forces révolutionnaires, Camille Desmoulins et Danton. Ces deux hommes, le roi du pamphlet, le foudroyant orateur du Palais-Royal, avant d'être celui de la Convention, nous n'en pouvons parler ici. Ils vont nous suivre, au reste, ils ne nous lâcheront pas. La comédie, la tragédie de la Révolution, sont en eux, ou dans personne.

Ils laisseront leurs maîtres tout à l'heure faire les Jacobins et ils fonderont les *Cordeliers*. Pour le moment, tout est mêlé; le grand club de cent clubs, parmi les cafés, les jeux et les filles, c'est encore le Palais-Royal. C'est là que, le 12 juillet, Desmoulins cria: « Aux armes! » C'est là que, la nuit du 13 au 14, se firent les jugements de Flesselles et de de Launey. Ceux du comte d'Artois, des Condé, des Polignac, leur furent expédiés à eux-mêmes; ils eurent l'étonnant effet, qu'on aurait à peine attendu de plusieurs batailles, de les faire partir de France. De là, une prédilection funeste pour les moyens de terreur, qui avaient si bien réussi. Desmoulins, dans un discours qu'il fait tenir à la lanterne de la Grève, lui fait dire « que les étrangers sont en extase devant elle; qu'ils admirent qu'une lanterne ait fait plus en deux jours que tous leurs héros en cent ans ».

Desmoulins renouvelle avec une verve intarissable la vieille plaisanterie qui remplit tout le Moyen Age sur la potence, la corde, les pendus, etc. Ce supplice hideux, atroce, qui rend l'agonie risible, était le texte ordinaire des contes les plus joyeux, l'amusement du populaire, l'inspiration de la basoche. Celle-ci trouva tout son génie dans Camille Desmoulins. Le jeune avocat picard, très léger d'argent, plus léger de caractère, traînait sans cause au Palais-Royal. Pour être quelque peu bègue, il n'était que plus amusant. Les saillies errantes, sur sa lèvre embarrassée, s'échappaient comme des dards. Il suivait sa verve comique, sans trop s'informer si la tragédie n'allait pas en résulter. Les fameux jugements de la basoche, ces farces judiciaires qui avaient tant amusé l'ancien palais, n'étaient pas plus gais que les jugements du Palais-Royal; la différence est que ceux-ci souvent s'exécutaient en Grève. Chose étrange et qui fait rêver, c'est Desmoulins, ce polisson de génie aux plaisanteries mortelles, c'est ce taureau de Danton qui rugit le meurtre, ce sont eux, dans quatre années, qui périront pour avoir proposé *le comité de la clémence*!

Mirabeau, Duport, les Lameth, bien d'autres plus modérés, approuvaient les violences; plusieurs disent qu'ils les conseillaient. Sieyès, en 88, demandait la mort des ministres. Mirabeau, le 14 juillet, cria: « La tête de Broglie! » Il logeait chez lui Desmoulins. Il marchait volontiers entre Desmoulins et Danton; ennuyé de ses Genevois, il aimait bien mieux ceux-ci, faisait écrire l'un, parler l'autre.

Un homme très modéré, très sage, une tête froide, Target, était intimement lié avec Desmoulins, et donnait son approbation au pamphlet de la Lanterne.

Ceci mérite explication:

Personne ne croyait à la justice, sinon à celle du peuple.

Les légistes spécialement méprisaient la loi, le droit d'alors, en contradiction avec toutes les idées du siècle. Ils connaissaient les tribunaux, et savaient que la Révolution n'avait pas d'adversaires plus passionnés que le Parlement, le Châtelet, les juges en général.

Un tel juge, c'était l'ennemi. Remettre le jugement de l'ennemi à l'ennemi, le charger de décider entre la Révolution et les contre-révolutionnaires, c'était absoudre ceux-ci, les rendre plus fiers et plus forts, les envoyer aux armées commencer la guerre civile. Le pouvaient-ils? Oui, malgré l'élan de Paris et la prise de la Bastille. Ils avaient des troupes étrangères, ils avaient tous les officiers; ils avaient spécialement un corps formidable, qui faisait alors la gloire militaire de la France, les officiers de la marine.

Le peuple seul, dans cette crise rapide, pouvait saisir et frapper des coupables si puissants. « Mais si le peuple se trompe?.. » L'objection n'embarrassait pas les amis de la violence. Ils récriminaient. « Combien de fois, répondaient-ils, le Parlement, le Châtelet, ne se sont-ils pas trompés? » Ils citaient les fameuses méprises des Calas et des Sirven; ils rappelaient le terrible mémoire de Duparty pour trois hommes condamnés à la roue, ce mémoire brûlé par le Parlement, qui ne pouvait y répondre.

Quels jugements populaires, disaient-ils encore, seront jamais plus barbares que les procédures des tribunaux réguliers comme elles sont encore en 89?... Procédures secrètes, faites tout entières sur pièces que l'accusé ne voit pas; les pièces non communiquées, les témoins non confrontés, sauf ce dernier petit moment où l'accusé, sorti à peine de la nuit de son cachot, effaré du jour, vient sur la sellette, répond ou ne répond pas, voit ses juges pendant deux minutes pour s'entendre condamner?... Barbares procédures, jugements plus barbares. On n'ose rappeler Damiens, écartelé, tenaillé, arrosé de plomb fondu... Peu avant la Révolution, on brûla un homme à Strasbourg. Le 11 août 89, le Parlement de Paris, qui meurt lui-même, condamne encore un homme à expirer sur la roue. De tels supplices, qui pour le spectateur même étaient des supplices, troublaient les âmes à fond, les effarouchaient, les rendaient folles, brouillaient toute idée de justice, tournaient la justice à rebours; le coupable qui souffrait tant ne paraissait plus coupable; le coupable, c'était le juge; des montagnes de malédictions s'entassaient sur lui... La sensibilité s'exaltait jusqu'à la fureur, la pitié devenait féroce. L'histoire offre plusieurs exemples de cette sensibilité furieuse qui souvent mettait le peuple hors de tout respect, de toute crainte, et lui faisait rouer, brûler les officiers de justice en place du criminel.

C'est un fait trop peu remarqué, mais qui fait comprendre bien des choses: plusieurs de nos terroristes furent des hommes d'une sensibilité exaltée, maladive, qui ressentirent cruellement les maux du peuple, et dont la pitié tourna en fureur.

Ce remarquable phénomène se présentait principalement chez les hommes nerveux, d'une imagination faible et irritable, chez les artistes en tout genre; l'artiste est un homme-femme. Le peuple, dont les nerfs sont plus forts, suivit cet entraînement; mais jamais, dans les premiers temps, il ne donnait l'impulsion. Les violences partaient du Palais-Royal, où dominaient les bourgeois, les avocats, les artistes et gens de lettres.

La responsabilité même, entre ceux-ci, n'était entière à

personne. Un Camille Desmoulins levait le lièvre, ouvrait la chasse; un Danton la poussait à mort... en paroles, bien entendu. Mais il ne manquait pas de muets pour exécuter, d'hommes pâles et furieux pour porter la chose à la Grève, où elle était poussée par des Dantons inférieurs. Dans la foule misérable qui environnait ceux-ci, il y avait d'étranges figures comme échappées de l'autre monde; des hommes à face de spectres, mais exaltés par la faim, ivres de jeûne, et qui n'étaient plus des hommes. On affirmait que plusieurs, au 20 juillet, ne mangeaient pas depuis trois jours. Parfois, ils se résignaient, mouraient, sans faire mal à personne. Les femme ne se résignaient pas, *elles avaient des enfants*. Elles erraient comme des lionnes. En toute émeute, elles étaient les plus âpres, les plus furieuses; elles poussaient des cris frénétiques, faisaient honte aux hommes de leurs lenteurs; les jugements sommaires de la Grève étaient toujours trop longs pour elles. Elles pendaient tout d'abord.

L'Angleterre a eu en ce siècle la poésie de la faim. Qui donnera son histoire en France?... Terrible histoire au dernier siècle, négligée des historiens, qui ont gardé leur pitié pour les artisans de la famine... J'ai essayé d'y descendre, dans les cercles de cet enfer, guidé de proche en proche par de profonds cris de douleur. J'ai montré la terre de plus en plus stérile, à mesure que le fisc saisit, détruit le bétail, et que la terre, sans engrais, est condamnée à un jeûne perpétuel. J'ai montré comment les nobles, les exempts d'impôts se multipliant, l'impôt allait pesant sur une terre toujours plus pauvre. Je n'ai pas assez montré comment l'aliment devient, par sa rareté même, l'objet d'un trafic éminemment productif. Les profits en sont si clairs que le roi veut aussi en être. Le monde voit avec étonnement un roi qui trafique de la vie de ses sujets, un roi qui spécule sur la disette et la mort, un roi assassin du peuple. La famine n'est plus seulement le résultat des saisons, un phénomène naturel; ce n'est ni la pluie ni la grêle. C'est un fait d'ordre civil: on a faim De par le roi.

Le roi, ici, c'est le système. On eut faim sous Louis XV, on a faim sous Louis XVI.

La famine est alors une science, un art compliqué d'administration, de commerce. Elle a son père et sa mère, le fisc, l'accaparement. Elle engendre une race à part, race bâtarde de fournisseurs, banquiers, financiers, fermiers généraux, intendants, conseillers, ministres. Un mot profond sur l'alliance des spéculateurs et des politiques sortit des entrailles du peuple: Pacte de famine.

Foulon était spéculateur, financier, traitant d'une part, de l'autre membre du Conseil, qui seul jugeait les traitants. Il comptait bien être ministre. Il serait mort de chagrin, si la banqueroute s'était faite par un autre que par lui. Les lauriers de l'abbé Terray ne le laissaient pas dormir. Il avait le tort de prêcher trop haut son système; sa langue travaillait contre lui, et le rendait impossible. La Cour goûtait fort l'idée de ne pas payer, mais elle voulait emprunter, et, pour allécher les prêteurs, il ne fallait pas appeler au ministère l'apôtre de la banqueroute.

On lui attribuait une parole cruelle: « S'ils ont faim, qu'ils broutent l'herbe... Patience! que je sois ministre, je leur ferai manger du foin; mes chevaux en mangent.. » On lui imputait encore ce mot terrible: « Il faut faucher la France.. »

Foulon avait un gendre selon son cœur, un homme capable, mais dur, de l'aveu des royalistes, Bertier, intendant de Paris. Il savait trop bien qu'il était détesté des Parisiens, et fut trop heureux de trouver l'occasion de leur faire la guerre. Avec le vieux Foulon, il était l'âme du ministère de trois jours. Le maréchal de Broglie n'en augurait rien de bon, il obéissait. Mais Foulon, mais Bertier étaient très ardents. Celui-ci montra une activité diabolique à rassembler tout, armes, troupes, à fabriquer des cartouches. Si Paris ne fut point mis à feu et à sang, ce ne fut nullement sa faute.

On s'étonne que des gens si riches, si parfaitement informés, mûrs d'ailleurs et d'expérience, se soient jetés dans ces folies. C'est que les grands spéculateurs financiers participent tous du joueur; ils en ont les tentations. Or, l'affaire la plus lucrative qu'ils pouvaient trouver jamais, c'était d'être ainsi chargés de faire la banqueroute par exécution militaire. Cela était hasardeux. Mais quelle grande affaire sans hasard? on gagne sur la tempête, on gagne sur l'incendie; pourquoi pas sur la guerre et sur la famine? Qui ne risque rien, n'a rien.

La famine et la guerre, je veux dire Foulon et Bertier, qui croyaient tenir Paris, se trouvèrent déconcertés par la prise de la Bastille.

Le soir du 13, Bertier essaya de rassurer Louis XVI; s'il en tirait un petit mot, il pouvait encore lancer ses Allemands sur Paris.

Louis XVI ne dit rien, ne fit rien. Les deux hommes, dès ce moment, sentirent bien qu'ils étaient morts. Bertier s'enfuit vers le nord, filant la nuit d'un lieu à l'autre; il passa quatre nuits sans dormir, sans s'arrêter, et n'alla pas plus loin que Soissons. Foulon n'essaya pas de fuir; d'abord, il fit dire partout qu'il n'avait pas voulu du ministère, puis qu'il était frappé d'une apoplexie, puis il fit le mort. Il s'enterra lui-même magnifiquement (un de ses domestiques venait fort à point de mourir). Cela fait, il alla tout doucement chez son digne ami Sartine, l'ancien lieutenant de police.

Il avait sujet d'avoir peur. Le mouvement était terrible. Remontons un peu plus haut.

Dès le mois de mai, la famine avait chassé des populations entières, les poussait l'une sur l'autre. Caen et Rouen, Orléans, Lyon, Nancy avaient eu des combats à soutenir pour les grains. Marseille avait vu à ses portes une bande de huit mille affamés qui devaient piller ou mourir; toute la ville, malgré le gouvernement, malgré le Parlement d'Aix, avait pris les armes, et restait armée.

Le mouvement se ralentit un moment en juin; la France entière, les yeux fixés sur l'Assemblée, attendait qu'elle vainquît; nul autre espoir de salut. Les plus extrêmes souffrances se turent un moment; une pensée dominait tout...

Qui peut dire la rage, l'horreur de l'espoir trompé, à la nouvelle de renvoi de Necker? Necker n'était pas un politique; il était, comme on a vu, timide, vaniteux, ridicule. Mais dans l'affaire des subsistances, il fut, on lui doit cette justice, il fut administrateur infatigable, ingénieux, plein d'industrie et de ressources. Il s'y montra, ce qui est bien plus, plein de cœur, bon et sensible; personne ne voulant prêter à l'Etat, il emprunta en son nom, il engagea son crédit, jusqu'à deux millions, la moitié de sa fortune. Renvoyé, il ne retira pas sa garantie; il écrivit aux prêteurs qu'il la maintenait. Pour tout dire, s'il ne sut pas gouverner, il nourrit le peuple, le nourrit de son argent.

Le mot Necker, le mot subsistance, cela sonnait du même son à l'oreille du peuple. Renvoi de Necker, et famine, la famine sans espoir et sans remède, voilà ce que sentit la France, au moment du 12 juillet.

Les Bastilles de province, celle de Caen, celle de Bordeaux furent forcées, ou se livrèrent, pendant qu'on prenait celle de Paris. A Rennes, à Saint-Malo, à Strasbourg, les troupes fraternisèrent avec le peuple. A Caen, il y eut lutte entre les soldats. Quelques hommes du régiment d'Artois portaient des insignes patriotiques; ceux du régiment de Bourbon, profitant de ce qu'ils étaient sans armes, les leur arrachèrent. On crut que le major Belsunce les avait payés pour faire cette insulte à leurs camarades. Belsunce était un joli officier et spirituel, mais impertinent, violent, hautain. Il faisait bruit de son mépris pour l'Assemblée nationale, pour le peuple, la canaille; il se promenait dans la ville, armé jusqu'aux dents, avec un domestique d'une mine féroce. Ses regards étaient provocants. Le peuple perdit patience, menaça, assiégea la caserne; un officier eut l'imprudence de tirer; et alors la foule alla chercher du canon; Belsunce se livra ou fut livré pour être conduit en prison; il ne put y arriver; il fut tué à coups de fusils, son corps déchiré; une femme mangea son cœur.

Il y eut du sang à Rouen, à Lyon; à Saint-Germain, un meunier fut décapité; un boulanger accapareur faillit périr à Poissy; il ne fut sauvé que par une députation de l'Assemblée, qui se montra admirable de courage et d'humanité, risqua sa vie, n'emmena l'homme qu'après l'avoir demandé au peuple, à genoux.

Foulon eût peut-être passé ce moment d'orages, s'il n'eût été haï que de toute la France. Son malheur était de l'être de ceux qui le connaissaient le mieux, de ses vassaux et serviteurs. Ils ne le perdaient pas de vue, ils n'avaient pas été dupes du prétendu enterrement. Ils suivirent, il trouvèrent le mort, qui se promenait bien portant dans le parc de M. de Sartine: « Tu voulais nous donner du foin, c'est toi qui en mangeras! » On lui met une botte de foin sur le dos, un bouquet d'orties, un collier de chardons. On le mène à pied à Paris, à l'Hôtel de Ville, on demande son jugement à la seule autorité qui restât, aux électeurs.

Ceux-ci durent alors regretter de n'avoir pas hâté davantage la décision populaire qui allait créer un véritable pouvoir municipal, leur donner des successeurs, et finir leur royauté. Royauté est le mot propre; les gardes françaises ne montaient la garde à Versailles, près du roi, qu'en prenant l'ordre (chose étrange) des électeurs de Paris.

Ce pouvoir illégal, invoqué pour tout, impuissant pour tout, affaibli encore dans son association fortuite avec les anciens échevins, n'ayant pour tête que le bonhomme Bailly, le nouveau maire, n'ayant pour bras que La Fayette, commandant d'une garde nationale qui s'organisait à peine, allait se trouver en face d'une nécessité terrible.

Ils apprirent presque à la fois qu'on avait arrêté Bertier à Compiègne et qu'on amenait Foulon. Pour le premier, ils prirent une responsabilité grave, hardie (la peur l'est parfois), celle de dire aux gens de Compiègne « qu'il

Le peuple et les affameurs

n'existait aucune raison de détenir M. Bertier ». Ceux-ci répondirent qu'il serait alors tué sûrement à Compiègne, qu'on ne pouvait le sauver qu'en l'amenant à Paris.

Quant à Foulon, on décida que désormais les accusés de ce genre seraient déposés à l'Abbaye, et qu'on inscrirait ces mots sur la porte: « Prisonniers mis sous la main de la nation. » Cette mesure générale, prise dans l'intérêt d'un homme, assurait à l'ex-conseiller d'être jugé par ses amis et collègues, les anciens magistrats, seuls juges qui fussent alors.

Tout cela était trop clair; mais aussi fort surveillé par des gens clairvoyants, les procureurs et la basoche, par les rentiers, ennemis du ministre de la banqueroute, par beaucoup d'hommes enfin qui avaient des effets publics et que ruinait la baisse. Un procureur fit passer une note à la charge de Bertier, sur ses dépôts de fusils. La basoche soutenait qu'il avait encore un de ces dépôts chez l'abbesse de Montmartre, et força d'y envoyer. La Grève était pleine d'hommes étrangers au peuple, « *d'un extérieur décent* », quelques-uns fort bien vêtus. La Bourse était à la Grève.

On venait, en même temps, dénoncer à l'Hôtel de Ville un autre financier, Beaumarchais, qui avait volé des papiers à la Bastille. On les lui fit rapporter.

On crut faire taire au moins les pauvres en leur remplissant la bouche; on baissa le prix du pain, au moyen d'un sacrifice de trente mille francs par jour; il fut mis à treize sols et demi les quatre livres (qui en vaudraient vingt d'aujourd'hui).

La Grève n'en criait pas moins. A deux heures, Bailly descend, tous lui demandent justice. « Il exposa les principes », et fit quelque impression sur ceux qui pouvaient l'entendre. Les autres criaient: « Pendu! pendu! » Bailly alla prudemment s'enfermer au bureau des subsistances. La garde était forte, dit-il, mais M. de La Fayette, qui comptait sur son ascendant, eut l'imprudence de la diminuer.

La foule était dans une terrible inquiétude que Foulon ne se sauvât. On le leur montra à une fenêtre; ils n'en forcèrent pas moins les portes; il fallut l'asseoir sur une chaise devant le bureau dans la salle Saint-Jean. Là, on recommença à les prêcher, à « leur exposer les principes », qu'il devait être jugé... « Jugé de suite, et pendu! » dit la foule. Elle nomma sur-le-champ des juges, entre autres deux curés qui refusèrent... Mais place! voici M. de La Fayette qui arrive. Il parle à son tour, avoue que Foulon est un *scélérat,* mais dit qu'il faut connaître ses complices. « Qu'on le mène à l'Abbaye! » Les premiers rangs qui entendent consentent, les autres, non. « Vous vous moquez du monde, dit un homme bien vêtu; faut-il du temps pour juger un homme qui est jugé depuis trente ans? » En même temps, un cri s'élève, une foule nouvelle pénètre; les uns disent: « C'est le faubourg! » les autres: « C'est le Palais-Royal! » Foulon est enlevé, porté à la lanterne d'en face; on lui fait demander pardon à la nation. Puis hissé... Par deux fois la corde casse. On persiste, on en va chercher une neuve. Pendu enfin, décapité, la tête portée dans Paris.

Cependant, Bertier arrivait par la Porte Saint-Martin, à travers le plus épouvantable rassemblement qu'on ait vu jamais; on le suivait depuis vingt lieues. Il était venu dans un cabriolet, dont on avait brisé l'impériale afin de le voir. Près de lui, un électeur, Etienne de la Rivière, qui vingt fois faillit périr en le défendant, et le couvrit de son corps. Des enragés dansaient devant; d'autres lui jetaient du pain noir dans la voiture: « Tiens, brigand, voilà le pain que tu nous faisais manger! » Ce qui exaspérait aussi toute la population des environs de Paris, c'est qu'au milieu de la disette, la nombreuse cavalerie, rassemblée par Bertier et Foulon, avait détruit, mangé en vert une grande quantité de jeune blé. On attribuait ces dégâts aux ordres de l'intendant, à une ferme résolution d'empêcher toute récolte et de faire mourir le peuple.

Pour orner ce terrible triomphe de la mort, on portait

devant Bertier, comme aux triomphes romains, des inscriptions à sa gloire: « Il a volé le roi et la France. — Il a dévoré la substance du peuple. — Il a été l'esclave des riches, et le tyran des pauvres. — Il a bu le sang de la veuve et de l'orphelin. — Il a trompé le roi. — Il a trahi sa patrie... »

On eut la barbarie, à la fontaine Maubuée, de lui montrer la tête de Foulon, livide et du foin dans la bouche. A cette vue, ses yeux devinrent ternes, il pâlit et il sourit.

On força Bailly, à l'Hôtel de Ville, de l'interroger. Bertier allégua des ordres supérieurs, ceux du ministre. Le ministre était son beau-père, c'était la même personne... Au reste, si la salle Saint-Jean écoutait un peu, la Grève n'écoutait pas, n'entendait pas; les cris étaient si affreux que le maire et les électeurs se troublaient de plus en plus. Un flot tout nouveau de foule ayant percé la foule même, il n'y eut plus moyen de tenir. Le maire, sur l'avis du bureau dit: « A l'Abbaye! » ajoutant que la garde répondait du prisonnier. Elle ne put le défendre, mais lui, il se défendit, il empoigna un fusil... Cent baïonnettes le percèrent; un dragon, qui lui imputait la mort de son père, lui arracha le cœur et l'alla montrer à l'Hôtel de Ville.

Ceux qui avaient observé, des fenêtres, dans la Grève, l'habileté des meneurs à pousser, échauffer les groupes, crurent que les complices de Bertier avaient bien pris leurs mesures pour qu'il n'eût pas le temps de faire des révélations. Lui seul, peut-être, avait la vraie pensée du parti. Dans son portefeuille, on trouva le signalement de beaucoup d'amis de la liberté, qui, sans doute, n'avaient rien de bon à attendre si la Cour avait vaincu.

Quoi qu'il en soit, un grand nombre des camarades du dragon lui déclarèrent qu'ayant déshonoré le corps, il devait mourir et que tous, ils se battraient contre lui jusqu'à ce qu'il fût tué. Il le fut dès le soir même.

CHAPITRE III

La France armée

Embarras de l'Assemblée. Elle invite à la confiance, 23 juillet. Défiances du peuple, craintes de Paris, alarmes des provinces. Complot de Brest; la Cour compromise par l'ambassadeur d'Angleterre, 27 juillet. Fureur des nobles et anoblis; menaces et complots. Terreur des campagnes. Le paysan prend les armes contre les brigands; il brûle les chartes féodales, incendie plusieurs châteaux.
Juillet-août 1789.

Les vampires de l'ancien régime, dont la vie avait fait tant de mal à la France, en firent encore plus par leur mort.

Ces gens que Mirabeau nommait si bien « le rebut du mépris public », sont comme réhabilités par le supplice. La potence est pour eux l'apothéose. Les voilà devenus d'intéressantes victimes, les martyrs de la monarchie; leur légende ira s'augmentant de fictions pathétiques. M. Burke va tout à l'heure les canoniser et prier sur leur tombeau.

Les violences de Paris, celles dont les provinces furent en même temps le théâtre, placèrent l'Assemblée nationale dans une situation difficile dont elle ne pouvait bien sortir.

Si elle ne faisait rien, elle semblait encourager le désordre, autoriser l'assassinat; elle fournissait un texte aux calomnies éternelles.

Si elle essayait de remédier au désordre, de relever l'autorité, elle rendait, au roi? non, mais à la reine, à la Cour, l'épée que le peuple avait brisée dans leurs mains.

Dans l'une ou l'autre hypothèse, l'arbitraire et le bon plaisir allaient être rétablis, pour la vieille royauté ou la royauté de la rue... On démolit en ce moment l'odieux symbole de l'arbitraire, la Bastille, et voilà qu'un autre arbitraire, une Bastille se relève... L'Anglais se frotte ici les mains, il remercie la Lanterne: « Grâce à Dieu, dit-il, la Bastille ne disparaîtra jamais. »

Qu'auriez-vous fait? Dites-le, officieux conseillers, nos amis les ennemis, sages de l'aristocratie européenne, qui si soigneusement arrosez de calomnies la haine que vous avez plantée... Assis à votre aise sur le cadavre de l'Irlande, de l'Italie, de la Pologne, veuillez nous répondre; nos révolutions d'intérêts n'ont-elles pas coûté plus de sang que nos révolutions d'idées?...

Qu'auriez-vous fait? Sans nul doute ce que, la veille et le lendemain du 22 juillet, conseillaient Lally-Tollendal, Mounier, Malouet; ils voulaient, pour rétablir l'ordre, qu'on rendît le pouvoir au roi; Lally se confiait tout à fait aux vertus du roi, Malouet voulait qu'on priât le roi d'user de sa puissance, de prêter main-forte au pouvoir municipal. Le roi aurait armé, et le peuple non; point de garde nationale... Le peuple se plaint; et bien! qu'il s'adresse au Parlement, au procureur général. N'avons-nous pas des magistrats?

Foulon était magistrat. Malouet renvoyait Foulon au tribunal de Foulon.

On doit, disait-on très bien, réprimer les troubles.

Seulement, il fallait s'entendre... Ce mot comprenait bien des choses:

Des vols, d'autres crimes ordinaires, des pillages de gens affamés, des meurtres d'accapareurs, des justices irrégulières sur les ennemis du peuple, la résistance à leurs complots, la résistance légale, la résistance à main armée... Tout cela sous le mot *troubles*... Voulait-on y appliquer une répression égale? Si l'on chargeait l'autorité royale de réprimer les troubles, le plus grand pour elle, à coup sûr, c'était d'avoir pris la Bastille, elle aurait puni celui-là d'abord.

C'est ce que répondirent Buzot et Robespierre, le 20 juillet, deux jours avant la mort de Foulon. C'est ce que Mirabeau, même après l'événement, dit dans son journal. Il expliqua ce malheur à l'Assemblée par sa véritable cause, l'absence de toute autorité à Paris, l'impuissance des électeurs, qui, sans délégation légitime, continuaient d'exercer les fonctions municipales. Il voulait que les municipalités s'organisassent, prissent la force, se chargeassent du maintien de l'ordre. Quel autre moyen en effet que de fortifier le pouvoir local, quand le pouvoir central était si justement suspect?

Barnave dit qu'il fallait trois choses: des municipalités bien organisées, des gardes bourgeoises et une justice légale qui pût rassurer le peuple.

Quelle serait cette justice?

Un député suppléant, Dufresnoy, envoyé par un district de Paris, demandait soixante jurés, pris dans les soixante districts. Cette proposition, appuyée par Pétion, était modifiée par un autre député qui voulait, aux jurés, associer des magistrats.

L'Assemblée ne décida rien. A une heure après minuit, de guerre lasse, elle adopta une proclamation dans laquelle elle réclamait la poursuite des crimes de lèse-nation, *se réservant d'indiquer dans la constitution le tribunal qui jugerait...* C'était remettre à longtemps... Elle invitait à la paix, sur le motif que le roi avait acquis plus de droits *que jamais à la confiance* du peuple, qu'il existait un *concert parfait,* etc.

Confiance! et jamais plus il n'y eut de confiance!

Au moment même où l'Assemblée parlait de confiance, une triste lumière avait lui; on voyait de nouveaux périls.

L'Assemblée avait eu tort; le peuple avait eu raison.

Quelque envie qu'on eût de se tromper, de croire tout fini, le bon sens disait que l'ancien régime, vaincu, voudrait prendre sa revanche. Un pouvoir qui avait, depuis des siècles, toutes les forces du pays dans ses mains, administration, finances, armées, tribunaux, qui avait encore partout ses agents, ses officiers, ses juges, sans aucun changement, et, pour partisans forcés, deux ou trois cent mille nobles ou prêtres, propriétaires d'une moitié ou des deux tiers du royaume, ce pouvoir immense, multiple, qui couvrait la France, pouvait-il mourir comme un homme, d'un seul coup, en une fois? était-il tombé roide mort sous une balle de juillet? C'est ce qu'on n'aurait pas pu faire croire au plus simple des enfants.

Il n'était pas mort. Il avait été frappé, blessé; moralement il était mort; physiquement il ne l'était pas. Il pouvait ressusciter... Comment le revenant apparaîtrait-il, c'était toute la question que le peuple s'adressait; c'était celle qui lui troublait l'imagination... Le bon sens prit ici mille formes de superstitions populaires.

Tout le monde allait voir la Bastille; tous regardaient avec terreur la prodigieuse échelle de cordes par laquelle Latude descendit des tours. On visitait ces tours sinistres, ces cachots noirs, profonds, fétides, où le prisonnier, au niveau des égouts, vivait assiégé, menacé des crapauds, des rats, de toutes les bêtes immondes.

On trouva sous un escalier deux squelettes, avec une chaîne, un boulet, que sans doute traînait l'un des deux infortunés. Ces morts indiquaient un crime. Car jamais les prisonniers n'étaient enterrés dans la forteresse; on les portait la nuit au cimetière de Saint-Paul, l'église des Jésuites (confesseurs de la Bastille), ils y étaient enterrés sous des noms de domestiques, de sorte qu'on ne sût jamais s'ils étaient morts ou vivants. Pour ces deux, les ouvriers qui les trouvèrent leur donnèrent la seule réparation que ces morts pouvaient recevoir; douze d'entre eux, armés de leurs outils, portant le poêle avec respect, les menèrent et les inhumèrent à la paroisse honorablement.

On espérait faire d'autres découvertes dans cette vieille caverne des rois. L'humanité outragée se vengeait; on jouissait d'un sentiment mêlé de haine et de peur, de curiosité... Curiosité insatiable, qui, lorsqu'on avait tout vu, cherchait et fouillait encore, voulait pénétrer plus loin, soupçonnait quelque autre chose, sous les prisons rêvait des prisons, des cachots sous les cachots au plus profond de la terre.

Les imaginations étaient vraiment malades de cette Bastille... Tant de siècles, de générations de prisonniers qui s'étaient succédé là, ces cœurs brisés de désespoir, ces larmes de rage, ces fronts heurtés contre la pierre... Quoi! rien n'avait laissé trace! A peine, à peine, quelque pauvre inscription, gravée d'un clou, illisible... Cruelle envie du temps, complice de la tyrannie qui s'est accordée avec elle pour effacer les victimes!

On ne pouvait rien voir, mais on écoutait... Il y avait certainement des bruits, des gémissements, d'étranges soupirs. Etait-ce imagination? mais tout le monde entendait... Fallait-il croire que des malheureux fussent encore ensevelis au fond de quelque oubliette, connue du gouverneur seul, qui avait péri? Le district de l'île Saint-Louis, d'autres encore, demandaient qu'on recherchât la cause de ces voix lamentables. Une fois, et deux, et plusieurs, le peuple revenait à la charge; quelque enquête que l'on fît, il ne prenait pas son parti; il était plein de trouble, d'inquiétude pour ces infortunés, peut-être enterrés vivants.

Et si ce n'était pas des prisonniers, n'était-ce pas des ennemis? n'y avait-il pas, sous le faubourg, quelque communication des souterrains de la Bastille aux souterrains de Vincennes?... Du donjon à l'autre donjon, ne pouvait-on faire passer des poudres, exécuter ce que de Launey avait eu l'idée de faire, lancer la Bastille dans les airs, renverser, écraser le faubourg de la liberté?

On fit des recherches publiques, une enquête solennelle et authentique pour rassurer les esprits. L'imagination alors transporta son rêve ailleurs. Elle plaça sa mine, et sa peur, de l'autre côté de Paris, dans ces cavités immenses d'où nos monuments sont sortis, aux abîmes d'où l'on a tiré le Louvre, Notre-Dame et autres églises. En 1786, on y avait versé, sans qu'il y parût (tant ces souterrains sont vastes), tout Paris mort depuis mille ans, une terrible masses de morts qui, pendant cette année, allait la nuit dans les chars de deuil, le clergé en tête, chercher, des Innocents à la Tombe-Issoire, le repos définitif et l'oubli complet.

Ces morts appelaient les autres, et c'était sans doute là qu'un volcan se préparait; la mine, du Panthéon au ciel, allait soulever Paris, et, le laissant retomber, confondrait, brisés, sans forme, les vivants avec les morts, le pêle-mêle des chairs palpitantes, des cadavres et des ossements.

Ces moyens d'extermination ne semblaient pas nécessaires; la famine suffisait. Après une mauvaise année, venait une année mauvaise; le peu de blé qui avait levé autour de Paris fut foulé, gâté, mangé par la cavalerie nombreuse qu'on avait rassemblée. Et même sans cavaliers, le blé s'en allait. On voyait ou on croyait voir des bandes armées qui venaient la nuit couper le blé vert. Foulon, tout mort qu'il était, semblait revenir exprès pour faire à la lettre ce qu'il avait dit: « Faucher la France. » Faucher le blé vert, le détruire, la seconde année de famine, c'était aussi faucher les hommes.

La terreur allait s'étendant; les courriers, répétant ces bruits, la portaient chaque jour d'un bout du royaume à l'autre. Ils n'avaient pas vu les brigands, mais d'autres les avaient vus; ils étaient ici et là, ils étaient en route, nombreux, armés jusqu'aux dents; ils arriveraient la nuit probablement, ou demain sans faute. En plein jour, à tel endroit, ils avaient coupé les blés; c'est ce que la Municipalité de Soissons écrivait éperdue à l'Assemblée nationale, en demandant du secours; toute une armée de brigands marchait sur cette ville. On chercha; ils avaient disparu dans les fumées du soir ou les fumées du matin.

Ce qui était plus réel, c'est qu'à cet affreux fléau de la faim, quelques-uns avaient eu l'idée d'en joindre un autre, qui fait frissonner, quand on songe aux cent années de guerre qui, dans le XIVe, le XVe siècle, firent un cimetière de notre malheureux pays. Ils voulaient amener les Anglais en France. La chose a été contestée; pourquoi? elle est infiniment vraisemblable, puisqu'elle a été sollicitée plus tard, tentée, manquée, à Quiberon.

Mais cette fois il s'agissait, non pas d'amener leur flotte sur une plage difficile, sans défense et sans ressources, mais bien de les établir dans une bonne place défendable, de leur mettre en main l'arsenal naval où la France, un siècle durant, a entassé ses millions, ses travaux, tout son effort... La pointe, la proue du grand vaisseau national, l'écueil du vaisseau britannique... Il s'agissait de livrer Brest.

Depuis que la France avait aidé à la délivrance de l'Amérique, divisé l'Empire anglais, l'Angleterre souhaitait non son malheur, mais sa ruine et destruction complète, qu'une forte marée d'automne soulevât l'Océan de son lit et couvrît d'une belle nappe tout ce qu'il y a de terre de Calais aux Vosges, aux Pyrénées et aux Alpes.

Cependant, il y avait une chose plus belle à voir, c'était que cette mer nouvelle fût de sang, du sang de la France, tirée par elle de ses veines, qu'elle s'égorgeât elle-même et s'arrachât les entrailles.

A cela, le complot de Brest était un bon commencement. Seulement, il était à craindre que l'Angleterre, donnant la main aux scélérats qui lui vendaient leur pays, n'unît toute la France contre elle, qu'elle ne nous réconciliât dans une indignation commune, qu'il n'y eût plus de parti...

Une autre cause eût suffi pour retenir le Gouvernement anglais: c'est que, dans le premier moment, l'Angleterre, malgré sa haine, souriait à notre révolution. Elle n'en soupçonnait aucunement la portée; dans ce grand mouvement français et européen qui n'est pas moins que l'avènement du droit éternel, elle croyait voir une imitation de sa petite révolution insulaire et égoïste du XVIIe siècle. Elle applaudissait la France, comme une mère encourage l'enfant qui tâche de marcher derrière elle. Etrange mère qui ne savait pas bien au fond si elle désirait que l'enfant marchât ou se rompît le col.

Donc, l'Angleterre résista à la tentation de Brest. Elle fut vertueuse et révéla la chose aux ministres de Louis XVI, sans dire le nom des personnes. Dans cette demi-révélation elle trouvait un avantage immense, celui de brouiller la France, de porter au comble la défiance et les soupçons, d'avoir une prise terrible sur ce faible gouvernement, de prendre hypothèque sur lui. Il y avait à parier qu'il ne rechercherait pas sérieusement le complot, craignant de trop bien trouver, de frapper sur ses amis. Et, s'il ne recherchait rien, s'il gardait ce secret pour lui, l'Anglais était toujours à même de le faire éclater, cet affreux secret. Il tenait cette épée suspendue sur la tête de Louis XVI.

Dorset, l'ambassadeur anglais, était un homme agréable; il ne bougeait pas de Versailles; plusieurs croyaient qu'il avait plu à la reine et qu'il avait eu son tour. Cela n'empêcha pas qu'après la prise de la Bastille, sondant la profondeur du coup que le roi avait reçu, il ne saisît l'occasion de le perdre autant qu'il était en lui.

Une lettre assez équivoque de Dorset au comte d'Artois ayant été saisie par hasard, il écrivit au ministre qu'on le soupçonnait à tort d'avoir influé en rien sur les troubles de Paris. « Loin de là, ajoutait-il doucement, Votre Excellence sait bien l'empressement que j'ai mis à lui faire connaître l'affreux complot de Brest *au commencement de juin,* l'horreur qu'il inspirait à ma cour et l'assurance nouvelle de son attachement sincère pour le roi et la nation... » Et il priait le ministre de communiquer sa lettre à l'Assemblée nationale.

Autrement dit, il le priait de se mettre la corde au cou. Sa lettre, *du 26 juillet,* constatait, mettait en lumière que la Cour, deux mois entiers, avait gardé le secret, sans agir et sans poursuivre, réservant apparemment ce complot comme un *en-cas* de guerre civile, une arme dernière, le *poignard de miséricorde,* comme disait le Moyen Age, que l'homme gardait toujours, afin que l'épée brisée, vaincu, terrassé, il pût, en demandant grâce, assassiner son vainqueur.

Le ministre Montmorin, traîné par l'Anglais au grand jour, à l'Assemblée nationale, n'eut à donner qu'une assez pauvre explication, à savoir que, n'ayant pas le nom des coupables, on n'avait pas pu poursuivre. L'Assemblée n'insista pas: mais le coup était porté et n'en fut que plus profond. La France entière le sentit.

L'affirmation de Dorset, qu'on eût pu croire mensongère, une fiction, un brandon que nos ennemis jetaient au hasard, parut confirmée par l'imprudence des officiers de la garnison de Brest, qui, sur la nouvelle de la prise de la Bastille, firent la démonstration de se retrancher au château, la menace de traiter militairement la ville si elle bougeait. C'est ce qu'elle fit à l'instant; elle prit les armes, s'empara de la garde du port. Les soldats, les marins, travaillés en vain par leurs officiers, qui leur donnaient de l'argent, se rangèrent du côté du peuple. Le noble corps de la marine était fort aristocrate, mais nullement Anglais, à coup sûr. Les soupçons ne s'étendirent pas moins sur eux, et, d'autre part, sur la noblesse de Bretagne. Celle-ci s'indigna en vain, en vain protesta de sa loyauté.

L'irritation, portée au comble, faisait croire aux plus noirs complots. La longue obstination de la noblesse à rester séparée du tiers dans les états généraux, l'amère, l'âcre polémique qui s'était élevée à cette occasion dans les villes, grandes et petites, dans les villages et hameaux, souvent dans la même maison, avaient inculqué au peuple une idée ineffaçable, que le noble c'était l'ennemi.

Une partie considérable de la haute noblesse, illustre, historique, fit ce qu'il fallait pour prouver que cette idée était fausse, craignant peu la Révolution, et croyant que, quoi qu'elle fît, elle ne tuerait pas l'histoire. Mais les autres et les plus petits, moins rassurés sur leur rang, plus vaniteux ou plus francs, blessés aussi chaque jour par l'élan nouveau du peuple qu'ils voyaient de bien plus près, qui les serrait davantage, se déclaraient hardiment ennemis de la Révolution.

Les anoblis, les parlementaires, étaient les plus furieux; les magistrats étaient devenus plus guerriers que les militaires, ils ne parlaient que de combats, juraient mort, sang et ruine. Ceux d'entre eux qui jusque-là avaient été l'avant-garde de la résistance aux volontés de la Cour, qui avaient savouré le plus la popularité, l'amour, l'enthousiasme public, étaient étonnés, indignés de se voir tout à coup indifférents ou haïs. Ils haïssaient, et sans bornes... Ils cherchaient souvent la cause de ce changement, si prompt dans l'artificieuse machination de leurs ennemis personnels, et les haines politiques s'envenimaient encore de vieilles haines de familles. A Quimper, un Kersalaun, membre du Parlement de Bretagne, ami de la Chalotais, naguère ardent champion de l'opposition parlementaire, puis tout à coup royaliste, aristocrate encore plus ardent, se promenait gravement au milieu des huées du peuple, qui pourtant n'osait le toucher, et, nommant ses ennemis tout haut, disait avec gravité: « Je les jugerai sous peu, et laverai mes mains dans leur sang. »

Un de ces parlementaires, seigneur en Franche-Comté, M. Memmay de Quincey, ne s'en tint pas à la menace. Ulcéré probablement par des haines de voisinage, l'esprit troublé de fureur, entraîné peut-être aussi par cette pente à l'imitation qui fait qu'un crime célèbre engendre bien souvent des crimes, il réalisa précisément ce que de Launey avait voulu faire, ce que le peuple de Paris croyait encore avoir à craindre. Il fit savoir à Vesoul, et dans les alentours, qu'en réjouissance de la bonne nouvelle, il donnerait une fête et traiterait à table ouverte. Paysans, bourgeois, soldats, tous arrivent, boivent, dansent... La terre s'ouvre, une mine éclate, lance, brise, tue au hasard; le sol est jonché de membres sanglants... Le tout attesté par le curé, qui confessa quelques blessés qui survivaient, attesté par la gendarmerie, apporté le 25 juillet à l'Assemblée nationale. L'Assemblée, indignée, obtint du roi qu'on écrirait à toutes les puissances pour demander l'extradition des coupables.

L'opinion s'étendait, s'affermissait, que les brigands qui coupaient les blés pour faire mourir de faim le peuple n'étaient point des étrangers, comme on l'avait pensé d'abord, point Italiens, point Espagnols, comme Marseille le croyait en mai, mais des ennemis français de la France, de furieux ennemis de la Révolution, leurs agents, leurs domestiques, des bandes soldées par eux.

La terreur en augmenta, chacun croyant avoir près de soi des démons exterminateurs. Le matin, on courait au champ voir s'il n'était pas dévasté. Le soir, on s'inquiétait, craignant de brûler dans la nuit... Au nom des brigands, les mères serraient, cachaient leurs enfants.

Où donc était cette protection royale sur la foi de laquelle le peuple avait si longtemps dormi? Cette vieille tutelle qui le rassurait si bien qu'il en était resté mineur, qu'il avait en quelque sorte grandi sans cesser d'être enfant? On commençait à sentir que, quelque homme que fût Louis XVI, la royauté était l'intime amie de l'ennemi.

Les troupes du roi qui, en d'autres temps, eussent paru une protection, étaient justement ce qui faisait peur. Qui voyait-on à leur tête? Les plus insolents des nobles, ceux qui cachaient le moins leur haine. Ils animaient, payaient au besoin le soldat contre le peuple, enivraient leurs Allemands; ils semblaient préparer un coup.

L'homme devait compter sur soi, sur nul autre. Dans cette absence complète d'autorité et de protection publique, son devoir de père de famille le constituait défenseur des siens. Il devenait, dans sa maison, le magistrat, le roi, la loi et l'épée pour exécuter la loi, conformément au vieux proverbe: « Pauvre homme en sa maison *roi* est. »

La main de justice, l'épée de justice, pour ce roi, c'est ce qu'il a, sa faux, au défaut de fusil, son hoyau, sa fourche de fer... Viennent maintenant les brigands!... Mais il ne les attend pas. Voisins et voisins, village et village armés, ils vont voir dans la campagne si ces scélérats oseront venir... On avance, on voit une troupe... Ne tirez pas cependant... Ce sont les gens d'un autre village, amis et parents, qui cherchent aussi...

La France fut armée en huit jours. L'Assemblée nationale apprit coup sur coup les progrès miraculeux de cette révolution, elle se vit en un moment à la tête de l'armée la plus nombreuse qui fut depuis les croisades. Chaque courrier qui arrivait l'étonnait, l'effrayait presque. Un jour, on venait lui dire: « Vous avez deux cent mille hommes. » Le lendemain, on lui disait: « Vous avez cinq cent mille hommes. » D'autres arrivaient: « Un million d'hommes sont armés cette semaine, deux millions, et trois millions... »

Et tout ce grand peuple armé, dressé tout à coup du sillon, demandait à l'Assemblée ce qu'il fallait faire.

Où donc est l'ancienne armée? elle a comme disparu. La nouvelle, si nombreuse, l'eût étouffée sans combattre, seulement en se serrant...

La France est un soldat, on l'a dit, elle l'est depuis ce jour. Ce jour, une race nouvelle sort de terre, chez laquelle les enfants naissent avec des dents pour déchirer la cartouche, avec de grandes jambes infatigables pour aller du Caire au Kremlin, avec le don magnifique de pouvoir marcher, combattre sans manger, de vivre d'esprit.

D'esprit, de gaieté, d'espérance. Qui donc a droit d'espérer, si ce n'est celui qui porte en lui l'affranchissement du monde?

La France était-elle avant ce jour, on pourrait le contester. Elle devint tout à la fois une épée et un principe. Etre ainsi armé, c'est *être*. Qui n'a ni l'idée, ni la force, n'existe que par pitié.

Ils *étaient* en fait; et ils voulurent *être* en droit.

Le barbare Moyen Age n'admettait pas leur existence, il les niait comme hommes, et n'y voyait que des choses. Dans sa bizarre scolastique, il enseignait que les âmes, rachetées du même prix, valent toutes le sang d'un Dieu, et ces âmes, ainsi relevées, il les rabaissait à la bête, les fixait sur leur sillon, les adjugeait au servage éternel et damnait la liberté.

Ce droit sans droit alléguait la conquête, c'est-à-dire l'ancienne injustice; la conquête, disait-il, a fait les nobles, les seigneurs. « N'est-ce que cela? dit Sieyès, nous serons conquérants à notre tour! »

Le droit féodal alléguait encore ces actes hypocrites, où l'on suppose que l'homme stipula contre lui-même, où le faible, par peur ou par force, se donnait sans réserver rien, donnait l'avenir, le possible, ses enfants à naître, les générations futures. Ces coupables parchemins, la honte de la nature, dormaient impunis depuis des siècles au fond des châteaux.

On parlait fort du grand exemple de Louis XVI, qui avait affranchi les derniers serfs de ses domaines. Imperceptible sacrifice qui coûta peu au Trésor, et qui n'eut en France presque aucun imitateur.

Quoi! dira-t-on, les seigneurs étaient-ils en 89 des hommes durs, impitoyables!

Nullement. C'était une classe d'hommes très mêlés, mais généralement faibles et physiquement déchus, légers, sensuels et sensibles, si sensibles qu'ils ne pouvaient voir de près les malheureux. Ils les voyaient dans les idylles, les opéras, les contes, les romans qui font verser de douces larmes; ils pleuraient avec Bernardin de Saint-Pierre, avec Grétry et Sedaine, avec Berquin, Florian; ils se savaient gré de pleurer, et se disaient: « Je suis bon. »

Avec cette faiblesse de cœur, cette facilité de caractère, la main ouverte, incapable de résister aux occasions de dépense, il leur fallait de l'argent, beaucoup d'argent, plus qu'à leurs pères. De là la nécessité de tirer beaucoup des terres, de livrer le paysan aux hommes d'argent, intendants et gens d'affaires. Plus les maîtres avaient bon cœur, plus ils étaient généreux et philanthropes à Paris, plus leurs vassaux mouraient de faim ; ils vivaient moins dans leurs châteaux, pour ne pas voir cette misère, dont leur sensibilité aurait eu trop à souffrir.

Telle était en général cette société, faible, vieille et molle. Elle s'épargnait volontiers la vue de l'oppression, n'opprimait que par procureur. Il ne manquait pas cependant de nobles provinciaux qui se piquaient de maintenir dans leurs castels les rudes traditions féodales, qui gouvernaient durement leur famille et leurs vassaux. Rappelons seulement ici le célèbre *Ami des Hommes,* le père de Mirabeau, l'ennemi de sa famille, qui tenait enfermés tous les siens, femme, fils et filles, peuplait les prisons d'Etat, plaidait contre ses voisins, désolait ses gens. Il conte que, donnant une fête, il fut étonné lui-même de l'aspect sombre, sauvage de ses paysans. Je le crois sans peine ; ces pauvres gens craignaient vraisemblablement que l'*Ami des Hommes* ne les prît pour ses enfants.

Il ne faut pas s'étonner si le paysan, ayant une fois saisi les armes, s'en servit et prit sa revanche. Plusieurs seigneurs avaient cruellement vexé leurs communes, qui ce jour-là s'en souvinrent. L'un avait entouré de murs la fontaine du village, l'avait confisquée pour lui. Un autre s'était emparé des communaux. Ils périrent. On cite encore plusieurs autres meurtres qui, sans doute, furent des vengeances.

L'armement général des villes fut imité par les campagnes. La prise de la Bastille les encouragea à attaquer leurs bastilles. Tout ce dont il faut s'étonner, quand on sait ce qu'ils souffraient, c'est qu'ils aient commencé si tard. Les souffrances, les vengeances, s'étaient accumulées par le retard, entassées à une hauteur effrayante... Quand cette monstrueuse avalanche, retenue longtemps à l'état de glace et de neige, fondit tout à coup, une telle masse déborda que son seul déplacement pouvait tout anéantir.

Il faudrait pouvoir démêler, dans cette scène immense et confuse, ce qui appartient aux *bandes errantes* de pillards, de gens chassés par la famine, et ce que fit le *paysan domicilié,* la commune contre le seigneur.

On a recueilli le mal soigneusement, le bien pas assez. Plusieurs seigneurs trouvèrent des défenseurs dans leurs vassaux; par exemple, le marquis de Montfermeil, qui, l'année précédente, avait emprunté cent mille francs pour les secourir. Les plus furieux eux-mêmes s'arrêtèrent quelquefois devant la faiblesse. En Dauphiné, par exemple, un château fut respecté, parce qu'on n'y trouva qu'une dame malade, au lit, avec ses enfants; on se borna à détruire les archives féodales.

Généralement, le paysan montait d'abord au château pour se faire donner des armes; puis il osait davantage, il brûlait les actes et les titres. La plupart de ces instruments de servitude, les plus actuels, les plus oppresseurs, étaient bien plutôt dans les greffes, chez les procureurs et notaires. Le paysan y alla peu. Il s'attaqua de préférence aux antiquités, aux chartes originales. Ces titres primitifs, sur beaux parchemins, ornés de sceaux triomphants, restaient au trésor du château pour être montrés aux bons jours. Ils habitaient les somptueux casiers, les portefeuilles de velours au fond d'une arche de chêne qui faisait l'honneur de la tourelle. Point de manoir important qui, près du colombier féodal, ne montrât la tour des archives.

Nos gens allaient droit à la tour. Là pour eux était la Bastille, la tyrannie, l'orgueil, l'insolence, le mépris des hommes; la tour, depuis bien des siècles, se moquait de la vallée, elle la stérilisait, l'attristait, l'écrasait de son ombre pesante. Gardien du pays dans les temps barbares, sentinelle de la contrée, elle en fut l'effroi plus tard. En 89, qu'est-elle, sinon l'odieux témoin du servage, un outrage perpétuel, pour redire tous les matins à l'homme qui va labourer l'antique humiliation de sa race... « Travaille, travaille, fils de serf, gagne, un autre profitera, travaille et n'espère jamais. »

Chaque matin et chaque soir, mille ans, davantage

peut-être, la tour fut maudite. Un jour vint qu'elle tomba.

Que vous avez tardé, grand jour! combien de temps nos pères vous ont attendu et rêvé...! L'espoir que leurs fils vous verraient enfin a pu seul les soutenir; autrement ils n'auraient pas voulu vivre, ils seraient morts à la peine... Moi-même, leur compagnon, labourant à côté d'eux dans le sillon de l'histoire, buvant à leur coupe amère, qui m'a permis de revivre le douloureux Moyen Age, et pourtant de n'en pas mourir, n'est-ce pas vous, ô beau jour, premier jour de la délivrance?... J'ai vécu pour vous raconter!

CHAPITRE IV

Nuit du 4 Août

Déclaration des droits de l'homme et du citoyen. Désordres; danger de la France. L'Assemblée crée le comité des recherches, 27 juillet. Tentatives de la Cour: elle veut empêcher le jugement de Besenval; le Parti royaliste veut se faire une arme de la charité publique. La noblesse révolutionnaire offre l'abandon des droits féodaux. Nuit du 4 Août, abandon des privilèges de classes; résistance du clergé; abandon des privilèges de provinces.

Au-dessus de ce grand mouvement, dans une région plus sereine, sans se laisser distraire aux bruits, aux clameurs, l'Assemblée nationale pensait, méditait.

La violence des partis qui la divisait sembla dominée, contenue dans la grande discussion par laquelle s'ouvraient ces travaux. On vit alors combien l'aristocratie, adversaire née des intérêts de la Révolution, avait été elle-même atteinte au cœur de ses idées.

Tous étaient Français avant tout, tous fils du XVIIIe siècle et de la philosophie.

Les deux côtés de l'Assemblée, en conservant leur opposition, n'en apportèrent pas moins un sentiment de religion au solennel examen de la *Déclaration des droits*.

Ils ne s'agissait point d'une Pétition de droits, comme en Angleterre, d'un appel au droit écrit, aux chartes contestées, aux libertés, vraies ou fausses, du Moyen Age.

Il ne s'agissait pas, comme en Amérique, d'aller chercher, d'Etat en Etat, les principes que chacun d'eux reconnaissait, de les résumer, généraliser, et d'en construire, *a posteriori*, la formule totale qu'accepterait la fédération.

Le nouvel âge

Il s'agissait de donner d'en haut, en vertu d'une **autorité souveraine, impériale, pontificale**, le *credo* **du nouvel âge**. Quelle autorité? La Raison, discutée par tout un **siècle de** philosophes, de profonds penseurs, **acceptée de tous les** esprits et pénétrant dans les mœurs, arrêtée enfin, formulée par les logiciens de l'Assemblée constituante... Il s'agissait d'imposer comme autorité à la raison ce que la **raison** avait trouvé au fond du libre examen.

C'était la philosophie du siècle, son législateur, son Moïse, qui descendait de la montagne, portant au front les rayons lumineux, et les tables dans ses mains...

On a beaucoup discuté pour et contre la Déclaration **des** droits, et disputé dans le vide.

D'abord, nous n'avons rien à dire aux Bentham, aux Dumont, aux utilitaires, aux empiriques, qui ne **connaissent** de loi que la loi écrite, qui ne savent point que le **droit** n'est droit qu'autant qu'il est conforme au Droit, à la Raison absolue. Simples procureurs, rien de plus, sous l'habit de philosophes, quelle raison ont-ils eu de mépriser les praticiens? Comme eux, ils écrivent la loi sur papier et parchemin; nous, nous voulions graver la nôtre sur la pierre du droit éternel, sur le roc qui porte le monde: l'invariable justice et l'indestructible équité.

Pour répondre à nos ennemis, qu'il nous suffise d'eux-mêmes et de leurs contradictions. Ils raillent la Déclaration, et ils s'y soumettent; ils lui font la guerre trente ans, en promettant à leurs peuples les libertés qu'elle consacre. Vainqueurs en 1814, le premier mot qu'ils adressent à la France, ils l'empruntent à la grande fortune qu'elle a posée... Vainqueurs? Non, vaincus plutôt, et vaincus **dans** leur propre cœur, puisque leur acte le plus personnel, **le** Traité de la Sainte-Alliance, reproduit le droit qu'ils **ont** blasphémé.

La Déclaration des *droits* atteste l'Etre suprême, garant de la morale humaine. Elle respire le sentiment du *devoir*. Le devoir, non exprimé, n'y est pas moins présent **partout**;

partout vous y sentez sa gravité austère. Quelques mots empruntés à la langue de Condillac n'empêchent pas de reconnaître dans l'ensemble le vrai génie de la Révolution, gravité romaine, esprit stoïcien.

C'est du *droit* qu'il fallait parler, dans un tel moment, c'est le droit qu'il fallait attester, revendiquer pour le peuple. On avait cru jusque-là qu'il n'avait que des *devoirs*.

Quelque haut et général que soit un tel acte, et fait pour durer toujours, peut-on bien lui demander de ne rappeler en rien l'heure agitée de sa naissance, de ne pas porter le signe de la tempête?

La première parole est dite trois jours avant le 14 juillet et la prise de la Bastille; la dernière, quelques jours avant que le peuple amène le roi à Paris (6 octobre). Sublime apparition du Droit entre l'orage et l'orage.

Nulles circonstances ne furent plus terribles, nulle discussion plus majestueuse, plus grave, dans l'émotion même. La crise prétendait des arguments spécieux aux deux partis.

Prenez garde, disait l'un, vous enseignez à l'homme son droit, lorsqu'il le sent trop bien lui-même; vous le transportez sur une haute montagne, vous lui montrez son empire sans limites... Qu'adviendra-t-il, lorsque, descendu, il se verra arrêté par les lois spéciales que vous allez faire, lorsqu'il va rencontrer des bornes à chaque pas? (Discours de Malouet.)

Il y avait plus d'une réponse, mais certainement la plus forte était dans la situation. On était en pleine crise, dans un combat douteux encore. On ne pouvait trouver une trop haute montagne pour y planter le drapeau... Il fallait, s'il était possible, le placer si haut, ce drapeau, que la terre entière le vît, que sa flamme tricolore ralliât les nations. Reconnu pour le drapeau commun de l'humanité, il devenait invincible.

Il y a encore des gens qui pensent que cette grande dis-

Les violences enchaînées

cussion agita, arma le peuple, qu'elle lui mit la torche à la main, qu'elle fit la guerre et l'incendie. La première difficulté à cela, c'est que les violences commencèrent avant la discussion. Les paysans n'eurent pas besoin de cette métaphysique pour se mettre en mouvement. Même après, elle influa peu. Ce qui arma les campagnes, ce fut, nous l'avons dit, la nécessité de repousser le pillage, ce fut la contagion des villes qui prenaient les armes, ce fut plus que toutes choses l'ivresse et l'exaltation de la prise de la Bastille.

La grandeur de ce spectacle, la variété de ses accidents terribles, a troublé la vue de l'histoire. Elle a mêlé et confondu trois faits distincts, et même opposés, qui se passaient en même temps:

1. Les courses des vagabonds, des affamés, qui coupaient les blés la nuit, rasaient la terre, comme les sauterelles. Ces bandes, quand elles étaient fortes, forçaient les maisons isolées, les fermes, les châteaux même.

2. Le paysan, pour repousser ces bandes, eut besoin d'armes, les demanda, les exigea des châteaux. Armé et maître, il détruisit les chartes où il voyait un instrument d'oppression. Malheur aux seigneurs haïs! on ne s'en prenait pas seulement à ses parchemins, mais à sa personne même.

3. Les villes, dont l'armement avait entraîné celui des campagnes, furent contraintes de les réprimer. Les gardes nationales, qui alors n'avaient rien d'aristocratique, puisqu'elles comprenaient tout le monde, marchèrent pour rétablir l'ordre; elles allèrent secourir ces châteaux qu'elles détestaient. Elles ramenaient souvent à la ville les paysans prisonniers, mais on les relâchait bientôt.

Je parle des paysans domiciliés du voisinage. Quant aux bandes de gens sans aveu, de pillards, aux brigands, comme on disait, les tribunaux, les municipalités mêmes en firent souvent de cruelles justices; un grand nombre furent mis à mort. La sécurité fut rétablie à la longue, et la culture assurée. Si, les désordres continuant, la culture avait cessé, la France mourait l'année suivante.

Etrange situation d'une Assemblée qui discute, calcule, pèse les syllabes au sommet de ce monde en feu. Deux dangers à droite, à gauche. Pour réprimer le désordre, elle n'a, ce semble, qu'un moyen: relever l'ordre ancien, qui n'est qu'un désordre pire.

On suppose communément qu'elle fut impatiente de se saisir du pouvoir; cela est vrai de tels de ses membres, faux et très faux du grand nombre. Le caractère de cette Assemblée prise en masse, son originalité, comme celle de l'époque, c'était une foi singulière à la puissance des idées. Elle croyait fermement que la vérité, une fois trouvée, formulée en lois, était invincible. Il ne fallait que deux mois (c'était le calcul d'hommes pourtant fort sérieux), dans deux mois la Constitution était faite; elle allait, de sa vertu toute-puissante, contenir tout à la fois et le pouvoir et le peuple; la Révolution alors était achevée, le monde allait refleurir.

En attendant, la situation était véritablement bizarre. Le pouvoir était ici brisé, là très fort, organisé sur tel point, là en dissolution complète, faible pour l'action générale et régulière, formidable encore pour la corruption, l'intrigue, la violence peut-être. Les comptes de ces dernières années, qui parurent plus tard, montrent assez quelles ressources avait la Cour, et comme elle les employait, comme elle travaillait la presse, les journaux, l'Assemblée même. L'émigration commençait, et avec elle l'appel à l'étranger, à l'ennemi, un système persévérant de trahison, de calomnie contre la France.

L'Assemblée se sentait assise sur un tonneau de poudre. Il lui fallut bien, pour le salut commun, descendre des hauteurs où elle faisait la loi et regarder de près ce qui se passait sur la terre. Grande chute! Solon, Lycurgue, Moïse, ramenés aux soins misérables de la surveillance publique, forcés d'espionner les espions, de se faire lieutenants de police!

Le premier éveil fut donné par les lettres de Dorset au

comte d'Artois, par ses explications plus alarmantes encore, par l'avis du complot de Brest, caché si longtemps par la Cour. Le 27 juillet, Duport proposa de créer un comité de recherches, composé de quatre personnes. Il dit ces paroles sinistres: « Dispensez-moi d'entrer dans aucune discussion. On trame des complots... Il ne doit pas être question de renvoi devant les tribunaux. Nous devons acquérir d'affreuses et indispensables connaissances. »

Le nombre quatre rappelait de trop près les trois inquisiteurs d'Etat. On le porta jusqu'à douze.

L'esprit de l'Assemblée, quelles que fussent ses nécessités, n'était nullement celui de police et d'inquisition. Une discussion très grave eut lieu pour savoir si l'on violerait le secret des lettres, si l'on ouvrirait cette correspondance suspecte, adressée à un prince qui, par sa fuite précipitée, se déclarait ennemi. Gouy d'Arcy et Robespierre voulaient qu'on ouvrît. L'Assemblée, sur l'avis de Chapelier, de Mirabeau et de Duport même, qui venait de demander une sorte d'inquisition d'Etat, l'Assemblée, magnanimement, déclara le secret des lettres inviolable, refusa de les ouvrir et les fit restituer.

Cette décision rendit courage aux partisans de la Cour. Ils firent trois choses hardies.

Sieyès était porté à la présidence. Ils lui opposèrent un homme fort estimé, fort agréable à l'Assemblée, l'éminent légiste de Rouen, Thouret. Son mérite à leurs yeux était d'avoir voté, le 17 juin, contre le titre d'*Assemblée nationale*, cette simple formule de Sieyès qui contenait la Révolution. Opposer ces deux hommes, disons mieux ces deux systèmes, dans la question de la présidence, c'était mettre la Révolution en cause, essayer de voir si l'on pourrait la faire reculer au 16 juin.

La seconde tentative était d'empêcher le jugement de Besenval. Ce général de la reine contre Paris avait été arrêté dans sa fuite. Le juger, le condamner, c'était condamner aussi les ordres d'après lesquels il avait agi. Necker, revenant, l'avait vu sur son passage, lui avait donné espoir. Il ne fut pas difficile d'obtenir de son bon cœur une démarche solennelle auprès de la ville de Paris. Emporter l'amnistie générale, dans la joie de son retour, finir la Révolution, ramener la sérénité, apparaître, comme, après le déluge, l'arc-en-ciel dans les nuées, quoi de plus charmant pour la vanité de Necker?

Il vint à l'Hôtel de Ville, obtint tout de ceux qui s'y trouvaient, électeurs, représentants des districts, simples citoyens, une foule mêlée, confuse et sans caractère légal. L'ivresse était au comble, dans la salle et sur la place. Il se montra à la fenêtre, sa femme à droite, sa fille à gauche, qui pleuraient et lui baisaient les mains... Sa fille, Mme de Staël, s'évanouit de bonheur.

Cela fait, rien n'était fait. Les districts de Paris réclamèrent avec raison; cette clémence surprise à une assemblée émue, accordée au nom de Paris par une foule sans autorité, une question nationale tranchée par une seule ville, par quelques-uns de ses habitants... Et cela, au moment où l'Assemblée nationale créait un comité de recherches, préparait un tribunal... c'était étrange, audacieux. Malgré Lally et Mounier, qui défendaient l'amnistie, Mirabeau, Barnave et Robespierre obtinrent qu'il y aurait jugement. La Cour fut vaincue encore; elle emportait toutefois une grande consolation, digne de sa sagesse ordinaire: elle avait compromis Necker, détruit la popularité du seul homme qui eût quelque chance de la sauver.

La Cour échoua de même dans l'affaire de la présidence. Thouret s'alarma de la fermentation du peuple, des menaces de Paris, et se désista.

Une troisième tentative du Parti royaliste, bien autrement grave, fut faite par Malouet; ce fut l'une des épreuves les plus fortes, les plus dangereuses que la Révolution ait rencontrées dans sa périlleuse route, où chaque jour ses ennemis mettaient devant elle une pierre d'achoppement, lui creusaient un précipice.

On se rappelle ce jour où, les ordres n'étant pas encore réunis, le clergé vint hypocritement montrer au tiers le pain noir que mangeait le peuple, et l'engager, au nom de la charité, à laisser les vaines disputes pour s'occuper avec lui du bien des pauvres. C'est précisément ce que fit un homme (du reste honorable, mais aveugle partisan d'une royauté impossible); c'est ce que fit Malouet.

Il proposa d'organiser une vaste *taxe des pauvres,* des bureaux de secours et de travail, dont les premiers fonds seraient faits par les établissements de charité, le reste par un impôt sur tous, et par un emprunt.

Belle et honorable proposition, appuyée dans un tel moment par la nécessité urgente, mais qui donnait au Parti royaliste une redoutable initiative politique. Elle mettait entre les mains du roi un triple fonds, dont le dernier, l'emprunt, était illimité; elle en faisait le chef des pauvres, peut-être le général des mendiants contre l'Assemblée... Elle le prenait détrôné, et elle le replaçait sur un trône, plus absolu, plus solide, le faisant roi de la famine, régnant par ce qu'il y a de plus supérieur, la nourriture et le pain... Que devenait la liberté?

Pour que la chose effrayât moins, qu'elle parût toute petite, Malouet rabaissait le nombre des pauvres au chiffre de quatre cent mille, évidemment faux.

S'il ne réussissait pas, il n'en tirait pas moins un grand avantage, celui de donner à son parti, celui du roi, une belle couleur aux yeux du peuple, la gloire de la charité. La majorité, trop compromise en refusant, allait être obligée de suivre, d'obéir, de placer dans la main du roi cette grande machine populaire.

Malouet, en dernier lieu, proposait de consulter les chambres de commerce, les villes de manufactures, afin d'aider les ouvriers, « d'augmenter le travail et les salaires ».

Une sorte d'enchère, de concurrence allait s'établir entre les deux partis. Il s'agissait d'acquérir ou de ramener le peuple. A la proposition de donner aux indigents, une seule pouvait être opposée, celle qui autoriserait les travailleurs à *ne plus payer*, qui du moins permettrait aux travailleurs des campagnes de ne plus payer les droits les plus odieux, les droits féodaux.

Ces droits périclitaient fort. Pour mieux les détruire, pour anéantir les actes qui les consacraient, on brûlait les châteaux même. Les grands propriétaires qui siégeaient à l'Assemblée étaient pleins d'inquiétude. Une propriété si haïe, si dangereuse, qui compromettait tout le reste de leur fortune commençait à leur paraître un fardeau. Pour sauver ces droits, il fallait, ou en sacrifier une partie, ou les défendre à main armée, rallier ce qu'on avait d'amis, de clients, de domestiques, commencer une guerre terrible contre tout le peuple.

Sauf un petit nombre de vieillards qui avaient fait la guerre de Sept Ans, ou de jeunes gens qui avaient pris part à celle d'Amérique, nos nobles n'avaient fait d'autres campagnes que dans les garnisons. Ils étaient pourtant individuellement braves dans les querelles privées. La petite noblesse de Vendée et de Bretagne, jusque-là si inconnue, apparut tout à coup et se trouva héroïque. Beaucoup de nobles, d'émigrés, se signalèrent dans les grandes guerres de l'Empire. Peut-être, s'ils s'étaient entendus, serrés ensemble, auraient-ils quelque temps arrêté la Révolution. Elle les trouva dispersés, isolés, faibles de leur isolement. Une cause aussi de leur faiblesse, très honorable pour eux, c'est que beaucoup d'entre eux étaient de cœur contre eux-mêmes, contre la vieille tyrannie féodale, qu'ils en étaient à la fois les héritiers de la philosophie du temps, ils applaudissaient à cette merveilleuse résurrection du genre humain, et faisaient des vœux pour elle, dût-il en coûter leur ruine.

Le plus riche seigneur, après le roi, en propriétés féodales, était le duc d'Aiguillon. Il avait les droits régaliens dans deux provinces du Midi. Le tout d'origine odieuse, que son grand-oncle Richelieu s'était donné à lui-même. Son père, collègue de Terray, ministre de la banqueroute, avait été méprisé encore plus que détesté. Le jeune duc d'Aiguillon éprouvait d'autant plus le besoin de se rendre populaire; il était, avec Duport, Chapelier, l'un des chefs du *club breton*. Il y fit la proposition généreuse et politique de faire la part au feu dans ce grand incendie, d'abattre une partie du bâtiment pour sauver le reste; il voulait, non pas sacrifier les droits féodaux (beaucoup de nobles n'avaient nulle autre fortune), mais offrir au paysan *de s'en racheter à des conditions modérées*.

Le vicomte de Noailles n'était pas au club, mais il eut vent de la proposition, et il en déroba la glorieuse initiative. Cadet de famille, et ne possédant nuls droits féodaux, il fut encore plus généreux que le duc d'Aiguillon. Il proposa non seulement de permettre le rachat des droits, mais d'*abolir sans rachat* les corvées seigneuriales et autres servitudes personnelles.

Cela fut pris pour une attaque, pour une menace, rien de plus. Deux cents députés arrivèrent. On venait de lire un projet d'arrêté où l'Assemblée rappelait le devoir de respecter les propriétés, de payer les redevances, etc.

Le duc d'Aiguillon produisit un tout autre effet.

Il dit qu'en votant la veille des mesures de rigueur contre ceux qui attaquaient les châteaux, un scrupule lui était venu, qu'il s'était demandé à lui-même si ces hommes étaient bien coupables... Et il continua avec chaleur, avec violence, contre la tyrannie féodale, c'est-à-dire contre lui-même.

C'était le 4 août, à huit heures du soir, heure solennelle où la féodalité, au bout d'un règne de mille ans, abdique, abjure, se maudit.

La féodalité a parlé. Le peuple prend la parole. Un bas Breton, en costume de bas Breton, député inconnu, qui ne parla jamais ni avant, ni après, M. Le Guen de Kerengal, monte à la tribune et lit environ vingt lignes, accusatrices et menaçantes. Il reprochait à l'Assemblée, avec une force, une autorité singulière, de n'avoir pas prévenu l'incendie des châteaux, en brisant, dit-il, les armes cruelles qu'ils contiennent, ces actes iniques qui ravalent l'homme à la bête, qui attellent à la charrette l'homme et l'animal, qui outragent la pudeur... « Soyons justes; qu'on nous les apporte, ces titres, monuments de la barbarie de nos pères.

» Qui de nous ne ferait un bûcher expiatoire de ces infâmes parchemins?... Vous n'avez pas un moment à perdre; un jour de délai occasionne de nouveaux embrasements; la chute des empires est annoncée avec moins de fracas. Ne voulez-vous donner des lois qu'à la France dévastée? »

L'impression fut profonde. Un autre Breton l'affaiblit en rappelant des droits bizarres, cruels, incroyables: le droit qu'aurait le seigneur d'éventrer deux de ses vassaux au retour de la chasse, et de mettre ses pieds dans leur corps sanglant!

Un gentilhomme de province, M. de Foucault, s'attaquant aux grands seigneurs, qui avaient ouvert cette discussion fâcheuse, demanda qu'avant tout les grands sacrifiassent les pensions et traitements, les dons monstrueux qu'ils tirent du roi, ruinant doublement le peuple, et par l'argent qu'ils extorquent, et par l'abandon où tombe la province, tous les riches suivant leur exemple, désertant leurs terres et s'attachant à la Cour.

MM. de Guiche et de Mortemart crurent l'attaque personnelle, et répondirent vivement que ceux que l'on désignait sacrifieraient tout.

L'enthousiasme gagna. M. de Beauharnais proposa que les peines fussent désormais les mêmes pour tous, nobles et roturiers, les emplois ouverts à tous. Quelqu'un demanda la justice gratuite; un autre, l'abolition des justices seigneuriales, dont les agents inférieurs sont le fléau des campagnes.

M. de Custine dit que les conditions de rachat proposées par le duc d'Aiguillon étaient difficiles, qu'il fallait aplanir la chose, venir en aide au paysan.

Le problème paysan

M. de La Rochefoucauld, étendant la bienveillance de la France au genre humain, demanda des adoucissements pour l'esclavage des Noirs.

Jamais le caractère français n'éclata d'une manière plus touchante, dans sa sensibilité facile, sa vivacité, son entraînement généreux. Ces hommes qui mettaient tant de temps, tant de pesanteur à discuter la Déclaration des droits, à compter, peser les syllabes, dès qu'on fit appel à leur désintéressement, répondirent sans hésitation; ils mirent l'argent sous les pieds, les droits honorifiques qu'ils aimaient plus que l'argent... Grand exemple que la noblesse expirante a légué à notre aristocratie bourgeoise!

Parmi l'enthousiasme et l'attendrissement, il y avait aussi une fière insouciance, la vivacité d'un noble joueur qui prend plaisir à jeter l'or. Tous ces sacrifices se faisaient par des riches et par des pauvres, avec une gaieté égale, avec malice parfois (comme la motion de Foucault), avec de vives saillies.

« Et moi donc, qu'offrirai-je? disait le comte de Virieu... au moins le moineau de Catulle... » Il proposa la destruction des pigeons destructeurs, du colombier féodal.

Le jeune Montmorency demandait que tous ces vœux fussent sur-le-champ convertis en lois. Lepelletier de Saint-Fargeau désirait que le peuple jouît immédiatement de ces bienfaits. Lui-même, immensément riche, il voulait que les riches, les nobles, les exempts d'impôts se cotisassent à cet effet.

Le président Chapelier, pressé de faire voter l'Assemblée, observa malicieusement qu'aucun de MM. du clergé n'ayant pu encore se faire entendre, il se reprocherait de leur fermer la tribune.

L'évêque de Nancy exprima alors, au nom des seigneurs ecclésiastiques, le vœu que le prix du rachat des droits féodaux ne revînt pas au possesseur actuel, mais fît l'objet d'un placement utile au bénéfice même.

Ceci était d'économie et de bon ménage, **plus que de**

générosité. L'évêque de Chartres, homme d'esprit, qui parla ensuite, trouva moyen d'être généreux aux dépens de la noblesse. Il sacrifiait les droits de chasse, très importants pour les nobles, minimes pour le clergé.

Les nobles ne reculèrent pas; ils demandèrent à consommer cette renonciation. Elle coûtait à plusieurs. Le duc du Châtelet dit en souriant à ses voisins: « L'évêque nous ôte la chasse; je vais lui ôter ses dîmes. » Et il proposa que les dîmes en nature fussent converties en redevances pécuniaires rachetables à volonté.

Le clergé laissa tomber cette dangereuse parole, et suivit sa tactique de mettre en avant la noblesse; l'archevêque d'Aix parla fortement contre la féodalité, demandant que l'on défendît à l'avenir toute convention féodale.

« Je voudrais avoir une terre, disait l'évêque d'Uzès, il me serait doux de la mettre entre les mains des laboureurs. Mais nous ne sommes que dépositaires... »

Les évêques de Nîmes et de Montpellier ne donnèrent rien, mais demandèrent que les artisans et manœuvres fussent exempts d'impôts.

Les pauvres ecclésiastiques furent seuls généreux. Des curés déclarèrent que leur conscience ne leur permettait pas d'avoir plus d'un bénéfice. D'autres dirent: « Nous offrons notre casuel... » Duport objecta qu'alors il faudrait y suppléer. L'Assemblée fut émue, et refusa de prendre ce denier de la veuve.

L'attendrissement, l'exaltation étaient montés, de proche en proche, à un point extraordinaire. Ce n'était dans toute l'Assemblée qu'applaudissements, félicitations, expressions de bienveillance mutuelle. Les étrangers présents à la séance étaient muets d'étonnement; pour la première fois, ils avaient vu la France, toute sa richesse de cœur... Ce que des siècles d'efforts n'avaient pas fait chez eux, elle venait de le faire en peu d'heures par le désintéressement et le sacrifice... L'argent, l'orgueil immolé, toute les vieilles insolences héréditaires, l'antiquité, la tradition même... le monstrueux chêne féodal abattu d'un coup, l'arbre maudit, dont les branches couvraient la terre d'une ombre froide, tandis que ses racines infinies allaient dans les profondeurs chercher, sucer la vie, l'empêcher de monter à la lumière.

Tout semblait fini. Une scène non moins grande commençait.

Après les privilèges des classes, vinrent ceux des provinces.

Celles qu'on appelait Pays d'Etat, qui avaient des privilèges à elles, des avantages divers pour les libertés, pour l'impôt, rougirent de leur égoïsme, elles voulurent être France, quoi qu'il pût en coûter à leur intérêt personnel, à leurs vieux et chers souvenirs.

Le Dauphiné, dès 1788, l'avait offert magnanimement pour lui-même, conseillé aux autres provinces. Il renouvela cette offre. Les plus obstinés, les Bretons, quoique liés par leurs mandats, liés par les anciens traités de leur province avec la France, n'en manifestèrent pas moins le désir de se réunir. La Provence en dit autant, puis la Bourgogne et la Bresse, la Normandie, le Poitou, l'Auvergne, l'Artois. La Lorraine, en termes touchants, dit qu'elle ne regretterait pas la domination de ses souverains adorés qui furent les pères du peuple, si elle avait le bonheur de se réunir à ses frères, d'entrer avec eux tous ensemble dans cette maison maternelle de la France, dans cette immense et glorieuse famille!

Puis ce fut le tour des villes. Leurs députés vinrent en foule déposer leurs privilèges sur l'autel de la Patrie.

Les officiers de justice ne pouvaient percer la foule qui entourait la tribune, pour y apporter leur tribut. Un membre du Parlement de Paris se joignit à eux, renonçant à l'hérédité des offices, à la noblesse transmissible.

L'archevêque de Paris demanda qu'on se souvînt de Dieu dans ce grand jour, qu'on chantât un *Te Deum*.

« Et le roi, messieurs, dit Lally, le roi qui nous a convoqués après une si longue interruption de deux siècles, n'aura-t-il pas sa récompense?... Proclamons-le le restaurateur de la liberté française! »

La nuit était avancée, il était deux heures. Elle emportait, cette nuit, l'immense et pénible songe des mille ans du Moyen Age. L'aube qui commença bientôt était celle de la liberté.

Depuis cette merveilleuse nuit, plus de classes, des Français; plus de provinces, une France.

Vive la France!

CHAPITRE V

Le clergé La foi nouvelle

Discours prophétiques de Fauchet. Effort impuissant de conciliation. Ruine imminente de l'ancienne Eglise. L'Eglise avait délaissé le peuple. Buzot réclame pour la nation les biens du clergé, 6 août. Suppression de la dîme, 11 août. La liberté religieuse reconnue. Ligue du clergé, de la noblesse et de la Cour. Paris abandonné à lui-même. Nulle autorité publique; peu de violences; dons patriotiques. Dévouement et sacrifice. (Août 1789.)

La résurrection du peuple qui brise enfin son tombeau, la féodalité elle-même écartant la pierre où elle le tint scellé, l'œuvre des temps en une nuit, voilà le premier miracle du nouvel Evangile, divin miracle, authentique!

Qu'elles vont bien ici les paroles que Fauchet prononça sur les ossements trouvés dans la Bastille: « La tyrannie les avaient scellés aux murs de ces cachots qu'elle croyait éternellement impénétrables à la lumière. *Le jour de la révélation est arrivé!* Les os se sont levés à la voix de la liberté française; ils déposent contre les siècles de l'oppression et de la mort, prophétisant la régénération de la nature humaine et de la vie des nations!... »

Belle parole, et d'un vrai prophète... Recueillons-la dans notre cœur, comme le trésor de l'espérance. Oui, ils ressusciteront!... La résurrection commencée sur les ruines de la Bastille, poursuivie la nuit du 4 août, manifestera au jour de la vie sociale ces foules qui languissent encore dans les ombres de la mort... L'aube vint en 89; puis, l'aurore commença, tout enveloppée d'orages; puis, l'éclipse noire et profonde... Le soleil n'en luira pas moins: « *Solem quis dicere falsum audeat?* »

Il était deux heures de nuit quand l'Assemblée finit son œuvre immense, et se sépara. Le matin (5 août), à Paris, Fauchet faisait en chaire l'oraison funèbre des citoyens tués devant la Bastille féodale, leur palme et le prix de leur sang.

Fauchet trouva là encore des paroles d'éternelle mémoire: « Qu'ils ont fait de mal au monde, les faux interprètes des divins oracles!... Ils ont consacré le despotisme, ils ont rendu Dieu complice des tyrans. Que dit l'Evangile: *« Il vous faudra paraître devant les rois; ils vous commanderont l'injustice et vous leur résisterez jusqu'à la mort... »* Ils triomphent, les faux docteurs, parce qu'il est écrit: *Rendez à César ce qui est à César*. Mais ce qui n'est pas à César, faut-il aussi le lui rendre?... Or la liberté n'est pas à César; elle est à la nature humaine. »

Ces paroles éloquentes l'étaient encore plus dans la bouche de celui qui, le 14 juillet, s'était montré deux fois héroïque de courage et d'humanité. Deux fois il avait essayé, au péril de sa vie, de sauver la vie des autres, d'arrêter le sang... Vrai chrétien et vrai citoyen, il eût voulu tout sauver, et les hommes et les doctrines. Son aveugle charité défendait ensemble des idées hostiles entres elles, des dogmes contradictoires. Il mariait d'un même amour les deux Evangiles, sans tenir compte des différences de principes, des oppositions. Rejeté, exclu par les prêtres, ce qui l'avait persécuté lui était devenu par cela même respectable et cher.

Qui ne s'est trompé comme lui? Qui n'a caressé l'espoir de sauver le passé en avançant l'avenir? Qui n'aurait voulu susciter l'esprit sans tuer la vieille forme, réveiller la flamme sans troubler la cendre morte?... Vain effort! nous avons beau retenir notre souffle. Elle est devenue légère, elle s'envole d'elle-même vers les quatre vents du monde.

Qui pouvait voir alors tout cela? Fauchet s'y trompait,

et bien d'autres. On faisait effort pour croire la lutte finie et la paix venue; on admirait que la Révolution fût déjà dans l'Evangile. Tout ce qui entendit ces grandes paroles tressaillit jusqu'au fond du cœur. L'impression fut si forte, l'émotion si vive, qu'on couronna l'apôtre de la liberté d'une couronne civique. Le peuple et le peuple armé, les vainqueurs de la Bastille et la garde citoyenne, le tambour en tête, le reconduisirent à l'Hôtel de Ville; un héraut portait la couronne devant lui.

Dernier triomphe du prêtre? ou premier du citoyen?... Ces deux caractères, ici confondus, pourront-ils se mêler ensemble? La robe déchirée, glorifiée des balles de la Bastille, laisse voir ici le nouvel homme; en vain voudrait-il lui-même l'étendre, cette robe, pour en couvrir le passé.

Une religion nous vient, deux s'en vont (qu'y faire?) l'Eglise et la Royauté...

Féodalité, Royauté, Eglise, de ces trois branches du chêne antique, la première tombe au 4 août; les deux autres branlent; j'entends un grand vent dans les branches, elles luttent, elles tiennent fort, les feuilles jonchent la terre. Rien ne pourra résister. Périsse ce qui doit périr!...

Point de regrets, de vaines larmes. Ce qui croit mourir aujourd'hui, depuis combien de temps, bon Dieu! il était mort, fini, stérile!

Ce qui témoigne en 89 contre l'Eglise d'une manière accablante, c'est l'état d'abandon complet où elle a laissé le peuple. Elle seule, depuis deux mille ans, a eu charge de l'instruire; voilà comme elle l'a fait... Les pieuses fondations du Moyen Age, quel but avaient-elles? quels devoirs imposaient-elles au clergé? Le salut des âmes, leur amélioration religieuse, l'adoucissement des mœurs, l'humanisation du peuple... Il était votre disciple, abandonné à vous seuls; maîtres, qu'avez-vous enseigné?...

Depuis le XIIe siècle, vous continuez de lui parler une langue qui n'est plus la sienne, le culte a cessé d'être un enseignement pour lui. La prédication suppléait; peu à peu, elle se tait, ou parle pour les seuls riches. Vous avez négligé les pauvres, dédaigné la tourbe grossière... Grossière? elle l'est par vous. Par vous, deux peuples existent; celui d'en haut, à l'excès civilisé, raffiné; celui d'en bas, rude et sauvage, bien plus isolé de l'autre qu'il ne fut dans l'origine. C'était à vous de combler l'intervalle, d'élever toujours ceux d'en bas, de faire des deux peuples un peuple... Voici la crise arrivée, et je ne vois dans les classes dont vous vous faisiez les maîtres, nulle culture acquise, nul adoucissement de mœurs; ce qu'ils ont, ils l'ont d'eux-mêmes, de l'instinct de la nature, de la sève qu'elle mit en nous. Le bien est d'eux, et le mal, le désordre, à qui le rapporterai-je, sinon à ceux qui répondaient de leurs âmes, et les ont abandonnées?

Que sont en 89 vos fameux monastères, vos écoles antiques? Pleines d'oisiveté et de silence. L'herbe y pousse, et l'araignée file... Et vos chaires? muettes. Et vos livres? vides. Le XVIIIe siècle passe, un siècle d'attaques, où, de moment en moment, vos adversaires vous somment en vain de parler, d'agir, si vous êtes vivants encore...

Une seule chose vous défendrait, beaucoup d'entre vous la pensent, nul ne l'avouera. C'est que, depuis longtemps la doctrine avait tari, que vous ne disiez plus rien au peuple, n'ayant rien à dire, que vous aviez vécu vos âges, un âge d'enseignement, un âge de polémique... que tout passe et se transforme; les cieux mêmes passeront. Attachés pesamment aux formes, n'en pouvant séparer l'esprit, n'osant aider le phénix à mourir pour vivre encore, vous êtes restés muets, inactifs au sanctuaire, occupant la place du prêtre... Mais le prêtre n'était plus.

Sortez du temple. Vous y étiez pour le peuple, pour lui donner la lumière. Sortez, votre lampe est éteinte. Ceux qui bâtirent ces églises, et vous les prêtèrent, vous les redemandent. Qui furent-ils? La France d'alors; rendez-les à la France d'aujourd'hui.

Les monastères oisifs

Aujourd'hui (août 89), la France reprend la dîme, et demain (le 2 novembre), elle reprendra les biens. De quel droit? Un grand juriste le dit: « Par droit de *déshérence*. » L'Eglise morte n'a pas d'héritier. A qui revient son patrimoine? A son auteur, à la Patrie, d'où naîtra la nouvelle Eglise.

Le 6 août, pendant que l'Assemblée se traînait dans la discussion d'un emprunt proposé par Necker, et qui, de son aveu, ne suffisait pas pour deux mois, un homme monte à la tribune, un homme qui jusque-là parlait rarement; cette fois, il dit un seul mot: « Les biens ecclésiastiques appartiennent à la nation. »

Grande rumeur... L'homme qui avait dit franchement le mot de la situation était Buzot, l'un des chefs de la future Gironde, jeune et austère figure, ardente et mélancolique, de celles qui portent écrite au front une courte destinée.

L'emprunt essayé, manqué, repris, fut voté enfin. Il était difficile de le faire voter, plus difficile de le faire remplir. A qui le public allait-il prêter? à l'ancien régime ou à la Révolution? On ne le savait pas encore. Une chose était plus sûre, et claire pour tous les esprits, l'inutilité du clergé, son indignité parfaite, l'incontestable droit qu'elle donnait à la nation sur les biens ecclésiastiques. On connaissait les mœurs des prélats, l'ignorance du clergé inférieur. Les curés avaient des vertus, quelques instincts de résistance, point de lumières; partout où ils dominaient, ils étaient un obstacle à toute culture du peuple, ils le faisaient rétrograder. Pour ne citer qu'un exemple, le Poitou, civilisé au XVIe siècle, devint barbare sous leur influence; ils nous préparaient la Vendée.

La noblesse le voyait, tout aussi bien que le peuple; elle demande dans ses cahiers un emploi plus utile de tels et tels biens d'Eglise. Les rois le voyaient bien aussi; plusieurs fois, ils avaient fait des réformes partielles, la réforme des Templiers, la réforme de Saint-Lazare, celle des Jésuites. Il y avait mieux à faire.

Le clergé

Ce fut un membre de la noblesse, le marquis de Lacoste, qui, le 8 août, prit l'initiative d'une proposition nette et formulée: 1° les biens ecclésiastiques appartiennent à la nation; 2° la dîme est supprimée (nulle mention de rachat); 3° les titulaires sont pensionnés; 4° les honoraires des évêques et curés seront fixés par les assemblées provinciales.

Un autre noble, Alexandre de Lameth, appuya la proposition par des réflexions étendues sur la matière et le droit des fondations, droit déjà si bien examiné par Turgot, dès 1750, dans l'*Encyclopédie*. La société, dit Lameth, peut toujours supprimer tout institut nuisible. Il concluait à donner les biens ecclésiastiques en gage aux créanciers de l'Etat.

Tout ceci attaqué par Grégoire, par Lanjuinais. Les jansénistes, persécutés par le clergé, ne l'en défendirent pas moins.

Chose remarquable, qui montre que le privilège tient fort, plus que la robe de Nessus, qu'on ne pouvait arracher qu'en arrachant la chair même! Les plus grands esprits de l'Assemblée, Sieyès et Mirabeau, absents la nuit du 4 août, en déploraient les résultats. Sieyès était prêtre, et Mirabeau noble. Mirabeau eût voulu défendre la noblesse, le roi, faisant bon marché du clergé. Sieyès défendit le clergé sacrifié par la noblesse.

Il dit que la dîme était une vraie propriété. Et comment? Comme ayant été d'abord un don volontaire, une donation valable. A quoi l'on pouvait répondre, aux termes du droit, qu'une donation est révocable *pour cause d'ingratitude,* pour l'oubli, la négligence du but que l'on eut en donnant; ce but était la culture du peuple, depuis si longtemps délaissée par le clergé.

Sieyès faisait valoir adroitement qu'en tout cas, la dîme ne pouvait profiter aux possesseurs actuels, lesquels avaient acheté avec connaissance, prévision et déduction de la dîme. Ce serait, disait-il, leur faire un cadeau de soixante-dix millions de rente. La dîme en valait plus de cent trente.

La dîme

La donner aux propriétaires, c'était une mesure éminemment politique, engager pour toujours le plus ferme élément du peuple, le cultivateur, dans la cause de la Révolution.

Cet impôt lourd, odieux, variable, selon les pays, qui montait souvent jusqu'au tiers de la récolte! qui mettait en guerre le prêtre et le laboureur, qui obligeait le premier, pour le temps de la moisson, à une inquisition misérable, n'en fut pas moins défendu par le clergé pendant trois jours entiers, avec une violence opiniâtre. « Eh quoi! s'écriait un curé, quand vous nous avez invités à venir nous joindre à vous, *au nom du Dieu de la paix,* c'était pour nous égorger!... » La dîme était donc leur vie même, ce qu'ils avaient de plus cher... Au troisième jour, voyant tout le monde tourner contre eux, ils s'exécutèrent. Quinze ou vingt curés renoncèrent, se remettant à la générosité de la nation. Les grands prélats, l'archevêque de Paris, le cardinal de La Rochefoucauld, suivirent cet exemple, renoncèrent, au nom du clergé. La dîme fut abolie sans rachat *pour l'avenir,* pour le moment maintenue, jusqu'à ce qu'on eût pourvu à l'entretien des pasteurs (11 août).

La résistance du clergé ne pouvait être sérieuse. Il avait contre lui presque toute l'Assemblée. Mirabeau parla trois fois; il fut, encore plus qu'à l'ordinaire, hardi, hautain, souvent ironique, sous formes respectueuses. Il savait bien l'assentiment qu'il devait trouver, et dans l'Assemblée et dans le public. Les grandes thèses du XVIIIe siècle furent reproduites en passant, comme choses consenties, d'avance admises, incontestables. Voltaire revint là, terrible, rapide et vainqueur. La liberté religieuse fut consacrée, dans la Déclaration des droits, et non pas la *tolérance,* mot ridicule, qui suppose un droit à la tyrannie. Celui de religion *dominante,* culte *dominant,* que demanda le clergé, fut traité comme il méritait. Le grand orateur, organe en ceci et du siècle et de la France, mit ce mot au ban de toute législation. « Si vous l'écrivez, dit-il, ayez donc aussi une philo-

Le clergé

sophie *dominante*, des systèmes *dominants*... Rien ne doit dominer que le droit et la justice. »

Ceux qui connaissent par l'histoire, par l'étude du Moyen Age, la prodigieuse ténacité du clergé à défendre son moindre intérêt, peuvent, dès ce moment, juger des efforts qu'il va faire pour sauver ses biens, son bien le plus précieux, sa chère intolérance.

Une chose lui donnait cœur; c'est que la noblesse de province, les parlementaires, tout l'ancien régime, étaient unis avec lui dans leur résistance commune aux résolutions du 4 août. Tel même qui, cette nuit, les proposa ou les appuya, commençait à se repentir.

Que de telles résolutions eussent été prises par leurs représentants, par des nobles, c'est ce que les privilégiés ne pouvaient comprendre. Ils en restaient stupéfaits, hors d'eux-mêmes... Les paysans, qui avaient commencé par la violence, continuaient maintenant par l'autorité de la loi. C'était la loi qui nivelait, qui jetait bas les barrières, brisait le poteau seigneurial, biffait l'écusson qui, par toute la France, ouvrait la chasse aux gens armés. Tous armés, tous chasseurs, tous nobles!... Et cette loi qui semblait anoblir le peuple, désanoblir la noblesse, des nobles l'avaient votée!

Si le privilège périssait, les privilégiés, nobles et prêtres, aimaient mieux périr; ils s'étaient depuis longtemps indentifiés, incoporés à l'inégalité, à l'intolérance. Plutôt mourir cent fois que de cesser d'être injustes!... Ils ne pouvaient rien accepter de la Révolution, ni son principe, écrit dans sa Déclaration des droits, ni l'application du principe dans sa grande charte sociale du 4 Août. Quelque peu de volonté qu'eût le roi, ses scrupules religieux le mettaient de leur parti, et garantissaient son obstination. Il eût accepté peut-être la diminution du pouvoir royal; mais la dîme, chose sainte, mais la juridiction du clergé, *son droit d'atteindre les délits secrets,* méconnue par l'Assemblée, la liberté des opinions religieuses proclamée, c'est ce que le prince timoré ne pouvait admettre.

La reine et le prêtres

On pouvait être sûr que, de lui-même, et sans avoir besoin d'impulsion extérieure, Louis XVI repousserait, du moins essaierait d'éluder la Déclaration des droits et les décrets du 4 août.

De là, jusqu'à le faire agir, combattre, il y avait loin encore. Il avait horreur du sang. On pouvait le placer dans telle circonstance qui lui imposât la guerre, mais l'obtenir directement, en tirer de lui la résolution, l'ordre, on ne pouvait y songer.

La reine n'avait point d'appui à attendre de son frère Joseph, trop occupé de sa Belgique. De l'Autriche, elle ne recevait que des conseils, ceux de l'ambassadeur, M. Mercy d'Argenteau. Les troupes n'étaient pas sûres. Ce qu'elle avait, c'était un très grand nombre d'officiers de marine et autres, des régiments suisses, allemands. Elle avait, pour principale force, un excellent noyau d'armée, vingt-cinq ou trente mille hommes, à Metz et autour, sous un officier dévoué, énergique, qui avait fait preuve d'une grande vigueur, M. de Bouillé. Il avait maintenu ces troupes dans une discipline sévère, dans l'éloignement et le mépris du bourgeois, de la canaille.

L'avis de la reine fut toujours de partir, de se jeter dans le camp de M. de Bouillé, de commencer la guerre civile.

N'y pouvant décider le roi, que restait-il? sinon d'attendre, d'user Necker, de le compromettre, d'user Bailly, La Fayette, de laisser faire le désordre, l'anarchie, de voir si le peuple, qu'on supposait obéir à des impulsions étrangères, ne se lasserait pas de ses meneurs qui le laissaient mourir de faim. L'excès des misères devait le calmer, le mater, l'abattre. On s'attendait, d'un jour à l'autre, à le voir redemander l'ancien régime, le bon temps, prier le roi de reprendre l'autorité absolue.

« Vous aviez du pain, sous le roi; maintenant que vous avez douze cents rois, allez leur en demander! » Ce mot qu'on prête à un ministre d'alors, qu'il ait été dit ou non, était la pensée de la Cour.

Le clergé

Cette politique n'était que trop bien servie par le triste état de Paris. C'est un fait terrible et certain que, dans cette ville de huit cent mille âmes, il n'y eut aucune autorité publique, trois mois durant, de juillet en octobre.

Point de pouvoir municipal. Cette autorité primitive, élémentaire des sociétés, était comme dissoute. Les soixante districts discutaient et ne faisaient rien. Leurs représentants à l'Hôtel de Ville n'agissaient pas davantage. Seulement, ils entravaient le maire, empêchaient Bailly d'agir. Celui-ci, homme de cabinet, naguère astronome, académicien, nullement préparé à son nouveau rôle, restait toujours enfermé au bureau des subsistances, inquiet, ne sachant jamais s'il pourrait nourrir Paris.

Point de police. Elle était dans les mains impuissantes de Bailly. Le lieutenant de police avait donné sa démission, et n'était pas remplacé.

Point de justice. La vieille justice criminelle se trouva tout à coup si contraire aux idées, aux mœurs, elle parut si barbare, que M. de La Fayette en demanda la réforme immédiate. Les juges durent changer tout d'un coup leurs vieilles habitudes, apprendre des formes nouvelles, suivre une procédure plus humaine, mais aussi plus lente. Les prisons s'encombrèrent; des foules s'y entassèrent; ce qu'on avait désormais le plus à craindre, c'était d'y être oublié.

Plus d'autorités de corporations. Les doyens, syndics, etc., les règlements des métiers, furent paralysés, annulés par le seul effet du 4 août. Les métiers les plus jaloux, ceux dont l'accès jusque-là était difficile, les bouchers, dont les étaux étaient des sortes de fiefs, les imprimeurs, les perruquiers, se multiplièrent. L'imprimerie, il est vrai, prenait un immense essor. Les perruquiers, au contraire, voyaient en même temps leur nombre augmenter, leurs pratiques disparaître. Tous les riches quittaient Paris. Un journal affirme qu'en trois mois soixante mille passeports furent signés à l'Hôtel de Ville.

De grands rassemblements avaient lieu au Louvre, aux

Champs-Elysées; les perruquiers, les cordonniers, les tailleurs. La garde nationale venait, les dissipait avec brutalité parfois, avec maladresse. Ils adressaient à la Ville des plaintes, des demandes impossibles: maintenir les anciens règlements, ou bien en faire de nouveaux, fixer le prix des journées, etc. Les domestiques, laissés sur le pavé par leurs maîtres qui partaient, voulaient qu'on renvoyât tous les Savoyards chez eux.

Ce qui étonnera toujours ceux qui connaissent l'histoire des autres révolutions, c'est que dans cette situation misérable et affamée de Paris, laissé sans autorité, il y ait eu au total très peu de violences graves. Un mot, une observation raisonnable, parfois une plaisanterie, suffisait pour les arrêter. Aux premiers jours seulement qui suivirent le 14 juillet, il y eut des voies de fait. Le peuple, plein de l'idée qu'il était trahi, cherchait l'ennemi à l'aveugle et faillit faire de cruelles méprises. Plusieurs fois M. de La Fayette intervint à point et fut écouté. Il sauva plusieurs personnes.

Quand je songe aux temps qui suivirent, à notre époque, si molle, si intéressée, je ne puis m'empêcher d'admirer que l'extrême misère ne brisa nullement ce peuple, ne lui arracha nul regret de son esclavage. Ils surent souffrir, ils surent jeûner. Les grandes choses qui s'étaient faites en si peu de temps, le serment du Jeu de Paume, la prise de la Bastille, la nuit du 4 Août, avaient exalté les courages, mis en tous une idée nouvelle de la dignité humaine. Necker part le 11 juillet, il revient trois semaines après, et il ne reconnaît plus le peuple. Dussaulx, qui avait passé soixante ans sous l'ancien régime, ne sait plus où est la vieille France. Tout est changé, dit-il, la démarche, le costume, l'aspect des rues, les enseignes. Les couvents sont pleins de soldats; les échoppes sont des corps de garde. Partout des jeunes gens qui s'exercent aux armes; les enfants tâchent d'imiter, ils suivent, se mettent au pas. Des octogénaires montent la garde avec leurs arrières-petits-fils:

Le clergé

« Qui l'aurait cru, me disent-ils, que nous aurions le bonheur de mourir libres. »

Chose peu remarquée: malgré telle et telle violence du peuple, sa sensibilité avait augmenté; il ne voyait plus de sang-froid les supplices atroces qui, sous l'ancien régime, étaient un spectacle pour lui. A Versailles, un homme allait être roué comme parricide; il avait levé le couteau sur une femme, et son père, se jetant entre eux, avait été tué du coup. Le peuple trouva le supplice plus barbare encore que l'acte, il empêcha l'exécution, et renversa l'échafaud.

Le cœur de l'homme s'était ouvert à la jeune chaleur de notre Révolution. Il battait plus vite, il était plus passionné qu'il ne fut jamais, plus violent, mais plus généreux. Chaque séance de l'Assemblée offrait l'intérêt touchant des dons patriotiques qu'on y apportait en foule. L'Assemblée nationale était obligée de se faire caissier, receveur; c'est à elle qu'on venait pour tout, qu'on envoyait tout, les demandes, les dons, les plaintes. Son étroite enceinte était comme la maison de la France. Les pauvres surtout donnaient. C'était un jeune homme qui envoyait ses économies, six cents livres, péniblement amassées. C'étaient de pauvres femmes d'artistes qui apportaient ce qu'elles avaient, leurs bijoux, la parure qu'elles reçurent au mariage. Un laboureur venait déclarer qu'il donnait telle quantité de blé. Un écolier offrait telle collection que lui envoyaient ses parents, ses étrennes peut-être, sa petite récompense... Dons d'enfants, de femmes, générosité du pauvre, denier de la veuve, petites choses, et si grandes devant la Patrie! devant Dieu!

L'Assemblée, parmi les ambitions, les dissidences, les misères morales qui la travaillaient, était émue, soulevée au-dessus d'elle-même par cette magnanimité du peuple. Lorsque M. Necker vint exposer la misère, le dénuement de la France, et solliciter, pour vivre au moins deux mois encore, un emprunt de trente millions, plusieurs députés demandèrent qu'il fût garanti par leurs propres biens, par ceux des membres de l'Assemblée. M. de Foucault, en vrai gentilhomme, fit la première proposition, il offrit d'y engager six cent mille livres qui faisaient toute sa fortune.

Un sacrifice plus grand encore qu'aucun sacrifice d'argent, c'est celui que tous, riches et pauvres, faisaient à la chose publique, celui de leur temps, de leur pensée constante, de toute leur activité. Les municipalités qui se formaient, les administrations départementales qui s'organisèrent bientôt, absorbaient le citoyen tout entier et sans réserve. Plusieurs faisaient porter leur lit dans les bureaux, et travaillaient nuit et jour. A la fatigue joignez le danger. Les masses souffrantes se défiaient toujours, elles accusaient, menaçaient. Les trahisons de l'ancienne administration rendaient la nouvelle suspecte. C'était au péril de leur vie que ces nouveaux magistrats travaillaient à sauver la France.

Et le pauvre! le pauvre! qui dira ses sacrifices? La nuit, il montait la garde; le matin, à quatre ou cinq heures, il se mettait à la queue à la porte du boulanger; tard, bien tard, il avait le pain. La journée était entamée, l'atelier fermé... Et que dis-je, l'atelier? Presque tous chômaient. Que dis-je, le boulanger? Le pain manquait, plus souvent encore l'argent pour avoir le pain. Triste, à jeun, le malheureux errait, traînait sur les places, aimant mieux être dehors que d'entendre au logis des plaintes, les pleurs de ses enfants. Ainsi l'homme qui n'avait que son temps, ses bras pour vivre et nourrir sa famille, les consacrait de préférence à la grande affaire, le salut public. Il en oubliait le sien.

Noble et généreuse nation! Pourquoi faut-il que nous connaissions trop mal cette époque héroïque? Les choses terribles, violentes, poignantes qui suivirent, ont fait oublier la multitude des dévouements, qui marquèrent le début de la Révolution. Un phénomène plus grand que tout événement politique apparut alors au monde: la puissance de l'homme, par quoi l'homme est Dieu, la puissance du sacrifice, avait augmenté.

CHAPITRE VI

Le veto

Difficulté des subsistances. Combien la situation était pressante. Le roi peut-il tout arrêter? Longue discussion du veto. Projets secrets de la Cour. Y aura-t-il une chambre, ou deux? L'école anglaise. L'Assemblée avait besoin d'être dissoute et renouvelée. Elle était hétérogène, discordante, impuissante. Discorde intérieure de Mirabeau, son impuissance. (Août-septembre 1789.)

La situation empirait. La France entre deux systèmes, l'ancien, le nouveau, s'agitait sans avancer. Et elle avait faim.

Paris, il faut le dire, vivait par hasard. Sa subsistance, toujours incertaine, dépendait de tel arrivage, d'un convoi de la Beauce ou d'un bateau de Corbeil. La Ville, avec d'immenses sacrifices, abaissait le prix du pain; il en résultait que toute la banlieue, à dix lieues à la ronde, et plus, venait se fournir à Paris. C'était tout un vaste pays qu'il s'agissait de nourrir. Les boulangers trouvaient leur compte à vendre sous main au paysan, et ensuite, quand le Parisien trouvait leur boutique vide, ils se rejetaient sur l'imprévoyance de l'administration qui n'approvisionnait pas Paris. L'incertitude du lendemain, les vaines alarmes, augmentaient encore les difficultés; chacun se faisait des réserves, on entassait, on cachait. L'administration aux abois envoyait de tous côtés, achetait de gré ou de force. Parfois, les farines en route étaient saisies, retenues au passage par les localités voisines qui avaient de pressants besoins. Paris et Versailles partageaient; mais Versailles gardait, disait-on, le plus beau, faisait un pain supérieur.

Grand sujet de jalousie. Un jour où ceux de Versailles avaient eu l'imprudence de détourner chez eux un convoi destiné pour les Parisiens, Bailly, l'honnête et respectueux Bailly, écrivit à M. Necker que, si l'on ne restituait les farines, trente mille hommes iraient les chercher le lendemain. La peur le rendait hardi. Sa tête était en péril si les provisions manquaient. A minuit, souvent, il n'avait encore que la moitié des farines nécessaires pour le marché du matin.

L'approvisionnement de Paris était une sorte de guerre. On envoyait la garde nationale pour protéger tel arrivage, assurer tel ou tel achat; on achetait à main armée. Gênés dans leur commerce, les fermiers ne voulaient pas battre, les meuniers ne voulaient pas moudre. Les spéculateurs étaient effrayés. Une brochure de Camille Desmoulins désigna, menaça les frères Leleu, qui avaient le monopole des moulins royaux de Corbeil. Un autre, qui passait pour agent principal d'une compagnie d'accapareurs, se tua, ou fut tué dans une forêt voisine de Paris. Sa mort entraîna sa banqueroute, immense, effroyable, de plus de cinquante millions. Il n'est pas invraisemblable que la Cour, qui avait de grandes sommes placées chez lui, les retira brusquement pour solder une foule d'officiers qu'elle appelait à Versailles, peut-être pour emporter à Metz; elle ne pouvait sans argent commencer la guerre civile.

C'était déjà une guerre contre Paris, et la pire peut-être, que de le retenir dans une telle paix. Plus de travail, et la faim!

« Je voyais, dit Bailly, de bons marchands, des merciers, des orfèvres, qui sollicitaient pour être admis parmi les mendiants qu'on occupait à Montmartre à remuer de la terre. Qu'on juge de ce que je souffrais. » Il ne souffrait pas assez. On le voit, dans ses Mémoires mêmes, trop occupé de petites vanités, des questions de préséance, de savoir par quelle forme honorifique commencera le sermon de la bénédiction des drapeaux, etc.

Le veto

Et l'Assemblée nationale ne souffrait pas assez non plus des souffrances du peuple. Autrement elle eût moins traîné dans l'éternel débat de sa scolastique politique. Elle eût compris qu'elle devait hâter le mouvement des réformes, écarter tous les obstacles, abréger ce mortel passage où la France restait entre l'ordre ancien et l'ordre nouveau. Tout le monde voyait la question, l'Assemblée ne la voyait pas. Avec des intentions généralement bonnes, et de grandes lumières, elle semblait peu sentir la situation. Retardée par les résistances royalistes, aristocratiques, qu'elle portait dans son sein, elle l'était encore par les habitudes de barreau ou d'académie que conservaient ses plus illustres membres, gens de lettres ou avocats.

Il fallait d'abord, à tout prix, sans parlage et sans retard, insister et obtenir la sanction des décrets du 4 Août, enterrer le monde féodal; il fallait de ces décrets généraux déduire des lois politiques, et les lois administratives qui détermineraient l'application des premières — c'est-à-dire organiser, armer la Révolution, lui donner la forme et la force, en faire un être vivant. Comme tel, elle devenait moins dangereuse qu'en la laissant flottante, débordée, vague et terrible, comme un élément, comme l'inondation, comme l'incendie.

Il fallait se hâter surtout. Ce fut pour Paris un coup de foudre quand on y sut que l'Assemblée s'occupait seulement de savoir si elle reconnaîtrait au roi le *droit absolu d'empêcher* (veto absolu), ou le *droit d'ajourner,* suspendre, deux ans, quatre ans, six ans... Quatre ans, six ans, bon Dieu! pour des gens qui ne savaient pas s'ils vivraient le lendemain.

Loin d'avancer, l'Assemblée visiblement reculait. Elle fit deux choix rétrogrades et tristement significatifs. Elle nomma président l'évêque de Langres, la Luzerne, partisan du *veto,* puis Mounier, cette fois encore un partisan du veto.

On s'est moqué de la chaleur que le peuple mit dans

cette question. Plusieurs, dit-on, croyaient que le *veto* était une personne, ou un impôt. Il n'y a de risible en ceci que les moqueurs. Oui, le *veto* valait un impôt s'il empêchait les réformes, la diminution de l'impôt. Oui, le *veto* était éminemment personnel; un homme disait: *J'empêche;* sans raison, tout était dit.

M. de Sèze crut plaider habilement pour cette cause, en disant qu'il s'agissait non d'une personne, mais d'*une volonté permanente,* plus fixe qu'aucune assemblée.

Permanente? selon l'influence des courtisans, des confesseurs, des maîtresses, des passions, des intérêts. En la supposant permanente, cette volonté peut être très personnelle, très oppressive si, lorsque tout change autour d'elle, elle ne change ni ne s'améliore. Que sera-ce si une même politique, un même intérêt passe, avec le sang et la tradition, dans toute une dynastie?

Les cahiers, écrits dans des circonstances tout autres, accordaient au roi la sanction et le refus de sanction. La France s'était fiée au pouvoir royal contre les privilégiés. Aujourd'hui que ce pouvoir était leur auxiliaire, fallait-il suivre les cahiers?... Autant relever la Bastille.

L'ancre de salut qui restait aux privilégiés, c'était le *veto* royal. Ils serraient le roi, embrassaient le roi dans leur naufrage, voulant qu'il subît leur sort, qu'il fût sauvé, ou bien noyé avec eux.

L'Assemblée discuta la question comme s'il s'était agi d'un pur combat de systèmes. Paris y sentait moins une question qu'une crise, la grande crise et la cause totale de la Révolution, qu'il fallait sauver ou perdre: *Etre, ou n'être pas,* rien de moins.

Et Paris seul avait raison. Les révélations de l'histoire, les aveux du parti de la Cour, nous autorisent maintenant à le prononcer. Le 14 juillet n'avait rien changé; le vrai ministre était Breteuil, le confident de la reine. Necker n'était là que pour la montre. La reine regardait toujours vers la fuite, vers la guerre civile; son cœur était à Metz, au camp de Bouillé. L'épée de Bouillé, c'était le seul *veto* qui lui plût.

On eût pu croire que l'Assemblée ne s'était point aperçue qu'il y eût une révolution. La plupart des discours auraient servi aussi bien pour un autre siècle, un autre peuple. Un seul restera, celui de Sieyès, qui repoussa le *veto*. Il établit parfaitement que le vrai remède aux empiétements réciproques des pouvoirs, n'était pas de constituer ainsi arbitre et juge le pouvoir exécutif, mais de faire appel au pouvoir constituant qui est dans le peuple. Une assemblée peut se tromper ; mais combien le dépositaire inamovible d'un pouvoir héréditaire n'a-t-il pas plus de chances de se tromper sans le savoir ou sciemment, de suivre un intérêt à part, de dynastie, de famille ?

Il définit le *veto* une simple lettre de cachet lancée par un individu contre la volonté générale.

Une chose de bon sens fut dite par un autre député, c'est que si l'Assemblée était divisée en deux chambres, chacune ayant un *veto,* on avait peu à craindre l'abus du pouvoir législatif ; par conséquent, il n'était pas nécessaire de lui opposer une nouvelle barrière en donnant le *veto* au roi.

Il y eut cinq cents voix pour une chambre unique ; la division en deux chambres ne put obtenir cent voix. La foule des nobles qui n'avait pas chance d'entrer dans la chambre Haute se garda bien de créer pour les grands seigneurs une pairie à l'anglaise.

Les raisonnements des anglomanes, présentés alors avec talent par Lally, Mounier, etc., plus tard reproduits obstinément par Mme de Staël, Benjamin Constant et tant d'autres, avaient été d'avance mis en poudre par Sieyès dans un chapitre de son livre du *Tiers Etat*. Chose vraiment admirable ! Ce puissant logicien, par la force de son esprit, n'ayant point vu l'Angleterre, connaissant peu son histoire, avait obtenu déjà les résultats que nous donne l'étude minutieuse de son présent et de son passé ! Il avait vu parfaitement que cette fameuse balance des trois pouvoirs, qui, si elle était réelle, produirait l'immobilité, est une pure comédie, une mystification, au profit d'un des pouvoirs (aristocratique en Angleterre, monarchique en France). L'Angleterre a toujours été, est, sera une aristocratie. L'art de cette aristocratie, ce qui a perpétué son pouvoir, ce n'est pas de faire part au peuple, mais de trouver à son action un champ extérieur, de lui ouvrir un débouché; c'est ainsi qu'elle a répandu l'Angleterre sur tout le globe. Pour le *veto,* l'avis de Necker qu'il adressa à l'Assemblée, celui auquel du reste elle s'arrêtait d'elle-même, fut d'accorder le veto au roi, le *veto suspensif,* le droit d'ajourner jusqu'à la seconde législature qui suivrait celle qui proposait la loi.

Cette assemblée était mûre pour la dissolution. Née avant la grande révolution qui venait de s'opérer, elle était profondément hétérogène, inorganique, comme le chaos de l'ancien régime d'où elle sortit. Malgré le nom d'Assemblée *nationale* dont la baptisa Sieyès, elle restait *féodale,* elle n'était autre chose que les anciens états généraux. Des siècles avaient passé sur elle, du 5 mai au 31 août. Elue dans la forme antique et selon le droit barbare, elle représentait deux ou trois cent mille nobles ou prêtres autant que la nation. En les réunissant à soi, le tiers s'était affaibli et énervé. A chaque instant, sans même le bien sentir, il composait avec eux. Il ne prenait guère de mesures qui ne fussent des moyens termes, bâtards, impuissants, dangereux. Les privilégiés, qui travaillaient au-dehors avec la Cour pour défaire la Révolution, l'entravaient plus sûrement encore au sein de l'Assemblée même.

Cette Assemblée, toute pleine qu'elle était de talents, de lumières, n'en était pas moins monstrueuse, par l'incurable désaccord de ses éléments. Quelle fécondité, quelle génération peut-on espérer d'un monstre?

Voilà ce que disait le bon sens, la froide raison. Les modérés, qui sembleraient devoir conserver une vue plus nette, moins trouble, ne virent rien ici. La passion vit mieux, chose étrange; elle sentit que tout était danger, obstacle dans cette situation double, et elle s'efforça d'en sortir. Mais comme passion et violence, elle inspirait une défiance infinie, rencontrait des obstacles immenses; elle redoublait de violence pour les surmonter, et ce redoublement créait de nouveaux obstacles.

Le monstre du temps, je veux dire la discorde des deux principes, leur impuissance à créer rien de vital, il faut, pour le bien sentir, le voir en un homme. L'unité de la personne, la haute unité de facultés qu'on appelle le génie, ne servent de rien, si, dans cet homme et ce génie, les idées se battent entre elles, si les principes et les doctrines ont en lui leur guerre acharnée.

Je ne sache pas un spectacle plus triste pour la nature humaine que celui qu'offre ici Mirabeau. Il parle à Versailles pour le *veto* absolu, mais en termes si obscurs qu'on ne sait pas bien d'abord si c'est pour ou contre.

Le même jour, à Paris, ses amis soutiennent au Palais-Royal qu'il a combattu le *veto*. Il inspirait tant d'attachement personnel aux jeunes gens qui l'entouraient qu'ils n'hésitèrent pas à mentir hardiment pour le sauver. « Je l'aimais comme une maîtresse », dit Camille Desmoulins. On sait qu'un des secrétaires de Mirabeau voulut se tuer à sa mort.

Les menteurs, exagérant, comme il arrive, le mensonge pour mieux se faire croire, affirmèrent qu'à la sortie de l'Assemblée il avait été attendu, suivi, et blessé, qu'il avait reçu un coup d'épée... Tout le Palais-Royal s'écrie qu'il faut voter une garde de deux cents hommes pour ce pauvre Mirabeau!

Dans cet étrange discours, il avait soutenu le vieux sophisme que la sanction royale était une garantie de la liberté, que le roi était une sorte de tribun du peuple, son représentant. Un représentant irrévocable, irresponsable, et qui ne rend jamais compte!

Il était sincèrement royaliste et, comme tel, ne se fit pas

scrupule de recevoir plus tard une pension pour tenir table ouverte aux députés. Il se disait qu'après tout il ne défendait que sa propre conviction. Une chose, il faut l'avouer, le corrompait plus que l'argent, celle qu'on eût le moins devinée dans cet homme si fier d'attitude et de langage; et quelle chose? Il avait peur.

Peur de la Révolution qui montait, qui grandissait... Il voyait ce jeune géant qui le dominait, qui tout à l'heure l'emporterait, comme un autre homme... Et alors, il se rejetait vers ce qu'on appelait l'ordre ancien, vrai désordre et chaos... Dans cette lutte impossible, il fut sauvé par la mort.

CHAPITRE VII

La presse

Agitation de Paris pour la question du veto, 30 août. Etat de la presse. Multiplication des journaux. Tendances de la presse. Elle est encore royaliste. Loustalot, rédacteur des *Révolutions de Paris*. Sa proposition, 31 août; repoussée à l'Hôtel de Ville. Complot de la Cour, connu de La Fayette et de tout le monde. Opposition naissante de la garde nationale et du peuple. Conduite incertaine de l'Assemblée. Volney lui propose de se dissoudre, 18 septembre. Impuissance de Necker, de l'Assemblée, de la Cour, du duc d'Orléans. La presse même impuissante.

Nous venons de voir deux choses: la situation était intolérable, l'Assemblée était incapable d'y porter remède.

Un mouvement populaire trancherait-il la difficulté? Cela ne pouvait avoir lieu qu'autant qu'il serait vraiment le mouvement du peuple, spontané, vaste, unanime, comme fut le 14 juillet.

La fermentation était grande, l'agitation vive, mais partielle encore. Dès le premier jour que la question du *veto* fut posée (le dimanche 30 août), Paris tout entier prit l'alarme, le *veto* absolu apparut comme l'anéantissement de la souveraineté du peuple. Toutefois, le Palais-Royal seul se mit en avant. On y décida d'aller à Versailles, d'avertir l'Assemblée qu'on voyait dans son sein une ligue pour le *veto,* qu'on en connaissait les membres, que, s'ils n'y renonçaient, Paris allait se mettre en marche. Quelques centaines d'hommes partirent en effet à dix heures du soir; à leur tête s'était mis un homme aveugle, violent, recommandable à la foule par sa force corporelle, sa voix de stentor, le marquis de Saint-Hururge. Emprisonné sous l'ancien régime à la requête de sa femme, jolie, galante, et qui avait du crédit, Saint-Hururge, on le comprend, était d'avance un ennemi furieux de l'ancien régime, un champion ardent de la Révolution. Aux Champs-Elysées, sa troupe, déjà fort diminuée, rencontra les gardes nationaux envoyés par La Fayette, qui lui barrèrent le passage.

Le Palais-Royal dépêcha, coup sur coup, trois ou quatre députations à la Ville pour obtenir de passer. On voulait faire l'émeute légalement, et du consentement de l'autorité. Il est superflu de dire que celle-ci ne consentit pas.

Cependant une autre tentative, tout autrement sérieuse, se faisait au Palais-Royal. Celle-ci, quel qu'en fût le succès, devait avoir du moins le résultat général de mettre la grande question du jour en discussion dans tout le peuple; elle ne pouvait plus être dès lors brusquement décidée, enlevée par surprise à Versailles; Paris regardait l'Assemblée, la veillait, et par la presse, et par son assemblée, à lui, la grande assemblée parisienne, une, quoique divisée en ses soixante districts.

L'auteur de la proposition était un jeune journaliste. Avant de la rapporter, nous devons donner une idée du mouvement qui se faisait dans la presse.

Ce réveil subit d'un peuple appelé tout à coup à prendre connaissance de ses droits, à décider de son sort, avait absorbé toute l'activité du temps dans le journalisme. Les esprits les plus spéculatifs avaient été entraînés sur le terrain de la pratique. Toute science, toute littérature fit halte; la vie politique fut tout.

A chaque grand moment de 89, une éruption de journaux:

1. En mai et juin, à l'ouverture des états généraux, vous en voyez naître une foule. Mirabeau fait le *Courrier de Provence,* Gorsas le *Courrier de Versailles,* Brissot *Le Patriote français,* Barrère *Le Point du Jour,* etc.

2. La veille du 14 juillet, apparaît de tous les journaux

le plus populaire: *Les Révolutions de Paris,* rédigées par Loustalot.

3. La veille des 5 et 6 octobre éclatent *L'Ami du Peuple* (Marat), les *Annales patriotiques* (Carra et Mercier). Bientôt après, le *Courrier du Brabant,* de Camille Desmoulins, le plus spirituel de tous, à coup sûr; puis, l'un des plus violents, *L'Orateur du Peuple,* Fréron.

Le caractère général de ce grand mouvement, et qui le rend admirable, c'est que, malgré les nuances, il y a presque unanimité. Sauf un seul journal qui tranche, la presse offre l'image d'un vaste concile, où chacun parle à son tour, où tous sont préoccupés du but commun, évitant toute hostilité.

La presse, à ce premier âge, luttant contre le pouvoir central, a généralement la tendance de fortifier les pouvoirs locaux, d'exagérer les droits de la commune contre l'Etat. Si l'on pouvait déjà employer le langage du temps qui va venir, on dirait qu'à cette époque, tous semblent *fédéralistes.* Mirabeau l'est tout autant que Brissot ou La Fayette. Cela va jusqu'à admettre l'indépendance des provinces, si la liberté devient impossible pour la France entière. Mirabeau se résignerait à être comte de Provence; il le dit en propres termes.

Avec tout cela, la presse qui lutte contre le roi est généralement royaliste. « Nous n'étions pas, alors, dit Camille Desmoulins, dix républicains en France. » Il ne faut pas se méprendre sur la portée réelle de tel ou tel mot hardi. En 88, le violent d'Epremesnil avait dit: « Il faut débourbonnailler la France. » Mais, c'était seulement pour faire roi le Parlement.

Mirabeau, qui devait épuiser toutes les contradictions, fit traduire, imprimer sous son nom, en 89, au moment même où il prenait la défense de la royauté, le violent petit livre de Milton contre les rois. Ses amis le supprimèrent.

Deux hommes prêchaient la République: l'un des plus féconds écrivains de l'époque, l'infatigable Brissot, et le brillant, l'éloquent, le hardi Camille. Son livre *La France libre* contient une petite histoire (violemment satirique, de la monarchie. Il y montre que ce principe d'ordre et de stabilité a été, en pratique, un perpétuel désordre. La royauté héréditaire, pour se racheter de tant d'inconvénients qui lui sont visiblement inhérents, a un mot qui répond à tout: la paix, le maintien de la paix; ce qui n'empêche pas que par les minorités, les querelles de successions, elle n'ait tenu la France dans une guerre à peu près perpétuelle: guerres des Anglais, guerres d'Italie, guerres de la Succession d'Espagne, etc.

Robespierre a dit que la République s'était glissée, sans qu'on s'en doutât, entre les partis. Il est plus exact de dire que la royauté elle-même l'a introduite, y a poussé les esprits. Si les hommes renoncent à se gouverner eux-mêmes, c'est que la royauté se présente comme une simplification qui facilite, aplanit, dispense de vertu et d'effort. Mais quoi! si elle est l'obstacle?... On peut affirmer hardiment que la royauté enseigna la République, qu'elle y entraîna la France qui en était éloignée, s'en défiait ou n'y pensait pas. Pour revenir, le premier des journalistes de l'époque n'était ni Mirabeau, ni Camille Desmoulins, ni Brissot, ni Condorcet, ni Mercier, ni Carra, ni Gorsas, ni Marat, ni Barrère. Tous publiaient des journaux, et quelques-uns à grand nombre, Mirabeau tirait à dix mille son fameux *Courrier de Provence*.

Et *Les Révolutions de Paris* se sont (pour quelques numéros) tirées jusqu'à *deux cent mille*. C'est la plus grande publicité qu'on ait jamais obtenue.

Le rédacteur ne signait pas. L'imprimeur signait: Prud'homme. Ce nom est devenu l'un des plus connus du monde. Le rédacteur inconnu était Loustalot.

Loustalot, mort à vingt-neuf ans en 1790, était un sérieux jeune homme, honnête, laborieux. Médiocre écrivain, mais grave, d'une gravité passionnée, son originalité réelle, c'est de contraster avec la légèreté des journalistes du temps.

On sent, dans sa violence même, un effort pour être juste. C'est lui que préféra le peuple.

Il n'en était pas indigne. Il donna, au début de la Révolution, plus d'une preuve de modération courageuse. Lorsque les gardes-françaises furent délivrés par le peuple, il dit qu'il n'y avait qu'une solution à l'affaire: que les prisonniers se remissent eux-mêmes en prison, et que les électeurs, l'Assemblée nationale, exigeassent la grâce du roi. Lorsqu'une méprise populaire mit en péril le bon Lasalle, le brave commandant de la ville, Loustalot, prit sa défense, le justifia, lui ramena les esprits. Dans l'affaire des domestiques qui voulaient qu'on chassât les Savoyards, il se montra ferme et sévère autant que judicieux.

Vrai journaliste, il était l'homme du jour, non celui du lendemain. Lorsque Camille Desmoulins publie son livre *La France libre,* où il supprime le roi, Loustalot, tout en le louant, lui trouve de l'exagération, l'appelle une tête exaltée.

Marat, peu connu alors, avait violemment attaqué Bailly dans *L'Ami du Peuple,* et comme fonctionnaire, et comme homme. Loustalot le défendit.

Il envisageait le journalisme comme une fonction publique, une sorte de magistrature. Nulle tendance aux abstractions. Il vit uniquement dans la foule, en sent les besoins, les souffrances; il s'occupe avant tout des subsistances, de la grande question du moment, le pain. Il propose des machines pour moudre le blé plus vite. Il va voir les infortunés qu'on fait travailler à Montmartre. Ces malheureux, qui, à force de misère, n'ont presque plus figure humaine, cette déplorable armée de fantômes ou de squelettes qui font peur plus que pitié, Loustalot trouve un cœur pour eux, des paroles touchantes et d'une compassion douloureuse.

Paris ne pouvait rester ainsi. Il fallait relever la royauté absolue, ou fonder la liberté.

Le lundi matin, 31 août, Loustalot, trouvant les esprits

plus calmes que le dimanche soir, harangua le Palais-Royal. Il dit que le remède n'était pas d'aller à Versailles, et fit une proposition moins violente, plus hardie. C'était d'aller à la Ville, d'obtenir la convocation des districts, et dans ces assemblées de poser ces questions: 1° Paris croit-il que le roi ait droit d'empêcher? 2° Paris confirme-t-il, révoque-t-il ses députés? 3° si l'on nomme des députés, auront-ils un mandat spécial pour refuser le *veto*? 4° si l'on confirme les anciens, ne peut-on obtenir de l'Assemblée qu'elle ajourne la discussion?

La mesure proposée, éminemment révolutionnaire, illégale (inconstitutionnelle, s'il y eût eu constitution), répondait cependant si profondément au besoin du moment qu'elle fut quelques jours après reproduite, pour sa partie principale, la dissolution de l'Assemblée, dans l'Assemblée elle-même, par un de ses membres les plus éminents.

Loustalot et la députation du Palais-Royal furent très mal reçus, leur proposition repoussée à l'Hôtel de Ville, et le lendemain accusée dans l'Assemblée. Une lettre de menaces qu'avait reçue le président, sous le nom de Saint-Hururge (qui pourtant la soutint fausse), acheva d'irriter les esprits. On fit arrêter Saint-Hururge, et la garde nationale profita d'un moment de tumulte pour fermer le Café de Foy. Les réunions du Palais-Royal furent défendues, dissipées par l'autorité municipale.

Ce qui est piquant, c'est que l'exécuteur de ces mesures, M. de La Fayette, à cette époque et toujours, était républicain de cœur. Toute sa vie il rêva la république, et servit la royauté. Une royauté démocratique, ou démocratie royale, lui apparaissait comme une transition nécessaire. Pour en revenir, il ne lui fallut pas moins de deux expériences.

La Cour amusait Necker et l'Assemblée. Elle ne trompait pas La Fayette. Et pourtant il la servait, il lui contenait Paris. L'horreur des premières violences populaires, du sang versé, le faisait reculer devant l'idée d'un nouveau

La presse

14 Juillet. Mais la guerre civile que la Cour préparait, eût-elle moins coûté de sang? Grave et délicate question pour l'ami de l'humanité.

Il savait tout. Le 13 septembre, recevant chez lui à dîner le vieil amiral d'Estaing, commandant de la garde nationale à Versailles, il lui apprit les nouvelles de Versailles qu'il ignorait. Ce brave homme, qui se croyait bien avant dans la confidence du roi et de la reine, sut qu'on était revenu au fatal projet de mener le roi à Metz, c'est-à-dire de commencer la guerre civile, que Breteuil préparait tout de concert avec l'ambassadeur d'Autriche, qu'on rapprochait de Versailles les mousquetaires, les gendarmes, neuf mille de la Maison du roi, dont les deux tiers gentilshommes, qu'on s'emparerait de Montargis, où l'on serait joint par un homme d'exécution, le baron de Vioménil; celui qui avait fait presque toutes les guerres du siècle, récemment celle d'Amérique, s'était jeté violemment dans la contre-révolution, peut-être par jalousie de La Fayette qui, dans la Révolution, semblait avoir le premier rôle. Dix-huit régiments, spécialement les carabiniers, n'avaient pas prêté serment. C'était assez pour fermer toutes les routes de Paris, couper ses convois, l'affamer. On ne manquait plus d'argent; on en avait ramassé, retiré de tous côtés; on croyait être sûr d'avoir quinze cent mille francs par mois. Le clergé suppléerait le reste; un procureur de bénédictins répondait à lui seul de cent mille écus.

Le vieil amiral écrivit le lundi 14 à la reine: « J'ai toujours dormi la veille d'un combat naval, mais depuis la terrible révélation, je n'ai pas pu fermer l'œil... » En la recevant à la table de M. de La Fayette, il frémissait qu'un seul domestique ne l'entendît: « Je lui ai observé qu'un mot de sa bouche pouvait devenir un signal de mort. » A quoi La Fayette, avec son flegme américain, aurait répondu « qu'il y aurait avantage qu'*un seul* mourût pour le salut de tous ». La seule tête en péril eût été celle de la reine.

L'ambassadeur d'Espagne en dit autant à d'Estaing; il

savait tout d'un homme considérable à qui l'on avait proposé de signer une liste d'association que la Cour faisait circuler.

Ainsi, ce profond secret, ce mystère, courait les salons le 13, du 14 au 16 les rues. Le 16, les grenadiers des gardes-françaises, devenus garde nationale soldée, déclarèrent qu'ils voulaient aller à Versailles reprendre leur ancien service, garder le château, le roi. Le 22 le grand complot était imprimé dans *Les Révolutions de Paris*. Toute la France le lisait.

M. de La Fayette, qui se croyait *fort, trop fort,* ce sont ses propres termes, voulait d'une part contenir la Cour en lui faisant peur de Paris, et d'autre part, contenir Paris, en réprimer l'agitation par ses gardes nationales. Il usait, abusait de leur zèle, pour faire taire les colporteurs, imposer silence au Palais-Royal, empêcher les attroupements; il faisait une petite guerre de police, de vexations, à une foule soulevée par les craintes qu'il avait lui-même; il connaissait le complot, et il dissipait, arrêtait ceux qui parlaient. Il fit si bien qu'il créa la plus funeste opposition entre la garde nationale et le peuple. On commença à remarquer que les chefs, les officiers étaient des nobles, des riches, des gens considérables. Les gardes nationaux, en général, réduits en nombre, fiers de leur uniforme, de leurs armes nouvelles pour eux, apparurent au peuple comme une aristocratie. Bourgeois, marchands, ils souffraient beaucoup du trouble, ne recevaient rien de leurs biens ruraux, ne gagnaient rien; ils étaient chaque jour appelés, fatigués et surmenés; chaque jour, ils voulaient en finir, et ils témoignaient leur impatience par quelque acte qui mettait la foule contre eux. Une fois, ils tirèrent le sabre contre un rassemblement de perruquiers, et il y eut du sang de répandu. Une autre fois, ils arrêtèrent des gens qui se permettaient de plaisanter sur la garde nationale; une fille dit qu'elle s'en moquait; ils la prirent et la fouettèrent.

La presse

Le peuple s'irritait jusqu'à élever contre la garde nationale la plus étrange accusation, celle de favoriser la Cour, d'être du complot de Versailles.

La Fayette n'était pas double, mais sa position l'était, Il empêcha les grenadiers d'aller reprendre à Versailles la garde du roi, et il avertit le ministre Saint-Priest (17 septembre). Sa lettre fut mise à profit. On la montra à la Municipalité de Versailles, lui faisant jurer le secret, et l'on obtint qu'elle demanderait qu'on fît venir le régiment de Flandre. On sollicita la même démarche d'une partie de la garde nationale de Versailles; la majorité refusa. Ce régiment fort suspect, parce que jusque-là il refusait de prêter le nouveau serment, arrive avec ses canons, ses caissons et ses bagages; il entre à grand bruit dans Versailles. En même temps le château retenait les gardes du corps qui avaient fait leur service, afin d'avoir double nombre. Une foule d'officiers de tout grade arrivaient chaque jour en poste, comme faisait l'ancienne noblesse à la veille d'une bataille, craignant de manquer le jour.

Paris s'inquiète. Les gardes françaises s'indignent; on les avait tâtés, travaillés, sans autre résultat que de les mettre en défiance. Bailly ne peut se dispenser de parler à l'Hôtel de Ville. Une députation fut envoyée, le bon vieux Dussaulx en tête, pour porter au roi les alarmes de Paris.

La conduite de l'Assemblée, pendant ce temps, est étrange. Tantôt, elle semble dormir, et tantôt se réveiller en sursaut. Aujourd'hui elle est violente, demain modérée, timide.

Un matin, le 12 septembre, elle se souvient du 4 Août, de la grande révolution qu'elle a votée. Il y avait cinq semaines que les décrets étaient rendus, la France entière en parlait avec joie, l'appliquait, l'Assemblée n'en disait mot. Le 12, à l'occasion d'un projet d'arrêté où le comité de judicature demandait *qu'on rendît force aux lois, conformément à une décision du 4 août,* un député de Franche-Comté brise la glace et dit: « *On travaille pour empêcher la promulgation de ces décrets du 4 août*; on prétend qu'ils ne paraîtront pas. Il est temps qu'on les voie munis du sceau royal... Le peuple attend... »

Ce mot fut pris vivement. L'Assemblée se réveilla. L'orateur des modérés, des royalistes constitutionnels, Malouet (chose surprenante), appuya la proposition, d'autres aussi; malgré l'abbé Maury, on décida que les décrets du 4 août seraient présentés à la sanction du roi.

Ce mouvement subit, cette disposition agressive des modérés même, porte à croire que les membres les plus influents n'ignoraient pas ce que La Fayette, ce que l'ambassadeur d'Espagne et bien d'autres disaient dans Paris.

L'Assemblée parut le lendemain étonnée de sa vigueur. Plusieurs songèrent que la Cour ne laisserait jamais le roi sanctionner les décrets du 4 août, et prévirent que son refus provoquerait un mouvement terrible, un second accès de Révolution. Mirabeau, Chapelier et d'autres soutinrent que ces décrets n'étant pas proprement des lois, mais des principes de constitution, n'avaient pas besoin de la sanction royale, la promulgation suffisait. Avis hardi et timide: hardi, on se passait du roi; timide, on le dispensait d'examiner, de sanctionner, de refuser, plus de refus, plus de collision. Les choses se seraient décidées par le fait, selon que chaque parti dominait dans telle ou telle province. Ici, on eût appliqué les décisions du 4 août, comme décrétées par l'Assemblée. Là, on les aurait éludées, comme non sanctionnées par le roi.

Le 15, on vota par acclamation l'inviolabilité royale, l'hérédité, comme pour rendre le roi favorable. On n'en reçut pas moins de lui une réponse équivoque, dilatoire, relativement au 4 août. Il ne sanctionnait rien, il dissertait, blâmait ceci, goûtait cela, n'admettait presque aucun article qu'avec modification. Le tout dans le style de Necker, empreint de sa gaucherie, de sa tergiversation, de ses moyens termes. La Cour, qui préparait tout autre chose, crut apparemment occuper le tapis par cette réponse sans réponse. L'Assemblée s'agita fort. Chapelier, Mirabeau,

Robespierre, Pétion, d'autres ordinairement moins ardents, affirmèrent qu'en demandant la sanction pour ces articles constitutifs, l'Assemblée n'attendait qu'une promulgation pure et simple. Grands débats... Et de là une motion inattendue, mais fort sage de Volney: « Cette assemblée est trop divergente d'intérêts, de passions... Fixons les conditions nouvelles de l'élection, et retirons-nous. » Applaudissements, mais rien de plus. Mirabeau objecte que l'Assemblée a juré de ne point se séparer avant d'avoir fait la Constitution.

Le 21, le roi, pressé de promulguer, sortit des ambages; la Cour apparemment se croyait plus forte. Il répondit que la *promulgation* n'appartenait qu'à des lois *revêtues des formes qui en procurent l'exécution* (il voulait dire *sanctionnées*), qu'il allait ordonner la *publication,* qu'il ne doutait pas que les lois que décréterait l'Assemblée, ne fussent telles qu'il pût leur accorder la *sanction*.

Le 24, Necker vint faire sa confession à l'Assemblée. Le premier emprunt, trente millions, n'en avait donné que *deux*. Le second, de quatre-vingts, n'en avait donné que *dix*. Le *général de la finance,* comme les amis de Necker l'appelaient dans leurs pamphlets, n'avait pu rien faire; le crédit, qu'il croyait gouverner, ramener, n'en avait pas moins péri... Il venait en appeler au dévouement de la nation. Le seul remède était qu'elle s'exécutât elle-même, que chacun se taxât au quart de son revenu.

Necker avait fini son rôle. Après avoir essayé de tout moyen raisonnable, il s'en remettait à la fois au miracle, au vague espoir qu'un peuple incapable de payer moins allait pouvoir payer plus, qu'il se taxerait lui-même à l'impôt monstrueux du quart de son revenu. Le financier chimérique, pour dernier mot de son bilan, pour fond de la caisse, apportait une utopie que le bon abbé de Saint-Pierre n'eût pas proposée.

L'impuissant croit volontiers l'impossible; hors d'état d'agir lui-même, il s'imagine que le hasard, l'imprévu, l'inconnu, agiront pour lui. L'Assemblée, non moins impuissante que le ministre, partagea sa crédulité. Un merveilleux discours de Mirabeau vainquit tous ses doutes, l'emporta hors d'elle-même. Il lui montra la banqueroute, la hideuse banqueroute, ouvrant son gouffre sous elle, prête à l'engloutir, et elle, et la France... Elle vota... Si la mesure eût été sérieuse, si l'argent était venu, l'effet eût été bizarre: Necker eût réussi à relever ceux qui devaient chasser Necker, l'Assemblée eût soldé la guerre pour dissoudre l'Assemblée.

L'impossible, le contradictoire, l'impasse en tous sens, c'est le fond de la situation, pour tout homme et pour tout parti. Disons tout d'un mot: *Nul ne peut.*

L'Assemblée ne peut. Discordante d'éléments et de principes, elle était de soi incapable; mais elle le devient bien plus, en présence de l'émeute, au bruit tout nouveau de la presse qui couvre sa voix. Elle se serrerait volontiers contre le pouvoir royal qu'elle a démoli; mais les ruines en sont hostiles, elles ne demandent qu'à écraser l'Assemblée. Ainsi Paris lui fait peur, et le château lui fait peur. Après le refus du roi, elle n'ose point s'indigner, de peur d'ajouter à l'indignation de Paris. Sauf la responsabilité des ministres qu'elle décrète, elle ne fait rien qui soit en rapport avec la situation; la division départementale, le droit criminel, s'agitent dans le désert; la salle prend de l'écho; à peine six cents membres viennent, et c'est pour donner la présidence à l'homme de la balance immobile, Mounier, celui qui exprime le mieux toutes les difficultés d'agir, et la paralysie commune.

La Cour peut-elle quelque chose? Elle le croit en ce moment. Elle voit le clergé et la noblesse qui se rallient autour d'elle. Elle voit le duc d'Orléans peu soutenu dans l'Assemblée; elle le voit, à Paris, dépensant beaucoup d'argent et gagnant peu de terrain; sa popularité est primée par La Fayette.

Tous ignorent la situation, tous méconnaissent la force

générale des choses, et rapportent les événements à telle ou telle personne, s'exagérant ridiculement la puissance individuelle. Selon ses haines ou ses amours, la passion croit des miracles, croit des monstres, croit des héros. La Cour accuse de tout Orléans ou La Fayette. La Fayette lui-même, ferme et froid de sa nature, devient imaginatif; *il n'est pas loin de croire aussi que tout le désordre est l'œuvre du Palais-Royal.* Un visionnaire s'élève dans la *presse,* Marat, crédule, aveugle, furieux, qui va promener l'accusation au hasard de ses rêves, désignant l'un aujourd'hui et demain l'autre à la mort; il commence par affirmer que la famine est l'œuvre d'un homme, que Necker achète partout les blés pour que Paris n'en ait pas.

Marat commence toutefois, il agit peu encore; il tranche avec toute la *presse.* La *presse* accuse, mais vaguement, elle se plaint, elle s'indigne, comme le peuple, sans trop savoir ce qu'il faut faire. Elle voit bien en général qu'il y « aura un second accès de révolution ». Mais comment? dans quel but précis? Elle ne saurait bien le dire. Pour l'indication des remèdes, la *presse,* ce jeune pouvoir, devenu si grand tout à coup devant l'impuissance des autres, la *presse* même est impuissante.

Elle fait peu dans les jours qui précèdent le 5 octobre, l'Assemblée fait peu, et l'Hôtel de Ville fait peu... Pourtant tout le monde sent bien qu'une grande chose va venir. Mirabeau, recevant un jour son libraire de Versailles, renvoie ses trois secrétaires, ferme la porte, et lui dit: « Mon cher Blaisot, vous verrez bientôt ici de grands malheurs, du sang... J'ai voulu, par amitié, vous prévenir. N'ayez pas peur au reste: il n'y pas de danger pour les braves gens comme vous. »

CHAPITRE VIII

Le peuple va chercher le roi, 5 octobre 1789

Le peuple seul trouve un remède: il va chercher le roi. Position égoïste des rois à Versailles. Louis XVI ne pouvait agir en aucun sens. La reine sollicitée d'agir. Orgie des gardes du corps, 1er octobre. Insultes à la cocarde nationale. Irritation de Paris. Misère et souffrances des femmes. Leur compassion courageuse. Elles envahissent l'Hôtel de Ville, 5 octobre. Elles marchent sur Versailles. L'Assemblée en est avertie. Maillard et les femmes devant l'Assemblée. Robespierre appuie Maillard. Les femmes devant le roi. Indécision de la Cour.

Le 5 octobre, huit ou dix mille femmes allèrent à Versailles; beaucoup de peuple suivit. La garde nationale força M. de La Fayette de l'y conduire le soir même. Le 6, ils ramenèrent le roi et l'obligèrent d'habiter Paris.

Ce grand mouvement est le plus général que présente la Révolution après le 14 juillet. Celui d'octobre fut, presque autant que l'autre, unanime, du moins en ce sens que ceux qui n'y prirent point part en désirèrent le succès et se réjouirent tous que le roi fût à Paris.

Il ne faut pas chercher ici l'action des partis. Ils agirent, mais firent très peu.

La cause réelle, certaine, pour les femmes, pour la foule la plus misérable, ne fut autre que la faim. Ayant démonté un cavalier, à Versailles, ils tuèrent, mangèrent le cheval à peu près cru.

Pour la majorité des hommes, peuple ou gardes nationaux, la cause du mouvement fut l'honneur, l'outrage fait par la Cour à la cocarde parisienne, adoptée de la France entière comme signe de la Révolution.

Le peuple va à Versailles

Les hommes auraient-ils cependant marché sur Versailles, si les femmes n'eussent précédé? Cela est douteux. Personne avant elles n'eut l'idée d'aller chercher le roi. Le Palais-Royal, au 30 août, partit avec Saint-Hururge, mais c'était pour porter des plaintes, des menaces à l'Assemblée qui discutait le *veto*. Ici, le peuple seul a l'initiative; seul, il s'en va prendre le roi, comme seul il a pris la Bastille.

Ce qu'il y a dans le peuple de plus peuple, je veux dire de plus instinctif, de plus inspiré, ce sont, à coup sûr, les femmes. Leur idée fut celle-ci: « Le pain manque, allons chercher le roi; on aura soin, s'il est avec nous, que le pain ne manque plus. Allons chercher *le boulanger*!... »

Sens naïf, et sens profond!... Le roi doit vivre avec le peuple, voir ses souffrances, en souffrir, faire avec lui même ménage. Les cérémonies du mariage et celles du couronnement se rapportaient en plusieurs choses; le roi épousait le peuple. Si la royauté n'est pas tyrannie, il faut qu'il y ait mariage, qu'il y ait communauté, que les conjoints vivent, selon la basse mais forte parole du Moyen Age: « A un pain et à un pot. »

N'était-ce pas une chose étrange et dénaturée, propre à sécher le cœur des rois, que de les tenir dans cette solitude égoïste, avec un peuple artificiel de mendiants dorés pour leur faire oublier le peuple? Comment s'étonner qu'ils lui soient devenus, ces rois, étrangers, durs et barbares? Sans leur isolement de Versailles, comment auraient-ils atteint ce point d'insensibilité? La vue seule en est immorale: un monde fait exprès pour un homme!.. Là seulement, on pouvait oublier la condition humaine, signer, comme Louis XIV, l'expulsion d'un million d'hommes, ou, comme Louis XV, spéculer sur la farine.

L'unanimité de Paris avait renversé la Bastille. Pour conquérir le roi, l'Assemblée, il fallait qu'il se trouvât unanime encore. La garde nationale et le peuple commençaient à se diviser. Pour les rapprocher, les faire concourir au même but, il ne fallait pas moins qu'une provocation

Le parti de la reine

de la Cour. Nulle sagesse politique n'eût amené l'événement; il fallait une sottise.

C'était là le vrai remède, le seul moyen de sortir de l'intolérable situation où l'on restait embourbé. Cette sottise, le parti de la reine l'eût faite depuis longtemps, s'il n'eût eu son grand obstacle, son embarras dans Louis XVI. Personne ne répugnait davantage à quitter ses habitudes. Lui ôter sa chasse, sa forge et le coucher de bonne heure, le désheurer pour les repas, pour la messe, le mettre à cheval, en campagne, en faire un leste partisan, comme nous voyons Charles Ier dans le tableau de Van Dyck, ce n'était pas chose aisée. Son bon sens lui disait aussi qu'il risquait fort à se déclarer contre l'Assemblée nationale.

D'autre part, ce même attachement à ses habitudes, à ses idées d'éducation, d'enfance, l'indisposait contre la Révolution plus encore que la diminution de l'autorité royale. Il ne cacha pas son mécontentement pour la démolition de la Bastille. L'uniforme de la garde nationale, porté par ses gens, ses valets devenus lieutenants, officiers, tel musicien de la chapelle chantant la messe en capitaine, tout cela lui blessait les yeux; il fit défendre à ses serviteurs « de paraître en sa présence avec un costume aussi déplacé ».

Il était difficile de mouvoir le roi, ni dans un sens, ni dans l'autre. En toute délibération, il était fort incertain, mais dans ses vieilles habitudes, dans ses idées acquises, invinciblement obstiné. La reine même, qu'il aimait fort, n'y eût rien gagné par persuasion. La crainte avait encore moins d'action sur lui; il se savait l'oint du Seigneur, inviolable et sacré; que pouvait-il craindre?

Cependant la reine était entourée d'un tourbillon de passions, d'intrigues, de zèle intéressé; c'étaient des prélats, des seigneurs, toute cette aristocratie qui l'avait tant dénigrée, et maintenant se rapprochait d'elle, remplissait ses appartements, la conjurait à mains jointes de sauver la monarchie. Elle seule, à les entendre, elle en avait le génie et le courage; fille de Marie-Thérèse, il était temps, elle devait se montrer... Deux sortes de gens encore, tout différents, donnaient courage à la reine: d'une part, de braves et dignes chevaliers de Saint-Louis, officiers ou gentilshommes de province, qui lui offraient leur épée; d'autre part, des hommes à projet, des faiseurs, qui montraient des plans, se chargeaient d'exécuter, répondaient de tout... Versailles était comme assiégé de ces Figaros de la royauté.

Il fallait une sainte ligue, que tous les honnêtes gens se serrassent autour de la reine. Le roi sera emporté dans l'élan de leur amour, et ne résistera plus... Le parti révolutionnaire ne peut faire qu'une campagne; vaincu une fois, il périt; au contraire, l'autre parti, comprenant tous les grands propriétaires, peut suffire à plusieurs campagnes, nourrir la guerre longues années... Pour que le raisonnement fût bon, il fallait seulement supposer que l'unanimité du peuple n'ébranlerait pas le soldat, qu'il ne se souviendrait jamais qu'il était peuple lui-même.

L'esprit de jalousie qui s'élevait entre la garde nationale et le peuple enhardit sans doute la Cour, lui fit croire Paris impuissant; elle risqua une manifestation prématurée qui devait la perdre. De nouveaux gardes du corps arrivaient, pour le service du trimestre; ceux-ci, sans liaison avec Paris ou l'Assemblée, étrangers au nouvel esprit, bons royalistes de province, apportant tous les préjugés de la famille, les recommandations paternelles et maternelles de servir le roi, le roi seul. Tout ce corps des gardes, quoique quelques membres fussent amis de la liberté, n'avaient pas prêté serment, et portaient toujours la cocarde blanche. On essaya d'entraîner par eux les officiers du régiment de Flandre, ceux de quelques autres corps. Un grand repas fut donné pour les réunir, et l'on y admit quelques officiers choisis de la garde nationale de Versailles qu'on espérait s'attacher.

Il faut savoir que la ville de France qui haïssait le plus la Cour, c'était celle qui la voyait le mieux, Versailles.

Tout ce qui n'était pas employé, ou serviteur du château, était révolutionnaire. La vue constante de ce faste, de ces équipages splendides, de ce monde hautain, méprisant, nourrissait les envies, les haines. Cette disposition des habitants leur avait fait nommer lieutenant-colonel de leur garde nationale un solide patriote, homme du reste haineux, violent, Lecointre, marchand de toiles. L'invitation faite à quelques-uns des officiers les flatta moins encore qu'elle ne mécontenta les autres.

Un repas de corps pouvait se faire dans l'Orangerie ou partout ailleurs: le roi, chose nouvelle, accorde sa magnifique salle de théâtre, où l'on n'avait pas donné de fête depuis la visite de l'empereur Joseph II. Les vins sont prodigués royalement. On porte la santé du roi, de la reine, du dauphin; quelqu'un, timidement, bien bas, propose celle de la Nation, mais personne ne veut entendre. A l'entremets, on fait entrer les grenadiers de Flandre, les Suisses, d'autres soldats. Ils boivent, ils admirent, éblouis des fantastiques reflets de ce lieu singulier, unique, où les loges tapissées de glaces renvoient les lumières en tout sens.

Les portes s'ouvrent. C'est le roi et la reine... On a entraîné le roi, qui revenait de la chasse. La reine fait le tour des tables, belle et parée de son enfant qu'elle porte dans ses bras... Tous ces jeunes gens sont ravis, ils ne se connaissent plus...

La reine, il faut l'avouer, moins majestueuse à d'autres époques, n'avait jamais découragé les cœurs qui se donnaient à elle; elle n'avait pas dédaigné de mettre dans sa coiffure une plume du casque de Lauzun...

C'était même une tradition que la déclaration hardie d'un simple garde du corps avait été accueillie sans colère, et que, sans autre punition qu'une ironie bienveillante, la reine avait obtenu de l'avancement pour lui.

Si belle et si malheureuse!... Comme elle sortait avec le roi, la musique joue l'air touchant: *O Richard, ô mon roi, l'univers t'abandonne!* A ce coup, les cœurs furent percés... Plusieurs arrachèrent leur cocarde et prirent celle de la reine, la noire cocarde autrichienne, se dévouant à son service. Tout au moins la cocarde tricolore fut retournée, et par l'envers, devint la cocarde blanche. La musique continuait, de plus en plus passionnée, ardente; elle joue la *Marche des Uhlans,* sonne la charge... Tous se lèvent cherchant l'ennemi... Point d'ennemi; au défaut ils escaladent les loges. Ils sortent, vont à la cour de marbre. Perseval, aide de camp de d'Estaing, donne l'assaut au grand balcon, s'empare des postes intérieurs, en criant: « Ils sont à nous. » Il se pare de la cocarde blanche. Un grenadier de Flandre monte aussi, et Perseval s'arrache, pour la lui donner, une décoration qu'il portait. Un dragon veut monter aussi, mais trop chancelant, trébuche, il veut se tuer de désespoir.

Un autre, pour compléter la scène, moitié ivre et moitié fou, va criant, se disant lui-même espion du duc d'Orléans, il se fait une petite blessure; ses camarades, de dégoût, le tuèrent presque à coups de pieds.

L'ivresse de cette folle orgie sembla gagner toute la Cour. La reine, donnant des drapeaux aux gardes nationaux de Versailles, dit « qu'elle en restait enchantée ». Nouveau repas, le 3 octobre; on hasarde davantage, les langues sont déliées, la contre-révolution s'affiche hardiment; plusieurs gardes nationaux se retirent d'indignation... L'habit de garde national n'est plus reçu chez le roi. « Vous n'avez pas de cœur, dit un officier à un autre, de porter un tel habit. » Dans la grande galerie, dans les appartements, les dames ne laissent plus circuler la cocarde tricolore; de leurs mouchoirs, de leurs rubans, elles font des cocardes blanches, les attachent elles-mêmes. Les demoiselles s'enhardissent à recevoir le serment de ces nouveaux chevaliers, et se laissent baiser la main: « Prenez-la, cette cocarde, gardez-la bien, c'est la bonne, elle seule sera triomphante. » **Comment refuser de ces belles mains ce signe, ce souvenir?**

Et pourtant, c'est la guerre civile, c'est la mort; demain la Vendée... Cette blondine, presque enfant, auprès des tantes du roi, sera Mme de Lescure et de La Rochejacquelin.

Les braves gardes nationaux de Versailles avaient grand-peine à se défendre. Un de leurs capitaines avait été, bon gré mal gré, affublé par les dames d'une énorme cocarde blanche. Le colonel marchand de toiles, Lecointre, en fut indigné: « Ces cocardes changeront, dit-il fermement, et avant huit jours, ou tout est perdu. » Il avait raison; qui pouvait méconnaître ici la toute-puissance du signe? Les trois couleurs, c'était le 14 juillet et la victoire de Paris, c'était la Révolution même. Là-dessus, un chevalier de Saint-Louis court après Lecointre, il se déclare envers et contre tous le champion de la couleur blanche. Il le suit, l'attend, l'insulte... Ce passionné défenseur de l'ancien régime n'était pourtant pas un Montmorency, c'était simplement le gendre de la bouquetière de la reine.

Lecointre va droit à l'Assemblée, il invite le comité militaire à exiger le serment des gardes du corps. D'anciens gardes qui étaient là dirent qu'on ne l'obtiendrait jamais. Le comité ne fit rien, craignant de donner lieu à quelque collision, de faire couler le sang, et ce fut justement cette prudence qui le fit couler.

Paris ressentit vivement l'outrage fait à sa cocarde; on disait qu'elle avait été ignominieusement déchirée, foulée aux pieds. Le jour même du second repas, le samedi 3 au soir, Danton tonna aux Cordeliers. Le dimanche, on fit partout main basse sur les cocardes noires ou blanches. Des rassemblements mêlés, peuple et bourgeois, habits et vestes, eurent lieu et dans les cafés, et aux portes des cafés, au Palais-Royal, au faubourg Saint-Antoine, au bout des ponts, sur les quais. Des bruits terribles circulèrent sur la guerre prochaine, sur la ligue de la reine et des princes avec les princes allemands, sur les uniformes étrangers, verts et rouges, que l'on voyait dans Paris, sur les farines de Corbeil qui ne venaient plus que de deux jours l'un,

Le peuple va à Versailles

sur la disette qui ne pouvait qu'augmenter, sur l'approche d'un rude hiver... Il n'y a pas de temps à perdre, disait-on, si l'on veut prévenir la guerre et la faim, il faut amener le roi ici; sinon, ils vont l'enlever.

Personne ne sentait tout cela plus vivement que les femmes. Les souffrances, devenues extrêmes, avaient cruellement atteint la famille et le foyer. Une dame donna l'alarme, le samedi 3 au soir; voyant que son mari n'était pas assez écouté, elle courut au Café de Foy, y dénonça les cocardes antinationales, montra le danger public. Le lundi, aux Halles, une jeune fille prit un tambour, battit la générale, entraîna toutes les femmes du quartier.

Ces choses ne se voient qu'en France; nos femmes font des braves et le sont. Le pays de Jeanne d'Arc et de Jeanne de Montfort, et de Jeanne Hachette, peut citer cent héroïnes. Il y en eut une à la Bastille, qui, plus tard, partit pour la guerre, fut capitaine d'artillerie; son mari était soldat. Au 18 juillet, quand le roi vint à Paris, beaucoup de femmes étaient armées. Les femmes furent à l'avant-garde de notre Révolution. Il ne faut pas s'en étonner; elles souffraient davantage.

Les grandes misères sont féroces, elles frappent plutôt les faibles; elles maltraitent les enfants, les femmes bien plus que les hommes. Ceux-ci vont, viennent, cherchent hardiment, s'ingénient, finissent par trouver, au moins pour le jour. Les femmes, les pauvres femmes vivent, pour la plupart, renfermées, assises, elles filent, elles cousent; elles ne sont guère en état, le jour où tout manque, de chercher leur vie. Chose douloureuse à penser, la femme, l'être relatif qui ne peut vivre qu'à deux, est plus souvent seule que l'homme. Lui, il trouve partout la société, se crée des rapports nouveaux. Elle, elle n'est rien sans la famille. Et la famille l'accable; tout le poids porte sur elle. Elle reste au froid logis, démeublé et dénué, avec des enfants qui pleurent, ou malades, mourants, et qui ne pleurent plus... Une chose peu remarquée, la plus déchirante peut-être au cœur maternel, c'est que l'enfant est injuste. Habitué à trouver dans la mère une providence universelle qui suffit à tout, il s'en prend à elle, durement, cruellement, de tout ce qui manque, crie, s'emporte, ajoute à la douleur une douleur plus poignante.

Voilà la mère. Comptons aussi beaucoup de filles seules, tristes créatures sans famille, sans soutien, qui trop laides, ou vertueuses, n'ont ni ami, ni amant, ne connaissent aucune des joies de la vie. Que leur petit métier ne puisse plus les nourrir, elles ne savent point y suppléer, elles remontent au grenier, attendent; parfois on les trouve mortes, la voisine s'en aperçoit par hasard.

Ces infortunées n'ont pas même assez d'énergie pour se plaindre, faire connaître leur situation, protester contre le sort. Celles qui agissent et remuent, aux temps des grandes détresses, ce sont les fortes, les moins épuisées par la misère, pauvres plutôt qu'indigentes. Le plus souvent, les intrépides qui se jettent alors en avant, sont des femmes d'un grand cœur, qui souffrent peu pour elles-mêmes, beaucoup pour les autres; la pitié, inerte, passive chez les hommes, plus résignés aux maux d'autrui, est chez les femmes un sentiment très actif, très violent, qui devient parfois héroïque et les pousses impérieusement aux actes les plus hardis.

Il y avait, au 5 octobre, une foule de malheureuses créatures qui n'avaient pas mangé depuis trente heures. Ce spectacle douloureux brisait les cœurs, et personne n'y faisait rien; chacun se renfermait en déplorant la dureté des temps. Le dimanche 4 au soir, une femme courageuse, qui ne pouvait voir cela plus longtemps, court du quartier Saint-Denis au Palais-Royal, elle se fait jour dans la foule bruyante qui pérorait, elle se fait écouter; c'était une femme de trente-six ans, bien mise, honnête, mais forte et hardie. Elle veut qu'on aille à Versailles, elle marchera à la tête. On plaisante, elle applique un soufflet à l'un des plaisants. Le lendemain, elle partit des premières, le sabre à la main, prit un canon à la Ville, se mit à cheval dessus, et le mena à Versailles, la mèche allumée.

Parmi les métiers perdus qui semblaient périr avec l'ancien régime se trouvait celui de sculpteur en bois. On travaillait beaucoup en ce genre, et pour les églises, et pour les appartements. Beaucoup de femmes sculptaient. L'une d'elles, Madeleine Chabry, ne faisant plus rien, s'était établie bouquetière au quartier du Palais-Royal, sous le nom de Louison ; c'était une fille de dix-sept ans, jolie et spirituelle. On peut parier hardiment que ce ne fut pas la faim qui mena celle-ci à Versailles. Elle suivit l'entraînement général, son bon cœur et son courage. Les femmes la mirent à la tête, et la firent leur orateur.

Il y en avait bien d'autres que la faim ne menait point. Il y avait des marchandes, des portières, des filles publiques, compatissantes et charitables, comme elles le sont souvent. Il y avait un nombre considérable de femmes de la halle ; celles-ci fort royalistes, mais elles désiraient d'autant plus avoir le roi à Paris. Elles avaient été le voir quelque temps avant cette époque, je ne sais à quelle occasion ; elles lui avaient parlé avec beaucoup de cœur, une familiarité qui fit rire, mais touchante, et qui révélait un sens parfait de la situation : « Pauvre homme ! disaient-elles en regardant le roi, cher homme ! bon papa ! » Et plus sérieusement à la reine : « Madame, madame, ouvrez vos entrailles !.. ouvrons-nous ! Ne cachons rien, disons bien franchement ce que nous avons à dire. »

Ces femmes des marchés ne sont pas celles qui souffrent beaucoup de la misère ; leur commerce, portant sur les objets nécessaires à la vie, a moins de variations. Mais elles voient la misère mieux que personne, et la ressentent ; vivant toujours sur la place, elles n'échappent pas, comme nous, au spectacle des souffrances. Personne n'y compatit davantage, n'est meilleur pour les malheureux. Avec des formes grossières, des paroles rudes et violentes, elles ont souvent un cœur royal, infini de bonté. Nous avons vu nos

Picardes, les femmes du marché d'Amiens, pauvres vendeuses de légumes, sauver le père de quatre enfants qu'on allait guillotiner; c'était le moment du sacre de Charles X; elles laissèrent leur commerce, leur famille, s'en allèrent à Reims, elles firent pleurer le roi, arrachèrent la grâce, et au retour, faisant entre elles une collecte abondante, elles renvoyèrent sauvés, comblés, le père, la femme et les enfants.

Le 5 octobre, à sept heures, elles entendirent battre la caisse, et elles ne résistèrent pas. Une petite fille avait pris un tambour au corps de garde, et battait la générale. C'était lundi; les Halles furent désertées, toutes partirent: « Nous ramènerons, disent-elles, *le boulanger, la boulangère...* Et nous aurons l'agrément d'entendre *notre petite mère* Mirabeau. »

Les Halles marchent, et d'autre part, marchait le faubourg Saint-Antoine. Sur la route, les femmes entraînaient toutes celles qu'elles pouvaient rencontrer, menaçant celles qui ne viendraient pas de leur couper les cheveux. D'abord, elles vont à la Ville. On venait d'y amener un boulanger qui, sur un pain de deux livres, donnait sept onces de moins. La lanterne était descendue. Quoique l'homme fût coupable, de son propre aveu, la garde nationale le fit échapper. Elle présenta la baïonnette aux quatre ou cinq cents femmes déjà rassemblées. D'autre part, au fond de la place, se tenait la cavalerie de la garde nationale. Les femmes ne s'étonnèrent point. Elles chargèrent la cavalerie, l'infanterie à coups de pierres; on ne put se décider à tirer sur elles; elles forcèrent l'Hôtel de Ville, entrèrent dans tous les bureaux. Beaucoup étaient assez bien mises, elles avaient pris une robe blanche pour ce grand jour. Elles demandaient curieusement à quoi servait chaque salle, et priaient les représentants des districts de bien recevoir celles qu'elles avaient amenées de force, dont plusieurs étaient enceintes, et malades, peut-être de peur. D'autres femmes, affamées, sauvages, criaient: « *Du pain et des armes!* » Les hommes étaient des lâches, elles voulaient leur montrer ce que c'était que le courage... Tous les gens de l'Hôtel de Ville étaient bons à pendre, il fallait brûler leurs écritures, leurs paperasses... Et elles allaient le faire, brûler le bâtiment peut-être... Un homme les arrêta, un homme de taille très haute, en habit noir, d'une figure sérieuse et plus triste que l'habit. Elles voulaient le tuer d'abord, croyant qu'il était de la Ville, disant qu'il était un traître... Il répondit qu'il n'était pas traître, mais huissier de son métier, l'un des vainqueurs de la Bastille. C'était Stanislas Maillard.

Dès le matin, il avait utilement travaillé dans le faubourg Saint-Antoine. Les volontaires de la Bastille, sous le commandement d'Hullin, étaient sur la place en armes; les ouvriers qui démolissaient la forteresse crurent qu'on les envoyait contre eux. Maillard s'interposa, prévint la collision. A la Ville, il fut assez heureux pour empêcher l'incendie. Les femmes promettaient même de ne point laisser entrer d'hommes; elles avaient mis leurs sentinelles armées à la grande porte. A onze heures, les hommes attaquent la petite porte qui donnait sous l'arcade Saint-Jean. Armés de leviers, de marteaux, de haches de piques, ils forcent la porte, forcent les magasins d'armes. Parmi eux, se trouvait un garde-française qui, le matin, avait voulu sonner le tocsin, qu'on avait pris sur le fait; il avait, disait-il, échappé par miracle; les modérés, aussi furieux que les autres, l'auraient pendu sans les femmes; il montrait son cou sans cravate, d'où elles avaient ôté la corde... Par représailles, on prit un homme de la Ville pour le pendre; c'était le brave abbé Lefebvre, le distributeur des poudres au 14 juillet; des femmes, ou des hommes déguisés en femmes, le pendirent effectivement au petit clocher; l'une ou l'un d'eux coupa la corde, il tomba, étourdi seulement, dans une salle, vingt-cinq pieds plus bas.

Ni Bailly ni La Fayette n'étaient arrivés. Maillard va trouver l'aide-major général, et lui dit qu'il n'y a qu'un moyen de finir tout, c'est que lui Maillard mène les femmes à

Versailles. Ce voyage donnera le temps d'assembler des forces. Il descend, bat le tambour, se fait écouter. La figure froidement tragique du grand homme noir fit bon effet dans la Grève; il parut homme prudent, propre à mener la chose à bien. Les femmes, qui déjà partaient avec les canons de la Ville, le proclament leur capitaine. Il se met en tête avec huit ou dix tambours; sept ou huit mille femmes suivaient, quelques centaines d'hommes armés, et enfin, pour arrière-garde, une compagnie des volontaires de la Bastille.

Arrivés aux Tuileries, Maillard voulait suivre le quai, les femmes voulaient passer triomphalement sous l'horloge, par le Palais et le Jardin. Maillard, observateur des formes, leur dit de bien remarquer que c'était la Maison du roi, le Jardin du roi; les traverser sans permission, c'était insulter le roi. Il s'approcha poliment du Suisse et lui dit que ces dames voulaient passer seulement, sans faire le moindre dégât. Le Suisse tira l'épée, courut sur Maillard, qui tira la sienne... Une portière heureusement frappe à propos d'un bâton, le Suisse tombe, un homme lui met la baïonnette à la poitrine. Maillard l'arrête, désarme froidement les deux hommes, emporte la baïonnette et les épées.

La matinée avançait, la faim augmentait. A Chaillot, à Auteuil, à Sèvres, il était bien difficile d'empêcher les pauvres affamés de voler des aliments. Maillard ne le souffrit pas. La troupe n'en pouvait plus à Sèvres; il n'y avait rien, même à acheter; toutes les portes étaient fermées, sauf une, celle d'un malade qui était resté; Maillard se fit donner par lui, en payant, quelques brocs de vin. Puis il désigna sept hommes, et les chargea d'amener les boulangers de Sèvres, avec tout ce qu'ils auraient. Il y avait huit pains en tout, trente-deux livres pour huit mille personnes... On les partagea et l'on se traîna plus loin. La fatigue décida la plupart des femmes à jeter leurs armes. Maillard leur fit sentir d'ailleurs que, voulant faire visite au roi, à l'Assemblée, les toucher, les attendrir, il ne fallait pas arriver dans cet équipage guerrier. Les canons furent mis à la queue, et cachés en quelque sorte. Le sage huissier voulait un *amener sans scandale,* pour dire comme le Palais. A l'entrée de Versailles, pour bien constater l'intention pacifique, il donna le signal aux femmes de chanter l'air d'Henri IV.

Les gens de Versailles étaient ravis, criaient: « Vivent nos Parisiennes! » Les spectateurs étrangers ne voyaient rien que d'innocent dans cette foule qui venait demander secours au roi. Un homme peu favorable à la Révolution, le Genevois Dumont, qui dînait au Palais des Petites-Ecuries, et regardait par la fenêtre, dit lui-même: « Tout ce peuple ne demandait que du pain. »

L'Assemblée avait été, ce jour-là, fort orageuse. Le roi, ne voulant *sanctionner* ni la Déclaration des droits, ni les arrêtés du 4 août, répondait qu'on ne pouvait juger des lois constitutives que dans leur ensemble, qu'il y *accédait* néanmoins, en considération des circonstances alarmantes, et à la condition expresse que le pouvoir exécutif reprendrait toute sa force.

« Si vous acceptez la lettre du roi, dit Robespierre, il n'y a plus de Constitution, aucun droit d'en avoir une. » Duport, Grégoire, d'autres députés parlent dans le même sens. Pétion rappelle, accuse l'orgie des gardes du corps. Un député, qui lui-même avait servi parmi eux, demande, pour leur honneur, qu'on formule la dénonciation, et que les coupables soient poursuivis. « Je dénoncerai, dit Mirabeau, et je signerai, si l'Assemblée déclare que la personne du roi est *la seule* inviolable. » C'était désigner la reine. L'Assemblée entière recula; la motion fut retirée; dans un pareil jour, elle eût provoqué un meurtre.

Mirabeau lui-même n'était pas sans inquiétude pour ses tergiversations, son discours pour le *veto*. Il s'approche du président, et lui dit à demi-voix: « Mounier, Paris marche sur nous... Croyez-moi, ne me croyez pas, quarante mille hommes marchent sur nous... Trouvez-vous mal, montez au château et donnez-leur cet avis, il n'y a pas une minute à perdre. » — « Paris marche? dit sèchement Mounier (il croyait Mirabeau un des auteurs du mouvement). Eh bien! tant mieux, nous en serons plus tôt république. »

L'Assemblée décide qu'on enverra vers le roi, pour demander l'acceptation pure et simple de la Déclaration des droits. A trois heures, Target annonce qu'une foule se présente aux portes sur l'avenue de Paris.

Tout le monde savait l'événement. Le roi seul ne le savait pas. Il était parti le matin, comme à l'ordinaire, pour la chasse; il courait les bois de Meudon. On le cherchait; en attendant, on battait la générale; les gardes du corps montaient à cheval, sur la place d'armes, et s'adossaient à la grille; le régiment de Flandre, au-dessous, à leur droite, près de l'avenue de Sceaux, plus bas encore, les dragons; derrière la grille, les Suisses. M. d'Estaing, au nom de la Municipalité de Versailles, ordonne aux troupes de s'opposer au désordre, de concert avec la garde nationale. La Municipalité avait poussé la précaution jusqu'à autoriser d'Estaing *à suivre le roi,* s'il s'éloignait, sous la condition singulière *de le ramener* à Versailles le plus tôt possible. D'Estaing s'en tint au dernier ordre, monta au château, laissa la garde nationale de Versailles s'arranger comme elle voudrait. Son second, M. de Gouvernet, laisse aussi son poste et va se placer parmi les gardes du corps, aimant mieux, dit-il, être avec des gens qui sachent se battre *et sabrer*. Lecointre, le lieutenant-colonel, resta seul pour commander.

Cependant Maillard arrivait à l'Assemblée nationale. Toutes les femmes voulaient entrer. Il eut la plus grande peine à leur persuader de ne faire entrer que quinze des leurs. Elles se placèrent à la barre, ayant à leur tête le garde-française dont on a parlé, une femme qui au bout d'une perche portait un tambour de basque, et au milieu le gigantesque huissier, en habit noir déchiré, l'épée à la main. Le soldat, avec pétulance, prit la parole, dit à l'Assemblée que le matin, personne ne trouvant de pain chez les boulangers, il avait voulu sonner le tocsin, qu'on avait failli le pendre, qu'il avait dû son salut aux dames qui l'accompagnaient. « Nous venons, dit-il, demander du pain, et la punition des gardes du corps qui ont insulté la cocarde... Nous sommes de bons patriotes; nous avons sur notre route arraché les cocardes noires... Je vais avoir le plaisir d'en déchirer une sous les yeux de l'Assemblée. » A quoi l'autre ajouta gravement: « Il faudra bien que tout le monde prenne la cocarde patriotique. » Quelques murmures s'élevèrent.

« Et pourtant nous sommes tous frères! » dit la sinistre figure.

Maillard faisait allusion à ce que la Municipalité de Paris avait déclaré la veille: « Que la cocarde tricolore ayant *été adoptée comme signe de fraternité,* elle était la seule que dût porter le citoyen. »

Les femmes, impatientes, criaient toutes ensemble: « Du pain! du pain! » Maillard commença alors à dire l'horrible situation de Paris, les convois interceptés par les autres villes, ou par les aristocrates. « Ils veulent, dit-il, nous faire mourir. Un meunier a reçu deux cents livres pour ne pas moudre, avec promesse d'en donner autant par semaine. » L'Assemblée: « Nommez! nommez! » C'était dans l'Assemblée même que Grégoire avait parlé de ce bruit qui courait; Maillard l'avait appris en route.

« Nommez! » Des femmes crièrent au hasard: « C'est l'archevêque de Paris. »

Dans un moment où la vie de beaucoup d'hommes ne tenait qu'à un cheveu, Robespierre prit une grave initiative. Seul, il appuya Maillard, dit que l'abbé Grégoire avait parlé du fait, et sans doute donnerait des renseignements.

D'autres membres de l'Assemblée essayèrent des caresses ou des menaces. Un député du clergé, abbé ou prélat, vint donner sa main à baiser à l'une des femmes. Elle se mit en colère et dit: « Je ne suis pas faite pour baiser la patte d'un chien. » Un autre, militaire, décoré de la Croix de Saint-Louis, entendant dire à Maillard que le grand obstacle à la Constitution était le clergé, s'emporta et lui dit qu'il devrait subir sur l'heure une punition exemplaire. Maillard, sans s'épouvanter, répondit qu'il n'inculpait aucun membre de l'Assemblée, que sans doute le clergé ne savait rien de tout cela, qu'il croyait rendre service en leur donnant cet avis. Pour la seconde fois, Robespierre soutint Maillard, calma les femmes. Celles du dehors s'impatientaient, craignaient pour leur orateur; le bruit courait parmi elles qu'il avait péri. Il sortit et se montra un moment.

Maillard, reprenant alors, pria l'Assemblée d'inviter les gardes du corps à faire réparation pour l'injure faite à la cocarde. Des députés démentaient... Maillard insista en termes peu mesurés. Le président Mounier le rappela au respect de l'Assemblée, ajoutant maladroitement que ceux qui voulaient être citoyens pouvaient l'être de plein gré... C'était donner prise à Maillard; il s'en saisit, répliqua: « Il n'est personne qui ne doive être fier de ce nom de citoyen. Et, s'il était dans cette auguste assemblée quelqu'un qui s'en fît déshonneur, il devrait en être exclu. L'Assemblée frémit, applaudit: « Oui, nous sommes tous citoyens. »

A l'instant on apportait une cocarde aux trois couleurs de la part des gardes du corps. Les femmes crièrent: « Vive le roi! vivent MM. les gardes du corps! » Maillard, qui se contentait plus difficilement, insista sur la nécessité de renvoyer le régiment de Flandre.

Mounier, espérant alors pouvoir les congédier, dit que l'Assemblée n'avait rien négligé pour les subsistances, le roi non plus, qu'on chercherait de nouveaux moyens, qu'ils pouvaient aller en paix.

Maillard ne bougeait, disant: « Non, cela ne suffit pas. »

Un député proposa alors d'aller représenter au roi la position malheureuse de Paris. L'Assemblée le décréta, et les femmes, se prenant vivement à cette espérance, sautaient au col des députés, embrassaient le président, quoi qu'il fît. « Mais où donc est Mirabeau? disaient-elles encore, nous voudrions bien voir notre comte de Mirabeau! »

Mounier, baisé, entouré, étouffé presque, se mit tristement en route avec la députation, et une foule de femmes qui s'obstinaient à le suivre. « Nous étions à pied, dans la boue, dit-il; il pleuvait à verse. Nous traversions une foule mal vêtue, bruyante, bizarrement armée. Des gardes du corps faisaient des patrouilles, et passaient au grand galop. » Ces gardes, voyant Mounier et les députés, avec l'étrange cortège qu'on leur faisait par honneur, crurent apparemment voir là les chefs de l'insurrection, voulurent dissiper cette masse, et coururent tout au travers. Les inviolables échappèrent comme ils purent et se sauvèrent dans la boue.

Qu'on juge de la rage du peuple, qui se figurait qu'avec eux il était sûr d'être respecté!...

Deux femmes furent blessées, et même de coups de sabre, selon quelques témoins. Cependant le peuple ne fit rien encore. De trois à huit heures du soir, il fut patient, immobile, sauf des cris, des huées quand passait l'uniforme odieux des gardes du corps. Un enfant jeta des pierres.

On avait trouvé le roi; il était revenu de Meudon, sans se presser.

Mounier, enfin reconnu, fut reçu avec douze femmes. Il parla au roi de la misère de Paris, aux ministres de la demande de l'Assemblée, qui attendait l'acceptation pure et simple de la Déclaration des droits et autres articles constitutionnels. Le roi, cependant, écoutait les femmes avec bonté. La jeune Louise Chabry avait été chargée de porter la parole, mais, devant le roi, son émotion fut si forte qu'elle put à peine dire: « Du pain! » Et elle tomba évanouie. Le roi, fort touché, la fit secourir, et lorsque au départ, elle voulut lui baiser la main, il l'embrassa comme un père.

Elle sortit royaliste, et criant: « Vive le roi! » Celles qui attendaient sur la place, furieuses, se mirent à dire qu'on l'avait payée; elle eut beau retourner ses poches, montrer qu'elle était sans argent; les femmes lui passaient au col leurs jarretières pour l'étrangler. On l'en tira, non sans peine. Il fallut qu'elle remontât au château, qu'elle obtînt du roi un ordre écrit pour faire venir des blés, pour lever tout obstacle à l'approvisionnement de Paris.

Aux demandes du président, le roi avait dit tranquillement: « Revenez sur les neuf heures. » Mounier n'en était pas moins resté au château, à la porte du conseil, insistant pour une réponse, frappant d'heure en heure, jusqu'à dix heures du soir. Mais rien ne se décidait.

Le ministre de Paris, M. de Saint-Priest, avait appris la nouvelle fort tard (ce qui prouve combien le départ pour Versailles fut imprévu, spontané). Il proposa que la reine partît pour Rambouillet, que le roi restât, résistât, et au besoin combattît; le seul départ de la reine eût tranquillisé le peuple et dispensé de combattre.

M. de Necker voulait que le roi allât à Paris, qu'il se confiât au peuple, c'est-à-dire qu'il fût franc, sincère, acceptât la Révolution.

Louis XVI, sans rien résoudre, ajourna le conseil, afin de consulter la reine.

Elle voulait bien partir, mais avec lui, ne pas laisser à lui-même un homme si incertain; le nom du roi était son arme pour commencer la guerre civile. Saint-Priest, vers sept heures, apprit que M. de La Fayette, entraîné par la garde nationale, marchait sur Versailles. « Il faut partir sur-le-champ, dit-il. Le roi, en tête des troupes, passera sans difficulté. » Mais il était impossible de le décider à rien. Il croyait (et bien à tort) que, lui parti, l'Assemblée ferait roi le duc d'Orléans. Il répugnait aussi à fuir, il se promenait à grands pas, répétant de temps en temps: « Un roi fugitif! un roi fugitif! » La reine, cependant, insistant sur le départ, l'ordre fut donné pour les voitures. Déjà il n'était plus temps.

CHAPITRE IX

Le peuple ramène le roi à Paris, 6 octobre 1789

Suite du 5 octobre. Le premier sang versé. Les femmes gagnent le régiment de Flandre. Lutte des gardes du corps et des gardes nationaux de Versailles. Le roi ne peut plus partir. Effroi de la Cour. Les femmes passent la nuit dans la salle de l'Assemblée. La Fayette forcé de marcher sur Versailles. 6 octobre. Le château assailli. Danger de la reine. Les gardes du corps sauvés par les ex-gardes-françaises. Hésitation de l'Assemblée. Conduite du duc d'Orléans. Le roi mené à Paris.

Un milicien de Paris, qu'une troupe de femmes avait pris, malgré lui, pour chef, et qui, exalté par la route, s'était trouvé à Versailles plus ardent que tous les autres, se hasarda à passer derrière les gardes du corps; là, voyant la grille fermée, il aboyait après le factionnaire placé au-dedans, et le menaçait de sa baïonnette. Un lieutenant des gardes et deux autres tirent le sabre, se mettent au galop, commencent à lui donner la chasse. L'homme fuit à toutes jambes, veut gagner une baraque, heurte un tonneau, tombe, toujours criant au secours. Le cavalier l'atteignait, quand les gardes nationaux de Versailles ne purent plus se contenir; l'un d'eux, un marchand de vin, le couche en joue, le tire et l'arrête net; il avait cassé le bras qui tenait le sabre levé.

D'Estaing, le commandant de cette garde nationale, était au château, croyant toujours qu'il partait avec le roi. Lecointre, lieutenant-colonel, restait sur la place, demandait des ordres à la Municipalité, qui n'en donnait pas. Il craignait avec raison que cette foule affamée ne se mît à courir la ville, ne se nourrît elle-même. Il alla les trouver, demanda ce qu'il fallait de vivres, sollicita la Municipalité, n'en tira qu'un peu de riz qui n'était rien pour tant de monde. Alors il fit chercher partout, et, par sa louable diligence, soulagea un peu le peuple.

En même temps, il s'adressait au régiment de Flandre, demandait aux officiers, aux soldats, s'ils tireraient. Ceux-ci étaient déjà pressés par une influence bien autrement puissante. Des femmes s'étaient jetées parmi eux, et les priaient de ne pas faire de mal au peuple. L'une d'elles apparut alors, que nous reverrons souvent, qui ne semble pas avoir marché dans la boue avec les autres, mais qui vint plus tard, sans doute, et tout d'abord, se jeta au travers des soldats. C'était la jolie Mlle Théroigne de Méricourt, une Liégeoise, vive et emportée, comme tant de femmes de Liège qui firent les révolutions du XVe siècle, et combattirent vaillamment contre Charles le Téméraire. Piquante, originale, étrange, avec son chapeau d'amazone et sa redingote rouge, le sabre au côté, parlant à la fois, pêle-mêle, avec éloquence pourtant, le français et le liégeois... On riait, mais on cédait... Impétueuse, charmante, terrible, Théroigne ne sentait nul obstacle... Elle avait eu des amours, mais alors elle n'en avait qu'un, celui-ci violent, mortel, qui lui coûta plus que la vie: l'amour de la Révolution; elle la suivait avec transport, ne manquait pas une séance de l'Assemblée, courait les clubs et les places, tenait un club chez elle, recevait force députés. Plus d'amant; elle avait déclaré qu'elle n'en voulait pas d'autre que le grand métaphysicien, toujours ennemi des femmes, l'abstrait, le froid abbé Sieyès.

Théroigne, ayant envahi ce pauvre régiment de Flandre, lui tourna la tête, le gagna, le désarma, si bien qu'il donnait fraternellement ses cartouches aux gardes nationaux de Versailles.

D'Estaing fit dire alors à ceux-ci de se retirer. Quelques-uns partent; d'autres répondent qu'ils ne s'en iront pas, que les gardes du corps ne soient partis les premiers. Ordre aux gardes de défiler. Il était huit heures, la soirée fort sombre. Le peuple suivait, pressait les gardes avec des huées. Ils avaient le sabre à la main, ils se font faire place. Ceux qui étaient à la queue, plus embarrassés que les autres, tirent des coups de pistolet; trois gardes nationaux sont touchés, l'un à la joue, les deux autres reçoivent les balles dans leurs habits. Leurs camarades répondent, tirent aussi. Les gardes du corps ripostent de leurs mousquetons.

D'autres gardes nationaux entraient dans la Cour, entouraient d'Estaing, demandaient des munitions. Il fut lui-même étonné de leur élan, de l'audace qu'ils montraient tout seuls au milieu des troupes: « Vrais martyrs de l'enthousiasme », disait-il plus tard à la reine.

Un lieutenant de Versailles déclara au garde de l'artillerie que, s'il ne lui donnait de la poudre, il lui brûlerait la cervelle. Il en livra un tonneau qu'on défonça sur la place, et l'on chargea des canons qu'on braqua vis-à-vis la rampe, de manière à prendre en flanc les troupes qui couvraient encore le château, et les gardes du corps qui revenaient sur la place.

Les gens de Versailles avaient montré la même fermeté de l'autre côté du château. Cinq voitures se présentaient à la grille pour sortir; c'était la reine, disait-on, qui partait pour Trianon. Le Suisse ouvre, la garde ferme. « Il y aurait danger pour Sa Majesté, dit le commandant, à s'éloigner du château. » Les voitures rentrèrent sous escorte. Il n'y avait plus de passage. Le roi était prisonnier.

Le même commandant sauva un garde du corps que la foule voulait mettre en pièces pour avoir tiré sur le peuple. Il fit si bien qu'on laissa l'homme; on se contenta du cheval, qui fut dépecé; on commençait à le rôtir sur la place d'armes; mais la foule avait trop faim, il fut mangé presque cru.

La pluie tombait. La foule s'abritait où elle pouvait; les uns enfoncèrent la grille des Grandes Ecuries, où était le régiment de Flandre, et s'y mirent pêle-mêle avec les soldats. D'autres, environ quatre mille, étaient restés dans l'Assemblée. Les hommes étaient assez tranquilles, mais les femmes supportaient impatiemment cet état d'inaction; elles parlaient, criaient, remuaient. Maillard seul pouvait les faire taire, et il n'en venait à bout qu'en haranguant l'Assemblée.

Ce qui n'aidait pas à calmer la foule, c'est que des gardes du corps vinrent trouver les dragons qui étaient aux portes de l'Assemblée, demander s'ils voudraient les aider à prendre les pièces qui menaçaient le château. On allait se jeter sur eux, les dragons les firent échapper.

A huit heures, autre tentative. On apporta une lettre du roi, où, sans parler de la Déclaration des droits, il promettait vaguement la libre circulation des grains. Il est probable qu'à ce moment l'idée de fuite dominait au château. Sans rien répondre à Mounier, qui restait toujours à la porte du conseil, on envoyait cette lettre pour occuper la foule qui attendait.

Une apparition singulière avait ajouté à l'effroi de la Cour. Un jeune homme du peuple entre, mal mis, tout défait... On s'étonne... C'était le jeune duc de Richelieu qui, sous cet habit, s'était mêlé à la foule, à ce nouveau flot de peuple qui était parti de Paris; il les avait quittés à moitié chemin pour avertir la famille royale; il avait entendu des propos horribles, des menaces atroces, à faire dresser les cheveux... En disant cela, il était si pâle que tout le monde pâlit...

Le cœur du roi commençait à faiblir; il sentait la reine en péril. Quoiqu'il en coûtât à sa conscience de consacrer l'œuvre législative du philosophisme, il signa à dix heures du soir la Déclaration des droits.

Mounier put donc enfin partir. Il avait hâte de reprendre la présidence avant l'arrivée de cette grande armée de Paris, dont on ne savait pas les projets. Il rentre, mais plus d'Assemblée; elle avait levé la séance; la foule, de plus en plus bruyante, exigeante, avait demandé qu'on diminuât le prix du pain, celui de la viande. Mounier trouva à sa place, dans le siège du président, une grande femme de bonnes manières, qui tenait la sonnette, et descendit à regret. Il donna ordre qu'on tâchât de réunir les députés; en attendant, il annonça au peuple que le roi venait d'accepter les articles constitutionnels. Les femmes, se serrant alors autour de lui, le priaient d'en donner copie; d'autres disaient: « Mais, monsieur le président, cela sera-t-il bien avantageux? cela fera-t-il avoir du pain aux pauvres gens de Paris? »

D'autres: « Nous avons bien faim. Nous n'avons pas mangé aujourd'hui. » Mounier dit qu'on allât chercher du pain chez les boulangers. De tous les côtés, les vivres vinrent. Il se mirent à manger avec grand bruit dans la salle.

Les femmes, tout en mangeant, causaient avec Mounier: « Mais, cher président, pourquoi donc avez-vous défendu ce vilain *veto*?... Prenez bien garde à la lanterne! » Mounier leur répondit avec fermeté qu'elles n'étaient pas en état de juger, qu'on les trompait, que, pour lui, il aimait mieux exposer sa vie que trahir sa conscience. Cette réponse leur plut fort; dès lors, elles lui témoignèrent beaucoup de respect et d'amitié.

Mirabeau seul eût pu se faire entendre, couvrir le tumulte. Il ne s'en souciait pas. Certainement il était inquiet. Le soir, au dire de plusieurs témoins, il s'était promené parmi le peuple avec un grand sabre, disant à ceux qu'il rencontrait: « Mes enfants, nous sommes pour vous. » Puis il s'était allé coucher. Dumont le Genevois alla le chercher, le ramena à l'Assemblée. Dès qu'il arriva, il dit de sa voix tonnante: « Je voudrais bien savoir comment on se donne les airs de venir troubler nos séances... Monsieur le président, faites respecter l'Assemblée? » Les femmes crièrent: « Bravo! » Il y eut un peu de calme. Pour passer le temps, on reprit la discussion des lois criminelles.

Echec de La Fayette

J'étais dans une galerie (dit Dumont), où une poissarde agissait avec une autorité supérieure, et dirigeait une centaine de femmes, de jeunes filles surtout, qui, à son signal, criaient, se taisaient. Elle appelait familièrement les députés par leur nom, ou bien demandait: « Qui est-ce qui parle là-bas? Faites taire ce bavard! il ne s'agit pas de ça! il s'agit d'avoir du pain!... Qu'on fasse plutôt parler notre petite mère Mirabeau... » Et toutes les autres criaient: « Notre mère Mirabeau!... » Mais il ne voulait point parler.

M. de La Fayette, parti de Paris entre cinq et six heures, n'arriva qu'à minuit passé. Il faut que nous remontions plus haut, et que nous le suivions de midi jusqu'à minuit.

Vers onze heures, averti de l'invasion de l'Hôtel de Ville, il s'y rendit, trouva la foule écoulée, et se mit à dicter une dépêche pour le roi. La garde nationale, soldée et non soldée, remplissait la grève; de rang en rang, on disait qu'il fallait aller à Versailles. Beaucoup d'ex-gardes françaises, particulièrement, regrettaient leur ancien privilège de garder le roi; ils voulaient s'en ressaisir. Quelques-uns d'entre eux montent à la ville, frappent au bureau où était La Fayette; un jeune grenadier de la plus belle figure, et qui parlait à merveille, lui dit avec fermeté:

« Mon général, le peuple manque de pain, la misère est au comble; le comité de subsistances ou vous trompe, ou est trompé. Cette position ne peut durer; il n'y a qu'un moyen, allons à Versailles!... On dit que le roi est un imbécile, nous placerons la couronne sur la tête de son fils; on nommera un conseil de régence et tout ira pour le mieux. »

M. de La Fayette était un homme très ferme et très obstiné. La foule le fut encore plus. Il croyait à son ascendant, avec raison; il put voir toutefois qu'il se l'était exagéré. En vain, il harangua le peuple; en vain, il resta plusieurs heures dans la Grève sur son cheval blanc, tantôt parlant, tantôt imposant silence du geste, ou bien, pour faire quelque chose, flattant de la main son cheval. La difficulté allait augmentant; ce n'était plus seulement ses gardes nationaux qui le pressaient, c'étaient des bandes des faubourgs Saint-Antoine et Saint-Marceau; ceux-là n'entendaient à rien. Ils parlaient au général par des signes éloquents, préparant pour lui la lanterne, le couchant en joue. Alors il descend de cheval, veut rentrer à l'Hôtel de Ville, mais ses grenadiers lui barrent le passage: « Morbleu! général, vous resterez avec nous, vous ne nous abandonnerez pas. »

Par bonheur, une lettre descend de l'Hôtel de Ville; on autorise le général à partir, « vu qu'il est impossible de s'y refuser. » — « Partons », dit-il à regret. — Il s'élève un cri de joie.

Des trente mille hommes de garde nationale, quinze mille marchèrent. Ajoutez quelque milliers d'hommes du peuple. L'outrage à la cocarde nationale était pour l'expédition un noble motif. Tout le monde battait des mains sur le passage. — Une foule élégante, sur la terrasse de l'eau, regardait, applaudissait. A Passy, où le duc d'Orléans avait loué une maison, Mme de Genlis était à son poste, criant, agitant un mouchoir, n'oubliant rien pour être vue.

Le mauvais temps qu'il faisait ralentit beaucoup la marche. Beaucoup de gardes nationaux, ardents tout à l'heure, se refroidissaient. Ce n'était plus là le beau 14 juillet. Une froide pluie d'octobre tombait. Quelques-uns restaient en route; les autres pestaient, et allaient. « Il est dur, disaient de riches marchands, pour des gens qui dans les beaux temps ne vont à leurs maisons de campagne que dans leurs voitures, de faire quatre lieues par la pluie... » D'autres disaient: « Nous ne pouvons faire une telle corvée en vain. » Et ils s'en prenaient à la reine; ils faisaient des menaces folles pour paraître bien méchants.

Le château les attendait dans la plus grande anxiété. On pensait que La Fayette faisait semblant d'être forcé, mais qu'il profiterait de la circonstance. On voulut voir encore à onze heures si, la foule étant dispersée, les voitures passeraient par la grille du Dragon. La garde nationale de Versailles veillait et ferma le passage.

La reine, au reste, ne voulait point partir seule. Elle jugeait avec raison qu'il n'y avait nulle part de sûreté pour elle si elle se séparait du roi. Deux cents gentilshommes environ, dont plusieurs étaient députés, s'offrirent à elle, pour la défendre, et lui demandèrent un ordre pour prendre des chevaux à ses écuries. Elle les autorisa, pour le cas, disait-elle, où le roi serait en danger.

La Fayette, avant d'entrer dans Versailles, fit renouveler le serment de fidélité à la loi et au roi. Il l'avertit de son arrivée, et le roi lui répondit qu'il le verrait avec plaisir, qu'il venait d'accepter *sa* Déclaration des droits.

La Fayette entra seul au château, au grand étonnement des gardes, et de tout le monde. Dans l'Œil-de-Bœuf, un homme de cour dit follement: « Voilà Cromwell. » Et La Fayette, très bien: « Monsieur, Cromwell ne serait pas entré seul. »

« Il avait l'air très calme, dit Mme de Staël (qui y était); personne ne l'a jamais vu autrement; sa délicatesse souffrait de l'importance de son rôle. » Il fut d'autant plus respectueux qu'il semblait plus fort. La violence, au reste, qu'on lui avait faite à lui-même, le rendait plus royaliste qu'il ne l'avait jamais été.

Le roi donna à la garde nationale les postes extérieurs du château; les gardes du corps conservèrent ceux du dedans. Le dehors même ne fut pas entièrement confié à La Fayette. Une de ses patrouilles voulant passer dans le parc, la grille lui fut refusée. Le parc était occupé par des gardes du corps et autres troupes; jusqu'à deux heures du matin, elles attendaient le roi, au cas qu'il se décidât à la fuite. A deux heures seulement, tranquillisé par La Fayette, on leur fit dire qu'ils pouvaient s'en aller à Rambouillet.

A trois heures, l'Assemblée avait levé la séance. Le peuple s'était dispersé, couché, comme il avait pu, dans les églises et ailleurs. Maillard et beaucoup de femmes, entre autres Louison Chabry, étaient partis pour Paris, peu après l'arrivée de La Fayette, emportant les décrets sur les grains et la Déclaration des droits.

La Fayette eut beaucoup de peine à loger ses gardes nationaux; mouillés, recrus, ils cherchaient à se sécher, à manger. Lui-même enfin, croyant tout tranquille, alla à l'hôtel de Noailles, dormit comme on dort après vingt heures d'efforts et d'agitations.

Beaucoup de gens ne dormaient pas. C'étaient surtout ceux qui, partis le soir de Paris, n'avaient pas eu la fatigue du jour précédent. La première expédition, où les femmes dominaient, très spontanée, très naïve, pour parler ainsi, déterminée par les besoins, n'avait pas coûté de sang. Maillard avait eu la gloire d'y conserver quelque ordre dans le désordre même. Le *crescendo* naturel qu'on observe toujours dans de telles agitations ne permettait guère de croire que la seconde expédition se passât ainsi. Il est vrai qu'elle s'était faite sous les yeux de la garde nationale et comme d'accord avec elle. Néanmoins, il y avait là des hommes décidés à agir sans elle; plusieurs étaient de furieux fanatiques qui auraient voulu tuer la reine; d'autres, qui se donnaient pour tels, et semblaient les plus violents, étaient tout simplement d'une classe toujours surabondante dans l'affaiblissement de la police, des voleurs. Ceux-ci calculaient la chance d'une invasion du château. Ils n'avaient pas trouvé à la Bastille grand-chose qui fût digne d'eux. Mais ce merveilleux palais de Versailles, où les richesses de la France s'entassaient depuis plus d'un siècle, quelle ravissante perspective il ouvrait pour le pillage!

A cinq heures du matin, avant jour, une grande foule rôdait déjà autour des grilles, armée de piques, de broches et de faux. Ils n'avaient pas de fusils. Voyant des gardes du corps en sentinelle aux grilles, ils forcèrent des gardes nationaux de tirer sur eux; ceux-ci obéirent, ayant soin de tirer trop haut.

La foule devant le château

Dans cette foule qui errait, ou se tenait autour des feux qu'on avait faits sur la place, se trouvait un petit bossu, l'avocat Verrières, monté sur un grand cheval; il passait pour très violent; dès le soir on l'attendait, disant qu'on ne ferait rien sans lui. Lecointre était là aussi qui pérorait, allait, venait. Les gens de Versailles étaient peut-être plus animés que les Parisiens, enragés de longue date contre la Cour, contre les gardes du corps; ils avaient perdu la veille l'occasion de tomber sur eux, ils la regrettaient, voulaient leur solder leur compte. Ils avaient parmi eux nombre de serruriers et forgerons (de la manufacture d'armes?), gens rudes et qui frappent fort, qui, de plus, toujours altérés par le feu, boivent fort aussi.

Vers six heures, ces gens mêlés de Versailles et de Paris escaladent ou forcent les grilles, puis s'avancent dans les cour, avec crainte, hésitation. Le premier qui fut tué l'aurait été par une chute, à en croire les royalistes, en glissant dans la cour de marbre. Selon l'autre version, plus vraisemblable, il fut tué d'un coup de fusil, tiré par les gardes du corps.

Les uns se dirigeaient à gauche, vers l'appartement de la reine, les autres à droite, vers l'escalier de la chapelle, plus près de l'appartement du roi. A gauche, un Parisien qui courait des premiers, sans armes, rencontre un garde du corps, qui lui donne un coup de couteau; on tue le garde du corps. A droite allait en avant un milicien de la garde de Versailles, un petit serrurier, les yeux enfoncés, fort peu de cheveux, les mains gercées par la forge. Cet homme et un autre, sans répondre au garde qui était descendu de quelques marches et lui parlait sur l'escalier, s'efforçaient de le tirer par son baudrier, pour le livrer à la foule qui venait derrière. Les gardes le ramenèrent à eux; mais deux d'entre eux furent tués. Tous s'enfuient par la grande galerie, jusqu'à l'Œil-de-Bœuf, entre les appartements du roi et de la reine. D'autres gardes y étaient déjà.

La plus furieuse attaque avait été faite vers l'appartement de la reine. La sœur de sa femme de chambre, Mme Campan, ayant entrouvert la porte, y vit un garde couvert de sang qui arrêtait les furieux. Elle ferme au verrou cette porte et la suivante, passe un jupon à la reine, veut la mener chez le roi... Moment terrible... La porte est fermée de l'autre côté au verrou. On frappe à coups redoublés... Le roi n'était pas chez lui; il avait pris un autre passage pour se rendre chez la reine... A ce moment, un coup de pistolet part très près, un coup de fusil. « Mes amis, mes chers amis, criait-elle, fondant en larmes, sauvez-moi et mes enfants. » On apportait le dauphin. La porte enfin s'est ouverte, elle se sauve chez le roi.

La foule frappait, frappait, pour entrer dans l'Œil-de-Bœuf. Les gardes s'y barricadaient; ils avaient entassé des bancs, des tabourets, d'autres meubles; le panneau d'en bas éclate... Ils n'attendent plus que la mort... Mais tout à coup le bruit cesse; une voix douce et forte dit: « Ouvrez! » Comme ils n'ouvraient pas, la même voix répéta: « Ouvrez donc, messieurs les gardes du corps, nous n'avons pas oublié que les vôtres nous sauvèrent à Fontenoy, nous autres, gardes-françaises. »

C'étaient eux, gardes-françaises et maintenant gardes nationaux, c'était le brave et généreux Hoche, alors simple sergent-major. C'était le peuple qui venait sauver la noblesse. Ils ouvrirent, se jetèrent dans les bras les uns des autres en pleurant.

A ce moment, le roi, croyant le passage forcé, et prenant les sauveurs pour les assassins, ouvrit lui-même sa porte, par un mouvement d'humanité courageuse, et dit à ceux qu'il trouva: « Ne faites pas de mal à mes gardes. »

Le danger était passé, la foule écoulée. Les voleurs seuls ne lâchaient pas prise. Tout entiers à leur affaire, ils pillaient et déménageaient. Les grenadiers jetèrent cette canaille à la porte.

Une scène d'horreur se passait dans la cour. Un homme à longue barbe travaillait avec une hache à couper la tête de deux cadavres, les gardes tués à l'escalier. Ce misérable, que quelques-uns prirent pour un fameux brigand du Midi, était tout simplement un modèle de l'Académie de peinture; pour ce jour, il avait mis un costume pittoresque d'esclave antique, qui étonna tout le monde et ajouta à la peur.

La Fayette, trop tard éveillé, arrivait alors à cheval. Il voit un garde du corps qu'on avait pris, qu'on avait mené près du corps d'un de ceux que les gardes avaient tués, pour le tuer par représailles. « J'ai donné ma parole au roi de sauver les siens. Faites respecter ma parole. » Le garde fut sauvé. La Fayette ne l'était pas. Un furieux cria: « Tuez-le. » Il ordonna de l'arrêter, et la foule obéissante le traîna en effet vers le général, en lui frappant la tête contre le pavé.

Il entre. Mme Adélaïde, tante du roi, vient l'embrasser: « C'est vous qui nous avez sauvés. » Il court au cabinet du roi. Qui croirait que l'étiquette subsistât encore? Un grand officier l'arrête un moment, et puis le laisse passer: « Monsieur, dit-il sérieusement, le roi vous accorde *les grandes entrées*. »

Le roi se montre au balcon. Un cri unanime s'élève: « Vive le roi! vive le roi! »

« Le roi à Paris! » c'est le second cri. Tout le peuple le répète, toute l'armée fait écho.

La reine était debout, près de la fenêtre, sa fille contre elle; devant elle, le dauphin. L'enfant, tout en jouant avec les cheveux de sa sœur, disait: « Maman, j'ai faim! » Dure réaction de la nécessité!... La faim passe du peuple au roi!... O providence! providence!... Grâce! Celui-ci, c'est un enfant.

A ce moment, plusieurs criaient un cri formidable: « La reine! » Le peuple voulait la voir au balcon. Elle hésite: « Quoi! toute seule? » — « Madame, ne craignez rien », dit M. de La Fayette. Elle y alla, mais non pas seule, tenant une sauvegarde admirable, d'une main sa fille et de l'autre main son fils. La cour de marbre était terrible, houleuse de vagues irritées ; les gardes nationaux, en haie tout autour, ne pouvaient répondre du centre ; il y avait là des hommes furieux, aveugles, et des armes à feu. La Fayette fut admirable, il risqua, pour cette femme tremblante, sa popularité, sa destinée, sa vie ; il parut avec elle sur le balcon, et lui baisa la main.

La foule sentit cela. L'attendrissement fut unanime. On vit la femme et la mère, rien de plus... « Ah ! qu'elle est belle !... Quoi ! c'est la reine ?... Comme elle caresse ses enfants ! » Grand peuple ! que Dieu te bénisse, pour ta clémence et ton oubli !

Le roi était tout tremblant quand la reine alla au balcon. La chose ayant réussi : « Mes gardes, dit-il à La Fayette, ne pourriez-vous pas faire quelque chose aussi pour eux ? » — « Donnez-m'en un. » La Fayette le mène sur le balcon, lui dit de prêter serment, de montrer à son chapeau la cocarde nationale. Le garde l'embrasse. On crie : « Vive les gardes du corps ! » Les grenadiers, pour plus de sûreté, prirent les bonnets des gardes, leur donnèrent les leurs ; mêlant ainsi les coiffures, on ne pouvait plus tirer sur les gardes sans risquer de tirer sur eux.

Le roi avait la plus vive répugnance à partir de Versailles. Quitter la résidence royale, c'était pour lui la même chose que quitter la royauté. Il avait, quelques jours auparavant, repoussé les prières de Malouet et autres députés, qui, pour s'éloigner de Paris, le priaient de transférer l'Assemblée à Compiègne. Et maintenant, il fallait laisser Versailles pour s'en aller à Paris, traverser cette foule terrible... Qu'arriverait-il à la reine. On n'osait presque y penser.

Le roi fit prier l'Assemblée de se réunir au château. Une fois là, l'Assemblée et le roi, se trouvant ensemble, avec l'appui de La Fayette, des députés, auraient supplié le roi de ne point aller à Paris. On eût présenté au peuple cette prière, comme le vœu de l'Assemblée. Tout le grand mouvement finissait; la lassitude, l'ennui, la faim, peu à peu chassaient le peuple; il s'écoulait de lui-même.

Il y eut dans l'Assemblée, qui commençait à se réunir, hésitation, fluctuation.

Personne n'avait de parti pris, d'idée arrêtée. Ce mouvement populaire avait pris tout le monde à l'improviste. Les esprits les plus pénétrants n'y avaient rien vu d'avance. Mirabeau n'avait rien prévu, ni Sieyès. Celui-ci dit avec chagrin, quand il eut la première nouvelle: « Je n'y comprends rien, cela marche en sens contraire. »

Je pense qu'il voulait dire: contraire à la Révolution. Sieyès, à cette époque, était encore révolutionnaire, et peut-être assez favorable à la branche d'Orléans.

Que le roi quittât Versailles, sa vieille cour, qu'il vécût à Paris, au milieu du peuple, c'était, sans aucun doute, une forte chance pour Louis XVI de redevenir populaire.

Si la reine (tuée, ou en fuite) ne l'eût pas suivi, les Parisiens se seraient très probablement repris d'amour pour le roi. Ils avaient eu de tout temps un faible pour ce gros homme qui n'était nullement méchant, et qui, dans son embonpoint, avait un air de bonhomie béate et paterne, tout à fait au gré de la foule. On a vu plus haut que les dames de la Halle l'appelaient un *bon papa;* c'était toute la pensée du peuple.

Cette translation à Paris, qui effrayait tant le roi, effrayait en sens inverse ceux qui voulaient affermir, continuer la Révolution, encore plus ceux qui, pour des vues patriotiques ou personnelles, auraient voulu donner la lieutenance générale (ou mieux) au duc d'Orléans.

Ce qui pouvait arriver de pis à celui-ci, qu'on accusait follement de vouloir faire tuer la reine, c'était que la reine fût tuée, que le roi, seul, délivré de cette impopularité vivante, vînt s'établir à Paris, qu'il tombât entre les mains des La Fayette et des Bailly.

Le duc d'Orléans était parfaitement innocent du mouvement du 5 octobre. Il ne sut qu'y faire, ni comment en profiter. Le 5 et la nuit suivante, il s'agita, alla, revint. Les dépositions établissent qu'on le vit partout, entre Paris et Versailles, et qu'il ne fit rien nulle part. Le 6 au matin, entre huit et neuf, si près des assassinats, la cour du château étant souillée de sang, il vint se montrer au peuple, une cocarde énorme au chapeau, une badine à la main, dont il jouait en riant.

Pour revenir à l'Assemblée, il n'y eut pas quarante députés qui se rendissent au château. La plupart étaient déjà à la salle ordinaire, assez incertains. Le peuple qui comblait les tribunes fixa leur incertitude; au premier mot qui fut dit d'aller siéger au château, il poussa des cris.

Mirabeau se leva alors, et, selon son habitude, de couvrir d'un langage fier son obéissance au peuple, dit « que la liberté de l'Assemblée serait compromise, si elle délibérait au palais des rois, qu'il n'était pas de sa dignité de quitter le lieu de ses séances, qu'une députation suffisait ».

Le jeune Barnave appuya. Le président Mounier contredit en vain.

Enfin, l'on apprend que le roi consent à partir pour Paris; l'Assemblée, sur la proposition de Mirabeau, décide que, pour la session actuelle, elle est inséparable du roi.

Le jour s'avance, il n'est pas loin d'une heure.. Il faut partir, quitter Versailles... Adieu, vieille Monarchie!

Cent députés entourent le roi, toute une armée, tout un peuple. Il s'éloigne du palais de Louis XIV pour n'y jamais revenir.

Toute cette foule s'ébranle, elle s'en va à Paris, devant le roi et derrière.

Hommes, femmes, vont, comme ils peuvent, à pied, à cheval, en fiacre, sur les charrettes qu'on trouve, sur les affûts des canons. On rencontra avec plaisir un grand convoi de farines, bonne chose pour la ville affamée.

Les femmes portaient aux piques de grosses miches de pain, d'autres des branches de peuplier, déjà jaunies par octobre. Elles étaient fort joyeuses, aimables à leur façon, sauf quelques quolibets à l'adresse de la reine. « Nous amenons, criaient-elles, le boulanger, la boulangère, le petit mitron. »

Toutes pensaient qu'on ne pouvait jamais mourir de faim, ayant le roi avec soi. Toutes étaient encore royalistes, en grande joie de mettre enfin *ce bon papa* en bonnes mains; il n'avait pas beaucoup de tête, il avait manqué de parole; c'était la faute de sa femme; mais une fois à Paris, les bonnes femmes ne manqueraient pas qui le conseilleraient mieux.

Tout cela, gai, triste, violent, joyeux et sombre à la fois.

On espérait, mais le ciel n'était pas de la partie. Il avait plu. On marchait lentement, en pleine boue. De moment en moment, plusieurs, en réjouissance, ou pour décharger leurs armes, tiraient des coups de fusil.

La voiture royale, escortée, La Fayette à la portière, avançait comme un cercueil.

La reine était inquiète. Etait-il sûr qu'elle arrivât? Elle demanda à La Fayette ce qu'il en pensait, et lui-même le demanda à Moreau de Méry qui, ayant présidé l'Hôtel de Ville aux fameux jours de la Bastille, connaissait bien le terrain. Il répondit ces mots significatifs: « Je doute que la reine arrive seule aux Tuileries; mais, une fois à l'Hôtel de Ville, elle en reviendra. »

Voilà le roi à Paris, au seul lieu où il devait être, au cœur même de la France. Espérons qu'il en sera digne.

La révolution du 6 octobre, nécessaire, naturelle et légitime s'il en fût jamais, toute spontanée, imprévue, vraiment populaire, appartient surtout aux femmes, comme celle du 14 juillet aux hommes. Les hommes ont pris la Bastille, et les femmes ont pris le roi.

Le 1er octobre, tout fut gâté par les dames de Versailles.

Le 6, tout fut réparé par les femmes de Paris.

Livre III

6 octobre 1789-14 juillet 1790

CHAPITRE PREMIER

*Accord pour relever le roi (octobre 89)   Elan de la fraternité
(octobre-juillet)*

Amour du peuple pour le roi. Générosité du peuple, sa tendance
à l'union. Ses fédérations (d'octobre en juillet). La Fayette et Mirabeau pour le roi, l'Assemblée pour le roi, octobre 89. Le roi n'était
pas captif en octobre.

Le matin du 7 octobre, de bonne heure, les Tuileries étaient pleines d'un peuple ému, affamé de voir son roi. Tout le jour, pendant qu'il recevait l'hommage des corps constitués, la foule l'observait du dehors, l'attendait et le cherchait. On le voyait, ou on croyait le voir de loin à travers les vitres; celui qui avait le bonheur de l'apercevoir, le montrait à ses voisins: « Le voyez-vous, le voilà! » Il fallut qu'il parût au balcon, et ce furent des applaudissements unanimes. Il fallut qu'il descendît au jardin, qu'il répondît de plus près à l'attendrissement du peuple.

Sa sœur, Mme Elisabeth, jeune et innocente personne, fut touchée, ouvrit ses fenêtres, et soupa devant la foule. Les femmes approchaient avec leurs enfants, la bénissant, lui disant qu'elle était belle.

On avait pu, dès la veille, le soir même du 6 octobre, se rassurer tout à fait sur ce peuple dont on avait eu tant peur. Lorsque le roi et la reine parurent à l'Hôtel de Ville entre les flambeaux, un tonnerre monta de la Grève, mais de cris de joie, d'amour, de reconnaissance pour le roi qui venait vivre au milieu d'eux... Ils pleuraient comme des enfants, se tendaient les mains, s'embrassaient les uns les autres.

Le peuple et le roi

« La Révolution est finie, disait-on, voilà le roi délivré de ce Versailles, de ses courtisans, de ses conseillers. » Et en effet, ce mauvais enchantement qui depuis plus d'un siècle tenait la royauté captive, loin des hommes, dans un monde de statues, d'automates plus artificiels encore, grâce à Dieu, il était rompu. Le roi était replacé dans la nature réelle, dans la vie et la vérité. Ramené de ce long exil, il revenait chez lui, rentrait à sa vraie place, se trouvait rétabli dans son élément de roi, et quel autre, sinon le peuple ? Où donc ailleurs un roi pourrait-il respirer et vivre ?

Vivez, sire, au milieu de nous, soyez libre pour la première fois. Vous ne l'avez été guère. Toujours vous avez agi, laissé agir, malgré vous. Chaque matin on vous a fait faire de quoi vous repentir le soir; chaque jour, vous avez obéi. Sujet si longtemps du caprice, régnez enfin selon la loi; c'est la royauté, c'est la liberté. Dieu ne règne pas autrement.

Telles étaient les pensées du peuple, généreuses et sympathiques, sans rancune, sans défiance. Mêlé pour la première fois aux seigneurs, aux belles dames, il était plein d'égards pour eux. Les gardes du corps eux-mêmes, il les voyait avec plaisir, qui se promenaient, bras dessus, bras dessous, avec leurs amis et sauveurs, les braves gardes-françaises. Il applaudissait les uns et les autres, pour rassurer, consoler ses ennemis de la veille.

Qu'on sache éternellement qu'à cette époque mal connue, défigurée par la haine, le cœur de la France fut plein de magnanimité, de clémence et de pardon. Dans les résistances même que provoque partout l'aristocratie, dans les actes énergiques où le peuple se déclare prêt à frapper, il menace et il pardonne. Metz dénonce son Parlement rebelle à l'Assemblée nationale, puis intercède pour lui. La Bretagne, dans la redoutable fédération qu'elle fit en plein hiver (janvier), se montre et forte et clémente. Cent cinquante mille hommes armés s'y engagèrent à résister aux ennemis de la loi, et le jeune chef qui, à la tête de leurs députés jurait, l'épée sur l'autel, ajouta à son serment: « S'ils deviennent de bons citoyens, nous leur pardonnerons. »

Ces grandes fédérations qui, pendant huit ou neuf mois, se font par toute la France, sont le trait distinctif, l'originalité de cette époque. Elles sont d'abord défensives, de protection mutuelle contre les ennemis inconnus, *les brigands,* contre l'aristocratie. Puis, ces frères, armés ensemble, veulent vivre ensemble aussi, ils s'inquiètent des besoins de leurs frères, ils s'engagent à assurer la circulation des grains, à faire passer la subsistance de provinces en provinces, de ceux qui ont peu à ceux qui n'ont pas. Enfin, la sécurité renaît, la nourriture est moins rare, les fédérations continuent, sans autre besoin que celui du cœur: « *Pour s'unir,* disent-ils, *et s'aimer les uns les autres.* »

Les villes et les villes se sont d'abord unies entre elles, pour se protéger elles-mêmes contre les nobles. Puis, les nobles étant attaqués par le paysan ou par des bandes errantes, les châteaux brûlés, les villes sortent en armes, vont protéger les châteaux, défendre les nobles, leurs ennemis. Ces nobles viennent en foule s'établir dans les villes, parmi ceux qui les ont sauvés, et prêter le serment civique (février-mars).

Les luttes des villes et des campagnes durent peu, heureusement. Le paysan de bonne heure ouvre l'oreille et les yeux; il se confédère, à son tour, pour l'ordre et la Constitution. J'ai sous les yeux les procès-verbaux d'une foule de ces fédérations des campagnes, et j'y vois le sentiment de la patrie éclater sous forme naïve, autant et plus vivement peut-être encore que dans les villes.

Plus de barrière entre les hommes. Il semble que les murs des villes ont tombé. Souvent les grandes fédérations urbaines vont se tenir dans les campagnes. Souvent les paysans, en bandes réglées, le maire et le curé en tête, viennent fraterniser dans les villes.

Tous en ordre, tous armés. La garde nationale, à cette époque, il ne faut pas l'oublier, c'est généralement tout le monde.

Tout le monde se met en branle, tout part comme au temps des croisades... Où vont-ils ainsi par groupes, villes et villes, villages et villages, provinces et provinces? Quelle est donc la Jérusalem qui attire ainsi tout un peuple, l'attire, non hors de lui-même, mais l'unit, le concentre en lui?... C'est mieux que celle de Judée, c'est la Jérusalem des cœurs, la sainte unité fraternelle... la grande cité vivante, qui se bâtit d'hommes... En moins d'une année, elle est faite... Et depuis, c'est la patrie.

Voilà ma route en ce troisième livre; tous les obstacles du monde, les cris, les actes violents, les aigres disputes me retarderont, mais ne me détourneront pas. Le 14 juillet m'a donné l'unanimité de Paris. Et l'autre 14 juillet va me donner tout à l'heure l'unanimité de la France.

Comment le vieil amour du peuple, le roi, fût-il resté seul hors de cet universel embrassement fraternel? Il en fut le premier objet. On avait beau voir, près de lui, la reine toujours en larmes, triste et dure, ne nourrissant que rancune. On avait beau voir la pesante servitude où le tenaient ses scrupules de dévot, et la servitude aussi où sa nature matérielle le liait près de sa femme. On s'obstinait toujours à placer l'espoir en lui.

Chose ridicule à dire. La peur du 6 octobre avait fait une foule de royalistes. Ce réveil terrible, cette fantasmagorie nocturne, avait profondément troublé les imaginations; on se serrait près du roi. L'Assemblée d'abord. Jamais elle ne fut si bien pour lui. Elle avait eu peur; dix jours après, ce fut encore avec grande répugnance qu'elle vint siéger dans ce sombre Paris d'octobre, parmi cette mer de peuple. Cent cinquante députés aimèrent mieux prendre des passeports. Mounier, Lally se sauvèrent.

Les deux premiers hommes de France, le plus populaire,

le plus éloquent, La Fayette et Mirabeau, revinrent royalistes à Paris.

M. de La Fayette avait été mortifié d'être mené à Versailles, tout en paraissant mener. Dans son triomphe involontaire, il était presque autant piqué que le roi. Il fit, en rentrant, deux choses. Il enhardit la Municipalité à faire poursuivre au Châtelet la feuille sanglante de Marat. Lui-même, il alla trouver le duc d'Orléans, l'intimida, lui parla haut et ferme, et chez lui, et devant le roi, lui faisant sentir qu'après le 6 octobre, sa présence à Paris inquiétait, donnait des prétextes, excluait la tranquillité. Il le poussa ainsi à Londres. Le duc voulant en revenir, La Fayette lui fit dire que, le lendemain de son retour, il se battrait avec lui.

Mirabeau, privé de son duc, et voyant décidément qu'il n'en tirerait jamais parti, se tourna bonnement avec l'aplomb de la force, et comme un homme nécessaire qu'on ne peut pas refuser, du côté de La Fayette (10-20 octobre); il lui proposait nettement de renverser Necker, et de gouverner à deux. C'était certainement la seule chance de salut qui restât au roi. Mais La Fayette n'aimait ni n'estimait Mirabeau. La Cour les détestait tous deux.

Un moment, un court moment, les deux forces qui restaient, la popularité, le génie, s'entendirent au profit de la royauté. Un événement fortuit qui se passa justement à la porte de l'Assemblée, deux ou trois jours après son arrivée à Paris, l'effraya, la poussa à désirer l'ordre à tout prix. Un malentendu cruel fit périr un boulanger (21 octobre). Le meurtrier fut sur-le-champ jugé, pendu. Ce fut pour la Municipalité l'occasion de demander une loi de sévérité et de force. L'Assemblée décréta la loi martiale, qui armait les municipalités du droit de requérir les troupes et la garde citoyenne, pour dissiper les rassemblements. En même temps, elle renvoyait les crimes de lèse-nation à un vieux tribunal royal, au Châtelet, petit tribunal pour une si grande mission. Buzot et Robespierre disaient qu'il fallait créer une haute cour nationale. Mirabeau se hasarda jusqu'à dire que toutes ces mesures étaient impuissantes, mais *qu'il fallait rendre force au pouvoir exécutif*, ne pas le laisser se prévaloir de sa propre annihilation.

Ceci le 21 octobre. Que de chemin depuis le 6! En quinze jours, le roi avait repris tant de terrain que l'audacieux orateur plaçait sans détour le salut de la France dans la force de la royauté.

M. de La Fayette écrivait en Dauphiné au fugitif Mounier qui lamentait la captivité du roi, et poussait à la guerre civile: que le roi n'était point captif, qu'il séjournerait habituellement dans la capitale, mais qu'il allait reprendre ses chasses. Ce n'était pas un mensonge. La Fayette priait effectivement le roi de sortir, de se montrer, de ne point autoriser par une réclusion volontaire le bruit de sa captivité.

Nul doute qu'à cette époque Louis XVI n'eût pu, avec facilité, se retirer soit à Rouen, comme le conseilla Mirabeau, soit à Metz, dans l'armée de Bouillé, ce que désirait la reine.

CHAPITRE II

Résistances   Le clergé (octobre-novembre 89)

Grandes misères. Nécessité de reprendre les biens du clergé. Il n'était pas propriétaire. Réclamations des victimes du clergé; serfs du Jura, religieux et religieuses, protestants, juifs, comédiens.

Le sombre hiver où nous entrons ne fut pas atrocement froid comme celui de 89, Dieu eut pitié de la France. Il n'y aurait eu nul moyen de résister et de vivre. La misère avait augmenté; nulle industrie, nul travail. Les nobles, dès cette époque, émigrent, ou du moins quittent leurs châteaux, la campagne trop peu sûre, viennent s'établir dans les villes, s'y tiennent renfermés, serrés, dans l'attente des événements; plusieurs se préparent à fuir, font leurs malles à petit bruit. S'ils agissent dans leurs domaines, c'est pour demander, non pour soulager; ils ramassent à la hâte ce qu'on leur doit, l'arriéré des droits féodaux. Resserrement de l'argent, cessation du travail, entassement effroyable des mendiants dans les villes; près de deux cent mille à Paris! D'autres y viendraient, par millions, si l'on n'obligeait les municipalités de garder les leurs. Chacune, pendant tout l'hiver, s'épuise à nourrir ses pauvres, jusqu'à tarir toutes ressources; les riches, ne recevant plus, descendent presque au niveau des pauvres. Tous se plaignent, tous implorent l'Assemblée nationale. Que les choses continuent, il ne s'agira pour elle de rien de moins que de nourrir tout le peuple.

Il ne faut pas que le peuple meure. Il a une ressource, après tout, un patrimoine en réserve, auquel il ne touche pas. C'est pour lui, pour le nourrir, que nos charitables aïeux s'épuisèrent en fondations pieuses, dotèrent du meilleur de leurs biens les dispensateurs de la charité, les ecclésiastiques. Ceux-ci ont si bien gardé, augmenté le bien des pauvres, qu'il a fini par comprendre le cinquième des terres du royaume, estimé quatre milliards.

Le peuple, ce pauvre si riche, vient aujourd'hui frapper à la porte de l'église, sa propre maison, demander part dans un bien qui lui appartient tout entier.. *Panem! propter Deum!*... Il serait dur de laisser ce propriétaire, ce fils de la maison, cet héritier légitime, mourir de faim sur le seuil.

Si vous êtes chrétiens, donnez; les pauvres sont les membres du Christ. Si vous êtes citoyens, donnez; le peuple, c'est la patrie vivante. Si vous êtes honnêtes gens, rendez. Car ce bien n'est qu'un dépôt.

Rendez... Et la nation va vous donner davantage. Il ne s'agit pas de vous jeter dans l'abîme, pour le combler. On ne vous demande pas que, nouveaux martyrs, vous vous immoliez pour le peuple. Il s'agit, tout au contraire, de venir à votre secours, et de vous sauver vous-mêmes.

Pour comprendre ceci, il faut savoir que le corps du clergé, monstrueux de richesse par rapport à la nation, était aussi un monstre, en soi, d'injustice, d'inégalité. Ce corps énorme à la tête, crevant de graisse et de sang, était, dans ses membres inférieurs, maigre, sec et famélique. Ici le prêtre avait un million de rentes, et là deux cents francs.

Dans le projet de l'Assemblée, qui ne parut qu'au printemps, tout cela était retourné. Les curés et vicaires de campagnes devaient recevoir de l'Etat environ soixante millions, les évêques trois seulement. De là la religion perdue, Jésus en colère, la Vierge pleurant dans les églises du Midi, de la Vendée, toute la fantasmagorie nécessaire pour pousser les paysans à la révolte, aux massacres.

L'Assemblée voulait encore donner trente-trois millions

de pensions aux moines et religieuses, douze millions de pensions aux ecclésiastiques isolés, etc. Elle eût porté le traitement général du clergé à la somme énorme de *cent trente-trois millions* qui, par les extinctions, se fût réduite à la moitié; c'était faire largement les choses. Le moindre curé devait avoir (sans compter les logements, presbytères, jardins) au moins douze cents livres par an. Pour dire vrai, tout le clergé (moins quelques centaines d'hommes) eût passé de la misère à l'aisance, en sorte que ce qu'on appela la spoliation du clergé en était l'enrichissement.

Les prélats firent une belle défense, héroïque. Il fallut s'y reprendre à trois fois, livrer trois batailles (octobre, décembre, avril), pour tirer d'eux ce qui n'était que justice et restitution. On put voir parfaitement où ces hommes de Dieu avaient leur vie et leur cœur: *la propriété!* Ils la défendirent, comme les premiers chrétiens avaient défendu la foi!

Les arguments leur manquaient, mais non pas la rhétorique. Tantôt, ils se répandaient en prophéties menaçantes: « Si vous touchez à une propriété sainte et sacrée entre toutes, toutes vont être en danger, le droit de propriété périt dans l'esprit du peuple... Le peuple va venir demain demander la loi agraire!... » Un autre disait avec douceur: « Quand on ruinerait le clergé, on n'y gagnerait pas grand-chose; le clergé, hélas! est si pauvre... endetté de plus; ses biens, s'ils ne continuent d'être administrés par lui, ne paieront jamais ses dettes. »

La discussion avait été ouverte le 10 octobre. Talleyrand, l'évêque d'Autun, qui avait fait les affaires du clergé et maintenant voulait faire des affaires à ses dépens, cassa la glace le premier, se hasarda sur ce terrain glissant, d'un pied boiteux, évitant le fond même des questions, disant seulement « que le clergé n'était pas propriétaire comme les autres propriétaires ».

A quoi Mirabeau ajouta « que la propriété était à la nation ».

Résistances du clergé

Les légistes de l'Assemblée prouvèrent surabondamment: 1° que le clergé n'était *pas propriétaire* (pouvant user, non abuser); 2° qu'il n'était *pas possesseur* (le droit ecclésiastique lui défendant de posséder); 3° qu'il n'était *pas même usufruitier,* mais dépositaire, administrateur tout au plus et dispensateur.

Ce qui produisit plus d'effet que la dispute de mots, c'est qu'au moment où l'on mit la cognée au pied de l'arbre, des témoins muets comparurent, qui, sans déposer contre lui, montrèrent tout ce qu'il avait couvert, cet arbre funeste, d'injustice, de barbarie, dans son ombre.

Le clergé avait encore des serfs au temps de la Révolution. Tout le XVIIIe siècle avait passé, tous les libérateurs, et Rousseau, et Voltaire, dont la dernière pensée fut l'affranchissement du Jura... Le prêtre avait encore des serfs!...

La féodalité avait rougi d'elle-même. Elle avait, à divers titres, abdiqué ces droits honteux. Elle en avait repoussé, non sans honneur, les derniers restes dans la grande nuit du 4 août... Le prêtre avait toujours des serfs.

Le 22 octobre, l'un d'eux, Jean Jacob, paysan mainmortable du Jura, vieillard vénérable, âgé de plus de cent vingt ans, fut amené par ses enfants et demanda la faveur de remercier l'Assemblée de ses décrets du 4 août. Grande fut l'émotion. L'Assemblée nationale se leva tout entière devant ce doyen du genre humain, le fit asseoir et couvrir... Noble respect de la vieillesse, et réparation aussi pour le pauvre serf, pour une si longue injure aux droits de l'humanité. Celui-ci avait été serf un demi-siècle sous Louis XIV, et quatre-vingts ans depuis... Il l'était encore; les décrets du 4 août n'étaient qu'à l'état de déclaration générale; rien d'exécuté. Le servage ne fut expressément aboli qu'en mars 90; le vieillard mourut en décembre; ainsi, ce dernier des serfs ne vit pas la liberté.

Le même jour, 23 octobre, M. de Castellane, profitant de l'émotion de l'Assemblée, demanda qu'on visitât les trente-cinq prisons de Paris, celles de la France, qu'on ouvrît spécialement des prisons plus ignorées encore, plus profondes que les Bastilles royales, les cachots ecclésiastiques. Il fallait bien, à la longue, qu'en ce jour de résurrection, le soleil perçât les mystères, que le bienfaisant rayon de la loi éclairât la première fois ces justices de ténèbres, ces basses-fosses, ces *in pace* où, souvent, dans leurs furieuses haines de cloîtres, dans leurs jalousies, leurs amours plus atroces que leurs haines, les moines enterraient leurs frères.

Hélas! les couvents tout entiers, qu'était-ce que des *in pace,* où les familles rejetaient, oubliaient, tel de leur membre qui était venu de trop, et qu'on immolait aux autres? Ceux-ci ne pouvaient pas, comme le serf du Jura, se traîner jusqu'aux pieds de l'Assemblée nationale, y demander la liberté, embrasser la tribune, au lieu d'autel... A grand-peine, de loin, et par lettre, pouvaient-ils, osaient-ils se plaindre. Une religieuse écrivit, le 28 octobre, timidement, dans des termes généraux, ne demandant rien pour elle, mais priant l'Assemblée de statuer sur les vœux ecclésiastiques. L'Assemblée n'osa encore prendre un parti; elle se contenta de suspendre l'émission des vœux, de fermer ainsi l'entrée aux nouvelles victimes. Combien elle se serait hâtée d'ouvrir les portes aux tristes habitants des cloîtres, si elle eût su l'état d'ennui désespéré où ils étaient parvenus! J'ai dit ailleurs comment toute culture, toute vie avait été peu à peu retirée aux pauvres religieuses, comment les défiances du clergé leur ôtaient tout aliment. Elles se mouraient, à la lettre, n'ayant rien de vital à respirer, la religion leur manquant, autant et plus que le monde... La mort, l'ennui, le vide, rien aujourd'hui, rien demain, rien le matin, rien le soir. Un confesseur parfois et quelque libertinage... Ou bien, elles se jetaient brusquement de l'autre côté, du cloître à Voltaire, à Rousseau, en pleine révolution. J'en ai vu de bien incrédules. Peu se faisaient une foi, mais celles-là l'avaient forte et la suivaient dans la flamme... Témoin, Mlle Corday, nourrie au cloître de

Plutarque et d'*Emile,* sous les voûtes de Mathilde et de Guillaume le Conquérant.

Ce fut comme une revue de tous les infortunés; tous les revenants du Moyen Age apparurent à leur tour, en face du clergé, l'universel oppresseur. Les juifs vinrent. Souffletés annuellement à Toulouse, ou pendus entre deux chiens, ils vinrent modestement demander s'ils étaient hommes. Ancêtres du christianisme, si durement traités par leur fils, ils l'étaient aussi en un sens de la Révolution française; celle-ci, comme réaction du droit, devait s'incliner devant ce droit austère, où Moïse a pressenti le futur triomphe du Juste.

Autre victime des préjugés religieux, le pauvre peuple des comédiens eut aussi sa réclamation. Préjugés barbares! Les deux premiers hommes de la France et de l'Angleterre, l'auteur d'*Othello,* l'auteur de *Tartuffe,* n'étaient-ce pas des comédiens? Le grand homme qui parla pour eux à l'Assemblée nationale, Mirabeau, fut un comédien sublime. « L'action, l'action, l'action! » c'est tout l'orateur, a dit Démosthène.

L'Assemblée ne décida rien pour les comédiens, rien pour les juifs. A l'occasion de ceux-ci, elle ouvrit aux *non-catholiques* l'accès des emplois civils. Elle rappela des pays étrangers nos frères infortunés, les protestants, chassés par les barbares directeurs de Louis XIV; elle promit de leur rendre tout ce qu'on pourrait de leurs biens. Plusieurs revinrent au bout d'un siècle d'exil; peu retrouvèrent leur fortune. Cette population innocente, injustement bannie, ne trouva point le milliard si légèrement accordé à la coupable émigration.

Ce qu'ils trouvèrent, ce fut l'égalité, la réhabilitation la plus honorable, la France rendue à la justice, la France ressuscitée, les leurs au premier rang de l'Assemblée, Rabaut, Barnave à la tribune. Trop juste réaction, ces deux protestants illustres étaient membres du comité ecclésiastique, et jugeaient leurs anciens juges, réglaient le sort de ceux qui bannirent, rouèrent ou brûlèrent leurs pères. Pour vengeance, ils proposèrent de voter cent trente-trois millions pour le clergé catholique.

Rabaut Saint-Etienne était, comme on sait, fils du vieux docteur, du persévérant apôtre, du glorieux martyr des Cévennes, qui, cinquante années durant, ne connut d'autre toit que la feuillée et le ciel, poursuivi comme un bandit, passant les hivers sur la neige à côté des loups, sans arme que sa plume, dont il écrivait ses sermons au milieu des bois. Son fils, après avoir travaillé bien des années à l'œuvre de la liberté religieuse, eut le bonheur de la voter. C'est lui aussi qui proposa et fit proclamer *l'unité, l'indivisibilité* de la France (9 août 1791)... Noble proposition, que tous sans doute auraient faite, mais qui devait sortir du cœur de nos protestants, si longtemps, si cruellement divorcés de la patrie. L'Assemblée porta Rabaut à la présidence, et il eut l'insigne joie d'écrire à son père octogénaire cette parole de réhabilitation solennelle, d'honneur pour les proscrits: « Le président de l'Assemblée nationale est à vos pieds. »

CHAPITRE III

Résistances   Clergé   Parlements   Etats provinciaux

Le clergé fait appel à la guerre civile, 14 octobre. Elan des villes de Bretagne. L'Assemblée réduit les électeurs primaires à quatre millions et demi. L'Assemblée annule le clergé, comme corps, et les parlements, 3 novembre. Résistance des tribunaux. Rôle funeste des parlements dans les derniers temps. Ils n'admettaient plus que des nobles. Les Parlements de Rouen et de Metz résistent, novembre 89.

La discussion sur les biens ecclésiastiques commença le 8 octobre. Le 14, le clergé sonna le tocsin de la guerre civile.

Le 14, un évêque breton. Le 24, le clergé du diocèse de Toulouse. Tocsin de l'Ouest, tocsin du Midi.

Il ne faut pas oublier qu'en ce même mois d'octobre, les prélats, les riches abbés de Belgique, menacés aussi dans leurs biens, créaient une armée et nommaient un général. Le Brabant, la Flandre arboraient le drapeau à la croix rouge. Les capucins et autres moines entraînaient les paysans, les grisaient de sermons sauvages, de processions frénétiques, leur mettaient dans la main l'épée, le poignard contre l'empereur.

Nos paysans étaient moins prompts à se mettre en mouvement. Ils ont le jugement sain en général, et tout autrement net et sobre que les Belges. Le vieil esprit gaudisseur des fabliaux, de Rabelais, peu favorable au clergé, n'est jamais bien mort en France. « M. le curé et sa servante » sont un texte inépuisable pour les veillées de l'hiver. Le curé, au reste, était plus plaisanté que haï. Les évêques

L'épiscopat mondain

(tous nobles alors, Louis XVI n'en faisait pas d'autres) étaient, pour la plupart, bien plus scandaleux. Ils ne se contentaient pas de leurs comtesses de province, qui faisaient les honneurs du palais épiscopal; ils couraient les aventures, les danseuses de Paris. Ces comtesses ou marquises, la plupart de pauvre noblesse, honoraient parfois leurs demi-mariages par un mérite réel; telle gouvernait l'évêché, et mieux que n'eût fait l'évêque. L'une d'elles, non loin de Paris, fit dans son diocèse les élections de 89, et travailla vivement pour envoyer à l'Assemblée nationale deux excellents députés.

Un épiscopat si mondain, qui se souvenait tout à coup de la religion, dès qu'on touchait à ses biens, avait vraiment beaucoup à faire pour renouveler dans les campagnes le vieux fanatisme. En Bretagne même, où le paysan appartient toujours aux prêtres, ce fut une imprudence à l'évêque de Tréguier de lancer, le 14 octobre, le manifeste de la guerre civile; il tira trop tôt, rata. Dans son manifeste incendiaire, il montrait le roi captif, la religion renversée, les prêtres n'allaient plus être que *les commis soldés des brigands*; des brigands, c'est-à-dire de la nation, de l'Assemblée nationale.

Pour dire ces choses le 14, il fallait pouvoir le 15 commencer la guerre civile. En effet, quelques étourdis de jeune noblesse croyaient enlever le paysan. Mais le paysan breton, si ferme, une fois en route, et ne reculant jamais, est lent à se mettre en route; il avait peine à comprendre que l'affaire des biens d'Eglise, toute grave qu'elle était sans doute, fût pourtant toute la religion. Pendant que le paysan songeait, ruminait la chose, les villes ne songèrent pas, elles agirent, et sans consulter personne, avec une vigueur terrible. Toutes les municipalités du diocèse de Tréguier fondirent dans Tréguier, procédèrent, sans perdre un jour, contre l'évêque et les nobles enrôleurs, les interrogèrent, écoutèrent des témoins contre eux. L'intimidation fut telle que le prélat et les autres nièrent tout, assurèrent n'avoir rien dit, rien fait, pour soulever les campagnes. Les municipalités envoyèrent tout le procès commencé à l'Assemblée nationale, au garde des sceaux; mais, sans attendre le jugement, elles portèrent déjà une sentence provisoire: « Traître aux communes quiconque enrôlera pour les gentilshommes — et les gentilshommes eux-mêmes, *indignes de la sauvegarde de la nation,* s'ils tentaient de briguer un grade dans la garde nationale. »

Le mandement était du 14; et cette représaille violente eut lieu le 18 (au plus tard). Dans la semaine, l'épée est tirée. Brest ayant acheté des grains pour ses approvisionnements, on paya, on poussa les paysans pour arrêter à Lannion les voitures de grains et les envoyés de Brest; ils furent en grand danger de mort, forcés de signer un désistement honteux. A l'instant, une armée sortit de Brest, et de toutes les villes à la fois. Celles qui étaient trop loin, comme Quimper, Lorient, Hennebon, offrirent de l'argent, des secours. Brest, Morlaix, Landernau, plusieurs autres marchèrent tout entières; sur la route, toutes les communes arrivaient en armes; on était obligé d'en renvoyer. La merveille, c'est qu'il n'y eut nulle violence. Cet orage terrible, soulevé de toute la contrée, arriva sur la hauteur qui domine Lannion, et s'arrêta net. La force héroïque de la Bretagne ne fut jamais mieux marquée; elle fut ferme contre elle-même. On se contenta de reprendre le blé acheté; on ne fit rien aux coupables que de les livrer aux juges, c'est-à-dire à leurs amis.

Ce qui rendait à ce moment les privilégiés si faciles à vaincre, c'est qu'ils ne s'entendaient pas. Plusieurs faisaient tout d'abord appel à la force; mais la plupart ne désespéraient pas de résister par la loi, par la vieille légalité, peut-être la nouvelle.

Les Parlements n'agissaient pas encore. Ils étaient en vacances. Ils comptaient agir, à la rentrée, en novembre.

La majorité des nobles, du haut clergé, n'agissaient pas encore. Ils avaient une espérance. Propriétaires de la plus

Les propriétaires électeurs

grande partie des terres, dominant dans les campagnes, ils tenaient dans leur dépendance tout un monde de serviteurs, de clients à divers titres. Ces hommes des campagnes, appelés à voter par l'élection universelle de Necker, au printemps de 89, avaient généralement bien voté, parce que leurs patrons pour la plupart se faisaient une gloriole de pousser aux états généraux, qu'ils croyaient chose peu sérieuse.

Mais des siècles avaient passé en un an. Les mêmes patrons aujourd'hui, vers la fin de 89, allaient certainement faire des efforts désespérés pour faire voter les campagnes contre la Révolution, ils allaient mettre le fermier entre son patriotisme (bien jeune encore) et son pain; ils allaient mener par bandes leurs laboureurs soumis, tremblants, jusqu'à l'urne électorale, les faire voter sous le bâton.

Les choses changeront tout à l'heure, quand le paysan pourra entrevoir l'acquisition des biens de l'Eglise et du domaine, quand l'Assemblée aura créé par ces ventes une masse de propriétaires et de libres électeurs.

Pour le moment, rien de tel. Les campagnes sont encore soumises au servage électoral. Le suffrage universel de Necker, si l'Assemblée l'eût adopté, donnait incontestablement la victoire à l'ancien régime.

L'Assemblée, le 22 octobre, décréta que nul ne serait électeur s'il ne payait en imposition directe, comme propriétaire ou locataire, la valeur de trois journées de travail (c'est-à-dire, au plus, trois francs).

Avec cette ligne, elle rafla des mains de l'aristocratie un million d'électeurs de campagne.

De cinq ou six millions d'électeurs qu'avait donnés le suffrage universel, il en resta *quatre millions quatre cent mille* (propriétaires ou locataires).

Les amis de l'idéal, Grégoire, Duport, Robespierre, objectèrent inutilement que les hommes étaient égaux, donc que tous devaient voter, aux termes du droit naturel. Deux jours avant, le royaliste Montlosier avait prouvé aussi que les hommes étaient égaux.

Dans la crise où l'on était, rien de plus vain, de plus funeste que cette thèse de droit naturel. Les utopistes, au nom de l'égalité, donnaient un million d'électeurs aux ennemis de l'égalité.

La gloire de cette mesure vraiment révolutionnaire revient à l'illustre légiste de Normandie, à Thouret, un Sieyès pratique, qui fit faire à l'Assemblée, ou du moins facilita les grandes choses qu'elle fit alors. Sans éclat, sans éloquence, il trancha de sa logique les nœuds où les plus forts, les Sieyès, les Mirabeau, semblaient s'embrouiller.

Lui seul finit la discussion des biens du Clergé en la tirant des disputes inférieures, l'élevant hardiment dans la lumière du droit philosophique. Toute son argumentation, en octobre et en décembre, revient à ce mot profond: « Comment posséderiez-vous? dit-il au corps du clergé, *vous n'existez pas.* »

Vous n'existez pas comme corps. Les corps moraux que crée l'Etat ne sont pas des corps au sens propre, ne sont pas des êtres vivants. Ils ont une existence morale, idéale, que leur prête la volonté de l'Etat, leur créateur. L'Etat les fit; il les fait vivre. Utiles, il les a soutenus; nuisibles, il leur retire sa volonté, qui fait toute leur vie et leur raison d'être.

A quoi Maury répondait: « Non, l'Etat ne nous créa point; nous existons sans l'Etat. » Ce qui valait autant que dire: Nous sommes un Etat dans l'Etat, un principe rival d'un principe, une lutte, une guerre organisée, la discorde permanente au nom de la charité et de l'union.

Le 3 novembre, l'Assemblée décréta que les biens du clergé *étaient à la disposition de la nation.* En décembre, elle décrétera, aux termes posés par Thouret, « que le clergé est déchu d'être un ordre, *qu'il n'existe point* (comme corps) ».

Le 3 novembre est un grand jour. Il brise les parlements, et déjà les états provinciaux.

L'organisation nouvelle

Le même jour, rapport de Thouret sur l'organisation départementale, sur la nécessité de diviser les provinces, de rompre ces fausses nationalités, malveillantes et résistantes, pour constituer dans l'esprit de l'unité une nation véritable.

Qui avait intérêt à maintenir ces vieilles divisions, toutes ces rivalités haineuses, à conserver des Gascons, des Provençaux, des Bretons, à empêcher les Français d'être une France? Ceux qui régnaient dans les provinces, les parlements, les états provinciaux, ces fausses images de la liberté qui pendant si longtemps en avaient donné une ombre, un leurre, l'avaient empêchée de naître.

Eh bien! le 3 novembre, au moment où elle porte le premier coup aux états provinciaux, l'Assemblée met les parlements en vacance indéfinie. Lameth fit la proposition. Thouret rédigea le décret. « Nous les avons enterrés vifs », disait en sortant Lameth.

Toute l'ancienne magistrature avait suffisamment prouvé ce que la Révolution avait à attendre d'elle. Les tribunaux de l'Alsace, du Beaujolais, de la Corse, les prévôts de Champagne, de Provence, prenaient sur eux de choisir entre les lois et les lois; ils connaissaient parfaitement celles qui favorisaient le roi, ils ne connaissaient pas les autres. Le 27 octobre, les juges envoyés à Marseille par le Parlement d'Aix jugeaient dans les formes anciennes, avec les procédures secrètes, tout le vieil attirail barbare, sans tenir compte du décret contraire, sanctionné le 4 octobre. Le Parlement de Besançon refusait ouvertement d'enregistrer aucun décret de l'Assemblée.

Celle-ci n'avait qu'à dire un mot pour briser cette insolence. Le peuple frémissait autour de ces tribunaux rebelles. « Contre ces états et ces parlements, dit Robespierre, vous n'avez rien à faire; les municipalités agiront assez. »

Le 5 novembre, l'Assemblée leva le bras pour frapper: « Les tribunaux qui n'enregistreront pas sous trois jours seront poursuivis comme prévaricateurs. »

Résistance des parlements

Ces compagnies avaient eu, sous ce faible gouvernement qui tombait, une force considérable de résistance, et légale, et séditieuse. Le mélange bizarre d'attributions qu'elles réunissaient leur en donnait de grands moyens. Leur *juridiction* souveraine, absolue, héréditaire, et qui n'oubliait jamais, était redoutée de tous; les ministres, les grands seigneurs, n'osaient jamais pousser à bout les juges qui, dans cinquante ans peut-être, s'en souviendraient dans un procès pour ruiner leurs familles. Leur *refus d'enregistrement,* qui leur donnait une sorte de *veto* contre le Roi, avait au moins cet effet de donner le signal à la sédition, et, d'une manière indirecte, de la proclamer légale. Leurs usurpations *administratives,* la surveillance des subsistances, dans laquelle ils s'immisçaient, leur fournissaient mille occasions de faire planer sur le pouvoir une accusation terrible. Une partie de la *police* enfin était dans leurs mains, c'est-à-dire qu'ils étaient chargés de réprimer d'une part les troubles qu'ils excitaient de l'autre.

Cette puissance si dangereuse était-elle au moins dans des mains sûres et qui pussent rassurer? Les parlementaires, au XVIIIe siècle, avaient été profondément corrompus par leurs rapports avec la noblesse. Ceux même d'entre eux qui, comme jansénistes, étaient hostiles à la Cour, dévots, austères et factieux, avec toute leur morgue sauvage, n'en étaient pas moins flattés de voir dans leur antichambre le duc ou le prince un tel. Les grands seigneurs, qui se moquaient d'eux, les caressaient, les flattaient, leur parlaient chapeau bas, pour gagner des procès injustes, spécialement pour pouvoir impunément usurper les biens des communes. Les bassesses auxquelles descendaient les gens de cour devant ces grandes perruques ne tiraient pas à conséquence. Eux-mêmes en riaient; parfois ils daignaient épouser leurs filles, leurs fortunes, pour se refaire. Les jeunes parlementaires, trop flattés de cette camaraderie, de ces alliances avec des gens de haute volée, tâchaient de leur ressembler, d'être, à leur image, d'aimables mauvais sujets, et, comme les copistes maladroits, dépassaient leurs maîtres. Ils quittaient leurs robes rouges, descendaient des fleurs de lis pour courir les petites maisons, les petits soupers, pour jouer la comédie.

Voilà où tombe la justice!... triste histoire! Au Moyen Age, elle est matérielle, dans la terre et dans la race, dans le fief et dans le sang. Le seigneur, ou bien celui qui succède à tous, le seigneur des seigneurs, le roi, dit: « La justice est à moi, je puis juger ou faire juger; par qui? n'importe, par mon lieutenant quelconque, mon domestique, mon intendant, mon portier... Viens, je suis content de toi, je te donne une justice. » Celui-ci en dit autant: « Je ne jugerai pas moi-même, je vendrai cette justice. » Arrive le fils d'un marchand, qui achète, pour revendre, la chose sainte entre toutes; la justice passe de main en main, comme un effet de commerce, elle passe en héritage, en dot... Etrange apport d'une jeune épousée le droit de faire rompre et pendre!...

Hérédité, vénalité, privilège, exception, voilà les noms de la justice! Et comment donc autrement s'appellerait l'injustice?... Privilèges *de personnes,* jugées par qui elles veulent... — Et privilège *de temps*: Je te juge, à ma volonté, demain, dans dix ans, jamais... Et privilège *de lieu*. De cent cinquante lieues et plus, le Parlement vous attire ce pauvre diable qui plaide avec son seigneur; qu'il se résigne, qu'il cède, je le lui conseille; qu'il abandonne plutôt que de venir traîner, des années peut-être, à Paris, dans la boue et la misère, à solliciter un arrêt des bons amis du seigneur.

Les parlements du dernier temps avaient, par des arrêtés non promulgués, mais avoués, exécutés fidèlement, pourvu à ne plus admettre dans leur sein que des nobles ou anoblis.

De là, un affaiblissement déplorable dans la capacité. L'étude du droit, abaissée dans les écoles, faible chez les avocats, fut nulle chez les magistrats, chez ceux qui appliquaient le droit pour la vie ou pour la mort. Les compagnies demandaient peu qu'on fît preuve de science, si l'on prouvait la noblesse.

De là encore une conduite de plus en plus double et louche. Ces nobles magistrats sans cesse avancent et reculent. Ils crient pour la liberté; Turgot vient, ils le repoussent. Ils crient: « Les états généraux! » Le jour où on les leur donne, ils proposent de les rendre nuls, en les calquant sur la forme des vieux états impuissants.

Ce jour-là, ils étaient morts.

Quand l'Assemblée décréta la vacance indéfinie, ils s'attendaient peu à ce coup. Ceux de Paris voulaient résister. Le garde des sceaux, archevêque de Bordeaux, les supplia de n'en rien faire. Novembre aurait renouvelé le grand mouvement d'octobre. Ils enregistrèrent et firent l'offre, un peu tardive, de juger gratuitement.

Ceux de Rouen enregistrèrent; mais, secrètement, prudemment, ils écrivirent au roi qu'ils le faisaient provisoirement et par soumission pour lui. Ceux de Metz en dirent autant, publiquement, avec audace, toutes les chambres assemblées, motivant hardiment cet acte sur la *non-liberté* du roi. Ceux-ci pouvaient être braves sous le canon de Bouillé.

Grande peur du garde des sceaux, le timide évêque. Il montre au roi le péril; l'Assemblée va riposter, s'irriter, lancer le peuple. Le moyen de sauver les parlements, c'est que le Roi se hâte de les condamner lui-même. Il sera en position meilleure pour intervenir et intercéder. Déjà, en effet, les villes de Rouen, de Metz, déféraient leur Parlement, demandaient leur punition. Ces corps orgueilleux se virent seuls, toute la population contre eux. Ils se rétractèrent. Metz, elle-même, pria pour les coupables. Et l'Assemblée pardonna (25 novembre 1789).

CHAPITRE IV

Résistances   Parlements   Mouvement des fédérations

Travaux de l'organisation judiciaire. Le Parlement de Bretagne à la barre, 8 janvier 1790. Les Parlements de Bretagne et de Bordeaux condamnés, janvier, mars. Origine des fédérations: Anjou, Bretagne, Dauphiné, Franche-Comté, Rhône, Bourgogne, Languedoc, Provence, etc. La guerre contre les châteaux réprimée; les villes défendent les nobles, leurs ennemis, février 1790.

La résistance la plus obstinée fut celle du Parlement de Bretagne. Par trois fois il refusa l'enregistrement, et il se croyait en mesure de soutenir ce refus. D'une part, il avait la noblesse qui s'assemblait à Saint-Malo, les nombreux et très fidèles domestiques des nobles, les siens, sa clientèle dans les villes, ses amis dans les confréries, dans les corporation de métiers; ajoutez la facilité de recruter dans cette foule d'ouvriers sans ouvrage, de gens qui vaguaient dans les rues, mourant de faim. Les villes les voyaient travailler, préparer la guerre civile. Environnées de campagnes hostiles ou douteuses, elles pouvaient être affamées. Elles tranchèrent le nœud qui tardait à se dénouer. Rennes et Nantes, Vannes et Saint-Malo, envoyèrent à l'Assemblée des accusations foudroyantes, déclarant qu'elles abjuraient tout rapport avec les traîtres. Sans rien attendre, la garde nationale de Rennes entra au château et s'assura des canons (18 décembre 1789).

L'Assemblée prit deux mesures. Elle manda le Parlement de Bretagne à comparaître devant elle. Elle accueillit la pétition de Rennes, qui sollicitait la création d'autres tribunaux. Elle commença son beau travail sur l'organisation d'une justice digne de ce nom, non payée, non achetée, ni héréditaire, sortie du peuple et pour le peuple. Le premier article d'une telle organisation était, bien entendu, la suppression des parlements (22 décembre 1789).

Thouret, l'auteur du rapport, établit parfaitement cette vérité, trop oubliée depuis, qu'une révolution qui veut durer doit, avant tout, ôter à ses ennemis l'épée de justice.

Etrange contradiction, de dire au système qu'on renverse: « Ton principe m'est opposé, je l'efface des lois, du gouvernement; mais, en toute affaire privée, tu l'appliqueras contre moi... » Comment méconnaître ainsi la toute-puissance, modeste, sourde, mais terrible, du pouvoir judiciaire, son invincible absorption? Tout pouvoir a besoin de lui; lui, il se passe des autres. Donnez-moi le pouvoir judiciaire, gardez vos lois, vos ordonnances, tout ce monde de papier; je me charge de faire triompher le système le plus contraire à vos lois.

Il leur fallut bien venir, ces vieux tyrans parlementaires, aux pieds de la nation (8 janvier). S'ils n'étaient venus d'eux-mêmes, la Bretagne aurait plutôt levé une armée exprès pour les y traîner. Ils comparurent avec arrogance, un mépris mal déguisé pour cette assemblée d'avocats, n'en tenant guère plus de compte qu'aux jours où d'en haut ils écrasaient le barreau de pesantes mercuriales. Les rôles ici étaient changés. Au reste, qu'importaient les personnes? C'était devant la raison qu'il fallait répondre, devant les principes, posés pour la première fois.

Leur superbe baissa tout à fait, ils furent comme cloués à terre, quand, de cette assemblée d'avocats, les mots suivants furent lancés: « On dit que la Bretagne n'est pas représentée, et, dans cette assemblée, elle a soixante-six représentants... Ce n'est pas dans de vieilles chartes, où la ruse combinée avec la force a trouvé moyen d'opprimer le peuple, qu'il faut chercher les droits de la nation; c'est dans la Raison; ses droits sont anciens comme le temps, sacrés comme la nature. »

Le Parlement de Bretagne

Le président du Parlement de Bretagne n'avait pas défendu le Parlement qui était en cause. Il défendait la Bretagne, qui ne voulait pas être défendue, et n'en avait pas besoin. Il allégua les clauses du mariage d'Anne de Bretagne, mariage qui n'était qu'un divorce organisé, stipulé, entre la Bretagne et la France. Il plaidait pour ce divorce, comme un droit qui devait être éternel. Haineuse, insidieuse défense, adressée, non à l'Assemblée, mais à l'orgueil provincial, provocation retentissante à la guerre civile.

La Bretagne avait-elle à craindre de diminuer, en devenant France; est-ce qu'une telle séparation pouvait durer à jamais? ne fallait-il pas tôt ou tard qu'un mariage plus vrai se fît? La Bretagne a gagné assez à participer à la gloire d'un tel empire. Et cet empire, certes, a gagné, nous en conviendrons toujours, à épouser la pauvre et glorieuse contrée, sa fiancée de granit, cette mère des grands cœurs et des grandes résistances.

Ainsi la défense des parlements, trop mauvaise, se retirait dans la défense des provinces, des états provinciaux. Mais ces états se trouvaient plus faibles encore, en un sens. Les parlements étaient des corps homogènes, organisés; les états n'étaient autre chose que de monstrueuses et barbares constructions, hétérogènes et discordantes. Ce qu'on pouvait dire de meilleur en leur faveur, c'est que tels d'entre eux, ceux du Languedoc, par exemple, avaient sagement, prudemment administré l'injustice. D'autres, ceux du Dauphiné, sous l'habile direction de Mounier, avaient pris, la veille de la Révolution, une noble initiative.

Le même Mounier, fugitif, jeté dans la réaction, avait abusé de son influence sur le Dauphiné, pour faire indiquer une convocation prochaine des états, « où l'on examinerait si effectivement le roi était libre ». A Toulouse, une ou deux centaines de nobles et de parlementaires avaient simulé un essai de réunion d'états. Ceux de Cambrésis, imperceptible assemblée d'un pays imperceptible, qui s'intitulaient états, avaient réclamé le privilège de ne pas être France, et dit, comme ceux de Bretagne : « Nous sommes une nation. »

Ces fausses et infidèles représentations des provinces venaient audacieusement parler en leur nom. Et elles recevaient à l'instant de violents démentis. Les municipalités, ressuscitées, pleines de vigueur et d'énergie, venaient une à une, devant l'Assemblée nationale, dire à ces états, à ces parlements : « Ne parlez pas au nom du peuple ; le peuple ne vous connaît pas ; vous ne représentez que vous-mêmes, la vénalité, l'hérédité, le privilège gothique. »

La municipalité, corps réel, vivant (on le sent à la force de ses coups), dit à ces vieux corps artificiels, à ces vieilles ruines barbares, l'équivalent du mot déjà signifié au corps du clergé : « Vous n'existez pas ! »

Ils firent pitié à l'Assemblée. Tout ce qu'elle fit à ceux de Bretagne, ce fut de les déclarer inhabiles à faire ce qu'ils refusaient de faire, de leur interdire toute fonction publique, jusqu'à ce qu'ils eussent présenté requête pour obtenir de prêter serment (11 janvier).

Même indulgence, deux mois après, pour le Parlement de Bordeaux, qui, saisissant l'occasion des désordres du Midi, se hasarda jusqu'à faire une espèce de réquisitoire contre la Révolution, déclarant dans un acte public qu'elle n'avait fait que du mal, appelant insolemment l'Assemblée *les députés des bailliages*.

L'Assemblée eut peu à sévir. Le peuple y suffisait de reste. La Bretagne comprima le Parlement de Bretagne. Et celui de Bordeaux fut accusé devant l'Assemblée par la ville même de Bordeaux qui envoya tout exprès, pour soutenir l'accusation, le jeune et ardent Fonfrède (4 mars).

Ces résistances devenaient tout à fait insignifiantes au milieu de l'immense mouvement populaire qui se déclarait partout. Jamais, depuis les croisades, il n'y eut un tel ébranlement des masses, si général, si profond. Elan de fraternité en 90 ; tout à l'heure élan de la guerre.

La fraternité nouvelle

Cet élan, d'où commence-t-il? De partout. Nulle origine précise ne peut être assignée à ces grands faits spontanés.

Dans l'été de 1789, dans la terreur des *brigands,* les habitations dispersées, les hameaux même s'effraient de leur isolement: hameaux et hameaux s'unissent, villages et villages, la ville même avec la campagne. Confédération, mutuel secours, amitié fraternelle, fraternité, voilà l'idée, le titre de ces pactes. Peu, très peu, sont écrits encore.

L'idée de fraternité est d'abord assez restreinte. Elle n'implique que les voisins, et tout au plus la province. La grande fédération de Bretagne et Anjou a encore ce caractère provincial. Convoquée le 26 novembre, elle s'accomplit en janvier. Au point central de la presqu'île, loin des routes, dans la solitaire petite ville de Pontivy, se réunissent les représentants de cent cinquante mille gardes nationaux. Les cavaliers portaient seuls un uniforme commun, corsets rouges et revers noirs; tous les autres, distingués par des revers roses, amarante, chamois, etc., rappelaient, dans l'union même, la diversité des villes qui les envoyaient. Dans leur pacte d'union, auquel ils invitent toutes les municipalités du royaume, ils insistent néanmoins pour former toujours une famille de Bretagne et Anjou, « quelle que soit la nouvelle division départementale, nécessaire à l'administration ». Ils établissent entre leurs villes un système de correspondance. Dans la désorganisation générale, dans l'incertitude où ils sont encore du succès de l'ordre nouveau, ils s'arrangent pour être du moins toujours organisés à part.

Dans les pays moins isolés, au croisement des grandes routes, sur les fleuves spécialement, le pacte fraternel prend un sens plus étendu. Les fleuves qui, sous l'ancien régime, par la multitude des péages, par les douanes intérieures, n'étaient guère que des limites, des obstacles, des entraves, deviennent, sous le régime de la liberté, les principales voies de circulation, ils mettent les hommes en rapport d'idées, de sentiments, autant que de commerce.

Le mouvement des fédérations

C'est près du Rhône, à deux lieues de Valence, au petit bourg d'Etoile, que, pour la première fois, *la province est abjurée*; quatorze communes rurales du Dauphiné s'unissent entre elles, et se donnent à la grande unité française (29 novembre 1789). Belle réponse de ces paysans aux politiques, aux Mounier, qui faisaient appel à l'orgueil provincial, à l'esprit de division, qui essayaient d'armer le Dauphiné contre la France.

Cette fédération, renouvelée à Montélimar, n'est plus seulement dauphinoise, mais mêlée de plusieurs provinces des deux rives, Dauphiné et Vivarès, Provence et Languedoc. Cette fois donc, ce sont *des Français*. Grenoble y envoie d'elle-même, malgré sa municipalité, en dépit des politiques; elle ne se soucie plus de son rôle de capitale, elle aime mieux être France. Tous ensemble ils répètent le serment sacré que les paysans ont fait déjà en novembre: « Plus de province! la patrie!... » Et s'aider, se nourrir les uns les autres, se passer les blés de main en main par le Rhône (13 décembre).

Fleuve sacré, qui, traversant tant de peuples, de races, de langues, semble avoir hâte d'échanger les produits, les sentiments, les pensées; il est, dans son cours varié, l'universel médiateur, le sociable Genius, la fraternité du Midi. C'est au point aimable et riant de son mariage avec la Saône que, sous Auguste, soixante nations des Gaules avaient dressé leur autel. Et c'est au point le plus austère, au passage sérieux, profond, que dominent les monts cuivrés de l'Ardèche, dans la romaine Valence, que se fit, le 31 janvier 1790, la première de nos grandes fédérations. Dix mille hommes étaient en armes, qui devaient en représenter plusieurs centaines de mille. Il y avait trente mille spectateurs. Entre cette immuable antiquité, ces monts immuables, devant ce fleuve grandiose, toujours divers, toujours le même, se fit le serment solennel. Les dix mille, un genou en terre, les trente mille à deux genoux, tous ensemble jurèrent la sainte unité de la France.

Tout était grand, le lieu, le moment; et, chose rare, les paroles ne furent nullement au-dessous. La sagesse du Dauphiné, l'austérité du Vivarais, le tout animé d'un souffle de Languedoc et de Provence. A l'entrée d'une carrière de sacrifices qu'ils prévoyaient parfaitement, au moment de commencer l'œuvre grande et laborieuse, ces excellents citoyens se recommandaient les uns aux autres de fonder la liberté sur la seule base solide, « la vertu », sur ce qui rend les dévouements faciles, « la simplicité, la frugalité, la pureté du cœur! ».

Je voudrais savoir aussi ce que disaient, presque en face, de l'autre côté du Rhône, à Voute, les cent mille paysans armés qui y firent l'union du Vivarais. C'était encore février, rude saison dans ces froides montagnes; ni le temps, ni la misère, ni les routes effroyables n'empêchèrent ces pauvres gens d'arriver au rendez-vous. Torrents, verglas, précipices, fontes de neiges, rien ne put les arrêter; une chaleur toute nouvelle était dans l'air; une fermentation précoce se faisait sentir en eux; citoyens pour la première fois, évoqués du fond de leurs glaces au nom inouï de la liberté, ils partirent, comme les rois mages et les bergers de Noël, voyant clair en pleine nuit, suivant sans pouvoir s'égarer, à travers les brumes d'hiver, une lueur de printemps et l'étoile de la France.

Dès longtemps les quatorze villes de Franche-Comté, inquiètes entre les châteaux et les pillards qui forcent et qui brûlent les châteaux, se sont unies à Besançon, se sont promis assistance.

Ainsi, par-dessus les désordres, les craintes, les périls, j'entends s'élever peu à peu, répété par ces chœurs imposants dont chacun est un grand peuple, le mot puissant, magnifique, doux à la fois et formidable, qui contiendra tout et calmera tout: la fraternité.

Et, à mesure que les associations se forment, elles s'associent entre elles, comme dans les grandes farandoles du Midi; chaque bande de danseurs qui se forme donne la main à une autre et la même danse emporte des populations entières.

Ici éclate, par une double initiative, le grand cœur de la Bourgogne.

Dès le fond même de l'hiver, dans la rareté des subsistances, Dijon invite toutes les municipalités de Bourgogne à aller au secours de Lyon affamée.

Lyon a faim, et Dijon souffre... Ainsi ces mots de fraternité, de solidarité nationale, ne sont pas des mots, ce sont des sentiments sincères, des actes réels, efficaces.

La même ville de Dijon, liée aux confédérations de Dauphiné et de Vivarais (elles-mêmes en rapport avec celles de Provence et de Languedoc), Dijon invite la Bourgogne à donner la main aux villes de la Franche-Comté. Ainsi, l'immense farandole du sud-est, liant et formant toujours de nouveaux anneaux, avance jusqu'à Dijon, qui se rattache à Paris.

Tous sortant de l'égoïsme, tous voulant du bien à tous, tous voulant nourrir les autres, les subsistances commençant à circuler facilement, l'abondance se rétablit; il semble que, par un miracle de la fraternité, une moisson nouvelle soit venue en plein hiver.

Nulle trace dans tout cela de l'esprit d'exclusion, d'isolement local, qu'on désigna plus tard sous le nom de fédéralisme. Ici, tout au contraire, c'est une conjuration pour l'unité de la France. Ces fédérations de provinces regardent toutes vers le centre, toutes invoquent l'Assemblée nationale, se rattachent à elle, se donnent à elle, c'est-à-dire à l'unité. Toutes remercient Paris de son appel fraternel. Telle ville lui demande secours. Telle veut être affiliée à sa garde nationale. Clermont lui avait proposé en novembre une association générale des municipalités. A cette époque, en effet, sous la menace des états, des parlements, du clergé, les campagnes étant douteuses, tout le salut de la France semblait placé dans une ligue étroite des villes. Grâce à Dieu, les grandes fédérations résolurent mieux la difficulté. Elles entraînèrent, avec les villes, un nombre immense des habitants des campagnes. On l'a vu pour le Dauphiné, le Vivarais, le Languedoc.

Dans la Bretagne, dans le Quercy, le Rouergue, le Limousin, le Périgord, les campagnes sont moins paisibles; il y a en février des désordres, des violences. Les mendiants, nourris à grand-peine jusque-là par les municipalités, sortent peu à peu et courent le pays. Les paysans recommencent à forcer les châteaux, brûler les chartes féodales, exécuter par la force les déclarations du 4 août, les promesses de l'Assemblée. En attendant qu'elle y songe, la terreur est dans les campagnes. Les nobles délaissent leurs châteaux, viennent se cacher dans les villes, trouver sûreté parmi leurs ennemis. Et ces ennemis les défendent. Les gardes nationaux de la Bretagne, qui viennent de jurer leur ligue contre les nobles, vont défendre les manoirs où l'on conspirait contre eux. Ceux du Quercy, du Midi en général, furent également magnanimes.

Les pillards furent comprimés, les paysans contenus, peu à peu initiés, intéressés au but de la Révolution. A qui donc pouvait-elle profiter plus qu'à eux? Elle avait affranchi des dîmes ceux d'entre eux qui possédaient. Elle allait, entre les autres, créer des propriétaires, et par centaines de mille. Elle allait leur donner l'épée, de serfs en un jour les faire nobles, les mener par toute la terre à la gloire, aux aventures, tirer d'eux des princes, des rois, et que dis-je? bien plus, des héros.

CHAPITRE V

Résistances La reine et l'Autriche (octobre-février)

Irritation de la reine, octobre. Complots de la Cour. Le roi prisonnier du peuple (novembre-décembre?). La reine se défie des princes. La reine peu liée avec le clergé. Elle avait toujours été gouvernée par l'Autriche. L'Autriche intéressée à ce que le roi n'agît point. Louis XVI et Léopold se déclarent amis des constitutions, février-mars. Procès de Besenval et de Favras. Mort de Favras, 18 février. Découragement des royalistes. Grandes fédérations du Nord.

Du spectacle sublime de la fraternité, je retombe, hélas! sur la terre, dans les intrigues et les complots.

Personne n'appréciait l'immensité du mouvement; personne ne mesurait ce flux rapide, invincible, qui monta d'octobre en juillet. Des populations, jusque-là étrangères entre elles, se liaient, se rapprochaient. Des villes éloignées, des provinces, naguère divisées encore par les vieilles rivalités, allaient en quelque sorte au-devant les unes des autres, se donnaient la main, et fraternisaient. Ce fait si nouveau, si frappant, était à peine remarqué des grands esprits de l'époque. S'il eût pu l'être de la reine, de la Cour, il aurait découragé les résistances inutiles. Qui donc, quand l'Océan monte, oserait marcher contre lui?

La reine se trompa dès le point de départ, et elle resta trompée. Elle vit dans le 6 octobre une affaire arrangée par le duc d'Orléans, un tour que lui jouait l'ennemi. Elle céda; mais, avant de partir, conjura le roi, au nom de son fils, de n'aller à Paris que pour attendre le moment où il pourrait s'éloigner.

Dès le premier jour, le maire de Paris le priant d'y fixer sa résidence, lui disant que le centre de l'Empire était la demeure naturelle des rois, n'avait tiré de lui que cette réponse: « Qu'il ferait volontiers de Paris sa résidence *la plus habituelle.* »

Le 9, proclamation du roi où il annonce que, s'il n'eût pas été à Paris, *il eût craint de causer un grand trouble*; que, la Constitution faite, il réalisera son projet d'aller *visiter ses provinces*; qu'il se livre à l'espoir de recevoir d'elles des marques d'affection, de les voir *encourager l'Assemblée nationale,* etc.

Cette lettre ambiguë, qui semblait provoquer des adresses royalistes, décida la commune de Paris à écrire aussi aux provinces; elle voulait les rassurer, disait-elle, contre certaines insinuations, *jetant un voile sur le complot* qui avait failli renverser l'ordre nouveau; elle *offrait une fraternité* sincère à toutes les communes du royaume.

La reine refusa de recevoir les vainqueurs de la Bastille qui venaient lui présenter leurs hommages. Elle reçut les dames de la Halle, mais à distance, et comme séparée, défendue, par les larges paniers des dames de la Cour qui se jetèrent au-devant. Elle éloignait d'elle ainsi une classe très royaliste; plusieurs des dames de la Halle désavouaient le 6 octobre. Elles arrêtèrent elles-mêmes quelques femmes sans aveu, qui pénétraient dans les maisons pour extorquer de l'argent.

Ces maladresses de la reine n'étaient pas propres à augmenter la confiance. Comment eût-elle subsisté, au milieu des tentatives de la Cour, toujours avortées, découvertes? D'octobre en mars, on découvrit à peu près un complot par mois. (Augéard, Favras, Maillebois, etc.)

Le 25 octobre, on arrête un sieur Augéard, garde des sceaux de la reine; on trouve chez lui un plan pour mener le roi à Metz.

Le 21 novembre, dans l'Assemblée, le comité des recherches, provoqué par Malouet, le fait taire en lui disant qu'il existe un nouveau complot pour enlever le roi à Metz, et que Malouet lui-même le connaît parfaitement.

Le 25 décembre, on arrête le marquis de Favras, encore un enleveur du roi, qui recrutait dans Paris. Si l'on eût eu pour objet de troubler pour toujours l'imagination du peuple, de le rendre fol de défiance et de craintes, l'entourant ainsi de ténèbres, de complots, de pièges, il eût fallu faire exactement ce qu'on fit. Il eût fallu, par suite de conspirations maladroites, lui montrer à chaque instant le roi en fuite, le roi à la tête des armées, le roi revenant affamer Paris.

Sans doute, en supposant la liberté assise, les résistances moins fortes, il eût mieux valu leur ouvrir la porte toute grande, à ce roi, à cette reine, les mener à leur vraie place, à la frontière, en faire cadeau à l'Autriche.

Mais, dans l'état chancelant, incertain, où se trouvait la pauvre France, ayant pour chef une assemblée de métaphysiciens, et contre elle des hommes d'exécution et de main, comme était M. de Bouillé, comme nos officiers de marine, comme les gentilshommes bretons, il était bien difficile de lâcher le grand otage, le roi, de donner à toutes ces forces ce qui leur manquait, l'unité.

Donc, le peuple veillait nuit et jour, rôdait autour des Tuileries; il ne se fiait à personne. Il allait voir tous les matins si le roi n'était pas parti. La garde nationale lui en répondait, et le commandant de la garde nationale. Mille bruits circulaient, reproduits par des journaux violents, furieux, qui, à tout hasard, dénonçaient quelque complot... Les gens modérés s'indignaient, niaient, ne voulaient pas croire... Le complot n'en était pas moins découvert le lendemain. Le résultat de tout ceci, c'est que le roi, qui n'était nullement prisonnier en octobre, l'était en novembre ou décembre.

La reine avait manqué un moment unique, admirable,

irréparable, le moment où La Fayette et Mirabeau se trouvèrent d'accord pour elle (fin octobre).

Elle ne voulait pas être sauvée par la Révolution, par Mirabeau, par La Fayette; courageuse et rancuneuse, véritable princesse de la maison de Lorraine, elle voulait vaincre et se venger. Elle risquait à la légère, se disant évidemment, comme disait dans une tempête Henriette d'Angleterre, qu'après tout les reines ne pouvaient pas se noyer.

Marie-Thérèse avait été bien près de périr, et elle n'avait pas péri. Ce souvenir héroïque de la mère influait beaucoup sur la fille — à tort — la mère avait pour elle le peuple, la fille l'avait contre elle.

M. de La Fayette, peu royaliste avant le 6 octobre, l'était sincèrement depuis. Il avait sauvé la reine, protégé le roi. On s'attache par de telles choses. Les efforts prodigieux qu'exigeait de lui le maintien de l'ordre lui faisaient vivement désirer que l'autorité reprît force. Il écrivit par deux fois à M. de Bouillé, le priant de s'unir à lui pour sauver la royauté. M. de Bouillé regrette amèrement, dans ses Mémoires, de ne point l'avoir écouté.

La Fayette avait fait une chose agréable à la reine, en chassant le duc d'Orléans. Il lui faisait une sorte de cour. Il est curieux de voir le général, l'homme occupé, suivre la reine aux églises, assister aux offices où elle faisait ses pâques.

Pour la reine, pour le roi, La Fayette surmonta la répugnance que lui inspirait Mirabeau.

Dès le 15 octobre, Mirabeau s'était offert, par une note, que son ami Lamarck, l'homme de la reine, ne montra pas même au roi. Le 20, nouvelle note de Mirabeau; mais celle-ci, il l'envoya à La Fayette, qui s'aboucha avec l'orateur, le conduisit chez le ministre Montmorin.

Ce secours inespéré qui leur tombait du ciel fut tout à fait mal reçu. Mirabeau aurait voulu que le roi se contentât d'un million pour toute dépense; qu'il se retirât, non à

Metz dans l'armée, mais à Rouen, et que de là il publiât des ordonnances plus populaires que les décrets de l'Assemblée. Ainsi point de guerre civile, le roi se faisant plus révolutionnaire que la Révolution même.

Etrange projet, qui prouve la confiance, la facile crédulité du génie!... Si la Cour l'eût accepté pour un jour, si elle eût consenti de feindre, c'eût été pour faire pendre le lendemain Mirabeau.

Dès novembre, il put bien voir ce qu'il avait à attendre de ceux qu'il voulait sauver. Il lui fallait le ministère, et garder en même temps sa position dominante dans l'Assemblée nationale. Pour cela, il avait besoin que la Cour lui ménageât l'appui, la connivence, le silence du moins, des députés royalistes. Loin de là, le garde des sceaux, averti, anima plusieurs députés, même de l'opposition, contre le projet. Au ministère, aux Jacobins (ce club était à peine ouvert), on travailla en même temps pour rendre Mirabeau impossible. Deux honnêtes gens, Montlosier du côté droit, Lanjuinais du côté gauche, parlèrent dans le même sens. Ils proposèrent et firent décréter « qu'aucun député en fonction, ni trois ans après, ne pût accepter de place ». Ainsi les royalistes réussirent à interdire le ministère au grand orateur, qui eût été le soutien de leur parti (7 novembre).

La reine, nous l'avons dit, ne voulait pas être sauvée par la Révolution, et elle ne voulait pas l'être non plus par l'émigration, par les princes. Elle avait trop bien connu le comte d'Artois pour ne pas savoir le peu que c'était. Elle se défiait avec raison de Monsieur, comme d'un caractère louche et faux.

Quelles étaient donc ses espérances? ses vues? ses secrets conseillers?

Il ne faut pas compter Mme de Lamballe, jolie petite femme très nulle, amie tendre de la reine, mais sans idées, sans conversation, et qui ne méritait pas la responsabilité terrible que l'on fit peser sur elle. Elle semblait être un centre; elle tenait avec grâce le véritable salon de Marie-Antoinette, au rez-de-chaussée du pavillon de Flore. Beaucoup de noblesse y venait, un monde indiscret, futile, compromettant, qui croyait, comme au temps de la Fronde, mener tout par des satires, des mots piquants, des chansons. On lisait là le très spirituel journal des *Actes des Apôtres*; on y chanta telle romance sur la captivité du roi, qui fit pleurer tout le monde, les amis et les ennemis.

Les relations de Marie-Antoinette étaient toutes avec les nobles, peu avec les prêtres. Elle n'était pas bigote, pas plus que son frère Joseph II.

Les nobles n'étaient pas un parti: c'était une classe nombreuse, divisée et sans lien. Mais les prêtres étaient un parti, un corps très serré, et matériellement très puissant. La dissidence momentanée des curés et des prélats le faisait paraître faible. Mais la force de la hiérarchie, mais l'esprit de corps, mais le pape, la voix du Saint-Siège, allait tout à l'heure refaire l'unité du clergé. Alors, par ses membres inférieurs, il allait puiser des forces inconnues dans la terre, et dans les hommes de la terre, les habitants des campagnes. Il allait contre le peuple de la Révolution amener un peuple, la Vendée contre la France.

Marie-Antoinette ne vit rien de tout cela. Ces grandes forces morales étaient lettre close pour elle. Elle rêvait la victoire, la force matérielle, Bouillé et l'Autriche.

Lorsque au 10 août on trouva dans l'armoire de fer les papiers de Louis XVI, on lut avec étonnement que, dans les premières années de son mariage, il n'avait vu dans sa jeune femme qu'un pur agent de l'Autriche.

Marié malgré lui par M. de Choiseul dans cette maison deux fois ennemie, comme Lorraine et comme Autriche, obligé de recevoir le précepteur de la reine, l'abbé de Vermond, espion de Marie-Thérèse, il persévéra longtemps dans sa défiance, jusqu'à rester dix-neuf ans sans parler à ce Vermond.

On sait comment la pieuse impératrice avait distribué

les rôles à sa nombreuse famille, employant surtout ses filles comme agents de sa politique. Par Caroline, elle gouvernait Naples. Par Marie-Antoinette, elle comptait gouverner la France. Celle-ci, avant tout Lorraine, Autrichienne, persécuta dix ans Louis XVI pour lui faire donner le ministère au Lorrain Choiseul, l'homme de l'impératrice. Elle réussit du moins à lui faire accepter Breteuil, qui, comme Choiseul, avait été d'abord ambassadeur à Vienne, et, comme lui, appartenait entièrement à cette cour. Ce fut encore la même influence (celle de Vermond sur la reine) qui, en dernier lieu, surmonta les scrupules de Louis XVI, et lui fit prendre un athée pour premier ministre, l'archevêque de Toulouse.

La mort de Marie-Thérèse, les paroles sévères de Joseph II sur Versailles et sur sa sœur, semblaient devoir rendre celle-ci moins favorable à l'Autriche. Ce fut alors cependant qu'elle décida le roi à donner les millions que Joseph II voulait extorquer des Hollandais.

En 1789, la reine avait trois confidents, trois conseillers, Vermond, toujours Autrichien, Breteuil, non moins Autrichien, enfin, l'ambassadeur d'Autriche, M. Mercy d'Argenteau. Derrière ce vieux Mercy, il faut voir celui qui le pousse, le vieux prince de Kaunitz, ministre septuagénaire de la Monarchie autrichienne; ces deux fats ou ces deux vieilles, qui semblaient tout occupés de toilette et de bagatelles, menaient la reine de France.

Funeste direction, dangereuse alliance. L'Autriche était alors dans une situation si mauvaise que, loin de servir Marie-Antoinette, elle ne pouvait lui être qu'un obstacle pour agir, un guide pour agir mal, la pousser à toute démarche absurde que pourrait demander l'intérêt autrichien.

Cette catholique et dévote Autriche, s'étant faite à moitié philosophe sous Joseph II, avait trouvé moyen de n'avoir personne pour elle. Contre elle se tournait sa propre épée, la Hongrie. Les prêtres belges lui avaient enlevé les Pays-

Bas, avec l'encouragement des trois puissances protestantes, Angleterre, Hollande et Prusse. Et pendant ce temps, que faisait l'Autriche? Elle tournait le dos à l'Europe, se promenait dans les déserts des Turcs, usait ses meilleures armées au profit de la Russie.

L'empereur ne se portait pas mieux que l'Empire. Joseph II était poitrinaire. Il mourait désespéré. Il avait montré, dans l'affaire de Belgique, une variation déplorable, d'abord des menaces furieuses de tuer, brûler, des exécutions barbares qui firent l'horreur de l'Europe, puis (le 25 novembre), amnistie illimitée, dont personne ne voulut.

L'Autriche eût été perdue si la Révolution de Belgique eût trouvé appui dans la Révolution de France.

Ici, tout le monde pensait que les deux révolutions allaient agir d'ensemble et marcher du même pas. Le plus brillant de nos journalistes, Camille Desmoulins, avait, sans attendre, uni en espoir les deux sœurs, intitulant son journal: *Révolutions de France et de Brabant.*

La difficulté à cela, c'est que l'une était une révolution de prêtres, et l'autre de philosophes.

Les Belges, sachant cependant qu'ils ne pouvaient pas compter sur leurs protecteurs, les trois puissances protestantes, s'adressèrent à nous. L'homme du clergé des Pays-Bas, le grand agitateur de la tourbe catholique, Van der Noot, ne se fit pas scrupule d'écrire à l'Assemblée et au Roi. La lettre fut renvoyée (10 décembre). Louis XVI se montra un parfait beau-frère de l'empereur. L'Assemblée méprisa une révolution d'abbés. Les Tuileries, entièrement dominées par l'ambassadeur d'Autriche, parvinrent à endormir l'honnête M. de La Fayette, qui endormit l'Assemblée.

L'homme de la reine, Lamarck, partit en décembre pour offrir son épée aux Belges, ses compatriotes, contre l'Autrichien. Il avait cependant le consentement de la reine, et, par conséquent, celui de l'ambassadeur d'Autriche. On espérait que Lamarck, grand seigneur, aimable, ami de toute nouveauté, pourrait servir de médiateur, et peut-être faire accepter aux Belges, alors vainqueurs, un moyen terme qui apaisât tout, une Constitution bâtarde sous un prince autrichien. Avec ce mot de Constitution, on endort encore La Fayette.

Lamarck, très justement suspect au parti des prêtres belges et de l'aristocratie, réussit mieux auprès de ceux qu'on appelait *progressistes*. L'Autriche, pour diviser ses ennemis, se disait alors amie du progrès. L'avènement du philanthrope et réformateur Léopold aidait fort à ce mensonge (20 février).

Dans sa participation indirecte à tout cela, la reine se fit grand tort. Elle eût dû se lier de plus en plus au clergé. L'Autriche, en lutte avec le clergé, avait des intérêts absolument différents.

Elle espérait apparemment que, si l'empereur, s'arrangeant avec les Belges, se retrouvait enfin libre de ses mouvements, elle pourrait s'abriter sous la protection impériale, montrer à la Révolution une guerre prête à fondre sur la France, peut-être fortifier la petite armée de Bouillé de quelques corps autrichiens.

Mauvais calcul. Tout cela était trop long, et le temps marchait très vite. L'Autriche, fort égoïste, était un secours très lointain et très douteux.

Quoi qu'il en soit, les deux beaux-frères suivirent exactement la même conduite. Dans le même mois, Louis XVI et Léopold se déclarèrent l'un et l'autre amis de la liberté, défenseurs zélés des Constitutions, etc.

Même conduite dans deux situations parfaitement opposées. Léopold agissait très bien pour regagner la Belgique; il divisait ses ennemis, fortifiait ses amis. Louis XVI, tout au contraire, loin de fortifier ses amis, les jetait par cette parade dans le plus profond découragement; il paralysait le clergé, la noblesse, la contre-révolution.

Les modérés Necker, Malouet, croyaient que le roi, par

une profession de foi constitutionnelle, presque révolutionnaire, pouvait se constituer le chef de la Révolution. C'est ainsi que les conseillers d'Henri III lui firent faire la **fausse** démarche de se dire chef de la Ligue. L'occasion semblait, il est vrai, favorable. Les désordres de janvier avaient alarmé vivement la propriété. Devant ce grand intérêt social, on supposait que tout intérêt politique allait pâlir. La désorganisation était effrayante; le pouvoir n'avait garde d'y remédier; ici, il était mort en réalité, et là, *il faisait le mort,* comme disait un des Lameth. Beaucoup avaient déjà assez de Révolution, et trop; de découragement, ils auraient volontiers sacrifié les songes d'or qu'ils avaient **faits** à la paix, à l'unité.

Au même moment (du 1er au 4 février), deux événements de même sens:

D'abord, s'ouvre le club des *impartiaux.* (Malouet, Virieu, etc.) Leur impartialité consistait, ils le disent dans leur déclaration, à *rendre force au roi,* et à *conserver des terres à l'Eglise,* à subordonner l'aliénation des biens du clergé à la volonté des provinces.

Le 4 février, le roi se présente à l'improviste dans l'Assemblée, prononce un discours touchant, qui étonne et attendrit... Chose incroyable, merveilleuse! le roi **était** secrètement épris de cette Constitution qui le dépouillait. Il loue, il admire spécialement la belle division des départements. Seulement, il conseille à l'Assemblée d'ajourner une partie des réformes. Il déplore les désordres, il défend, console le clergé et la noblesse; mais enfin, il est, avant tout, dit-il, l'ami de la Constitution.

Il se présentait ainsi à l'Assemblée, embarrassée de rétablir l'ordre, et il semblait dire: « Vous ne savez que faire? Eh bien! rendez-moi le pouvoir... »

L'effet de la scène fut prodigieux. L'Assemblée perdit la tête. Barrère pleurait à chaudes larmes. Le roi sort, on court après lui, on se précipite. On va chez la reine. Elle reçoit la députation, avec le dauphin. Toujours altière et gracieuse: « Voici mon fils, dit-elle, je lui apprendrai à chérir la liberté; j'espère qu'il en sera l'appui. »

Elle ne fut pas ce jour-là la fille de Marie-Thérèse, mais la sœur de Léopold. Peu après, son frère lançait le manifeste hypocrite où il se déclara ami de la liberté, de la Constitution des Belges, jusqu'à leur dire, lui, empereur, qu'après tout ils avaient eu droit de s'armer contre l'empereur.

Pour revenir, l'Assemblée délira complètement, ne sut plus ce qu'elle disait. Elle se lève tout entière, elle jure fidélité à la Constitution qui n'est pas encore. Les tribunes se joignent à ces transports, dans un inconcevable enthousiasme. Tout le monde se met à jurer, à l'Hôtel de Ville, à la Grève, dans les rues. On chante un *Te Deum*. On illumine le soir. Pourquoi ne pas se réjouir? La Révolution est faite, bien faite pour cette fois.

Du 5 février au 15, ce fut une suite de fêtes, à Paris et dans les provinces. Partout, sur les places publiques, on se pressait pour prêter le serment. Les écoliers, les enfants y étaient conduits en bande. Tout était plein d'élan, de joie et d'enthousiasme.

Beaucoup d'amis de la liberté s'effrayaient de ce mouvement, croyant qu'il tournerait au profit du roi. Erreur. La Révolution était une chose si forte, dans un tel mouvement ascendant, que tout événement nouveau, pour ou contre, finissait toujours par la favoriser, la pousser plus vite encore. Dans cette affaire du serment, il arrivait ce qui arrive toujours pour toute passion violente. Chacun, en prononçant des mots, ne leur donnait nul autre sens que ce qu'il avait dans le cœur. Tel avait juré pour le roi qui n'avait rien entendu, sinon jurer pour la patrie.

On remarqua qu'au *Te Deum,* le roi n'était pas venu à Notre-Dame, qu'il n'avait pas, comme on l'espérait, juré sur l'autel. Il voulait bien mentir, mais non pas se parjurer.

Dès le 9 février, pendant que les fêtes duraient encore, Grégoire et Lanjuinais dirent que la cause des désordres était la non-exécution des décrets du 4 août; donc, qu'il ne fallait pas faire halte, mais bien avancer.

Les tentatives des royalistes pour rendre la force et les armes au pouvoir royal ne furent pas heureuses. Maury essaya la ruse, disant qu'*au moins dans les campagnes* il fallait permettre à la force armée d'agir, sans autorisation des municipalités. Cazalès essaya l'audace, ouvrit l'avis étrange de donner au roi la dictature *pour trois mois*. Ruse grossière, Mirabeau, Buzot, d'autres encore, déclarèrent nettement qu'on ne pouvait se fier au pouvoir exécutif. L'Assemblée ne se fia qu'aux municipalités, leur donna tout pouvoir d'agir, et les rendit responsables des désordres qu'elles pourraient empêcher.

L'audace inouïe de la proposition de Cazalès ne s'explique que par sa date (20 février). Un sacrifice sanglant avait été fait le 18, qui paraissait répondre de la bonne foi de la Cour.

Elle avait alors deux affaires, deux procès sur les bras, celui de Besenval, celui de Favras.

Besenval, accusé pour le 14 juillet, n'avait fait après tout qu'exécuter les ordres de son chef le ministre, les ordres du roi. Pourtant, si on l'innocentait, on paraissait condamner la prise de la Bastille et la révolution même. Il était spécialement odieux comme étant l'homme de la reine, l'ex-confident des parties de Trianon, l'ancien ami de Choiseul, et, comme tel, appartenant à la cabale autrichienne.

Favras intéressait moins la Cour. C'était l'homme de Monsieur. Il s'était chargé, pour lui, d'enlever le roi. Monsieur, vraisemblablement, eût été lieutenant général, régent peut-être, si l'on eût interdit le roi, comme le proposaient quelques parlementaires et amis des princes? M. de La Fayette dit dans ses mémoires que Favras devait commencer par tuer Bailly et La Fayette.

Favras ayant été arrêté dans la nuit du 25 décembre, Monsieur, très effrayé, fit la démarche singulière d'aller se justifier... où? devant quel tribunal? Devant la Ville de

Paris. Les magistrats municipaux n'étaient nullement qualifiés pour recevoir un tel acte. Monsieur renia Favras, dit qu'il n'avait nulle connaissance de l'affaire, fit une parade hypocrite de sentiments révolutionnaires, d'amour pour la liberté.

Favras montra beaucoup de courage, et releva fort sa vie par sa mort. Il se défendit très bien, et pas plus qu'il ne fallait, ne compromettant personne. On lui fit comprendre qu'il lui fallait mourir discrètement, et il le fit. La longue et cruelle promenade à laquelle on le condamna, l'amende honorable à Notre-Dame, etc., n'ébranlèrent pas sa fermeté. A la Grève, il demanda à déposer encore, et ne fut pendu qu'aux flambeaux (18 février). C'était la première fois qu'on pendait un gentilhomme. Le peuple montrait une impatience furieuse, croyant toujours que la Cour trouverait moyen de le sauver. Ses papiers, recueillis par le lieutenant civil, furent (dit La Fayette) remis par la fille de ce magistrat à Monsieur, devenu roi, qui s'empressa de les brûler.

Le dimanche qui suivit l'exécution, la veuve et le fils de Favras vinrent en deuil assister au dîner public du roi et de la reine. Les royalistes croyaient qu'ils allaient combler, caresser la famille de la victime. La reine n'osa lever les yeux.

Ils virent alors l'impuissance où la Cour était réduite, combien peu d'appui pouvaient attendre ceux qui se dévoueraient pour elle.

Déjà, au 4 février, la visite du roi à l'Assemblée, sa profession de foi patriotique, les avait fort abattus. Le vicomte de Mirabeau sortit, et, dans son désespoir, brisa son épée... Que penser? que croire en effet? Les royalistes avaient le droit de croire le roi ou menteur ou transfuge, déserteur de son propre parti. Le roi n'était donc plus royaliste? ou bien, il sacrifiait son clergé, sa fidèle noblesse, pour sauver un lambeau de royauté?

M. de Bouillé, laissé sans instructions, dans l'ignorance absolue de ce qu'il avait à faire, tombe alors dans le plus profond découragement. Telle est aussi l'impression de beaucoup de gentilshommes, d'officiers de terre et de mer, qui partent de France. M. Bouillé lui-même demande la permission d'en faire autant, de servir à l'étranger. Le roi lui fait dire de rester, qu'il aura besoin de lui. On s'est trop hâté d'espérer; la Révolution était finie le 14 juillet, finie le 6 octobre, elle l'était au 4 février; je crains maintenant qu'en mars elle ne le soit pas encore.

Qu'importe! La liberté, adulte, robuste au berceau même, doit craindre peu les résistances. Elle vient, en un moment, de vaincre la plus redoutable, le désordre et l'anarchie. Ces pillages de campagnes, cette guerre contre les châteaux, qui, gagnant de proche en proche, menaçait tout le pays d'un embrasement immense, tout cela a fini d'un coup. Le mouvement de janvier, février, est déjà apaisé en mars. Pendant que le roi se présentait comme l'unique garant de la paix publique, pendant que l'Assemblée cherchait et ne trouvait pas les moyens de la ramener, la France l'avait faite elle-même. L'élan de la fraternité avait devancé les lois; le nœud qu'on ne dénouait pas avait été tranché par la magnanimité nationale. Les villes, armées tout entières, avaient marché à la défense des châteaux; elles avaient protégé les nobles, leurs ennemis. Les grandes réunions continuent, et plus grandes chaque jour, si formidables que, sans agir, par leur seule apparition, elles doivent intimider les deux ennemis de la France, d'une part l'anarchie, le pillage, d'autre part la contre-révolution. Ce ne sont plus seulement les populations plus rares, plus dispersées du Midi qui s'assemblent; ce sont les massives, les compactes légions des grandes provinces du Nord; c'est la Champagne, cent mille hommes; c'est la Lorraine, cent mille hommes; les Vosges, l'Alsace, etc.

Mouvement plein de grandeur, désintéressé et sans jalousie. Tout se groupe, tout s'unit, tout gravite à l'unité. Paris appelle les provinces, veut s'unir toutes les communes. Et les provinces, d'elles-mêmes, sans la moindre pensée d'envie, veulent encore plus s'unir. La Bretagne, le 20 mars, demande que la France envoie un homme sur mille à Paris. Bordeaux a déjà demandé une fête civique pour le 14 juillet. Les deux propositions tout à l'heure n'en feront qu'une. La France appellera toute la France à cette grande fête, la première du nouveau culte.

CHAPITRE VI

*La reine et l'Autriche   La reine et Mirabeau   L'armée
(mars-mai 90)*

L'Autriche se rallie l'Europe. Elle conseille de gagner Mirabeau (mars). Conduite équivoque de la Cour dans sa négociation avec Mirabeau. Mirabeau lui porte de nouveaux coups (avril). Mirabeau peu influent dans les clubs. Mirabeau gagné (10 mai). Mirabeau fait donner au roi l'initiative de la guerre (22 mai). Entrevue de Mirabeau et de la reine (fin mai). Le soldat fraternise avec le peuple. La Cour croit gagner le soldat. Misère de l'ancienne armée. Insolence des officiers. Ils essaient de mettre le soldat contre le peuple. Réhabilitation du soldat, du marin.

Le complot de Favras était celui de Monsieur; le complot de Maillebois (qu'on découvre en mars) se rattache au comte d'Artois, à l'émigration. La Cour, sans les ignorer, paraissait suivre plutôt le conseil que l'on trouva dans le mémoire d'Augéard, garde des sceaux de la reine: ruser, attendre, *simuler la confiance, laisser filer cinq ou six mois*.

Même mot d'ordre à Vienne, à Paris.

Léopold négociait. Il mettait les gouvernements soi-disant amis de la liberté, les faux révolutionnaires (j'entends l'Angleterre et la Prusse) à une sérieuse épreuve; il les plaçait en face de la Révolution, et, peu à peu, ils laissaient tomber le masque. Léopold disait aux Anglais: « Vous plaît-il que je sois forcé de céder à la France une partie des Pays-Bas? » Et l'Angleterre reculait; elle sacrifiait, devant cette peur, l'espoir de s'emparer d'Ostende. Aux Prussiens, aux Allemands en général, il disait: « Pouvons-nous délaisser nos princes allemands possessionnés en Alsace, qui perdent leurs droits féodaux? » La Prusse elle-même, le 16 février, avait déjà parlé pour eux, proclamé le droit de l'Empire de demander raison à la France.

L'Europe entière des deux partis, d'une part Autriche et Russie, d'autre part Angleterre et Prusse, gravitait peu à peu vers une même pensée, la haine de la Révolution. Seulement, il y avait cette différence que la libérale Angleterre, la philosophique Prusse, avaient besoin d'un peu de temps pour passer d'un pôle à l'autre, pour se décider à se démentir, s'abjurer, se renier, avouer ce qu'elles étaient, les ennemies de la liberté. Ce respectable combat de la honte et de la pudeur devait être ménagé par l'Autriche. Donc, à attendre, il y avait infiniment à gagner. Encore un moment, tout le monde des honnêtes gens allait se trouver d'accord. Seule alors, que ferait la France?... De quel poids énorme allait peser contre elle tout à l'heure l'Autriche, assistée de l'Europe!

Rien n'empêchait, en attendant, de donner aux révolutionnaires de France et de Belgique de bonnes paroles, de les endormir, si l'on pouvait, de les diviser.

Dès que Léopold fut empereur (20 février), dès qu'il eut publié son étrange manifeste où il adopte les principes de la Révolution belge, avoue la légalité de l'insurrection contre l'empereur (2 mars), son ambassadeur, M. Mercy d'Argenteau, décida Marie-Antoinette à surmonter ses répugnances, à se rapprocher de Mirabeau.

Mais, quelle que fût la facilité du caractère de l'orateur, son éternel besoin d'argent, le rapprochement était difficile. On l'avait dédaigné, repoussé au moment où il pouvait être utile. Et on venait le chercher, lorsque tout était compromis, perdu peut-être.

En novembre, on s'était entendu avec les députés les plus révolutionnaires pour fermer à Mirabeau le ministère pour toujours. Maintenant on l'appelait.

On l'appelait à une entreprise impossible, après tant d'imprudences et trois complots avortés.

L'ambassadeur d'Autriche se chargea lui-même de faire revenir de Belgique l'homme qui pouvait le mieux servir d'intermédiaire, M. de Lamarck, ami personnel de Mirabeau, et personnellement aussi tout dévoué à la reine.

Il revint. Le 15 mars, il porta à Mirabeau les ouvertures de la Cour, le trouva très froid. Son bon sens lui faisait sentir que la Cour lui proposait seulement de se noyer avec elle.

Pressé par Lamarck, il dit qu'on ne pouvait relever le trône qu'en s'appuyant sur la liberté, que, si la Cour voulait autre chose, il la combattrait, loin de la servir. Quelle garantie pouvait le rassurer là-dessus? Il venait lui-même de proclamer devant l'Assemblée combien peu il se fiait au pouvoir exécutif. Pour le rassurer, Louis XVI écrivit à Lamarck qu'il n'avait jamais désiré qu'un pouvoir limité par les lois.

Pendant cette négociation, la Cour en menait une autre avec La Fayette. Le roi lui promettait, par écrit, la confiance la plus entière. Le 14 avril, il lui demandait ses idées sur la prérogative royale. Et La Fayette avait la simplicité de les lui donner.

Sérieusement, que voulait la Cour? Amuser, et rien de plus, endormir La Fayette, neutraliser Mirabeau, amortir son action, le tenir partagé entre des tendances diverses, peut-être aussi le compromettre, comme on avait compromis Necker. La Cour mit toujours sa profonde politique à perdre et ruiner ses sauveurs.

Exactement à la même époque, et de la même manière, le frère de la reine, Léopold, négociait avec les *progressistes* belges, les compromettait, puis, menacés par le peuple, dénoncés et poursuivis, les amenait à désirer l'invasion, le rétablissement de l'Autriche.

Comment croire que ces démarches du frère et de la sœur, précisément identiques, se soient accordées par hasard?

Mirabeau devait bien y regarder à deux fois, avant de se fier à la Cour. C'était le moment où le roi, cédant aux exigences de l'Assemblée, lui livra le fameux *Livre rouge* (dont nous parlerons tout à l'heure) et l'honneur de tant de gens; tous les pensionnaires secrets virent leurs noms chantés par les rues. Qui pouvait assurer Mirabeau que la Cour ne jugerait pas utile, dans quelque temps, de publier aussi son traité?... La négociation n'était pas fort rassurante; on avançait, on reculait; on ne lui confiait rien du tout, et on lui demandait ses secrets, la pensée de son parti.

On ne jouait pas ainsi avec un tel homme. Il fallait l'avoir pour ami ou pour ennemi, le combattre à mort ou se jeter dans ses bras. Quelles que fussent, au fond, ses tendances royalistes, il était impossible d'aveugler entièrement un homme de tant d'esprit. Il allait, en attendant; organe de la Révolution, il ne lui manquait jamais dans les moments décisifs; on aurait pu le gagner, on ne pouvait l'amortir, l'énerver, le neutraliser. Quand la situation parlait, à l'instant le Mirabeau vicieux, corrompu, disparaissait, le Dieu entrait en lui, la patrie agissait par lui et lançait la foudre...

Dans un seul mois (avril) où la Cour traînait, marchandait, finassait, la foudre frappa deux fois.

La première (que nous remettons au chapitre suivant pour réunir toute l'affaire du clergé), c'est la fameuse apostrophe sur Charles IX et la Saint-Barthélemy, qui est dans toutes les mémoires: « Je vois d'ici la fenêtre, etc. » Jamais les prêtres n'avaient reçu sur la tête un coup si pesant! (13 avril.)

La seconde affaire, non moins grave, fut la question de savoir si l'Assemblée se dissoudrait; les pouvoirs de plusieurs députés étaient bornés à un an, et cette année finissait. Déjà, avant le 6 octobre, on avait proposé (et avec raison alors) de dissoudre l'Assemblée. La Cour attendait, épiait le moment de la dissolution, l'entracte, le moment toujours périlleux entre l'Assemblée qui n'est plus et celle qui n'est pas encore. Qui régnerait dans l'intervalle, sinon le roi, par ordonnances? Le pouvoir une fois repris, l'épée une fois ressaisie, c'était à lui de la garder.

La tâche de la Constituante

Maury, Cazalès, dans des discours pleins de force, mais irritants, provocants, demandèrent à l'Assemblée si ses pouvoirs étaient illimités, si elle se croyait une *Convention nationale*; ils insistaient sur cette distinction de convention, d'assemblée, de législature. Ces arguties poussèrent Mirabeau dans une de ces magnifiques colères qui montaient jusqu'au sublime: « Vous demandez comment, de députés de bailliages, nous nous sommes faits Convention? Je répondrai: Le jour où notre salle fermée, hérissée, souillée de baïonnettes, nous courûmes au premier lieu qui put nous réunir, et jurâmes de périr plutôt... Ce jour-là, si nous n'étions Convention, nous le sommes devenus... Qu'ils aillent chercher maintenant dans la vaine nomenclature des publicistes la définition de ces mots: Convention nationale?... Messieurs, vous connaissez tous le trait de ce Romain qui, pour sauver sa patrie d'une grande conspiration, avait été contraint d'outrepasser les pouvoirs que lui conféraient les lois. Un tribun captieux exigea de lui le serment de les avoir respectées. Il croyait, par cet insidieux interrogat, placer le consul dans l'alternative d'un parjure ou d'un aveu embarrassant. Je jure, dit le grand homme, je jure que j'ai sauvé la République! Messieurs... je jure que vous avez sauvé la chose publique! »

A ce magnifique serment, l'Assemblée se lève tout entière et décrète: point d'élection que la Constitution ne soit achevée.

Les royalistes furent atterrés. Plusieurs, néanmoins, pensaient que l'espoir de leur parti, l'élection nouvelle, eût bien pu tourner contre eux, qu'elle eût amené peut-être une Assemblée plus hostile, plus violente. Dans l'immense fermentation du royaume, dans l'ébullition croissante, qui pouvait être sûr de bien voir?... La simple organisation des municipalités remuait la France dans sa profondeur. Elles se formaient à peine, et déjà, à côté d'elles, s'organisaient des sociétés, des clubs pour les surveiller. Sociétés redoutables, mais utiles, éminemment utiles dans une telle crise;

organe, instrument nécessaire de la défiance publique, en présence de tant de complots.

Les clubs iront grandissant, il le faut, la situation le veut ainsi. Cette époque n'est pas encore celle de leur plus grande puissance. Pour la France, c'est l'époque des fédérations. Mais déjà les clubs règnent à Paris.

Paris semble veiller pour la France. Paris reste haletant, debout, tenant ses soixante districts assemblés en permanence, n'agissant pas, près d'agir. Il écoute, il s'inquiète; vous diriez la sentinelle à deux pas de l'ennemi. Le cri: « Prenez garde à vous! » s'entend à chaque heure. Deux voix le poussent sans cesse, du club des Cordeliers, du club des Jacobins. J'y pénètre au prochain livre, dans ces antres redoutables; ici, je m'abstiens d'y entrer. Les Jacobins ne sont pas caractérisés encore, ils sont à leur premier âge, âge bâtard, constitutionnel, où règnent chez eux les Duport et les Lameth.

Le caractère principal de ces grands laboratoires d'agitation, de surveillance publique, de ces puissantes machines (je parle surtout des Jacobins), c'est que, comme en toutes machines, l'action collective y dominait de beaucoup l'action individuelle, que l'individu le plus fort, le plus héroïque, y perdait ses avantages. Dans les sociétés de ce genre, la médiocrité active monte à l'importance, le génie pèse très peu. Aussi Mirabeau n'allait jamais volontiers aux clubs, il n'appartenait exclusivement à aucun, y faisait de courtes visites, passait une heure aux Jacobins, une heure dans la même soirée au club de 89 qu'avaient au Palais-Royal Sieyès, Bailly, La Fayette, Chapelier et Talleyrand (13 mai).

Club élégant, magnifique, nul d'action. La vraie force était au vieux couvent enfumé des Jacobins. La domination d'intrigue, de parlage facile et vulgaire qu'y exerçait souverainement le triumvirat de Duport, Barnave et Lameth, ne contribua pas peu à rendre Mirabeau accessible aux suggestions de la Cour.

Le ministère de la Guerre

Homme de contradiction! au fond qu'était-il? Royaliste, noble quand même. Et quelle était son action? Toute contraire; à coups de foudre, il brisait la royauté.

S'il voulait enfin la défendre, il lui fallait se hâter. Elle enfonçait d'heure en heure. Elle avait perdu Paris; il lui restait en province de grandes forces dispersées; par quel art pouvait-on en faire un faisceau? C'est à quoi Mirabeau rêvait. Il projetait d'organiser une vaste correspondance, sans doute à l'instar, à l'encontre de celle des Jacobins. Telle fut la base du traité de Mirabeau avec la Cour (10 mai). Il eût constitué chez lui une sorte de ministère de l'esprit public. Dans ce but, ou sous ce prétexte, il reçut de l'argent, un traitement fixe. Et comme il était dans ses habitudes de faire tout avec audace, le mal et le bien, il prit un train de maison, voiture, table ouverte et le petit hôtel de la Chaussée-d'Antin qui subsiste encore.

Tout cela n'était que trop clair, et il y parut bien mieux quand, du milieu du côté gauche, on le vit parler avec la droite pour la royauté, pour lui faire donner l'initiative de la paix ou de la guerre.

Le roi avait perdu l'Intérieur, puis la Justice; les juges, comme les magistrats municipaux, échappaient à son action. Si on lui ôtait la Guerre, y avait-il encore la royauté? Voilà ce que dit Cazalès.

Barnave et le côté opposé trouvaient mille réponses, sans dire un mot de la meilleure. C'est que le roi était suspect, c'est que la Révolution ne s'était faite qu'en brisant l'épée dans la main du roi, c'est que, de tous les pouvoirs, celui qu'il était le plus dangereux de lui laisser dans les mains, c'était justement la Guerre.

L'occasion du débat était celle-ci. L'Angleterre avait été alarmée de voir la Belgique tendre la main à la France. Elle commençait à s'effrayer, tout comme l'empereur et la Prusse, d'une révolution vivace, contagieuse, qui gagnait et par son ardeur, et par un caractère de généralité (plus que nationale) *humaine*, très contraire au génie anglais. Un homme de talent, passionné et vénal, l'Irlandais Burke, élève des Jésuites de Saint-Omer, lança aux Chambres une furieuse philippique contre la Révolution, laquelle lui fut payée comptant par son adversaire, M. Pitt. L'Angleterre n'attaqua pas la France, mais elle abandonna la Belgique à l'empereur, elle alla au bout du monde chercher querelle sur les mers à notre alliée, l'Espagne. Louis XVI fit savoir à l'Assemblée qu'il armait quatorze vaisseaux.

Là-dessus, une longue, immense discussion théorique sur la question générale: A qui appartient l'initiative de la guerre? Peu ou rien sur la question particulière, qui pourtant dominait l'autre. Tout le monde semblait l'éviter, la fuir, avait peur de la voir.

Paris n'en n'avait pas peur, Paris l'envisageait en face. Tout le monde sentait, disait que, si le roi avait l'épée, la Révolution périssait. Il y avait cinquante mille hommes aux Tuileries, à la place Vendôme, dans la rue Saint-Honoré, attendant avec une inexprimable anxiété, recueillant avidement les billets qu'on leur jetait des fenêtres de l'Assemblée, pour leur faire suivre de moment en moment le progrès de la discussion. Tous étaient indignés, exaspérés contre Mirabeau. A l'entrée, à la sortie, l'un lui montrait une corde, et l'autre des pistolets.

Il fit preuve de sang-froid. Dans un moment même où Barnave occupait la tribune de ses longs discours, croyant avoir saisi le point où il le terrasserait, Mirabeau n'en écouta pas davantage, il alla se promener aux Tuileries au milieu de cette foule, fit sa cour à la jeune et ardente Mme de Staël, qui était là aussi à attendre avec le peuple.

Son courage n'en rendait pas sa cause meilleure. Il triomphait de dire sur la question théorique, sur l'association naturelle (dans ce grand acte de la guerre) entre la pensée et la force, entre l'Assemblée et le roi. Toute cette métaphysique ne pouvait masquer la situation.

Ses ennemis employèrent un moyen peu parlementaire qui touchait de près à l'assassinat, pouvait le faire mettre en pièces. Ils firent écrire, imprimer la nuit, répandre un libelle atroce. Le matin, allant à l'Assemblée, Mirabeau entendit crier partout: « La grande trahison découverte du comte de Mirabeau. » Le péril, comme il lui arrivait toujours, l'inspira admirablement, il écrasa ses ennemis: « Je savais bien qu'il n'y a pas loin du Capitole à la roche Tarpéienne », etc.

Il triompha sur la question personnelle. Sur l'affaire même en litige, il recula habilement; à la première ouverture que lui donna la proposition d'une rédaction moins hardie, il fit sa retraite, céda sur la forme et gagna le fond. Il fut décidé que le roi avait le droit de faire les *préparatifs,* de *diriger* les forces comme il voulait, qu'il *proposait* la guerre à l'Assemblée, laquelle ne décidait rien qui ne fût *sanctionné* par le roi (22 mai).

En sortant, Barnave, Duport, Lameth, qui s'en allaient désespérés, furent applaudis, portés presque par le peuple, qui croyait avoir vaincu. Ils n'eurent pas le courage de lui dire la vérité. Dans la réalité, la Cour avait l'avantage.

Elle venait d'éprouver deux fois la force de Mirabeau, en avril contre elle, et pour elle en mai. En cette dernière occasion, il avait fait des efforts plus qu'humains, sacrifié sa popularité, hasardé sa vie. La reine lui accorda une entrevue, la seule, selon toute apparence, qu'il ait eue jamais.

Autre faiblesse en cet homme, qu'on ne peut dissimuler. Quelques marques de confiance, exagérées sans doute par le zèle de Lamarck qui voulait les rapprocher, montèrent l'imagination du grand orateur, crédule comme sont les artistes. Il attribua à la reine une supériorité de génie, de caractère, qu'elle ne montrait nullement. D'autre part, il crut aisément, dans sa force et son orgueil, que celui à qui nul homme ne résistait, entraînerait sans difficulté la volonté d'une femme. Il eût été le ministre d'une reine, plus volontiers que d'un roi, le ministre, ou bien l'amant?

La reine était alors, avec le roi, à Saint-Cloud. Entourés par la garde nationale, généralement bienveillante, ils s'y trouvaient dans une demi-captivité assez libre, puisque tous les jours ils allaient se promener sans gardes, et souvent à quelques lieues. Il y avait cependant beaucoup de bonnes gens, de bons cœurs, qui ne pouvaient supporter l'idée d'un roi, d'une reine, prisonniers de leurs sujets. Un jour, dans l'après-midi, la reine entend un petit bruit dans la cour solitaire de Saint-Cloud, elle lève le rideau, et voit, sous son balcon, environ cinquante personnes, femmes de campagnes, prêtres, vieux chevaliers de Saint-Louis, qui pleuraient à demi-voix et retenaient leurs sanglots.

Mirabeau ne pouvait être à l'épreuve de pareilles impressions. Resté, malgré tous ses vices, homme d'ardente imagination, de passion orageuse, il trouvait quelque bonheur à se sentir l'appui, le défenseur, le libérateur peut-être d'une belle reine prisonnière. Le mystère de l'entrevue ajoutait à l'émotion. Il vint, non pas en voiture, mais à cheval pour ne pas attirer l'attention. Il fut reçu, non au château, mais dans un lieu très solitaire, au point le plus élevé du parc réservé, dans un kiosque qui couronne ce jardin d'Armide. C'était à la fin de mai.

Mirabeau était alors très visiblement atteint du mal qui le mit au tombeau; je ne parle pas de ses excès, de ses prodigieuses fatigues. Non, Mirabeau ne mourut que de la haine du peuple. Adoré, puis conspué! avoir eu son prodigieux triomphe de Provence, où il se sentit pressé sur le sein de la patrie... Puis, en mai 90, le peuple, dans les Tuileries, le demandant pour le pendre!... Lui-même, faisant face à l'orage, sans pouvoir être soutenu par une bonne conscience, mettant la main sur sa poitrine, et n'y sentant que l'argent reçu le matin de la Cour... Tout cela bouillonnait ensemble, colère, honte, vague espoir, mêlés dans cette âme trouble. Un teint obscur, gris, peu net, des yeux malades et rougis, un commencement de pesanteur et d'obésité malsaine, des joues affaissées, tel était sur son cheval, montant lentement l'avenue de Saint-Cloud, atteint, blessé, non brisé, le violent Mirabeau. Et la reine dans son pavillon, combien aussi elle est changée! Les trente-cinq ans apparaissent, l'âge touchant que tant de fois s'est plu à peindre Van Dyck; ajoutez des nuances délicates, légèrement violacées qui révèlent un mal profond... Malade, profondément malade! et à ne guérir jamais... Malade de cœur et de corps... Elle lutte, on le voit bien. La tête haute, les yeux secs, mais qui ne témoignent que trop qu'elle pleure toutes les nuits. Sa dignité naturelle, celle du courage et du malheur qui sont une autre royauté, défendent toute défiance... Il a besoin de la croire, celui qui se dévoue pour elle.

Elle fut surprise de voir que cet homme haï, décrié, cet homme fatal par qui a parlé la Révolution, ce monstre enfin, était un homme... qu'il avait un charme particulier de délicatesse, qu'une telle énergie semble exclure. Selon toutes les apparences, l'entretien fut vague, nullement concluant. La reine avait sa pensée, qu'elle gardait, Mirabeau la sienne, qu'il ne cachait nullement, sauver à la fois le roi et la liberté... Quelle langue commune entre eux?... Au moment de terminer, Mirabeau, s'adressant à la femme autant qu'à la reine, par une galanterie à la fois respectueuse et hardie: « Madame, lorsque votre auguste mère admettait un de ses sujets à l'honneur de sa présence, jamais elle ne le congédiait sans lui donner sa main à baiser. » La reine lui présenta la sienne. Mirabeau s'inclina, puis, relevant la tête, il dit avec un accent plein d'âme et de fierté: « Madame, la Monarchie est sauvée! »

Au moment même où il venait, au prix de sa popularité, presque de sa vie, d'emporter ce dangereux décret qui, au fond, rendait au roi le droit de paix et de guerre, le roi faisait rechercher aux archives du Parlement les vieilles formes de protestation contre les états généraux, voulant en faire une secrète *contre tous les décrets de l'Assemblée* (23 mai).

Grâce à Dieu, le salut de la France ne dépendait pas de ce grand homme crédule et de cette cour trompeuse. Un décret rend l'épée au roi, mais cette épée est brisée.

Le soldat redevient peuple, se mêle au peuple, fraternise avec le peuple.

M. de Bouillé nous apprend dans ses Mémoires qu'il ne négligeait rien pour mettre en opposition le soldat et le peuple, pour inspirer au militaire la haine et le mépris du bourgeois.

Les officiers avaient saisi avidement une occasion de faire monter cette haine plus haut encore, jusqu'à l'Assemblée nationale, de la calomnier auprès du soldat. Un des plus fermes patriotes, Dubois de Crancé, avait exposé à l'Assemblée la triste composition de l'armée, recrutée en grande partie de mauvais sujets; il tirait de là la nécessité d'une organisation nouvelle qui devait faire de l'armée ce qu'elle a été, la fleur de la France. Ce fut justement de ces paroles bienveillantes pour le militaire, de cette tentative pour réformer, réhabiliter l'armée, que l'on abusa. Les officiers allaient disant, répétant au soldat que l'Assemblée l'outrageait. La Cour en conçut de grandes espérances; elle crut qu'elle allait ressaisir l'armée. Des bureaux du ministère, on écrivait au commandant de Lille ces paroles significatives: « Tous les jours, nous prenons un peu de consistance. Qu'on veuille nous oublier, ne nous compter pour rien, et bientôt nous serons tout. » (8 décembre, 3 janvier.)

Vaine espérance! pouvait-on croire que le soldat fermerait longtemps les yeux, qu'il verrait sans émotion cet enivrant spectacle de la fraternité de la France, qu'au moment où la patrie était retrouvée, seul, il s'obstinerait à rester hors de la patrie, que la caserne, le camp seraient comme une île, séparée du reste du monde?

Il est alarmant, sans doute, de voir l'armée qui délibère, qui distingue, choisit dans l'obéissance. Ici, pourtant, comment pouvait-il en être autrement? Si le soldat obéissait aveuglément à l'autorité, il désobéissait à l'autorité suprême d'où procèdent toutes les autres; docile à ses officiers, il se trouvait infailliblement rebelle au chef de ses chefs, à la Loi. S'abstenir, ne pas agir, il ne le pouvait; la contre-révolution ne l'entendait pas ainsi, elle lui commandait de tirer sur la Révolution, sur la France, sur le peuple, sur son père, son frère, qui lui tendaient les bras.

Les officiers lui apparurent ce qu'ils étaient, l'ennemi; un peuple à part, qui était, et de plus en plus, d'autre race, d'autre nature. Comme les vieux pécheurs endurcis s'enfoncent dans leur péché en avançant vers la mort, l'ancien régime vers sa fin était plus dur et plus injuste. Les hauts grades ne se donnaient plus qu'aux jeunes gens de la Cour, aux petits protégés des dames; le ministre Montbarrey a raconté lui-même la scène violente, indécente que la reine lui fit pour un jeune colonel. Les moindres grades, accessibles encore sous Louis XIV et sous Louis XV, ne furent donnés sous Louis XVI qu'à ceux qui pouvaient prouver quatre degrés de noblesse. Fabert, Catinat, Chevert, n'auraient pu arriver au grade de lieutenant.

J'ai dit le budget de la guerre (en 1784): quarante-six millions pour l'officier, quarante-quatre pour le soldat. Pourquoi dire soldat? mendiant serait le mot propre. La solde, relativement forte au XVIIe siècle, vient à rien sous Louis XV. Sous Louis XVI, il est vrai, une autre solde s'ajoute, payée en coups de bâton. C'était pour imiter la fameuse discipline de Prusse; on crut que c'était là tout le secret des victoires du grand Frédéric: l'homme mené comme une machine, et châtié comme un enfant. Le pire des systèmes à coup sûr, unissant les maux opposés, système à la fois mécanique et non mécanique, d'une part fatalement dur, de l'autre violemment arbitraire.

Les officiers méprisaient souverainement le soldat, le bourgeois, toute espèce d'homme, et ne cachaient pas ce mépris. Pourquoi? pour quel si haut mérite? Un seul, ils tiraient bien l'épée. Le préjugé si respectable qui met la vie des braves à la discrétion des adroits, constituait à ceux-ci une sorte de tyrannie. Ils essayèrent à l'Assemblée même ce genre d'intimidation; dans la Chambre de la noblesse, certains membres tirèrent l'épée pour empêcher les autres de s'unir au tiers état. La Bourdonnaie, Noailles, Castries, Cazalès, provoquèrent Barnave et Lameth. Tels adressaient à Mirabeau de grossières injures, dans l'espoir de s'en défaire; il fut immuable. Plût au ciel que le plus grand homme de mer de ce temps, Suffren, l'eût été aussi! Selon une tradition qui n'est que trop vraisemblable, un jeune fat de grande naissance eut l'insolence coupable d'appeler en duel cet homme héroïque dont la vie sacrée n'appartenait qu'à la France; lui, déjà sur l'âge, il eut la bonhomie de répondre et reçut un coup mortel. Le jeune homme était bien en cour, l'affaire fut étouffée. Qui fut ravi? L'Angleterre; pour un si beau coup d'épée, elle eût donné des millions.

Le peuple n'eut jamais l'esprit de comprendre ce point d'honneur. Les Belsunce, les Patrice, qui défiaient tout le monde, s'en trouvèrent très mal. L'épée de l'émigration cassa comme verre, sous le sabre de la République.

Si nos officiers de terre, qui n'avaient rien fait, étaient pourtant si insolents, qu'était-ce donc, grand Dieu! des officiers de marine! Depuis leurs derniers succès (qui pourtant ne furent le plus souvent que de brillants duels de vaisseau à vaisseau), ils ne se connaissaient plus; leur orgueil était exalté jusqu'à la férocité. Un des leurs avait le malheur de déroger jusqu'à fréquenter un ancien camarade, devenu officier de terre; ils le forcèrent à se battre avec lui, pour se laver de ce crime; chose affreuse, il le tua!

Un officier de marine, Acton, était comme roi de Naples. Les Vaudreuil entouraient la reine et le comte d'Artois de leurs conseils violents. Des officiers de marine, les Bonchamps, les Marigni, aussitôt que la France eut toute l'Europe en face, lui plantèrent dans le dos le poignard de la Vendée.

Le premier coup à leur orgueil, ce fut Toulon qui le porta. Là commandait le très brave, très insolent, très dur Albert de Rioms, un de nos meilleurs capitaines. Il croyait mener les deux villes, et l'Arsenal, et Toulon, justement de même

Les soldats de l'ancien régime

manière, comme une chiourme de forçats, à coups de cordes et de lianes, protégeant la cocarde noire, punissant la tricolore. Il se fiait à un pacte que ses officiers de marine avaient fait avec ceux de terre, contre les gardes nationaux. Quand ceux-ci vinrent réclamer, les magistrats en tête, il les reçut comme il eût fait des galériens de l'Arsenal. Alors un peuple furieux entoure l'hôtel du commandant. Alors il commande le feu, et pas un soldat ne tire. Alors, il lui faut prier les magistrats de la ville de lui accorder secours. Les gardes nationaux, qu'il avait insultés, eurent grand-peine à le défendre; ils ne parvinrent à le sauver qu'en le mettant au cachot (novembre-décembre 89).

A Lille, on essaya de même de mettre aux prises les troupes et la garde nationale, même d'armer les régiments entre eux. Le commandant Livarot (on le voit par ses lettres inédites) les animait en leur parlant de la prétendue injure que Dubois de Crancé aurait faite à l'armée dans l'Assemblée nationale. L'Assemblée ne répondit qu'en améliorant le sort du soldat, lui témoignant du moins intérêt, comme on le pouvait alors, par l'augmentation de quelques deniers qu'on ajouta à la solde. Ce qui l'encouragea, bien plus, ce fut de voir qu'à Paris M. de La Fayette avait porté tous les sous-officiers aux grades supérieurs. L'infranchissable barrière était donc enfin rompue.

Pauvres soldats de l'ancien régime, qui si longtemps avaient souffert sans espoir, et en silence!... Sans être les prodigieux soldats de la République et de l'Empire, ils n'étaient pas indignes d'avoir aussi enfin leur jour. Tout ce que je lis d'eux, dans nos vieilles histoires, m'étonne comme patience, et me touche comme bonté. Je les vois, à La Rochelle, entrant dans la ville affamée, donner leur pain aux habitants. Leurs tyrans, leurs officiers, qui leur fermaient toute carrière, ne trouvaient en eux que docilité, respect, douceur et bienveillance. Dans je ne sais quelle affaire sous Louis XV, un officier de quatorze ans, à peine arrivé de Versailles, ne pouvait plus avancer: « Passe-le moi, dit un grenadier gigantesque, je le mettrai sur mon dos; s'il y a une balle à recevoir, je la sauverai à l'enfant. »

Il fallait bien qu'à la fin il y eût un jour pour la justice, l'égalité, la nature; heureux ceux qui vécurent assez pour le voir!... Et ce fut pour tous un bonheur... Quelle joie pour la Bretagne de retrouver encore, à près de cent ans, dans son humble état de pilote, le pilote de Duguay-Trouin, celui dont la main ferme et froide menait le vainqueur sous le feu... Jean Robin, de l'île de Batz, fut reconnu aux élections, et d'un accord unanime placé près du président. On rougissait pour la France d'une si longue injustice; on eût voulu, dans la personne de cet homme vénérable, honorer tant de générations héroïques indignement méconnues, rabaissées pendant leur vie par l'insolence de ceux qui profitèrent de leurs services, puis vouées, hélas! à l'oubli.

CHAPITRE VII

Lutte religieuse   Pâques   La passion de Louis XVI

Légende du roi martyr. Scandale de l'ouverture des couvents. Le clergé exalte les masses ignorantes. L'agent du clergé veut s'entendre avec l'émigration. Le clergé et la noblesse en opposition. Manœuvres du clergé, à Pâques. L'Assemblée publie le Livre rouge, avril 90. Elle hypothèque les assignats sur les biens du clergé. Le clergé somme l'Assemblée de déclarer le catholicisme religion nationale, 12 avril 1790.

Il était trop visible qu'on ne pouvait armer le soldat contre le peuple. Il fallait trouver un moyen d'armer le peuple contre lui-même, contre une révolution qui ne se faisait que pour lui.

A l'esprit de fédération, d'union, à la nouvelle foi révolutionnaire, on ne pouvait opposer que l'ancienne foi, si elle existait encore.

Au défaut du vieux fanatisme éteint, ou tout au moins profondément assoupi, le clergé avait une prise qui ne manque guère, la facile bonté du peuple, sa sensibilité aveugle, sa crédulité pour ceux qu'il aimait, son respect invétéré pour le prêtre et pour le roi... le roi, cette vieille religion, ce mystique personnage, mêlé des deux caractères du prêtre et du magistrat, avec un reflet de Dieu!

Toujours le peuple avait adressé là ses vœux, ses soupirs; avec quel succès, quel triste retour, on le sait de reste. La royauté avait beau le fouler, l'écraser, comme une machine impitoyable; il l'aimait comme une personne.

Rien ne fut plus facile aux prêtres que de montrer en

Avril 1790

Louis XVI un saint, un martyr. Cette figure béate et paterne, lourde (comme maison de Saxe et comme maison de Bourbon), était un saint de cathédrale, tout fait pour un portail d'église. L'air myope, l'indécision, l'insignifiance lui donnaient justement ce vague qui permet tout à la légende.

Texte admirable, pathétique, bien propre à troubler les cœurs. Il avait aimé le peuple, il voulait le bien du peuple, et il en était puni... Des ingrats, des forcenés avaient osé levé la main contre cet excellent père, contre l'oint de Dieu!... Le bon roi, la noble reine, la sainte Mme Elisabeth, le pauvre petit dauphin, captifs dans cet affreux Paris! Que de larmes à ces récits, que de vœux au Ciel, de prières, de messes pour la délivrance! Quel cœur de femme ne se brisait, lorsque, sortant de l'église, le prêtre tout bas lui disait: « Priez pour le pauvre roi! » Priez aussi pour la France, voilà ce qu'il fallait dire encore, priez pour un pauvre peuple, trahi, livré à l'étranger.

L'autre texte, non moins puissant pour exciter la guerre civile, c'était l'ouverture des couvents, l'ordre d'inventorier les biens ecclésiastiques, la réduction des maisons religieuses. Cette réduction fut cependant faite avec de grands ménagements. On réserva dans chaque département une maison au moins de chaque ordre, où ceux qui voulaient rester pouvaient toujours se retirer. Qui voulait sortir sortait, et touchait une pension. Cela était modéré et nullement violent. Les municipalités, fort douces à cette époque, ne montraient que trop de facilité dans l'exécution. Elles connivaient souvent, inventoriaient à peine, souvent moitié des objets, et à moitié des valeurs réelles. N'importe! on ne négligeait rien pour leur rendre ce devoir difficile et dangereux. On avertissait à grand bruit du jour de l'inventaire, du jour maudit où des laïques franchiraient la clôture sacrée. Pour arriver seulement à la porte, les magistrats municipaux devaient d'abord, au péril de leur vie, traverser la foule ameutée, les cris des femmes, les menaces des robustes mendiants que nourrissaient les monastères. Les douces brebis du Seigneur opposaient aux hommes de la loi, forcés d'exécuter la loi, refus, délais, résistance, de quoi les faire mettre en pièces.

Tout cela fut travaillé avec beaucoup d'habileté, une adresse remarquable. S'il était possible d'en faire l'histoire détaillée et complète, on serait fort édifié sur un curieux sujet de haute philosophie: comment, dans une époque indifférente, incrédule, les politiques peuvent faire, refaire du fanatisme? Beau chapitre à ajouter au livre indiqué par un penseur: *La Mécanique de l'Enthousiasme.*

Le clergé n'avait pas la foi, mais il trouvait pour instruments des personnes qui l'avaient encore, des âmes pieuses, convaincues, des visionnaires ardents, têtes poétiques et bizarres qui ne manquent jamais, spécialement en Bretagne. Une madame de Pont-Levès, femme d'un officier de marine, publia la *Compassion de la Vierge pour la France,* petit livre brûlant, mystique, livre de femme pour les femmes, propre à les troubler et les rendre folles.

Le clergé avait encore une action bien facile sur ces pauvres populations sans connaissance de la langue française. Il leur laissait ignorer la suppression des dîmes et du casuel, passait sous silence l'abolition successive des impôts indirects, et les jetait dans le désespoir, en leur montrant tout le poids des taxes qui écrasait la terre, leur annonçant qu'on allait tout à l'heure prendre le tiers de leurs meubles et de leurs bestiaux.

Le Midi offrait d'autres éléments de trouble, non moins favorables, des hommes de passion sèche, actifs, ardents, politiques, esprits d'intrigue et de ruse, propres non seulement à soulever, mais à organiser, régler, diriger le soulèvement.

Le véritable secret de la résistance, la voie unique qui donnait des chances sérieuses à la contre-révolution, l'idée de la future Vendée, fut formulé d'abord à Nîmes: contre la Révolution, point de résultat possible sans la guerre religieuse. Autrement dit: contre la foi, nulle autre force que la foi.

Voie terrible, à faire reculer, quand on se souvient... quand on voit les ruines, les déserts qu'a faits le vieux fanatisme... Que serait-il arrivé si tout le Midi, tout l'Ouest, toute la France étaient devenus Vendée?

Mais la contre-révolution n'avait pas une autre chance. Au génie de la fraternité, un seul pouvait être opposé, celui de la Saint-Barthélemy.

Telle fut à peu près la thèse que, dès janvier 90, soutint à Turin, devant le grand conseil de l'émigration, l'ardent envoyé de Nîmes, homme du peuple, homme de peu, mais tête forte, intrépide, qui voyait parfaitement et posait la question.

Celui qui, par grâce spéciale, était admis à parler devant les princes et les seigneurs, Charles Froment, c'était son nom, fils d'un homme accusé de faux (puis lavé), n'était lui-même rien de plus qu'un petit receveur du clergé et son factotum. D'abord révolutionnaire, il avait senti qu'à Nîmes il y avait plus à faire de l'autre côté. Tout d'abord, il se trouva chef de la populace catholique, la lança aux protestants. Lui-même était beaucoup moins fanatique que factieux, un homme du temps des gibelins. Mais il voyait nettement que la vraie force était le peuple, l'appel à la foi du peuple.

Froment fut gracieusement reçu, écouté, peu compris. On lui donna quelque argent, et l'espoir que le commandant de Montpellier pourrait lui fournir des armes. Du reste, on sentit si peu combien il pouvait être utile, que, plus tard, ayant émigré, il n'obtint pas même des princes la permission de se joindre aux Espagnols et de les mettre en rapport avec son ancien parti.

« Ce qui a perdu Louis XVI, dit Froment dans ses brochures, c'est d'avoir eu des ministres philosophes. » Il pouvait étendre ceci bien plus loin, avec non moins de raison. Ce qui rendait la contre-révolution généralement impuis-

Le vieux fanatisme

sante, c'est qu'elle avait en elle, à des degrés différents, mais enfin qu'elle avait au cœur la philosophie du siècle, c'est-à-dire la Révolution même.

J'ai dit, dans mon Introduction (au premier volume), que tous alors, la reine même, le comte d'Artois, la noblesse, étaient, à des degrés différents, atteints de l'esprit nouveau.

La langue du vieux fanatisme était pour eux une langue morte. Le réveiller dans les masses, c'était une opération incompréhensible à de tels esprits. Le peuple soulevé, même pour eux, leur faisait peur. D'ailleurs, rendre force au clergé, c'était chose toute contraire aux idées de la noblesse; elle avait toujours attendu, espéré la dépouille du clergé. Les cahiers de ces deux ordres étaient opposés, hostiles. La Révolution, qui devait les rapprocher, les avait brouillés encore. Les propriétaires nobles, dans certaines provinces, par exemple en Languedoc, gagnaient par la suppression des dîmes ecclésiastiques plus qu'ils ne perdaient en droits féodaux.

Dans la discussion des vœux monastiques (février), pas un noble n'aide le clergé. Lui seul défend la vieille tyrannie des vœux irrévocables. Les nobles votent avec leurs adversaires ordinaires pour l'abolition des vœux, l'ouverture des monastères, la liberté des moines et religieuses.

Le clergé prend sa revanche. Quand il s'agit d'abolir les droits féodaux, la noblesse crie à son tour à la violence, à l'atrocité, etc. Le clergé, du moins la majorité du clergé, laisse crier la noblesse, vote contre elle, aide à sa ruine.

Les conseillers du comte d'Artois, M. de Calonne et autres, les conseillers autrichiens de la reine, étaient certainement, comme le parti de la noblesse en général, très favorables à la spoliation du clergé, pourvu qu'elle se fît par eux. Plutôt que d'employer l'arme du vieux fanatisme, ils aimaient beaucoup mieux faire appel à l'étranger. Ils n'y avaient nulle répugnance. La reine, dans l'étranger, voyait son propre parent. La noblesse avait par toute l'Europe des relations de famille, de caste, de culture commune, qui la rendaient très philosophe à l'endroit des préjugés vulgaires de nationalité... Quel Français était plus français que le général de l'Autriche, le charmant prince de Ligne?... La philosophie française ne régnait-elle pas à Berlin? Quant à l'Angleterre, pour nos nobles les plus avancés, c'était justement l'idéal, la terre classique de la liberté. Il n'y avait pour eux que deux nations en Europe, celle des honnêtes gens et celle des malhonnêtes gens. Pourquoi n'aurait-on pas appelé les premiers en France, pour mettre à la raison les autres?

Voilà donc trois contre-révolutions qui agissent sans pouvoir s'entendre.

1. La reine, l'ambassadeur d'Autriche, son principal conseiller, attendent que l'Autriche, libre de son affaire de Belgique, et se ralliant l'Europe, puisse menacer la France, la contraindre (au besoin) par corps.

2. L'émigration, le comte d'Artois, les brillants chevaliers de l'Œil-de-Bœuf, qui s'ennuient fort à Turin, qui ont hâte de retrouver leurs maîtresses et leurs actrices, voudraient que l'étranger agît tout d'abord, leur rouvrît la France, n'importe à quel prix; en 1790, ils voudraient 1815.

3. Le clergé est encore moins disposé à attendre.

Exproprié par l'Assemblée, poussé peu à peu de chez lui et mis à la porte, il voudrait armer aujourd'hui sa nombreuse clientèle de paysans, de fermiers. Aujourd'hui, demain peut-être, tout s'attiédira. Que sera-ce, si le paysan s'avise d'acheter des biens ecclésiastiques?... Alors, la Révolution aurait vaincu sans retour.

Nous l'avons vu en octobre faire feu avant l'ordre. Nouvelle explosion, et dans l'Assemblée même, en février.

C'était le moment où l'homme de Nîmes, revenu de Turin, courait la campagne, organisait les sociétés catholiques, travaillait à fond le Midi.

Au milieu de la discussion sur l'inviolabilité des vœux, un membre de l'Assemblée invoqua les droits de la nature, repoussa comme un crime de l'ancienne barbarie cette surprise à la volonté de l'homme, qui, sur un mot échappé, peut-être arraché de sa bouche, le lie, l'enterre pour toujours... Là-dessus, des cris s'élèvent: « Blasphème! blasphème! il a blasphémé. » L'évêque de Nancy s'élance à la tribune: « Reconnaissez-vous que la religion catholique, apostolique et romaine est la religion nationale?... » L'Assemblée sentit le coup, l'esquiva. On répondit qu'il s'agissait surtout de finances dans la suppression des couvents, qu'il n'était personne qui ne crût la religion catholique religion nationale, que, la sanctionner par un décret, ce serait la compromettre.

Ceci le 13 février. Le 18, on apporta un libelle, répandu en Normandie, où l'Assemblée était désignée à la haine du peuple, comme assassinant à la fois la religion et la royauté. Pâques approchait; l'occasion fut saisie, on vendit, on distribua, autour des églises, un pamphlet terrible: *La Passion de Louis XVI*.

L'Assemblée, à cette légende, pouvait en opposer une autre, d'égal intérêt, c'est que Louis XVI, qui jurait, le 4 février, amour à la Constitution, avait près de son frère, au milieu des ennemis mortels de la Constitution, un agent en permanence; que Turin, Trèves et Paris étaient comme une même cour, entretenue, payée par le roi.

A Trèves, existait, soldée, habillée par lui, sa maison militaire, sa grande et petite écurie, sous le prince de Lambesc. On payait Artois, Condé, Lambesc, tous les émigrés, et des pensions énormes. Et l'on ajournait indéfiniment des pensions alimentaires de veuves et autres malheureux, de deux, trois ou quatre cents livres.

Le roi payait les émigrés sans égard à un décret par lequel, depuis deux mois, l'Assemblée avait essayé de retenir cet argent qui passait à nos ennemis. Il avait justement oublié de sanctionner ce décret. L'irritation augmenta lorsque Camus, le sévère rapporteur du comité des finances, déclara ne point découvrir l'emploi d'une somme de soixante millions.

Avril 1790

L'Assemblée ordonna que, pour tout décret présenté à la sanction, le garde des sceaux rendrait compte *dans la huitaine* de la sanction royale ou du refus de sanction.

Grands cris, grande lamentation sur cette exigence outrageuse à la volonté du roi... Camus répondit en faisant imprimer le trop célèbre *Livre rouge* (1er avril), que le roi avait confié, dans l'espoir qu'il resterait secret entre lui et le comité. Ce livre immonde, sale à chaque page des ordures de l'aristocratie, des faiblesses criminelles de la royauté, montra si l'on avait tort de fermer l'égout par où s'en allait la vie de la France... Beau livre, avec tout cela! il enfonça la Révolution dans le cœur des hommes.

« Oh! que nous avons eu raison! » Ce fut le cri général, et qu'on était loin, dans les plus violentes accusations, d'entrevoir la réalité! En même temps s'affermit la foi que ce monstrueux régime, contre la nature, contre Dieu, ne pouvait jamais revenir. La Révolution, quand elle vit, sans voile et sans masque, la face hideuse de son adversaire, s'affermit sur elle-même, se sentit vivre, et pour toujours... Oui, quels qu'aient été les obstacles, les haltes, les trahisons, elle vit et vivra!

Un signe de cette foi forte, c'est que dans la détresse universelle, parmi plus d'une émeute contre les impôts indirects, l'impôt direct fut régulièrement, religieusement payé.

On met en vente quatre cents millions de biens ecclésiastiques. Et la seule ville de Paris en achète pour deux cents millions. Toutes les municipalités suivent.

Cette marche était très bonne. Peu de gens auraient voulu exproprier eux-mêmes le clergé; les municipalités seules pouvaient se charger de cette opération pénible. Elles devaient acheter, puis revendre. L'hésitation était grande, surtout chez le paysan; voilà pourquoi les villes devaient lui donner l'exemple, acheter, revendre d'abord les maisons ecclésiastiques; puis, viendrait la vente des terres.

Tous ces biens servaient d'hypothèque au papier-monnaie qui fut créé par l'Assemblée. A chaque papier un lot

La question des assignats

était assigné, affecté; ces billets furent dits *assignats*. Chaque papier était du bien, de la terre mobilisée. Rien de commun avec les fameux billets de la Régence, fondés sur le Mississipi, sur des terres lointaines et possibles.

Ici l'on touchait le gage. A cette garantie, joignez celle des municipalités qui avaient acheté à l'Etat et qui revendaient. Divisés dans tant de mains, ces lots de papier, une fois lancés, circulant, allaient engager dans cette grande opération la nation tout entière. Tous auraient de cette monnaie, les ennemis comme les amis étaient également intéressés au salut de la Révolution.

Cependant, le souvenir de Law, les traditions de tant de familles ruinées par le Système n'étaient pas un léger obstacle. La France, moins que l'Angleterre, moins que la Hollande, était habituée à voir les valeurs circuler sous la forme de papier. Il fallait que tout un peuple s'élevât au-dessus de ses habitudes matérielles; c'était un acte de spiritualisme, de foi révolutionnaire que demandait l'Assemblée.

Le clergé fut terrifié en voyant que sa dépouille serait ainsi aux mains de tous. Divisée en poudre impalpable, il n'y avait guère d'apparence qu'elle lui revînt jamais. Il s'efforça d'abord d'assimiler ces solides assignats dont chacun était de la terre, avec les chiffons du Mississipi: « J'avais cru, dit perfidement l'archevêque d'Aix, que vous aviez réellement renoncé à la banqueroute. »

La réponse était trop facile. Alors, ils se tournèrent ailleurs. « Tout cela est arrangé par les banquiers de Paris, les provinces n'en veulent pas. » Alors, on leur apporta les adresses des provinces, qui réclamaient la prompte création des assignats.

Ils avaient cru au moins gagner du temps, et, dans l'intervalle, rester en possession, attendre toujours, saisir quelque bonne circonstance. On leur ôta cet espoir: « Quelle confiance, dit Prieur, aurait-on dans l'hypothèque qui fonde les assignats, si les biens hypothéqués ne sont pas

Avril 1790

vraiment dans nos mains ? » Ceci aboutissait à dessaisir immédiatement le clergé, à le déloger, et mettre tout dans la main des municipalités, des districts. L'Assemblée avait beau leur offrir un monstrueux traitement d'une centaine de millions ; ils étaient inconsolables.

L'archevêque d'Aix, dans un discours pleureur, plein de lamentations enfantines, décousues, demanda si l'on aurait bien le cœur de ruiner les pauvres, en ôtant au clergé ce qui lui fut donné pour les pauvres. Il hasarda ce paradoxe que la banqueroute suivrait infailliblement l'opération destinée à prévenir la banqueroute. Il accusa l'Assemblée d'avoir mis la main sur le spirituel, en déclarant nuls les vœux, etc.

Enfin, il s'avança jusqu'à offrir, au nom du clergé, un emprunt de quatre cents millions, hypothéqués sur ses biens.

A quoi Thouret répondit avec son flegme normand : « On offre au nom d'un corps *qui n'existe plus...* » Et encore : « Quand la religion vous a envoyés dans le monde, vous a-t-elle dit : « Allez, prospérez et acquérez ?... »

Il y avait dans l'Assemblée un bonhomme de chartreux, dom Gerle, d'excellent cœur, de courte vue, chaud patriote, mais non moins bon catholique. Il crut (ou, très probablement, il se laissa persuader par quelque renard du clergé) que ce qui tourmentait les prélats, c'était uniquement le péril spirituel, la crainte que le pouvoir civil ne touchât à l'encensoir. Rien de plus simple, dit-il ; pour répondre aux gens qui disent que l'Assemblée ne veut pas de religion, ou bien qu'elle veut admettre toutes les religions en France, il n'y a qu'à décréter : Que la religion catholique, apostolique et romaine, est et sera toujours la religion de la nation, et que son culte est le seul autorisé (12 avril 90). Charles de Lameth crut s'en tirer comme au 13 février, en disant que l'Assemblée, qui, dans ses décrets, suivait l'esprit de l'Evangile, n'avait nullement besoin de se justifier ainsi.

Mais la chose ne tomba pas. L'évêque de Clermont reprit avec amertume, affecta de s'étonner que, lorsqu'il s'agissait de rendre hommage à la religion, on délibérât, au lieu de répondre par une acclamation de cœur.

Tout le côté droit se lève et pousse une acclamation.

Le soir, ils se réunissent aux Capucins, et préparent, pour le cas où l'Assemblée ne déclarerait pas le catholicisme religion nationale, une protestation violente qu'on porterait solennellement au roi, et qu'on répandrait à grand nombre par toute la France, pour bien faire connaître au peuple que l'Assemblée nationale ne voulait nulle religion.

CHAPITRE VIII

Lutte religieuse Succès de la contre-révolution (mai 90)

Suite. L'Assemblée élude la question Le roi n'ose recevoir la protestation du clergé (avril). Éruption religieuse du Midi (mai). Le Midi toujours inflammable. Anciennes persécutions religieuses; Avignon, Toulon. Le fanatisme attiédi, habilement ravivé. Les protestants toujours exclus des fonctions civiles et militaires. Unanimité des deux cultes en 89. Le clergé ranime le fanatisme, organise la résistance à Nîmes (1790). Il éveille les jalousies sociales. Terreur des protestants. Explosion de Toulouse, Nîmes (avril). Connivence des municipalités. Massacre de Montauban (10 mai). Triomphe de la contre-révolution dans le Midi.

La motion de cet homme simple avait étonnamment changé la situation. D'une époque de discussion, la Révolution parut tout à coup transportée dans un âge de terreur.

Deux terreurs en face. Le clergé avait un argument muet, sous-entendu, formidable; il montrait à l'Assemblée une Méduse, la guerre civile, le soulèvement imminent de l'Ouest et du Midi, le renouvellement probable des vieilles guerres de religion. L'Assemblée avait en elle la force immense, inéluctable, d'une Révolution lancée, qui devait renverser tout, une Révolution qui, pour principal organe, avait l'émeute de Paris. Elle rugissait aux portes, se faisait souvent entendre plus haut que les députés.

Le beau rôle était au clergé, d'abord parce qu'il semblait être dans un danger personnel; ce danger le relevait; tel prélat, incrédule, licencieux, intrigant, se trouvait tout à coup, par la grâce de l'émeute, posé dans la gloire du martyre. Martyre impossible pourtant, avec les précautions infinies de M. de La Fayette, si fort alors, si populaire, à son apogée, vrai roi de Paris.

Le clergé avait encore pour lui l'avantage d'une position simple et l'extérieur de la foi. Interrogé jusqu'ici, mis sur la sellette par l'esprit du siècle, c'est lui maintenant qui interroge. Il demande fièrement : « Etes-vous catholiques ? » L'Assemblée répond timidement, d'un ton suspect, équivoque, qu'elle ne peut pas répondre, qu'elle respecte trop la religion pour répondre, qu'en salariant un seul culte, elle prouve assez, etc.

Mirabeau dit hypocritement : « Faut-il décréter que le soleil luit ?... » Et un autre : « Je crois la religion catholique la seule véritable, je la respecte infiniment... Il est dit : « Les portes de l'enfer ne prévaudront pas contre elle. » Et nous croirions, par un misérable décret, confirmer une telle parole ? » etc.

D'Eprémesnil arracha ce masque par un mot violent : « Oui, dit-il, quand les Juifs crucifièrent Jésus-Christ, ils disaient : « Salut, roi des Juifs ! »

Personne ne répondit à cette terrible attaque. Mirabeau se tut, se ramassa sur lui-même, comme le lion qui médite un bond. Puis, saisissant l'occasion d'un député qui citait, en faveur de l'intolérance, je ne sais quel traité de Louis XIV : « Et comment toute intolérance n'eût-elle pas été consacrée sous un règne signalé par la révocation de l'Edit de Nantes ?... Si l'on en appelle à l'histoire, n'oubliez pas qu'on voit d'ici, qu'on voit de cette tribune la fenêtre d'où un roi, armé contre son peuple par d'exécrables factieux qui couvraient l'intérêt personnel de celui de la religion, tira l'arquebuse, et donna le signal de la Saint-Barthélemy ! »

Et il montrait la fenêtre du doigt, du regard. Elle était impossible à apercevoir de là ; lui, il la voyait en effet, et tout le monde la vit...

Le coup avait porté juste. Ce que l'orateur avait dit, révélait précisément ce que le clergé voulait faire. Son plan était de porter au roi une protestation violente qui eût armé les croyants, de mettre l'arquebuse aux mains du roi, pour tirer le premier coup.

Louis XVI n'était pas Charles IX. Très sincèrement convaincu du droit du clergé, il eût accepté le péril, pour ce qu'il croyait le salut de la religion. Mais trois choses l'arrêtaient: son indécision naturelle, la timidité de son ministère, plus que tout le reste enfin, ses craintes pour la vie de la reine, la terreur du 6 octobre, renouvelée chaque jour, cette foule émue, menaçante, qu'il avait sous sa fenêtre, ce flot d'hommes qui battait les murs. A toute résistance du roi, la reine semblait être en péril. Elle-même avait d'ailleurs d'autres vues, d'autres espérances, fort éloignées du clergé.

L'on répondit, au nom du roi, que, si la protestation était apportée aux Tuileries, elle ne serait point reçue.

On a vu combien le roi, en février, avait découragé Bouillé, les officiers, la noblesse. En avril, son refus de soutenir le clergé lui ôterait le courage, s'il pouvait jamais le perdre, lorsqu'il s'agit de ses biens. Maury dit avec fureur qu'on saurait en France dans quelles mains se trouvait la royauté.

Restait d'agir sans le roi. Agir avec la noblesse? Et pourtant le clergé ne pouvait non plus compter beaucoup sur son secours. Elle avait encore tous les grades; mais, n'étant pas sûre du soldat, elle craignait l'explosion, elle était moins impatiente, moins belliqueuse que les prêtres. L'agent du clergé à Nîmes, Froment, quoiqu'il eût obtenu un ordre du comte d'Artois, ne pouvait décider le commandant de la province à lui ouvrir l'arsenal. L'affaire pressait cependant. Les grandes fédérations du Rhône avaient enivré le pays. Celle d'Orange, en avril, mit le comble à l'enthousiasme. Avignon ne se souvint plus qu'elle appartenait au pape, elle envoya à Orange, avec toutes les villes françaises. Encore un moment, et elle échappait. Si Avignon, si Arles, si les capitales de l'aristocratie et du fanatisme, dont on menaçait toujours, devenaient elles-mêmes révolutionnaires, la contre-révolution, serrée d'ailleurs par Marseille et par Bordeaux, n'avait rien à espérer. L'explosion devait avoir lieu à ce moment, ou jamais.

On ne comprendrait rien aux éruptions de ces vieux volcans du Midi, si avant tout on n'en sondait le foyer toujours brûlant. Les flammes infernales des bûchers qui s'y rallumèrent tant de fois, ces flammes contagieuses de soufre, semblent avoir gagné le sol même, en sorte que des incendies inconnus y courent toujours sous la terre. C'est comme pour ces houillères qui brûlent dans l'Aveyron. Le feu n'est pas à la surface. Mais, dans ce gazon jauni, si vous enfoncez un bâton, il fume, il prend feu, il révèle l'enfer qui dort sous vos pieds.

Puissent s'amortir les haines!... Mais il faut que les souvenirs restent, que tant de malheurs, de souffrances, ne soient jamais perdus pour l'expérience des hommes. Il faut que la première, la plus sainte de nos libertés, la liberté religieuse, aille souvent se fortifier, se raviver par la vue des affreuses ruines qu'a laissées le fanatisme.

Les pierres parlent, au défaut des hommes. Deux monuments surtout méritent d'être l'objet d'un fréquent pèlerinage, tous deux opposés, tous deux instructifs, l'un infâme, l'autre sacré.

L'infâme, c'est le palais d'Avignon, la Babel des papes, la Sodome des légats, la Gomorrhe des cardinaux.

Palais monstre, qui couvre toute la croupe d'une montagne de ses tours obscènes, lieux de volupté, de torture, où les prêtres montrèrent aux rois qu'ils ne savaient rien, au prix d'eux, dans les arts honteux du plaisir. L'originalité de la construction, c'est que les lieux de torture n'étant pas bien éloignés des luxurieuses alcôves, des salles de bal et de festin, on aurait bien pu, parmi les chants des cours d'amour, entendre le râle, les cris, le bris sec des os qui craquaient... La prudence sacerdotale y avait pourvu par la savante disposition des voûtes, propres à absorber tous les bruits. La superbe salle pyramidale où le bûcher se dressait (figurez-vous l'intérieur d'un cône vide de soixante pieds) témoigne d'une effroyable entente de l'acoustique; seulement de place en place, quelques traînées de suie grasse rappellent les chairs brûlées.

L'autre lieu, saint et sacré, c'est le bagne de Toulon, le calvaire de la liberté religieuse, le lieu où moururent lentement, sous le fouet et le bâton, les confesseurs de la foi, les héros de la charité.

Qu'on songe que plusieurs de ces martyrs, condamnés aux galères perpétuelles, n'étaient pas des protestants, mais des hommes accusés d'avoir fait évader des protestants!

On en vendait sous Louis XV. A un prix honnête (trois mille francs), on pouvait acheter un galérien. M. de Choiseul, pour faire sa cour à Voltaire, lui en donne un, en pur don.

Ce code effroyable que la Terreur copia, sans pouvoir jamais l'atteindre, arme les enfants contre les pères, leur donne d'avance leurs biens, en sorte que le fils est intéressé à tenir son père à Toulon.

Quoi de plus curieux que de voir l'Eglise, *la colombe gémissante,* gémir en 1682, lorsqu'on venait d'enlever les petits enfants aux mères hérétiques... Gémir pour les délivrer?... Non, pour que le roi trouve des lois plus efficaces, plus dures... Et comment en trouver jamais de plus dures que celle-ci?

A chaque assemblée du clergé, la colombe gémit toujours. Et sous Louis XVI encore, lorsqu'il se laisse arracher par l'esprit du temps cette belle charte d'affranchissement qui exclut toujours les protestants de toute fonction publique, le clergé adresse au roi de nouveaux gémissements, par un prêtre athée, Loménie.

J'entrai plein de tremblement et de respect dans ce saint bagne de Toulon. J'y cherchai la trace des martyrs de la religion, de ceux de l'humanité, tués là de mauvais traitements, pour avoir eu un cœur d'homme, pour avoir seuls entrepris de défendre l'innocence, de faire la tâche de Dieu!

Hélas! il n'y a plus rien. Rien ne reste de ces galères, atroces et superbes, dorées et sanglantes, plus barbares que les barbaresques, que le nerf de bœuf arrosait de la rosée du sang des saints... Les registres même, où leurs noms étaient consignés, ont en grande partie disparu. Dans le peu qui reste, de sèches indications, l'entrée, la sortie; et la sortie, le plus souvent, c'est la mort... La mort qui vient plus ou moins prompte, indiquant ainsi des degrés dans la résignation ou le désespoir... Une brièveté terrible; deux lignes pour un saint, deux ou trois pour un martyr... On n'a pas noté les gémissements, les protestations, les appels au Ciel, les prières muettes, les psaumes, chantés tout bas entre les blasphèmes des voleurs et des assassins... Ah! tout cela doit être ailleurs. « Console-toi! les pleurs des hommes sont gravés pour l'éternité dans la pierre et dans le marbre! » a dit Christophe Colomb.

Dans la pierre? Non, dans l'âme humaine. A mesure que j'ai étudié et su davantage, j'ai vu avec consolation qu'en vérité, ces martyres obscurs n'en ont pas moins porté leur fruit, fruit admirable: l'amélioration de ceux qui les virent ou les ouïrent, l'attendrissement des cœurs, l'adoucissement de l'âme humaine au XVIIIe siècle, l'horreur croissante pour le fanatisme et la persécution. Peu à peu, il n'y avait plus personne pour appliquer ces lois barbares. L'intendant Lenain (de Tillemont), neveu du janséniste illustre, obligé de condamner à mort l'un des derniers martyrs protestants, lui disait: « Hélas! monsieur, ce sont les ordres du roi. » Il fondait en larmes; le condamné le consola.

Le fanatisme se mourait de lui-même. Ce n'était pas sans peine, sans travail, que, par moments, les politiques en ravivaient l'étincelle. Quand le Parlement, accusé d'incrédulité, de jansénisme, d'antijésuitisme, saisit l'occasion de Calas, pour se réhabiliter, quand, d'accord avec le clergé, il remua au fond du peuple les vieilles fureurs, on les trouva tout endormies. On ne réussit qu'au moyen de confréries généralement composées des petites gens qui, comme marchands, ou d'autre sorte, étaient les clients du clergé. Pour brouiller l'esprit du peuple, l'ensorceler, l'effaroucher, l'*ensauvager,* on fit comme aux courses, où l'on met à la bête, sous la peau, un charbon ardent; alors elle ne se connaît plus... Le charbon ici fut une comédie atroce, une affreuse exhibition. Les confrères blancs, dans leur sinistre costume (le capuce couvrant le visage, avec deux trous pour les yeux), firent une fête de mort au fils que Calas avait tué, disaient-ils, pour l'empêcher d'abjurer. Sur un catafalque énorme, parmi les cierges, on voyait un squelette remué par des ressorts, qui d'une main tenait la palme du martyre, de l'autre une plume pour signer l'abjuration de l'hérésie.

On sait que le sang de Calas retomba sur les fanatiques, on sait l'excommunication que lança aux meurtriers, aux faux juges et aux faux prêtres, le vieux pontife de Ferney. Ce jour-là, touchés de la foudre, ils commencèrent la descente où l'on ne s'arrête pas; ils roulèrent la tête en bas, ils plongèrent, les réprouvés, au gouffre de la Révolution.

Et à la veille, à grand-peine, au bord même de l'abîme, la royauté qu'ils entraînaient s'avisa enfin d'être humaine. Un édit parut (1787) où l'on avouait que les protestants étaient des hommes; on leur permettait de naître, de se marier, de mourir. Du reste, nullement citoyens, exclus des fonctions civiles, ne pouvant ni administrer, ni juger, ni enseigner; admis, pour tout privilège, à payer l'impôt, à payer leur persécuteur, le clergé catholique, à entretenir de leur argent l'autel qui les maudissait.

Les protestants des montagnes cultivaient leur maigre pays. Les protestants des villes faisaient la seule chose qui leur fût permise, le commerce, et, à mesure qu'ils se rassuraient, un peu d'industrie. Tenus bas et durement, hors de tout emploi, de toute influence, exclus très spécialement depuis cent années de toute position militaire, ils n'avaient rien des hardis huguenots du XVIe siècle ; le protestantisme était retombé à son point de départ du Moyen Age, industriel, commercial. Si l'on excepte les Cévenols, incorporés à leurs rochers, les protestants en général possédaient très peu de terre ; leurs richesses, considérables déjà à cette époque, étaient des maisons, des usines, mais surtout, mais essentiellement, des richesses mobilières, celles qu'on peut toujours emporter.

Les protestants du Gard étaient, en 1789, un peu plus de cinquante mille mâles (comme en 1698, comme en 1840, le nombre a peu varié), très faibles par conséquent, isolés et sans rapport avec leurs frères d'autres provinces, perdus comme un point, un atome, dans un océan de catholiques, qui se comptaient par millions. A Nîmes, dans la seule ville où les protestants étaient ramassés en grand nombre, ils étaient six mille hommes, en face de vingt et un mille hommes de l'autre religion. Des six mille, trois ou quatre mille étaient des ouvriers de manufactures, race malsaine et chétive, misérable, sujette, comme l'ouvrier l'est partout, à des chômages fréquents.

Les catholiques ne chômaient pas, travaillant pour la plupart à la terre ; le climat fort doux permet ce travail en toutes saisons. Beaucoup avaient un peu de terre, et cultivaient en même temps pour le clergé, la noblesse, les gros bourgeois catholiques, qui avaient toute la banlieue.

Les protestants des villes, instruits, modérés, sérieux, clos dans la vie sédentaire, voués à leurs souvenirs, ayant dans chaque famille de quoi pleurer et peut-être craindre, étaient une population infiniment peu aventureuse, et très dure à l'espérance. Quand ils virent poindre ce beau jour de la liberté, à la veille de la Révolution, ils osèrent à peine espérer. Ils laissèrent les parlements, la noblesse s'avancer hardiment, parler en faveur des idées nouvelles ; généralement, ils se turent. Ils savaient parfaitement que, pour entraver la Révolution, il eût suffi qu'on les vît exprimer des vœux pour elle.

Elle éclate. Les catholiques, disons-le à leur honneur, la grande masse des catholiques, furent ravis de voir les protestants devenir enfin leurs égaux. L'unanimité fut touchante et l'une des plus dignes choses d'arrêter sur la terre le regard de Dieu. Dans bien des lieux, les catholiques allèrent au temple des protestants, s'unir à eux pour rendre grâces ensemble à la Providence. D'autre part, les protestants assistaient au *Te Deum* catholique. Par-dessus tous les autels, tous les temples, toutes les églises, une lueur s'était faite au ciel...

Le 14 Juillet fut reçu du Midi, ainsi que de toute la France, comme la délivrance de Dieu, comme la sortie d'Egypte; le peuple avait franchi la mer, et, parvenu à l'autre bord, chantait le cantique. Ni protestants ni catholiques, nulle différence; des Français. Il se trouva, sans qu'on le voulût, sans qu'on y songeât, que le comité permanent qui s'organisa dans les villes fut mixte, des deux religions, mixte également fut la milice nationale. Les officiers furent généralement catholiques, parce que les protestants, étrangers au service militaire, n'auraient guère pu commander. En récompense, ils formèrent presque toute la cavalerie; beaucoup avaient des chevaux pour les besoins de leur commerce.

Deux mois, trois mois se passèrent. On s'avisa alors et à Nîmes, et à Montauban, de former de nouvelles compagnies exclusivement catholiques.

Cette belle unanimité avait disparu. Une question grave, profonde, celle des biens du clergé, avait changé tout.

Le clergé montra une force remarquable d'organisation, une vigueur intelligente à créer la guerre civile, dans une population qui n'en avait nulle envie.

Trois choses furent employées. Premièrement, les moines mendiants, capucins, dominicains, qui se firent distributeurs, propagateurs d'une prodigieuse multitude de brochures et de pamphlets. Deuxièmement, les cabarets, les petits revendeurs de vin, qui, dépendant du principal propriétaire de vignobles, le clergé, étaient, d'autre part, en rapport avec le petit peuple catholique, surtout avec les paysans électeurs de campagne. Ceux-ci venant à la ville, faisaient halte au cabaret. Ils y dépensaient (et ceci compte pour troisième article) vingt-quatre sols que le clergé leur donnait pour chaque jour qu'ils venaient aux élections.

L'agent des prêtres en tout ceci, Froment, était plus qu'un homme, c'était toute une légion; il agissait en même temps par une multitude de bras, par son frère, Froment-*tapage*, par ses parents, par ses amis, etc. Il avait son bureau, sa caisse, sa librairie de pamphlets, son antre aux élections, tout contre l'église des dominicains, et sa maison communiquait avec une tour, qui dominait les remparts. Vraie position de guerre civile qui défiait la fusillade, ne craignait que le canon.

Avant d'en venir aux armes, Froment travailla la Révolution en dessous, par la Révolution même, par la garde nationale et par les élections. Des assemblées, tenues la nuit dans l'église des Pénitents-Blancs, préparèrent les élections municipales, de manière à exclure tous les protestants. Les droits énormes que l'Assemblée donne au pouvoir municipal, le droit de requérir les troupes, de proclamer la loi martiale, d'arborer le drapeau rouge, se trouvent placés ainsi, et à Nîmes et à Montauban, dans les mains des catholiques; ce drapeau sera arboré pour eux, s'ils en ont besoin, et jamais contre eux.

La garde nationale était mixte. Elle s'était composée en juillet des plus ardents patriotes, qui se hâtèrent d'être inscrits, de ceux aussi qui, n'ayant guère qu'une fortune mobilière, craignaient le plus les pillages; tels étaient les négociants, protestants pour la plupart. Quant aux riches catholiques, qui possédaient les terres, ils ne pouvaient perdre leurs terres, et se hâtèrent moins d'armer. Quand leurs châteaux furent attaqués, la garde nationale, mêlée de protestants, de catholiques, mit tous ses soins à les défendre; celle de Montauban sauva un château du royaliste Cazalès.

Pour changer cette situation, il fallait éveiller l'envie, faire naître les rivalités. Elles venaient assez d'elles-mêmes et par la force des choses, à part toute différence d'opinion et de parti. Tout corps qui semblait d'élite, qu'il fût aristocrate, comme les volontaires de Lyon et de Lille, qu'il fût patriote, comme les dragons de Montauban et de Nîmes, était également détesté. On anima contre ces derniers les petites gens qui formaient la masse des compagnies catholiques, en répandant parmi eux que les autres les appelaient *cébets* ou mangeurs d'oignons. Accusation gratuite. Pourquoi les protestants auraient-ils insulté les pauvres? Personne n'était plus pauvre à Nîmes que les ouvriers protestants. Et dans les Cévennes, leurs amis et défenseurs, les protestants de la montagne, qui souvent n'ont pas d'autre aliment que les châtaignes, menaient une vie plus dure, plus pauvre, plus abstinente que les mangeurs d'oignons de Nîmes, qui mangent du pain aussi et boivent souvent du vin.

Vers le 20 mars, on apprit que l'Assemblée, non contente d'ouvrir aux protestants l'accès aux fonctions publiques, avait élevé à la première de toutes, et plus haut alors que la royauté, élevé, dis-je, un protestant, Rabaut Saint-Etienne, à sa présidence. Rien n'était prêt encore, peu ou pas d'armes; cependant, l'impression fut si forte que quatre protestants furent assassinés en expiation (fait contesté, mais certain).

Toulouse fit pénitence du sacrilège de l'Assemblée, amende honorable, neuvaines, pour détourner le courroux de Dieu. C'était l'époque d'une fête exécrable, la procession annuelle qu'on faisait en souvenir du massacre des Albigeois. Les confréries de toutes sortes se rendent en foule à chaque chapelle érigée sur la plaine du massacre. Les motions les plus furieuses sont faites dans les églises.

Le souvenir des Albigeois

Les machines sont montées partout. On tire des vieilles armoires les instruments de fanatisme qui jouèrent au temps des dragonnades ou de la Saint-Barthélemy, les vierges qui pleureront pour avoir des assassinats, les christs qui hocheront la tête, etc. Ajoutez-y quelques moyens de nouvelle fabrique; par exemple, un dominicain qui s'en va par les rues de Nîmes dans son blanc habit de moine, mendiant son pain, pleurant sur les décrets de l'Assemblée; à Toulouse, un buste du roi captif, du roi martyr, qui, posé près du prédicateur et voilé de noir, apparaîtra tout à coup au beau moment du sermon pour demander secours au bon peuple de Toulouse.

Tout cela était trop clair. Cela voulait dire: du sang. Les protestants le comprirent.

Isolés au milieu d'un grand peuple catholique, ils se voyaient un petit troupeau, marqué pour la boucherie. Les terribles souvenirs conservés dans chaque famille leur revenaient dans leurs nuits, les éveillaient en sursaut. Ces paniques étaient bizarres; la peur des *brigands,* qui courait dans les campagnes, se mêlait souvent dans leurs imaginations avec celle des assassins catholiques; étaient-ils en 1790 ou en 1572, ils n'auraient pas su le dire. A Saint-Jean-de-la-Gardonnenque, petite ville de marchands, des courriers entrent le matin, criant: « Garde à vous! les voilà! » Le tocsin sonne, on court aux armes, la femme se pend au mari pour l'empêcher de sortir, on ferme, on se met en défense, des pavés sur les fenêtres... Mais voilà que la ville est en effet envahie... par les amis, les protestants des campagnes, qui venaient à marches forcées. On distinguait parmi eux une belle fille entre ses deux frères, armée, portant le fusil. Ce fut l'héroïne du jour, on la couronna de lauriers; tous ces marchands rassurés se cotisèrent entre eux pour leur aimable sauveur, et elle emporta sa dot aux montagnes dans son tablier.

Rien ne pouvait les rassurer qu'une association permanente entre les communes, une fédération armée. Ils la firent vers la fin de mars dans une prairie du Gard, une sorte d'île entre un canal et le fleuve, à l'abri de toute surprise. Des milliers d'hommes s'y rendirent, et, ce qui fut plus rassurant, c'est que les protestants virent grand nombre de catholiques mêlés à eux, sous le drapeau. Les paisibles ruines romaines qui dominent le paysage rappelaient des souvenirs meilleurs; elles semblaient avoir survécu pour voir passer et mépriser ces misérables querelles, pour promettre un âge plus grand.

Les deux partis étaient en face, très près d'agir; Nîmes, Toulouse, Montauban regardaient Paris, attendaient. Rapprochez les dates. Le 13 avril, à l'Assemblée, on tire d'elle l'étincelle pour allumer le Midi, son refus de déclarer le catholicisme religion dominante; le 19, le clergé proteste. Dès le 18, Toulouse proteste à coups de fusil; on y joue dans une église la scène du buste du Roi; les patriotes crient « vive le roi! vive la loi! » et des soldats tirent sur eux.

Le 20, à Nîmes, grande et solennelle *déclaration catholique,* signée de trois mille électeurs, fortifiée de l'adhésion de quinze cents *personnes distinguées,* déclaration envoyée à toutes les municipalités du royaume, suivie, copiée de Montauban, Albi, Alais, Uzès, etc. La pièce, délibérée aux Pénitents-Blancs, est écrite par les commis de Froment, et la foule va signer chez lui. Elle équivalait à un acte d'accusation de l'Assemblée nationale; on lui signifiait qu'elle eût à rendre le pouvoir au Roi, à donner à la religion catholique le monopole du culte.

On travaillait partout en même temps à la formation des nouvelles compagnies. La composition en était bizarre: des agents ecclésiastiques et des paysans, des marquis et des domestiques, des nobles et des crocheteurs. En attendant les fusils, ils avaient des fourches et des faux. On fabriquait secrètement une arme perfide et terrible. Des fourches dont le dos était une scie.

Les municipalités, créées par les catholiques, fermaient

les yeux sur tout cela; elles semblaient tout occupées de fortifier les forts, d'affaiblir encore les faibles. A Montauban, les protestants, six fois moins nombreux que leurs adversaires, voulaient accéder au pacte fédératif que venaient de faire les protestants de la campagne; la Municipalité ne le permit pas. Ils essayèrent alors de désarmer la haine, en se retirant des fonctions publiques auxquelles on les avait portés, y faisant nommer des catholiques à leur place. Cela fut pris pour faiblesse. La croisade religieuse n'en fut pas moins prêchée dans les églises. Les vicaires généraux exaltèrent encore le peuple, en faisant faire, pour le salut de la religion en péril, des prières de Quarante-Heures.

La Municipalité de Montauban se démasqua à la fin par une chose qui ne pouvait manquer d'amener l'explosion. Pour exécuter le décret de l'Assemblée qui ordonnait de faire inventaire dans les communautés religieuses, elle prit juste le 10 mai, le jour des Rogations. C'est aussi dans une fête de printemps qu'on fit les Vêpres siciliennes. La saison ajoutait de même à l'exaltation. Cette fête des Rogations, c'est le moment où toute la population, répandue au-dehors, pleine des émotions passionnées du culte et de la saison, sent l'ivresse du printemps, si puissant dans le Midi. Parfois retardé par les grêles des Pyrénées, il n'éclate qu'avec plus de force. Tout sort à la fois, tout s'élance, l'homme de sa maison, l'herbe de la terre, toute créature bondit; c'est comme un coup d'Etat de Dieu, une émeute de la nature.

Et les femmes qui vont traînant par les rues leurs cantiques pleureurs: *Te rogamus, audi nos*... on savait parfaitement qu'elles pousseraient leurs maris au combat, qu'elles les feraient tuer, s'il le fallait, plutôt que de laisser entrer les magistrats dans les couvents.

Ceux-ci se mettent en marche, et, comme ils devaient le prévoir, sont arrêtés par les masses impénétrables du peuple, par des femmes assises, couchées devant les portes sacrées. Il faudrait passer sur elles. Ils se retirent, et la foule devient agressive; elle menace de brûler la maison du commandant militaire, catholique, mais patriote. Elle se porte à l'Hôtel de Ville pour en forcer l'arsenal. Si elle y parvenait, si, dans cet état de fureur, elle s'emparait des armes, le massacre des protestants, des patriotes en général, évidemment commençait.

La Municipalité pouvait requérir le régiment de Languedoc; elle s'abstient. Les gardes nationaux viennent, d'eux-mêmes occuper le corps de garde qui couvre l'Hôtel de Ville, et y sont bientôt assiégés. Loin de les secourir, c'est à la populace furieuse que l'on envoie du secours; on la fait appuyer par les employés des gabelles. On tire contre les fenêtres cinq ou six cents coups de fusil. Les malheureux, criblés de balles, ayant déjà plusieurs morts, beaucoup de blessés, n'ayant point de munitions, demandent la vie, présentent un mouchoir blanc; on n'en tire pas moins; on démolit le mur qui, seul, les protège. Alors, la coupable Municipalité se décide, *in extremis*, à faire ce qu'elle devait, à requérir le régiment de Languedoc, qui, depuis longtemps, ne demandait qu'à marcher.

Une grande dame avait fait dire des messes pendant la tuerie.

Ceux qui n'ont pas été tués peuvent donc enfin sortir. Mais la rage n'est pas épuisée. On leur arrache leurs habits, l'uniforme national, on leur arrache la cocarde, on la foule aux pieds. Nu-tête, en chemise, un cierge à la main, arrosant, tout le long de la rue, le pavé de sang, on les traîne à la cathédrale, on les agenouille aux degrés pour faire amende honorable... En avant marchait le maire, qui portait un drapeau blanc. La France, pour moins que cela, avait fait le 6 octobre. Elle avait, pour un moindre outrage à la cocarde tricolore, renversé une Monarchie.

On tremble pour Montauban quand on voit la sensibilité terrible qu'une telle chose allait exciter, la solidarité profonde qui, du Nord au Midi, liait dès lors tout le peuple.

S'il n'y avait eu personne dans le Midi pour venger une telle chose, tout le Centre, tout le Nord, tout se serait mis en marche. L'outrage était senti au fond des moindres villages. J'ai sous les yeux les adresses menaçantes des populations de Marne et de Seine-et-Marne sur ces indignités du Midi.

Le Nord pouvait rester tranquille. Le Midi suffisait bien. Bordeaux, la première, s'élance. Toulouse, sur laquelle comptaient ceux de Montauban, Toulouse a tourné contre eux, elle demande à les châtier. Bordeaux avance, et, grossie au passage par toutes les communes, les renvoie, ne pouvant nourrir tous ces torrents de soldats. Les prisonniers de Montauban (c'est là toute la défense que rêvent les meurtriers) seront mis à l'avant-garde et recevront les premiers coups... L'avant-garde, il n'y en a plus; le régiment de Languedoc fraternise avec Bordeaux.

On envoya de Paris un commissaire du roi, officier de La Fayette, homme doux, plus que modéré, qui se déclara plutôt contre son propre parti; il renvoya les Bordelais, composa avec l'émeute. Nulle enquête sur le sang versé; les morts restèrent là bien morts, les blessés gardèrent leurs blessures, les emprisonnés restèrent en prison; le commissaire du roi n'avisa d'autre moyen de les en tirer que de se faire demander la chose par ceux mêmes qui les y avaient jetés.

Tout se passait de même à Nîmes. Les volontaires catholiques portaient hardiment la cocarde blanche, criaient: « A bas la nation! » Les soldats et sous-officiers du régiment de Guyenne s'indignèrent, leur cherchèrent querelle. Un régiment, isolé dans une si grande masse de peuple, n'ayant pour lui que la population protestante, toute industrielle et peu belliqueuse, était fort aventuré. Notez qu'il avait contre lui ses propres officiers, qui se déclaraient amis de la cocarde blanche, contre lui la Municipalité qui refusa de proclamer la loi martiale. Il y eut beaucoup de blessés; un grenadier fut tiré, tué par la mère même de Froment.

Les soldats furent consignés. Le meurtrier resta libre. La contre-révolution triompha à Nîmes comme à Montauban.

Dans cette dernière ville, les vainqueurs ne n'en tinrent pas là. Ils eurent l'audace d'aller faire une collecte dans les familles des victimes, et jusque dans les prisons où elles étaient encore... Horreur! on ne voulait les laisser sortir qu'en payant leurs assassins!

CHAPITRE IX

Lutte religieuse   La contre-révolution écrasée dans le Midi (juin 90)

Indécision religieuse de la Révolution. Violence des évêques. La Révolution croit pouvoir se concilier avec le christianisme. Les derniers chrétiens. Ils poussent l'Assemblée à la réforme du clergé. Résistance du clergé, mai-juin 90. Eruption de Nîmes (13 juin 1790) comprimée. La Révolution victorieuse à Nîmes, Avignon, et dans tout le Midi. Partout le soldat fraternise avec le peuple (avril-juin 1790).

Que faisait pendant ce temps à Paris l'Assemblée nationale? Elle suivait le clergé à la procession de la Fête-Dieu.

Sa douceur plus que chrétienne, en tout cela, est un spectacle surprenant. Elle se contenta d'une démarche que les ministres exigèrent du roi. Il défendit la cocarde blanche, et condamna les signataires de la Déclaration de Nîmes. Ceux-ci en furent quittes pour substituer à leur cocarde la houppe rouge des anciens ligueurs. Ils protestèrent hardiment qu'ils persistaient pour le roi contre les ordres du roi.

Ceci était net, simple, vigoureux; le parti du clergé savait très bien ce qu'il voulait. L'Assemblée ne le savait pas. Elle accomplissait alors une œuvre faible et fausse, ce qu'on appela la Constitution civile du clergé.

Rien ne fut plus funeste à la Révolution que de s'ignorer elle-même au point de vue religieux, de ne pas savoir qu'en elle elle portait une religion.

Elle ne se connaissait point, et pas davantage le christianisme; elle ne savait pas bien si elle lui était conforme au contraire, si elle devait y revenir ou bien aller en avant.

Dans sa confiance facile, elle accueillit avec plaisir les

sympathies que lui témoignait la masse du clergé inférieur. Elle se laissa dire, elle crut qu'elle allait réaliser les promesses de l'Evangile, qu'elle était appelée à réformer, renouveler le christianisme, et non à le remplacer. Elle le crut, marcha en ce sens; au second pas, elle trouva les prêtres redevenus des prêtres, des ennemis de la Révolution; l'Eglise lui apparut ce qu'elle était en effet, l'obstacle, le capital obstacle, bien plus que la royauté.

La Révolution avait fait deux choses pour le clergé, donné l'existence, l'aisance aux prêtres, la liberté aux religieux. Et c'est justement là ce qui permit à l'épiscopat de les tourner contre elle; les évêques désignèrent tout prêtre ami de la Révolution à la haine, au mépris du peuple, comme gagné, acheté, corrompu par l'intérêt temporel.

Chose étrange, ce fut pour défendre leurs monstrueuses fortunes, leurs millions, leurs palais, leurs chevaux et leurs maîtresses, que les prélats imposèrent aux prêtres la loi du martyre. Tel qui voulait garder huit cent mille livres de rente fit honte au curé de campagne des douze cents francs de traitement qu'il acceptait de l'Assemblée.

Le clergé inférieur se trouva ainsi tout d'abord, et pour une question d'argent, mis en demeure de choisir. Les évêques ne lui donnèrent pas un moment pour réfléchir, lui déclarèrent que, s'il était pour la nation, il était contre l'Eglise — hors de l'unité catholique, hors de la communion des évêques et du Saint-Siège, membre pourri, rejeté, renégat et apostat.

Qu'allaient faire ces pauvres prêtres? Sortir du système antique, où tant de siècles ils avaient vécu, devenir tout à coup rebelles à cette autorité imposante qu'ils avaient toujours respectée, quitter le monde connu, et pour passer dans quel monde? dans quel système nouveau?... Il faut une idée, une foi dans cette idée, pour laisser ainsi le rivage, s'embarquer dans l'avenir.

Un curé vraiment patriote, celui de Saint-Etienne-du-Mont, qui, le 14 Juillet, marchait sous le drapeau du peuple

Le nouvel Evangile

à la tête de son district, fut accablé, effrayé de la cruelle alternative où le plaçaient les évêques. Il resta quarante jours, avec un silice, à genoux devant l'autel.

Il eût pu y rester toujours, qu'il n'eût pas trouvé de réponse à l'insoluble question qui s'était posée.

Ce que la Révolution avait d'idées, elle le tenait du XVIIIe siècle, de Voltaire, de Rousseau. Personne, dans les vingt années qui s'écoulent entre la grande époque des deux maîtres et la Révolution, entre la pensée et l'action, personne, dis-je, n'a sérieusement continué leur œuvre.

Donc la Révolution trouve la pensée humaine où ils l'ont laissée: l'ardente humanité dans Voltaire, la fraternité dans Rousseau, deux bases, certes, religieuses, mais posées seulement, très peu formulées.

Le dernier testament du siècle est dans deux pages de Rousseau, d'une tendance fort diverse.

Dans l'une, au *Contrat social,* il établit et il prouve que le chrétien n'est pas, ne peut être citoyen.

Dans l'autre, qui est de l'*Emile,* il cède à son enthousiasme pour l'Evangile, pour Jésus jusqu'à dire: « Sa mort est d'un Dieu! »

Cet élan de sentiment et de tendresse de cœur fut noté, consigné comme un aveu précieux, comme un démenti solennel que se donnait la philosophie du XVIIIe siècle. De là un malentendu immense, et qui dure encore.

On se remit à lire l'Evangile, et, dans ce livre de résignation, de soumission, d'obéissance aux puissances, on lut partout ce qu'on avait soi-même alors dans le cœur: la liberté, l'égalité. Elles y sont partout, en effet, seulement il faut s'entendre: l'égalité dans l'obéissance, comme les Romains l'avaient faite pour toutes les nations; la liberté intérieure, inactive, toute renfermée dans l'âme, comme on pouvait la concevoir quand, toutes les résistances nationales ayant cessé, le monde sans espoir voyait s'affirmer l'Empire éternel.

Certes, s'il est une situation contraire à celle de 89, c'est celle-là. Rien n'était plus étrange que de chercher dans cette légende de résignation le code d'une époque où l'homme a réclamé son droit.

Le chrétien est cet homme résigné de l'ancien Empire, qui ne place aucun espoir dans son action personnelle, mais croit être sauvé uniquement, exclusivement par le Christ. Il y a très peu de chrétiens. Il y en avait trois ou quatre dans l'Assemblée constituante. Dès cette époque, le christianisme était mort comme système. Beaucoup s'y trompaient, entre autres tels amis de la liberté qui, touchés de l'Evangile, se croyaient pour cela chrétiens. Quant à la vie populaire, le christianisme n'en conservait que ce qu'il doit à sa partie antichrétienne, empruntée ou imitée du paganisme, je veux dire à l'idôlatrie de la Vierge, des saints, à la matérielle et sensuelle dévotion du Sacré-Cœur.

Le vrai principe chrétien (que l'homme n'est sauvé que par la grâce du Christ), condamné solennellement par le pape vers la fin de Louis XIV, depuis n'a fait que languir, ses défenseurs diminuant toujours de nombre, se cachant, se résignant, mourant sans bruit, sans révolte. Et c'est en cela que ce parti prouve, autant que par sa doctrine, qu'il est bien vraiment chrétien. Il se cache, je l'ai dit, quoiqu'il ait encore des hommes d'une vigueur singulière, qu'il gagnerait à montrer.

Moi, qui cherche ma foi ailleurs, et qui regarde au Levant, je n'ai pu voir cependant sans une émotion profonde ces hommes d'un autre âge qui s'éteignent en silence. Oubliés de tous, excepté de l'autorité pagano-chrétienne, qui exerce sur eux, à l'insu du monde, la plus lâche persécution, ils mourront dans le respect. J'ai eu lieu de les éprouver. Un jour que j'allais rencontrer dans mon enseignement leurs grands hommes de Port-Royal, j'exprimai l'intention de dire enfin ma pensée et de décharger mon cœur, de dire qu'alors et aujourd'hui, en ceux-ci comme en Port-Royal, c'était le paganisme qui persécutait le christianisme. Ils me prièrent de n'en rien faire (qu'ils me pardonnent ici de violer leur secret) : « Non, monsieur, il est des situations où il faut savoir mourir en silence. » Et, comme j'insistais avec sympathie, ils m'avouèrent naïvement que, selon leur opinion, ils n'avaient pas longtemps à souffrir, que le grand jour, le dernier jour qui jugera les hommes et les doctrines, ne pouvait tarder, le jour où le monde doit commencer de vivre, cesser de mourir... Celui qui, de leur part, me disait ces choses étranges, était un jeune homme austère, pâle, vieilli avant l'âge, qui ne voulut pas dire son nom et que je n'ai point revu. Cette apparition m'est restée comme un noble adieu du passé. Je crus entendre les derniers mots de la *Fiancée de Corinthe:* « Nous nous en irons dans la tombe rejoindre nos anciens dieux. »

Il y avait trois de ces hommes à la Constituante. Aucun n'avait de génie, aucun n'était orateur, et ils n'en exercèrent pas moins une grande influence, trop grande certainement. Héroïques, désintéressés, sincères, excellents citoyens, ils contribuèrent plus que personne à relancer la Révolution dans les vieilles voies impossibles; autant qu'il était en eux, ils la firent réformatrice, l'empêchèrent d'être fondatrice, d'innover et de créer.

Que fallait-il faire en 90, en 1800? Il fallait au moins attendre, faire appel aux forces vives de l'esprit humain.

Ces forces sont éternelles, en elles est la source intarissable de la vie philosophique et religieuse. Point d'époque désespérée; la pire des siècles modernes, celle de la guerre de Trente Ans, n'en a pas moins produit Descartes, le rénovateur de la pensée européenne. Il fallait appeler la vie, et non organiser la mort.

Les trois hommes qui poussèrent l'Assemblée à cette grande faute s'appelaient Camus, Grégoire et Lanjuinais. Trois hommes, trois têtes de fer. Ceux qui virent Camus mettant la main sur Dumouriez au milieu de son armée, ceux qui virent, le 31 mai, Lanjuinais précipité de la tribune, remontant, s'y accrochant entre les poignards et les pistolets, savent que peu d'hommes furent braves à côté de ces deux braves. Quant à l'évêque Grégoire, resté à la Convention pendant toute la Terreur, seul sur son banc, dans sa robe violette, personne n'osant s'asseoir près de lui, il a laissé la mémoire du plus ferme caractère qui peut-être ait paru jamais.

Ces hommes intrépides et purs n'en furent pas moins la tentation suprême de la Révolution. Ils la poussèrent à ce tort grave d'organiser l'Eglise chrétienne sans croire au christianisme.

Sous leur influence, sous celle des légistes qui les suivaient sans le bien voir, l'Assemblée, généralement incrédule et voltairienne, se figura qu'on pouvait toucher à la forme sans changer le fond. Elle donna ce spectacle étrange d'un Voltaire réformant l'Eglise, prétendant la ramener à la rigueur apostolique.

A part l'incurable défaut de cette origine suspecte, la réforme était raisonnable; on pouvait l'appeler une charte de délivrance pour l'Eglise et le clergé.

L'Assemblée veut que désormais le clergé soit l'élu du peuple, *affranchi* du Concordat, du pacte honteux où deux larrons, le roi, le pape, s'étaient partagé l'Eglise, avaient tiré sa robe au sort; *affranchi,* par l'élévation du traitement régulier, de l'odieuse nécessité d'exiger le casuel, la dîme, de rançonner le peuple; *affranchi* des passe-droits, des petits abbés de cour qui, des boudoirs et des alcôves, sautaient à l'épiscopat; *quitte* enfin de tous les mangeurs, des ventrus, des cages ridicules à empâter des chanoines. Une meilleure division des diocèses, désormais d'égale étendue; quatre-vingt-trois évêchés, autant que de départements. Le revenu fixé à soixante-dix-sept millions, et le clergé mieux rétribué avec cette somme qu'avec ses trois cents millions d'autrefois qui lui profitaient si peu.

La discussion ne fut ni forte, ni profonde. Il n'y eut qu'un mot hardi, et il fut dit par le janséniste Camus, dont il dépassait certainement la pensée: « Nous sommes une

Convention nationale; *nous avons assurément le pouvoir de changer la religion*; mais nous le ferons pas... » Puis s'effrayant de son audace, il ajouta bien vite: « Nous ne pourrions l'abandonner sans crime. » (1ᵉʳ juin 1790.) Légistes et théologiens, ils n'invoquaient que les textes, les vieux livres; à chaque citation contestée, ils allaient chercher leurs livres, ils s'inquiétaient de prouver, non que leur opinion était bonne, mais qu'elle était vieille. « Ainsi firent les premiers chrétiens. » Triste argument. Il était fort douteux qu'une chose propre au temps de Tibère le fût dix-huit cents ans après, à l'époque de Louis XVI.

Il fallait, sans tergiverser, examiner si le droit était en haut ou en bas, dans le roi, le pape, ou bien dans le peuple.

Que produirait l'élection du peuple, on ne le savait pas sans doute. Mais on savait parfaitement ce que c'était qu'un clergé de la façon du roi, du pape et des seigneurs. Quelle contenance auraient faite ces prélats qui criaient si haut, s'il leur eût fallu montrer de quelle huile et de quelle main ils avaient été sacrés! Le plus sûr était pour eux de ne pas trop remuer cette question d'origine. Ils criaient de préférence sur la question la plus extérieure, la plus étrangère à l'ordre spirituel, la division des diocèses. On avait beau leur prouver que cette division, tout impériale dans son origine romaine et faite par le gouvernement, pouvait être modifiée par un autre gouvernement. Ils ne voulaient rien entendre, et s'aheurtaient là... Cette division était la chose sainte et sacro-sainte; nul dogme de la foi chrétienne n'était plus avant dans leur cœur... Si l'on ne convoquait un concile; si l'on n'en référait au pape, tout était fini; on allait être schismatique, et de schismatique hérétique, d'hérétique sacrilège, athée, etc.

Ces facéties sérieuses, qui à Paris faisaient hausser les épaules, n'en avaient pas moins l'effet voulu, dans l'Ouest et le Midi. On les répandait imprimées à nombres immenses, avec la fameuse protestation en faveur des biens du Clergé, laquelle arriva en deux mois à la trentième édition.

Répété le matin en chaire, le soir commenté au confessionnal, orné de gloses meurtrières, ce texte de haine et de discorde allait exaspérant les femmes, ravivant les fureurs religieuses, affilant les poignards, aiguisant les fourches et les faux.

Le 29, le 31 mai, l'archevêque d'Aix et l'évêque de Clermont (l'un des principaux meneurs et l'homme de confiance du roi) notifièrent à l'Assemblée l'ultimatum ecclésiastique: Que nul changement ne pouvait se faire sans la convocation d'un concile. Dans *les premiers jours de juin*, le sang coule à Nîmes.

Froment avait armé ses compagnies les plus sûres, il avait même, à grands frais, habillé plusieurs de ses hommes aux couleurs du comte d'Artois. Voilà les premiers *verdets* du Midi. Appuyé d'un aide de camp du prince de Condé, soutenu de plusieurs officiers municipaux, il avait enfin tiré du commandant de la province la promesse d'ouvrir l'arsenal, de donner des fusils à toutes les compagnies catholiques. Dernier acte décisif que la Municipalité et le commandant ne pouvaient faire sans se déclarer franchement contre la Révolution.

« Attendons encore un moment, disait la Municipalité. Les élections du département commencent le 4, à Nîmes; allons doucement jusqu'au vote, faisons-nous donner les places. »

« Agissons, disait Froment, les électeurs voteront mieux, au bruit des coups de fusil. » Les protestants s'organisent. Ils s'entendent fortement, de Nîmes à Paris, de Nîmes aux Cévennes.

Nîmes était-elle bien sûre pour le clergé, si l'on attendait? La ville allait ressentir dans son industrie un bienfait immédiat de la Révolution, la suppression des droits sur le sel, le fer, les cuirs, les huiles, savons, etc. Et la campagne catholique, fort catholique avant la moisson, le serait-elle autant après, lorsque le clergé aurait exigé la dîme?

Un procès était pendant contre les meurtriers de mai,

contre le frère de Froment. Il avançait lentement, ce procès, mais il avançait.

Une dernière chose et décisive, qui força Froment d'agir, c'est que la révolution d'Avignon s'était accomplie le 11 et le 12, qu'elle allait démoraliser son parti, lui faire tomber les armes des mains. Avant que la nouvelle fût répandue, le 13, au soir, il attaqua, jour favorable, un dimanche, octave de la Fête-Dieu, une bonne partie du peuple ayant bu, étant montée.

Froment et les historiens de sa couleur, du parti battu, assurent cette chose incroyable: que les protestants commencèrent, qu'ils troublèrent eux-mêmes les élections où était tout leur espoir; ils soutiennent que c'est le petit nombre qui entreprit d'égorger le grand (six mille hommes contre vingt et quelques mille, sans parler de la banlieue).

Et ce petit nombre était donc bien aguerri, bien terrible? C'était une population éloignée depuis un siècle de toute habitude militaire; des marchands qui craignaient excessivement le pillage; des ouvriers chétifs, physiquement très inférieurs aux portefaix, vignerons et laboureurs que Froment avait armés. Les dragons de la garde nationale, protestants pour la plupart, marchands et fils de marchands, n'étaient pas gens pour tenir contre ces hommes forts et rudes, qui buvaient à volonté dans les cabarets le vin du clergé.

Partout où les protestants avaient la majorité, les deux cultes offrirent le spectacle de la fraternité la plus touchante. A Saint-Hippolyte, par exemple, le 5 juin, les protestants avaient voulu monter la garde avec les autres, pour la procession de la Fête-Dieu.

Le jour de l'explosion, à Nîmes, les patriotes, quinze cents du moins, et les plus actifs, étaient réunis au club, sans armes, et délibéraient; les tribunes pleines de femmes. La panique y fut horrible aux premiers coups de fusil (13 juin 1790).

Huit jours avant, à l'ouverture des élections, on avait commencé d'insulter, d'effrayer les électeurs. Ils demandèrent un poste de dragons, des patrouilles pour dissiper la foule qui les menaçait. Mais cette foule menaça bien plus encore les patrouilles; la complaisante Municipalité tint alors les dragons au poste. Le 13, au soir, les hommes à houppes rouges viennent dire aux dragons que, s'ils ne partent, ils sont morts. Ils restent et reçoivent des coups de fusil. Le régiment de Guyenne brûlait d'aller au secours; les officiers ferment les portes, et le tiennent au quartier.

Devant cette lutte inégale, devant les élections si criminellement troublées, la Municipalité avait un devoir sacré, arborer le drapeau rouge, requérir les troupes... Plus de Municipalité. L'assemblée électorale du département, dans cette ville hospitalière, se trouve abandonnée des magistrats, au milieu des coups de fusil.

Parmi les *verdets* de Froment, se trouvaient les domestiques même de plusieurs des officiers municipaux, pêle-mêle avec ceux du clergé. La troupe, la garde nationale ne recevant nulle réquisition, Froment tenait seul le pavé; ses gens égorgeaient à leur aise, ils commençaient à forcer les maisons des protestants. Pour peu qu'il gardât l'avantage, il lui fût venu de Sommières, qui n'est qu'à quatre lieues, un régiment de cavalerie, dont le colonel, très ardent, s'offrait, lui, ses hommes, sa bourse. La chose alors, prenant la figure d'une vraie révolution, le commandant de la province eût suivi enfin les ordres qu'il avait du comte d'Artois, il aurait marché sur Nîmes.

Chose tout à fait inattendue, ce fut Nîmes qui manqua. Des dix-huit compagnies catholiques formées par Froment, trois seulement le suivirent. Les quinze autres ne bougèrent. Grande leçon, qui fit voir au clergé combien il s'était trompé sur l'état réel des esprits. Au moment de verser le sang, les vieilles haines fanatiques, habilement ravivées de jalousie sociale, ne furent pas assez fortes encore.

Cette grande et puissante Nîmes, qu'on avait cru pouvoir soulever si légèrement, resta ferme, comme ses indestructibles monuments, ses nobles et éternelles Arènes.

Un nombre infiniment petit des deux partis combattit. Les *verdets* se montrèrent très braves, mais furieux, aveugles. Par deux fois on força les municipaux, enfin retrouvés, d'aller à eux avec le drapeau rouge; deux fois ils enlevèrent tout, drapeau rouge et municipaux, à la barbe de leurs ennemis. Ils tiraient sur les magistrats, sur les électeurs, sur les commissaires du roi; le lendemain, ils tirèrent sur le procureur du roi et le lieutenant-criminel, qui faisaient la levée des morts. Ces crimes capitaux, s'il en fut, réclamaient la plus prompte, la plus sévère répression. Eh bien! la Municipalité ne réclama de la troupe qu'un service de patrouilles!

Si Froment eût eu plus de monde, il eût sans doute occupé le grand poste des Arènes, très défendable alors. Il y laissa quelques hommes, et quelques autres aussi au couvent des Capucins. Lui-même, il rentra dans son fort, aux remparts, dans la tour du vieux château. Une fois dans cette tour, en sûreté, tirant à son aise, il écrivit à Sommières, à Montpellier, pour avoir secours. Il envoya dans les villages catholiques, y fit sonner le tocsin.

Les catholiques furent très lents, ou même restèrent chez eux. Les protestants furent très prompts. A la nouvelle du péril où se trouvaient les électeurs, ils marchèrent toute la nuit. Le matin, de quatre à six heures, une armée de Cévenols, sous la cocarde tricolore, était dans Nîmes, en bataille, criant: « Vive la nation! »

Alors les électeurs agirent. Formant un comité militaire à l'aide d'un capitaine d'artillerie, ils allèrent à l'arsenal chercher des canons. On y entrait par la rue, ou par le quartier du régiment de Guyenne. Les officiers, dans leur malveillance, leur dirent: « Passez par la rue. » Ils y furent criblés de coups de fusil, rentrèrent, et les officiers, voyant leurs soldats indignés qui allaient tourner contre eux, livrèrent enfin les canons. La tour, battue en brèche, fut bien obligée de parler. Froment, audacieux jusqu'au bout, envoya une incroyable missive, où il offrait... « d'oublier »...

Alors il n'y eut plus de grâce, le soldat ne voulut plus que la mort des assiégés. On tâchait de les sauver; mais ils se perdirent eux-mêmes: en parlementant, ils tiraient. Ils furent forcés, pris d'assaut, poursuivis et massacrés.

Deux jours, trois jours, on les chercha, ou du moins, sous ce prétexte, beaucoup de haines s'assouvirent. Le couvent des Capucins (la boutique des pamphlets, d'où on avait tiré d'ailleurs) fut forcé, et tout tué. Il en fut de même d'un cabaret célèbre, quartier général des *verdets*; on trouva cachés dans ce bouge deux magistrats municipaux. Tout ce temps, les deux partis se fusillaient par les rues, ou des fenêtres. Les sauvages des Cévennes ne faisaient guère grâce; il y eut trois cents morts en trois jours. Nulle église ne fut pillée, nulle femme insultée, ils étaient austères dans la fureur même. Ils n'auraient pas imaginé, comme les *verdets* de 1815, de fouetter des filles à mort d'un battoir fleurdelisé.

Cette cruelle affaire de Nîmes, perfidement arrangée par la contre-révolution, eut cela de curieux qu'elle écrasa ceux qui la firent. Le preneur fut pris au piège, le gibier chassa le chasseur.

Tout manqua à la fois au moment de l'exécution.

On comptait sur Montpellier. Le commandant n'ose venir. Ce qui vient, c'est la garde nationale, brave et patriote, le noyau futur de la légion de la victoire, la 32e demi-brigade.

On comptait sur Arles. En effet, Arles offre secours, mais c'est pour écraser le parti de la contre-révolution.

Le Pont-Saint-Esprit arrête les envoyés de Froment.

Allez maintenant, appelez les catholiques du Rhône. Tâchez d'embrouiller les choses, de faire croire qu'en tout ceci votre religion est en péril. Il s'agit de la patrie.

C'est tout le Rhône catholique qui se déclare contre vous, et bien plus révolutionnaire que ne furent les protestants. Votre sainte ville du Rhône, la petite Rome du pape, Avignon a éclaté.

Avignon devient français

Avignon! comment la France avait-elle jamais pu ôter ce diamant de son diadème... O Vaucluse! ô pur, éternel souvenir de Pétrarque, noble asile du grand Italien qui mourut d'amour pour la France, symbole adoré du mariage futur des deux contrées, comment donc étiez-vous tombé aux mains polluées du pape?... Une femme, pour de l'argent, pour l'absolution d'un assassinat, vendit Avignon et Vaucluse (1348).

Avignon, sans prendre conseil, avait fait comme la France, une milice nationale, une municipalité. Le 10 juin, tout ce qu'il y avait de noblesse et d'amis du pape, maîtres de l'Hôtel de Ville, de quatre pièces de canon, crient: « Vive l'aristocratie! » Trente personnes tuées ou blessées. Mais alors aussi, le peuple se met sérieusement au combat, en tue plusieurs, en prend vingt-deux. Toutes les communes françaises, Orange, Bagnols, Pont-Saint-Esprit, viennent secourir Avignon et sauver les prisonniers. Ils les tirent des mains des vainqueurs, se chargent de les garder.

Le 11 juin, on brise les armes de Rome. Et l'on met à la place les armes de France. Avignon vient à la barre de l'Assemblée nationale, et se donne à sa vraie patrie, disant cette grande parole, testament du génie romain: « Français, régnez sur l'univers. »

Entrons plus loin dans les causes. Complétons, expliquons mieux ce drame rapide.

Pour faire une guerre religieuse, il faut être religieux. Le clergé n'était pas assez croyant pour fanatiser le peuple.

Et il ne fut pas non plus très politique. Cette année même, 1790, lorsqu'il avait tant besoin du peuple, qu'il soldait ici et là, il lui demanda encore la dîme, abolie par l'Assemblée. Dans plusieurs lieux, des soulèvements eurent lieu contre lui, spécialement dans le Nord, pour cette malheureuse dîme, qu'il ne pouvait pas lâcher.

Ce clergé aristocratique, sans intelligence des forces morales, crut qu'un peu d'argent, de vin, la violence du climat, une étincelle suffisaient. Il aurait dû comprendre que, pour refaire du fanatisme, il fallait du temps, de la patience, de l'obscurité, un pays moins surveillé, loin des routes et des grandes villes. On pouvait, à la bonne heure, travailler lentement ainsi le Bocage vendéen; mais agir en pleine lumière, au beau soleil du Midi, sous l'œil inquiet des protestants, dans le voisinage des grands centres, comme Bordeaux, Marseille, Montpellier, qui voyaient tout, qui pouvaient, à la moindre lueur, venir, marcher sur l'étincelle... c'était un essai d'enfant.

Froment fit ce qu'il pouvait. Il montra beaucoup d'audace, de décision, et il fut abandonné.

Il éclata au vrai moment, voyant que l'affaire d'Avignon allait gâter celle de Nîmes, ne comptant pas trop ses chances, mais tâchant de croire, en brave, que ces gens douteux, qui jusque-là n'osaient se déclarer pour lui, prendraient enfin leur parti quand ils le verraient engagé, qu'ils ne pourraient de sang-froid le voir écraser.

La Municipalité, autrement dit la bourgeoisie catholique, fut prudente; elle n'osa requérir le commandant de la province.

La noblesse fut prudente. Le commandant, les officiers, en général, ne voulurent rien faire que sur bonne et légale réquisition de la Municipalité.

Ce n'était pas que les officiers manquassent de courage. Mais le soldat n'était pas sûr. Au premier ordre extra-légal, il pouvait répondre à coups de fusil. Pour le donner, ce premier ordre, pour faire cette dangereuse expérience, il fallait d'avance avoir sacrifié sa vie... Sacrifié à quelle idée, à quelle foi?... La majorité de la noblesse, royaliste, aristocrate, n'en était pas moins philosophe et voltairienne, c'est-à-dire, par un côté, gagnée aux idées nouvelles.

La Révolution, de plus en plus harmonique et concordante, apparaît chaque jour davantage ce qu'elle est, une religion. Et la contre-révolution, dissidente, discordante, atteste en vain la vieille foi, elle n'est pas une religion.

Nul ensemble, nul principe fixe. Sa résistance est flottante, dans plusieurs sens à la fois. Elle va comme un homme ivre, à droite et à gauche. Le roi est pour le clergé, et il refuse d'appuyer la protestation du clergé. Le clergé solde, arme le peuple, et il lui demande la dîme. La noblesse, les officiers, attendent l'ordre de Turin, et en même temps celui des autorités révolutionnaires.

Une chose leur manque à tous pour rendre leur action simple et forte, la chose qui abonde dans l'autre parti: la foi!

L'autre parti, c'est la France; elle a foi à la loi nouvelle, à l'autorité légitime, l'Assemblée, vraie voix de la nation.

De ce côté, tout est lumière. De l'autre, tout est équivoque, incertitude et ténèbres.

Comment hésiter? tous ensemble, le soldat, le citoyen, se donnant la main, iront désormais d'un pas ferme, et sous le même drapeau. D'avril en juin, presque tous les régiments fraternisent avec le peuple. En Corse, à Caen, à Brest, à Montpellier, à Valence, comme à Montauban, comme à Nîmes, le soldat se déclare pour le peuple et pour la loi. Le peu d'officiers qui résiste est tué, et l'on trouve sur eux les preuves de leur intelligence avec l'émigration. On l'attend, celle-ci, de pied ferme. Les villes du Midi ne s'endorment pas: Briançon, Montpellier, Valence, enfin la grande Marseille, veulent se garder elles-mêmes; elles s'emparent de leurs citadelles, les remplissent de leurs citoyens. Viennent maintenant, s'ils veulent, l'émigré et l'étranger!

Une France! une foi! un serment!... Ici, point d'homme douteux. Si vous voulez rester flottant, quittez la terre de loyauté, passez le Rhin, passez les Alpes.

Le roi lui-même sent bien que sa meilleure épée, Bouillé, finirait par se trouver seul, s'il ne jurait comme les autres. L'ennemi des fédérations, qui se mettait entre l'armée et le peuple, est obligé de céder. Peuple, soldats, unis de cœur, tous assistent à ce grand spectacle; l'inflexible va fléchir, le roi ordonne, il obéit; il s'avance entre eux, triste et sombre, et sur son épée royaliste, jure fidélité à la Révolution.

CHAPITRE X

Du nouveau principe   Organisation spontanée de la France
(juillet 89-juillet 90)

La loi fut partout devancée par l'action spontanée. Obscurité et désordre de l'ancien régime. L'ordre nouveau se fait lui-même. Les nouveaux pouvoirs naissent du mouvement de la délivrance et de la défense. Associations intérieures, extérieures, qui préparent les municipalités, les départements. L'Assemblée crée treize cent mille magistrats départementaux, municipaux, judiciaires. Education du peuple par les fonctions publiques.

J'ai longuement raconté les résistances du vieux principe, parlements, noblesse, clergé. Et je vais en peu de mots inaugurer le nouveau principe, exposer brièvement le fait immense où ces résistances vinrent se perdre et s'annuler.

Ce fait admirablement simple dans une variété infinie, c'est *l'organisation spontanée de la France.*

Là est l'histoire, le réel, le positif, le durable. Et le reste est un néant.

Ce néant, il a fallu toutefois le raconter longuement. Le mal, justement parce qu'il n'est qu'une exception, une irrégularité, exige, pour être compris, un détail minutieux. Le bien, au contraire, le naturel, qui va coulant de lui-même, nous est presque connu d'avance par sa conformité aux lois de notre nature, par l'image éternelle du bien que nous portons en nous.

Les sources où nous puisons l'histoire en ont conservé précieusement le moins digne d'être conservé, l'élément négatif, accidentel, l'anecdote individuelle, telle ou telle petite intrigue, tel acte de violence.

Les grands faits nationaux, où la *France* a agi d'ensemble, se sont accomplis par des forces immenses, invincibles, et par cela même nullement violentes. Ils ont moins attiré les regards, passé presque inaperçus.

Tout ce qu'on donne sur ces faits généraux, ce sont les lois qui en dérivent, qui en sont les dernières formules. On ne tarit pas sur la discussion des lois, on répète religieusement le parlage des Assemblées. Mais les grands mouvements sociaux qui les décidèrent, ces lois, qui en furent l'origine, la raison, la nécessité, à peine une ligne sèche les rappelle au souvenir.

C'est pourtant là le fait suprême, où se résout tout le reste, dans cette miraculeuse année qui va de juillet en juillet : la loi est partout devancée par l'élan spontané de la vie et de l'action, action qui, parmi tels désordres particuliers, contient pourtant l'ordre nouveau, et d'avance réalise la loi qu'on fera tout à l'heure. L'Assemblée croit mener, elle suit ; elle est le greffier de la France ; ce que la France fait, elle l'enregistre, plus ou moins exactement, elle le formule et l'écrit sous sa dictée.

Que les scribes viennent ici apprendre, qu'ils sortent un moment de leur antre le Bulletin des Lois, qu'ils écartent ces montagnes de papier timbré qui leur ont caché la nature. Si la France n'avait pu se sauver que par leur plume et leur papier, la France aurait péri cent fois.

Moment grave, d'intérêt infini, où la nature se retrouve à temps pour ne pas périr, où la vie, en présence du danger, suit l'instinct, son meilleur guide, et trouve en lui son salut.

Une société vieillie, dans cette crise de résurrection, nous fait assister à l'origine des choses. Les publicistes rêvaient le berceau des nations ; pourquoi rêver ? le voici.

Oui, c'est le berceau de la France que nous avons sous les yeux... Dieu te protège ! ô berceau ! qu'il te sauve et te soutienne sur ces grandes eaux sans rivage où je te vois avec tremblement flotter sur la mer de l'avenir !...

Le nouveau principe

La France naît et se lève au canon de la Bastille. En un jour, sans préparatifs, sans s'être entendu d'avance, toute la France, villes et villages, s'organise en même temps.

En chaque lieu, c'est la même chose: on va à la maison commune, on prend les clés et le pouvoir, au nom de la nation. Les électeurs (en 89, tous ont été électeurs) forment des comités, comme celui de Paris, d'où sortiront tout à l'heure les municipalités régulières.

Les gouvernements de villes (comme celui de l'Etat), échevins notables, etc., s'en vont la tête basse par la porte de derrière, laissant à la commune qu'ils administraient des dettes pour souvenir.

La Bastille financière que l'oligarchie des notables fermait si bien à tous les yeux, la caverne administrative apparaît au jour. Les informes instruments de ce régime équivoque, l'embrouillement des papiers, la savante obscurité des calculs, tout cela est traîné à la lumière.

Le premier cri de cette liberté (qu'ils appellent l'esprit de désordre), c'est au contraire: ordre et justice.

L'ordre, dans la pleine lumière. La France dit à Dieu comme Ajax: « Fais-moi plutôt périr à la clarté des cieux! »

Ce qu'il y avait de plus tyrannique dans la vieille tyrannie, c'était son obscurité. Obscurité du roi au peuple, du corps de ville à la ville, obscurité non moins profonde du propriétaire au fermier... Que devait-on en conscience payer à l'Etat, à la commune, au seigneur?... Nul ne pouvait le savoir. La plupart payaient ce qu'ils ne pouvaient même lire. L'ignorance profonde où le grand instituteur du peuple, le clergé, l'avait retenu, le livrait, aveugle et sans défense, à l'épouvantable vermine des griffonneurs de papier. Chaque année, ce papier timbré revenait plus noir encore, avec de lourdes surcharges, pour l'effroi du paysan. Ces surcharges mystérieuses, inconnues, qu'on lui lisait bien ou mal, il lui fallait les payer; mais elles lui restaient sur le cœur, déposées l'une sur l'autre, comme un trésor de vengeances, d'indemnités exigibles. Plusieurs, en 89, disaient qu'en quarante années ils avaient payé, avec ces surcharges, bien plus que ne valaient les biens dont ils étaient propriétaires.

Nulle atteinte ne fut portée à la propriété dans nos campagnes qu'au nom de la propriété. Le paysan l'interprétait à sa manière; mais jamais il n'éleva de doute sur l'idée même de ce droit. Le travailleur des campagnes sait ce que c'est qu'acquérir; l'acquisiton, par le travail qu'il fait ou voit faire tous les jours, lui inspire le respect et comme la religion de la propriété.

C'est au nom de la propriété, longtemps violée et méconnue par les agents des seigneurs, que les paysans érigèrent ces Mais où ils suspendaient les insignes de la tyrannie féodale et fiscale, les girouettes des châteaux, les mesures de redevances injustement agrandies, les cribles qui triaient le grain tout au profit du seigneur, ne laissant que le rebut.

Les comités de juillet 89 (origine des municipalités de 90) furent, pour les villes surtout, l'insurrection de la *liberté* — et, pour les villages, celle de la propriété, je veux dire de la plus simple propriété, du *travail* de l'homme.

Les associations de villages furent des sociétés de garantie: 1º contre l'homme d'affaires; 2º contre le brigand — deux mots souvent synonymes.

Conjuration contre les hommes d'argent, collecteurs, régisseurs, procureurs, huissiers, contre cet affreux grimoire qui, par une magie inconnue, avait desséché la terre, anéanti les bestiaux, maigri le paysan jusqu'à l'os, jusqu'au squelette.

Confédération aussi contre cette bande de pillards qui couraient la France, gens sans travail, affamés, mendiants devenus voleurs, qui la nuit coupaient les blés, même en vert, tuaient l'espérance. Si les villages n'avaient pris les armes, une famine terrible en fût résultée, une année comme fut l'an mille, et plusieurs du Moyen Age. Ces bandes mobiles, insaisissables, attendues partout, et que la terreur rendait comme présentes partout, glaçaient d'effroi nos populations moins militaires qu'aujourd'hui.

Tout village arma. Les villages se promirent protection mutuelle. Ils convenaient entre eux de se réunir en cas d'alarme en tel lieu, dont la position était centrale, ou qui dominait un passage de route ou de rivière important pour le pays.

Un seul fait éclaircira mieux. Il rappelle sous quelques rapports la panique de Saint-Jean-du-Gard, que j'ai racontée plus haut.

Un jour d'été, de grand matin, les habitants de Chavignon (Aisne) virent, non sans crainte, leurs rues toutes pleines de gens armés. Ils reconnurent qu'heureusement c'étaient leurs voisins et amis, les gardes nationales de toutes les communes voisines qui, sur une fausse alarme, avaient marché toute la nuit pour venir les défendre *des brigands*. On s'attendait à un combat, et ce ne fut qu'une fête. Tous les gens de Chavignon, ravis, sortirent des maisons, se mêlèrent à leurs amis. Les femmes apportèrent, mirent en commun tout ce qu'on avait de vivres; on ouvrit des pièces de vin. On déploya sur la place le drapeau de Chavignon, où l'on voyait du blé, des raisins, traversés d'une épée nue; la devise résumait très complètement toute la pensée du moment: abondance et sécurité, liberté, fidélité et concorde. Le capitaine général des gardes nationales qui étaient venues fit un petit discours, fort touchant, sur l'empressement des communes à venir défendre leurs frères: « Au premier mot, nous avons laissé nos femmes et nos enfants en larmes; nous avons laissé nos charrues, nos ustensiles, dans les champs... Nous sommes venus, sans prendre le temp de nous habiller tout à fait... »

Les gens de Chavignon, dans une adresse à l'Assemblée nationale, lui racontent tout, comme l'enfant à sa mère, et, pleins de reconnaissance, ils ajoutent ce mot du cœur: « Quels hommes, messieurs, quels hommes, depuis que vous leur avez donné une patrie! »

L'esprit municipal

Ces expéditions spontanées se faisaient ainsi, comme en famille, le curé marchant en tête. A celle de Chavignon, quatre des communes qui vinrent avaient leurs curés avec elles.

Dans certaines contrées, par exemple dans la Haute-Saône, les curés ne s'associèrent pas seulement à ces mouvements, ils s'en firent le centre, en furent les chefs, les meneurs. Dès le 27 septembre 1789, dans les environs de Luxeuil, les communes rurales se fédérèrent sous la direction du curé de Saint-Sauveur. Tous les maires jurèrent dans ses mains.

A Issy-l'Evêque (Haute-Saône), il y eut une chose plus étrange. Dans l'anéantissement de toute autorité publique, ne voyant plus de magistrat, un vaillant curé prit pour lui tous les pouvoirs; il rendit des ordonnances, rejugea des procès jugés; il fit venir les maires du voisinage, et promulgua devant eux les lois nouvelles qu'il donnait à la contrée; puis, armé, l'épée à la main, il commençait à procéder au partage égal des terres. Il fallut arrêter son zèle, lui rappeler qu'il y avait encore une Assemblée nationale.

Ceci est rare et singulier. Le mouvement en général fut régulier, mieux ordonné qu'on ne l'eût attendu de telles circonstances. Sans loi, tout suivit une loi, la conservation, le salut.

Avant que les municipalités s'organisent, le village se gouverne, se garde, se défend, comme association armée d'habitants du même lieu.

Avant qu'il n'y ait des arrondissements, des départements créés par la loi, les besoins communs, spécialement celui d'assurer les routes, d'amener les subsistances, forment des associations entre villages et villages, villes et villes, de grandes confédérations de protection mutuelle.

On est tout près de bénir ces périls, quand on voit qu'ils forcent les hommes à sortir de l'isolement, les arrachent à leur égoïsme, les habituent à se sentir vivre dans les autres, qu'ils éveillent en ces âmes, engourdies d'un sommeil de plusieurs siècles, la première étincelle de fraternité.

La loi vient reconnaître, autoriser, couronner tout cela; mais elle ne le produit point.

La création des municipalités, la concentration dans leurs mains de pouvoirs même non communaux (contributions, haute police, disposition de la force armée, etc.), cette concentration qu'on a reprochée à l'Assemblée n'était pas l'effet d'un système, c'était la simple reconnaissance d'un fait. Dans l'anéantissement de la plupart des pouvoirs, dans l'inaction volontaire (souvent perfide) de ceux qui restaient, l'instinct de la conservation avait fait ce qu'il fait toujours: les intéressés avaient pris eux-mêmes leurs affaires en main. Et qui n'est intéressé dans de telles crises? Celui qui n'a point de propriété, *celui qui n'a rien,* comme on dit, a pourtant encore ce qui est bien plus cher qu'aucune propriété, une femme, des enfants à défendre.

La nouvelle loi municipale créa *douze cent mille* magistrats municipaux. L'organisation judiciaire créa *cent mille* juges (dont cinq mille juges de paix, quatre-vingt mille assesseurs des juges de paix). Tout cela pris dans les *quatre millions deux cent quatre-vingt-dix-huit mille* électeurs primaires (qui, comme propriétaires ou locataires, payaient la valeur de trois journées de travail, environ trois livres).

Le suffrage universel avait donné six millions de votes; je m'expliquerai plus loin sur cette limitation du droit électoral, sur les principes divers qui dominèrent l'Assemblée.

Il me suffit ici de faire remarquer le prodigieux mouvement que dut faire en France, au printemps de 90, cette création d'un monde de juges et administrateurs, *treize cent mille* à la fois, tous sortis de l'élection!

On peut dire que, avant la conscription militaire, la France avait fait une conscription de magistrats.

La conscription de la paix, de l'ordre, de la fraternité. Ce qui domine ici, dans l'ordre judiciaire, c'est ce bel élément nouveau, inconnu à tous les siècles, les cinq mille arbitres ou juges de paix, leurs quatre-vingt mille assesseurs. Et, dans l'ordre municipal, c'est la dépendance où la force militaire se trouve à l'égard des magistrats du peuple.

Le pouvoir municipal hérita de toutes les ruines. Lui seul, entre l'ancien régime détruit, le nouveau sans action, lui seul fut debout. Le roi était désarmé, l'armée désorganisée, les états, les parlements démolis, le clergé démantelé, la noblesse rasée tout à l'heure. L'Assemblée elle-même, la grande puissance apparente, ordonnait plus qu'elle n'agissait; c'était une tête sans bras. Elle eut quarante-quatre mille mains dans les municipalités. Elle se remit presque de tout aux douze cent mille magistrats municipaux.

Ce nombre immense était une grande difficulté d'action; mais, comme éducation d'un peuple, comme initiation à la vie publique, c'était admirable. Renouvelée rapidement, la magistrature devait bientôt, dans beaucoup de localités, épuiser la classe où elle se recrutait (les quatre millions de propriétaires ou locataires à trois livres d'impôt). Il fallait, c'était une belle nécessité de cette grande initiation, il fallait créer une classe nouvelle de propriétaires. Les paysans du clergé, de l'aristocratie, exclus d'abord de l'élection comme clients de l'ancien régime, allaient maintenant, comme acquéreurs des biens mis en vente, se trouver propriétaires, électeurs, magistrats municipaux, assesseurs de juges de paix, etc., et, comme tels, devenir les plus solides appuis de la Révolution.

CHAPITRE XI

De la religion nouvelle   Fédérations (juillet 89-juillet 90)

La France de 89 a senti la liberté, celle de 90 sent l'unité de la patrie. Les fédérations ont aplani les obstacles. Les barrières artificielles tombent. Procès-verbaux des fédérations. Ils témoignent de l'amour de l'unité nouvelle, du sacrifice des provincialités, des vieilles habitudes. Fêtes des fédérations. Symboles vivants. Le vieillard, la fille, la femme, la mère. L'enfant sur l'autel de la patrie. Oubli des divisions de classes, de partis, de religions. L'homme retrouve la nature. L'homme embrasse de cœur la patrie, l'humanité. Additions et détails divers.

Rien de tout cela encore dans l'hiver de 89. Ni municipalités régulières, ni départements. Point de lois, point d'autorité, aucune force publique. Tout va se dissoudre, ce semble, c'est l'espoir de l'aristocratie... Ah! vous vouliez être libres; voyez maintenant, jouissez de l'ordre que vous avez fait... A cela, que répond la France? Dans un moment redoutable, elle est sa loi à elle-même; elle franchit sans secours, dans sa forte volonté, le passage d'un monde à l'autre, elle passe, sans trébucher, le pont étroit de l'abîme, elle passe, sans y regarder, elle ne voit que le but. Elle s'avance avec courage dans ce ténébreux hiver, vers le printemps désiré qui promet la lumière nouvelle.

Quelle lumière? Ce n'est plus, comme en 89, l'amour vague de la liberté. C'est un objet déterminé d'une forme fixe, arrêtée, qui mène toute la nation, qui transporte, enlève les cœurs; à chaque pas que l'on fait, il apparaît plus ravissant, et la marche est plus rapide... Enfin, l'ombre disparaît, le brouillard s'enfuit, la France voit distinctement ce qu'elle aimait, poursuivait sans le bien saisir encore: l'unité de la patrie.

Tout ce qu'on avait cru pénible, difficile, insurmontable, devient possible et facile. On se demandait comment s'accomplirait le sacrifice de la patrie provinciale, du sol natal, des souvenirs, des préjugés envieillis... « Comment, se disait-on, le Languedoc consentira-t-il jamais à cesser d'être Languedoc, un empire intérieur, gouverné par ses propres lois? comment la vieille Toulouse descendra-t-elle de son Capitole, de sa royauté du Midi? et croyez-vous que la Bretagne mollisse jamais devant la France, qu'elle sorte de sa langue sauvage, de son dur génie! Vous verrez mollir avant les récifs de Saint-Malo et les rochers de Penmark. »

Eh bien! la grande patrie leur apparaît sur l'autel, qui leur ouvre les bras et qui veut les embrasser... Tous s'y jettent, et tous s'oublient; ils ne savent plus ce jour-là de quelle province ils étaient... Enfants isolés, perdus, jusqu'ici, ils ont trouvé une mère; ils sont bien plus qu'ils ne croyaient: ils avaient l'humilité de se croire Bretons, Provençaux... Non, enfants, sachez-le bien, vous étiez les fils de la France, c'est elle qui vous le dit, les fils de la grande mère, de celle qui doit, dans l'égalité, enfanter les nations.

Rien de plus beau à voir que ce peuple avançant vers la lumière, sans loi, mais se donnant la main. Il avance, il n'agit pas, il n'a pas besoin d'agir; il avance, c'est assez: la simple vue de ce mouvement immense fait tout reculer devant lui; tout obstacle fuit, disparaît, toute résistance s'efface. Qui songerait à tenir contre cette pacifique et formidable apparition d'un grand peuple armé?

Les fédérations de novembre brisent les états provinciaux, celles de janvier finissent la lutte des parlements, celles de février compriment les désordres et les pillages; en mars, avril, s'organisent les masses qui étouffent en mai et juin les premières étincelles d'une guerre de religion, mai encore voit les fédérations militaires, le soldat redevenant citoyen, l'épée de la contre-révolution, sa dernière arme, brisée... Que reste-t-il? La fraternité a aplani tout obstacle, toutes les fédérations vont se confédérer entre elles, l'union tend à l'unité. Plus de fédérations, elles sont inutiles, il n'en faut plus qu'une: la France. Elle apparaît transfigurée dans la lumière de juillet.

Tout ceci, est-ce un miracle?... Oui, le plus grand et le plus simple, c'est le retour à la nature. Le fond de la nature humaine, c'est la sociabilité. Il avait fallu tout un monde d'inventions contre nature pour empêcher les hommes de se rapprocher. Douanes intérieures, péages innombrables sur les routes et sur les fleuves, diversités infinies de lois et de règlements, de poids, mesures et monnaies, rivalités de villes, de pays, de corporations, soigneusement entretenues... Un matin, ces obstacles tombent, ces vieilles murailles s'abaissent... Les hommes se voient alors, se reconnaissent semblables, ils s'étonnent d'avoir pu s'ignorer si longtemps, ils ont regret aux haines insensées qui les isolèrent tant de siècles, ils les expient, s'avancent les uns au-devant des autres, ils ont hâte d'épancher leur cœur.

Voilà ce qui rendit si facile, si exécutable, une création qu'on croyait tout artificielle, celle des départements. Si elle eût été une pure conception géométrique, éclose du cerveau de Sieyès, elle n'eût eu ni la force ni la durée que nous voyons; elle n'eût pas survécu à la ruine de tant d'autres institutions révolutionnaires. Elle fut généralement une création naturelle, un rétablissement légitime d'anciens rapports entre des lieux, des populations, que les institutions artificielles du despotisme, de la fiscalité, tenaient divisées. Les fleuves, par exemple, qui, sous l'ancien régime, n'étaient guère que des obstacles (vingt-huit péages sur la Loire! pour ne donner qu'un exemple), les fleuves, dis-je, redevinrent ce que la nature veut qu'ils soient, le lien du genre humain. Ils formèrent, nommèrent la plupart des départements; ceux-ci, Seine, Loire, Rhône, Gironde, Meuse, Charente, Allier, Gard, etc., furent comme des fédérations naturelles entre les deux rives des fleuves, que l'Etat reconnut, proclama et consacra.

La plupart des fédérations ont elles-mêmes conté leur histoire. Elles l'écrivaient à leur mère, l'Assemblée nationale, fidèlement, naïvement, dans une forme bien souvent grossière, enfantine; elles disaient comme elles pouvaient; qui savait écrire, écrivait. On ne trouvait pas toujours dans les campagnes de scribe habile qui fût digne de consigner ces choses à la mémoire. La bonne volonté suppléait... Vénérables monuments de la fraternité naissante, actes informes, mais spontanés, inspirés, de la France, vous resterez à jamais pour témoigner du cœur de nos pères, de leurs transports, quand pour la première fois ils virent la face trois fois aimée de la patrie.

J'ai retrouvé tout cela, entier, brûlant, comme d'hier, au bout de soixante années, quand j'ai récemment ouvert ces papiers, que peu de gens avaient lus. A la première ouverture, je fus saisi de respect; je ressentis une chose singulière, unique, sur laquelle on ne peut pas se méprendre. Ces récits enthousiastes adressés à la patrie (que représentait l'Assemblée), ce sont des lettres d'amour.

Rien d'officiel ni de commandé. Visiblement, le cœur parle. Ce qu'on y peut trouver d'art, de rhétorique, de déclamation, c'est justement l'absence d'art, c'est l'embarras du jeune homme qui ne sait comment exprimer les sentiments les plus sincères, qui emploie les mots des romans, faute d'autres, pour dire un amour vrai. Mais de moment en moment, une parole arrachée du cœur proteste contre cette impuissance de langage, et fait mesurer la profondeur réelle du sentiment... Tout cela est verbeux; eh! dans ces moments, comment finit-on jamais?... Comment se satisfaire soi-même?... Le détail matériel les a fort préoccupés; nulle écriture assez belle, nul papier assez magnifique, sans parler des somptueux petits rubans tricolores pour relier les cahiers... Quand je les aperçus d'abord, brillants et si peu fanés, je me rappelai ce que dit Rousseau du soin prodigieux qu'il mit à écrire, embellir, parer les manuscrits de sa Julie... Autres ne furent les pensées de nos pères, leurs soins, leurs inquiétudes, lorsque, des objets passagers, imparfaits, l'amour s'éleva en eux à cette beauté éternelle.

Ce qui me toucha, me pénétra d'attendrissement et d'admiration, c'est que dans une telle variété d'hommes, de caractères, de localités, avec tant d'éléments divers, qui la plupart étaient hier étrangers les uns aux autres, souvent même hostiles, il n'y a rien qui ne respire le pur amour de l'unité.

Où sont donc les vieilles différences de lieux et de races? ces oppositions géographiques, si fortes, si tranchées? Tout a disparu, la géographie est tuée. Plus de montagnes, plus de fleuves, plus d'obstacles entre les hommes... Les voix sont diverses encore, mais elles s'accordent si bien, qu'elles ont l'air de partir d'un même lieu, d'une même poitrine... Tout a gravité vers un point, et c'est ce point qui résonne, tout part à la fois du cœur de la France.

Voilà la force de l'amour. Pour atteindre à l'unité, rien n'a fait obstacle, nul sacrifice n'a coûté. D'un coup, sans s'en apercevoir même, ils ont oublié à la fois les choses pour lesquelles ils se seraient fait tuer la veille, le sol natal, la tradition locale, la légende... Le temps a péri, l'espace a péri, ces deux conditions matérielles auxquelles la vie est soumise... Etrange *vita nuova* qui commence pour la France, éminemment spirituelle, et qui fait de toute sa Révolution une sorte de rêve, tantôt ravissant et tantôt terrible... Elle a ignoré l'espace et le temps.

Et c'est pourtant l'antiquité, les habitudes, les vieilles choses connues, les signes usités, les symboles vénérés, c'est tout cela qui jusqu'à ce jour avait fait la vie...

Tout cela aujourd'hui ou pâlit, ou disparaît. Ce qui en reste, par exemple, les cérémonies du vieux culte, appelé pour consacrer ces fêtes nouvelles, on sent que c'est un accessoire. Il y a dans ces immenses réunions où le peuple de toute classe et de toute communion ne fait plus qu'un même cœur, une chose plus sacrée qu'un autel. Aucun culte spécial ne prête de sainteté à la chose sainte entre toutes: l'homme fraternisant devant Dieu.

Tous les vieux emblèmes pâlissent, et les nouveaux qu'on essaie ont peu de signification. Qu'on jure sur le vieil autel, devant le saint sacrement, qu'on jure devant la froide image de la Liberté abstraite, le vrai symbole se trouve ailleurs. C'est la beauté, la grandeur, le charme éternel de ces fêtes: le symbole y est vivant.

Ce symbole pour l'homme, c'est l'homme. Tout le monde de convention s'écroulant, un saint respect lui revient pour la vraie image de Dieu. Il ne se prend pas pour Dieu; nul vain orgueil. Ce n'est point comme dominateur ou vainqueur, c'est dans des conditions tout autrement graves et touchantes que l'homme apparaît ici. Les nobles harmonies de la famille, de la nature, de la patrie, suffisent pour remplir ces fêtes d'un intérêt religieux, pathétique.

Le vieillard d'abord préside. Le vieillard, entouré d'enfants, a pour enfant tout le peuple. La musique l'amène et le reconduit. A la grande fédération de Rouen, où parurent les gardes nationales de soixante villes, on alla chercher jusqu'aux Andelys, pour présider l'assemblée, un vieux chevalier de Malte, âgé de quatre-vingt-cinq ans. A Saint-Andéol, l'honneur de prêter serment à la tête de tout le peuple fut déféré à deux vieillards de quatre-vingt-treize et quatre-vingt-quatorze ans. L'un, noble, colonel de la garde nationale, l'autre simple laboureur. Ils s'embrassèrent sur l'autel en remerciant le ciel d'avoir vécu jusque-là. Le peuple ému crut voir dans ces deux hommes vénérables l'éternelle réconciliation des partis. Ils se jetèrent tous dans les bras les uns des autres, se prirent par la main; une farandole immense, embrassant tout le monde, sans exception, se déroula par la ville, dans les champs, vers les montagnes d'Ardèche et vers les prairies du Rhône; le vin coulait dans les rues, les tables y étaient dressées, et les vivres en commun. Tout le peuple ensemble mangea le soir cette agape, en bénissant Dieu.

Partout, le vieillard à la tête du peuple, siégeant à la première place, planant sur la foule. Et autour de lui les filles, comme une couronne de fleurs. Dans toutes ces fêtes, l'aimable bataillon marche en robe blanche, ceinture *à la nation* (cela voulait dire tricolore). Ici l'une d'elles prononce quelques paroles nobles, charmantes, qui feront des héros demain. Ailleurs (dans la procession civique de Romans en Dauphiné), une belle fille marchait, tenant à la main une palme, et cette inscription: *Au meilleur citoyen!...* Beaucoup revinrent bien rêveurs.

Le Dauphiné, la sérieuse, la vaillante province, qui ouvrit la Révolution, fit des fédérations nombreuses, et de la province entière, et de villes, et de villages. Les communes rurales de la frontière, sous le vent de la Savoie, à deux pas des émigrés, labourant près de leurs fusils, n'en firent que plus belles fêtes. Bataillon d'enfants armés, bataillon de femmes armées, autre de filles armées. A Maubec, elles défilaient en bon ordre, le drapeau en tête, tenant, maniant l'épée nue, avec cette vivacité gracieuse qui n'est qu'aux femmes de France.

J'ai dit ailleurs l'héroïque initiative des femmes et filles d'Angers. Elles voulaient partir, suivre la jeune armée d'Anjou, de Bretagne, qui se dirigeait sur Rennes, prendre leur part de cette première croisade de la liberté, nourrir les combattants, soigner les blessés. Elles juraient de n'épouser jamais que de loyaux citoyens, de n'aimer que les vaillants, de n'associer leur vie qu'à ceux qui donnaient la leur à la France.

Elles inspiraient ainsi l'élan dès 88. Et maintenant, dans les fédérations de juin, de juillet 90, après tant d'obstacles écartés, dans ces fêtes de la victoire, nul n'était plus ému qu'elles. La famille, pendant l'hiver, dans l'abandon complet de toute protection publique, avait couru tant de dangers!... Elles embrassaient, dans ces grandes réunions si rassurantes, l'espoir du salut. Le pauvre cœur était cependant encore bien gros du passé... de l'avenir?... mais elles ne voulaient d'avenir que le salut de la patrie! Elles montraient, on le voit dans tous les témoignages écrits, plus d'élan, plus d'ardeur que les hommes même, plus d'impatience de prêter le serment civique.

On éloigne les femmes de la vie publique; on oublie trop que vraiment elles y ont droit plus que personne. Elles y mettent un enjeu bien autre que nous; l'homme n'y joue que sa vie, et la femme y met son enfant... Elle est bien plus intéressée à s'informer, à prévoir. Dans la vie solitaire et sédentaire que mènent la plupart des femmes, elles suivent de leurs rêveries inquiètes les crises de la patrie, les mouvements des armées... Vous croyez celle-ci au foyer?... non, elle est en Algérie, elle participe aux privations, aux marches de nos jeunes soldats en Afrique; elle souffre et combat avec eux.

Appelées ou non appelées, elles prirent la plus vive part aux fêtes de la Fédération. Dans je ne sais quel village, les hommes s'étaient réunis seuls dans un vaste bâtiment, pour faire ensemble une adresse à l'Assemblée nationale. Elles approchent, elles écoutent, elles entrent, les larmes aux yeux, elles veulent en être aussi. Alors, on leur relit l'adresse; elles s'y joignent de tout leur cœur. Cette profonde union de la famille et de la patrie pénétra toutes les âmes d'un sentiment inconnu. La fête, toute fortuite, n'en fut que plus touchante... Elle fut courte, comme tous nos bonheurs, elle ne dura qu'un jour. Le récit finit par un mot naïf de mélancolie et de retour sur soi-même: « C'est ainsi que s'est écoulé le plus bel instant de notre vie. »

C'est qu'il faut travailler demain et se lever de bonne heure, c'est le temps de la moisson. Les fédérés d'Etoile, près Valence, s'expriment à peu près en ces termes après avoir conté les feux de joie, les farandoles: « Nous qui, au 29 novembre 1789, donnâmes à la France l'exemple de la première fédération, nous n'avons pu donner à cette fête qu'un jour, et nous sommes retirés le soir pour nous reposer et reprendre nos travaux demain ; les travaux de la campagne pressent, nous le regrettons... » Bons laboureurs, ils écrivent tout cela à l'Assemblée nationale, convaincus qu'elle s'occupe d'eux, que, comme Dieu, elle voit et fait tout.

Ces procès-verbaux de communes rurales sont autant de fleurs sauvages qui semblent avoir poussé du sein des moissons.

On y respire les fortes et vivifiantes odeurs de la campagne, à ce beau moment de fécondité. On s'y promène parmi les blés mûrs.

Et c'était, en effet, en pleine campagne que tout cela se faisait. Nul temple n'aurait suffi. La population sortait tout entière, tous les hommes, toutes les femmes et tous les enfants ; on y traînait la chaise du vieillard, le berceau du nourrisson. Des villages, des villes entières, étaient laissés sous la garde de la foi publique. Quelques hommes en patrouille qui traversent un bourg déposent qu'ils n'y ont vu exactement que les chiens. Celui qui, le 14 juillet 1790 à midi, aurait, sans voir la campagne, parcouru ces villages déserts, les aurait pris pour autant d'Herculanum et de Pompéi.

Personne ne pouvait manquer à la fête ; personne n'était simple témoin ; tous étaient acteurs, depuis le centenaire jusqu'au nouveau-né. Et celui-ci plus qu'un autre.

On l'apportait, fleur vivante, parmi les fleurs de la moisson. Sa mère l'offrait, le déposait sur l'autel. Mais il n'avait pas seulement le rôle passif de l'offrande, il était actif aussi, il comptait comme personne, il faisait son serment civique par la bouche de sa mère, il réclamait sa dignité d'homme et de Français, il était mis déjà en possession de la patrie, il entrait dans l'espérance.

Oui, l'enfant, l'avenir, c'était le principal acteur. La commune elle-même, dans une fête du Dauphiné, est couronnée dans son principal magistrat par un jeune enfant. Une telle main porte bonheur. Ceux-ci, que je vois ici, sous l'œil attendri de leurs mères, déjà armés, pleins d'élan, donnez-leur deux ans seulement, qu'ils aient quinze ans, seize ans, ils partent: 92 a sonné; ils suivent leurs aînés à Jemmapes... Leur main a porté bonheur; ils ont rempli ce grand augure, ils ont couronné la France!... Aujourd'hui même, faible et pâle, elle siège sous cette couronne éternelle et impose aux nations.

Grande génération, heureuse, qui naquit dans une telle chose, dont le premier regard tomba sur cette vue sublime! Enfants apportés, bénis à l'autel de la patrie, voués par leurs mères en pleurs, mais résignées, héroïques, donnés par elles à la France... ah! quand on naît ainsi, on ne peut plus jamais mourir... Vous reçûtes, ce jour-là, le breuvage d'immortalité. Ceux même d'entre vous que l'histoire n'a pas nommés, ils n'en remplissent pas moins le monde de leur vivant esprit sans nom, de la grande pensée commune portée par toute la terre.

Je ne crois pas qu'à aucune époque le cœur de l'homme ait été plus large, plus vaste, que les distinctions de classes, de fortunes et de partis aient été plus oubliées.

Dans les villages surtout, il n'y a plus ni riche, ni pauvre, ni noble, ni roturier; les vivres sont en commun, les tables communes. Les divisions sociales, les discordes ont disparu. Les ennemis se réconcilient, les sectes opposées fraternisent, les croyants, les philosophes, les protestants, les catholiques.

A Saint-Jean-du-Gard, près d'Alais, le curé et le pasteur s'embrassèrent à l'autel. Les catholiques menèrent les protestants à l'église; le pasteur siégea à la première place du chœur. Mêmes honneurs rendus par les protestants au curé, qui, placé chez eux au lieu le plus honorable, écoute le sermon du ministre. Les religions fraternisent au lieu même de leur combat, à la porte des Cévennes, sur les tombes des aïeux qui se tuèrent les uns les autres, sur les bûchers encore tièdes... Dieu, accusé si longtemps, fut enfin justifié... Les cœurs débordèrent; la prose n'y suffit pas, une éruption poétique put soulager seule un sentiment si profond; le curé fit, entonna un hymne à la Liberté; le maire répondit par des stances; sa femme, mère de famille respectable, au moment où elle mena ses enfants à l'autel, répandit aussi son cœur dans quelques vers pathétiques.

Les lieux ouverts, les campagnes, les vallées immenses où généralement se faisaient ces fêtes, semblaient ouvrir encore les cœurs. L'homme ne s'était pas seulement reconquis lui-même, il rentrait en possession de la nature. Plusieurs de ces récits témoignent des émotions que donnèrent à ces pauvres gens leur pays vu pour la première fois... Chose étrange! ces fleuves, ces montagnes, ces paysages grandioses, qu'ils traversaient tous les jours, en ce jour ils les découvrirent; ils ne les avaient vus jamais.

L'instinct de la nature, l'inspiration naïve du génie de la contrée, leur fit souvent choisir pour théâtre de ces fêtes les lieux mêmes qu'avaient préférés nos vieux Gaulois, les druides. Les îles, sacrées pour les aïeux, le redevinrent pour les fils. Dans le Gard, dans la Charente et ailleurs, l'autel fut dressé dans une île. Celle d'Angoulême reçut les représentants de soixante mille hommes, et il y en avait peut-être autant sur l'admirable amphithéâtre qui porte la ville, au-dessus du fleuve. Le soir, un banquet dans l'île, aux lumières, et tout un peuple pour convive, un peuple pour spectateur, du plus haut au plus bas du gigantesque colisée.

A Maubec (Isère), où se réunirent beaucoup de communes rurales, l'autel fut érigé au milieu d'un plateau immense, en face d'un ancien monastère; lointain superbe, horizon infini, et le souvenir de Rousseau, qui y vécut quelque temps!... Dans un discours brûlant d'enthousiasme, un prêtre exalta le glorieux souvenir du philosophe qui, dans ce lieu même, rêvait, préparait le grand jour... Il finit par montrer le ciel, il attesta le soleil, qui perça la nue à l'instant, comme pour jouir, lui aussi, de cette vue touchante et sublime.

Naissance de la Patrie

Nous, croyants de l'avenir, qui mettons la foi dans l'espoir et regardons vers l'aurore, nous que le passé défiguré, dépravé, chaque jour plus impossible, a bannis de tous les temples, nous qui, par son monopole, sommes privés de temple et d'autel, qui souvent nous attristons dans l'isolement de nos pensées, nous eûmes un temple, ce jour-là, comme on n'en avait eu jamais!...

Plus d'église artificielle, mais l'universelle église. Un seul dôme, des Vosges aux Cévennes, et des Pyrénées aux Alpes.

Plus de symbole convenu. Tout nature, tout esprit, tout vérité.

L'homme qui, dans nos vieilles églises, ne se voit point face à face, s'aperçut ainsi, se vit pour la première fois, recueillit dans les yeux de tout un peuple une étincelle de Dieu.

Il aperçut la nature, il la ressaisit, et il la retrouva sacrée, il y sentit Dieu encore.

Et ce peuple, et cette terre, il trouva son nom: Patrie.

Et la Patrie, tout aussi grande qu'elle soit, il élargit son cœur, jusqu'à l'embrasser. Il la vit des yeux de l'esprit, l'étreignit des vœux du désir.

Montagnes de la Patrie, qui bornez nos regards, et non nos pensées, soyez témoins que si nous n'atteignons pas de nos bras fraternels la grande famille de France, dans nos cœurs elle est contenue...

Fleuves sacrés, îles saintes où fut dressé notre autel, puissent vos eaux qui murmurent sous le courant de l'esprit aller dire à toutes les mers, à toutes les nations, qu'aujourd'hui, au solennel banquet de la liberté, nous n'aurions pas rompu le pain sans les avoir appelées, et qu'en ce jour de bonheur, l'humanité tout entière s'est trouvée présente dans l'âme et les vœux de la France!

CHAPITRE XII

De la religion nouvelle Fédération générale (14 juillet 1790)

Etonnement, attendrissement de toutes les nations, au spectacle de la France. Grande fédération de Lyon (30 mai 1790). La France demande une fédération générale (juin). Le chant des fédérés. Paris leur prépare le Champ-de-Mars. L'Assemblée abolit la noblesse héréditaire (19 juin 1790). Elle a déjà aboli le principe chrétien de l'hérédité du crime. Elle reçoit les Députés du genre humain. Fédération des rois contre celle des peuples. Fédération générale de la France à Paris (14 juillet 1790). Elan de la France, à la fois pacifique et guerrier.

Cette foi, cette candeur, cet immense élan de concorde, au bout d'un siècle de disputes, ce fut pour toutes les nations l'objet d'un grand étonnement, un prodigieux rêve. Toutes restaient muettes, attendries.

Plusieurs de nos fédérations avaient imaginé un touchant symbole d'union, de célébrer des mariages à l'autel de la patrie. La Fédération elle-même, ce mariage de la France avec la France, semblait un symbole prophétique du futur mariage des peuples, de l'hymen général du monde.

Autre signe, et non moins profond, qui parut aussi dans ces fêtes. On mit parfois sur l'autel un petit enfant que tous adoptaient, qui, doté des dons, des vœux, des larmes de tous, devenait à tous le leur.

La France est l'enfant sur l'autel, et toute la terre alentour. Enfant commun des nations, en elle toutes se sentent unies, toutes s'associent de cœur à ses destinées futures, l'environnent d'inquiètes pensées, et de crainte et d'espérance... Il n'y en a pas une entre elles qui la voit sans pleurer.

Comme l'Italie pleurait! et la Pologne! et l'Irlande! (Ah! sœurs, rappelez-vous ce jour!) Toute nation opprimée, oubliant son esclavage au spectacle de cette jeune liberté, lui disait: « Je suis libre en toi! »

L'Allemagne, devant ce miracle, fut profondément absorbée, entre le rêve et l'extase. Klopstock était en prières.

L'auteur de *Faust* ne pouvait plus soutenir le rôle de l'ironie sceptique, il se surprenait lui-même près de tomber dans la foi.

Au fond des mers du Nord, il y avait alors une bizarre et puissante créature, un homme? non, un système, une scolastique vivante, hérissée, dure, un roc, un écueil taillé à pointes de diamants dans le granit de la Baltique. Toute religion, toute philosophie, avait touché là, s'était brisée là. Et lui, immuable. Nulle prise au monde extérieur. On l'appelait Emmanuel Kant; lui, il s'appelait Critique. Soixante ans durant, cet être tout abstrait, sans rapport humain, sortait juste à la même heure, et sans parler à personne, accomplissait pendant un nombre donné de minutes précisément le même tour, comme on voit aux vieilles horloges des villes l'homme de fer sortir, battre l'heure, et puis rentrer. Chose étrange, les habitants de Kœnigsberg virent (ce fut pour eux un signe des plus grands événements) cette planète se déranger, quitter sa route séculaire... On le suivit, on le vit marcher vers l'ouest, vers la route par laquelle venait le courrier de France...

O humanité!... voir Kant s'émouvoir, s'inquiéter, s'en aller sur les routes, comme une femme, chercher les nouvelles, n'était-ce pas là un changement surprenant, prodigieux?... Eh bien! non, il n'y avait nul changement en cela. Ce grand esprit suivait sa voie. Ce qu'il avait jusque-là cherché en vain dans la science, *l'unité spirituelle,* il l'observait maintenant qui se faisait de soi-même par le cœur et par l'instinct.

Sans autre direction, le monde semblait se rapprocher de cette unité, son but véritable, auquel il aspire toujours...

« Ah! si j'étais un, dit le monde, si je pouvais enfin unir mes membres dispersés, rapprocher mes nations! » — « Ah! si j'étais un, dit l'homme, si je pouvais cesser d'être l'homme multiple que je suis, rallier mes puissances divisées, établir la concorde en moi! » Ce vœu toujours impuissant, et du monde, et de l'âme humaine, un peuple en semblait donner la réalité dans cette heure rapide, jouer la comédie divine, d'union et de concorde, que nous n'avons jamais qu'en rêve.

Figurez-vous donc tous les peuples qui, de pensée, de cœur, de regard et d'attention, sont tous élancés vers la France. Et dans la France elle-même, voyez-vous toutes ces routes, noires d'hommes, de voyageurs en marche, qui des extrémités se dirigent vers le centre?... L'union gravite à l'unité.

Nous avons vu les unions se former, les groupes se rallier entre eux, et, ralliés, chercher une centralisation commune; chacune des petites Frances a tendu vers son Paris, l'a cherché d'abord près de soi. Une grande partie de la France crut un moment le trouver à Lyon (30 mai). Ce fut une prodigieuse réunion d'hommes, telle qu'il n'y fallait pas moins que les grandes plaines du Rhône. Tout l'Est, tout le Midi avaient envoyé; les seuls députés des gardes nationales étaient cinquante mille hommes. Tels avaient fait cent lieues, deux cents lieues, pour y venir. Les députés de Sarrelouis donnaient la main à ceux de Marseille. Ceux de la Corse eurent beau se hâter; ils ne purent arriver que le lendemain.

Mais ce n'était pas Lyon qui pouvait marier la France. Il fallait Paris.

Grand effroi des politiques, de l'un et l'autre parti.

Ces masses indisciplinées, les amener à Paris, au centre de l'agitation, n'est-ce pas risquer une épouvantable mêlée, le pillage, le massacre?... Et le roi, que deviendra-t-il?... Voilà ce que les royalistes se disaient avec terreur.

Le roi! disaient les Jacobins, le roi va faire la conquête de tout ce peuple crédule qui nous viendra des provinces. Cette dangereuse réunion va amortir l'esprit public, endormir les défiances, réveiller les vieilles idolâtries... Elle va *royaliser* la France.

Mais, ni les uns, ni les autres, ne pouvaient rien à cela.

Il fallut que le maire, la Commune de Paris, poussés, forcés par l'exemple et les prières des autres villes, vinssent demander à l'Assemblée une fédération générale. Il fallut que l'Assemblée, bon gré mal gré, l'accordât. On fit ce qu'on put du moins pour réduire le nombre de ceux qui voulaient venir. La chose fut décidée fort tard, de sorte que ceux qui venaient à pied des extrémités du royaume n'avaient guère moyen d'arriver à temps. La dépense fut mise à la charge des localités, obstacle peut-être insurmontable pour les pays les plus pauvres.

Mais, dans un si grand mouvement, y avait-il des obstacles? On se cotisa, comme on put; comme on put, on habilla ceux qui faisaient le voyage; plusieurs vinrent sans uniformes. L'hospitalité fut immense, admirable, sur toute la route: on arrêtait, on se disputait les pèlerins de la grande fête. On les forçait de faire halte, de loger, manger, tout au moins boire au passage. Point d'étranger, point d'inconnu, tous parents. Gardes nationaux, soldats, marins, tous allaient ensemble.

Ces bandes, qui traversaient les villages, offraient un touchant spectacle. C'étaient les plus anciens de l'armée, de la marine, qu'on appelait à Paris. Pauvres soldats tout courbés de la guerre de Sept Ans, sous-officiers en cheveux blancs, braves officiers de fortune, qui avaient percé le granit avec leur front, vieux pilotes usés à la mer, toutes ces ruines vivantes de l'ancien régime avaient voulu pourtant venir. C'était leur jour, c'était leur fête.

On vit au 14 juillet des marins de quatre-vingts ans qui marchèrent douze heures de suite; ils avaient retrouvé leurs forces, ils se sentaient, au moment de la mort, participer à la jeunesse de la France, à l'éternité de la Patrie.

Et, en traversant par bandes les villages ou les villes, ils chantaient de toutes leurs forces, avec une gaieté héroïque, un chant que les habitants, sur leurs portes, répétaient. Ce chant, national entre tous, rimé pesamment, fortement, toujours sur les mêmes rimes (comme les Commandements de Dieu et de l'Eglise), marquait admirablement le pas du voyageur qui voit s'abréger le chemin, le progrès du travailleur qui voit la besogne avancer. Il a fidèlement suivi l'allure de la Révolution elle-même, pressant la mesure lorsque ce terrible voyageur se précipitait. Abrégé, concentré dans une ronde de fureur et de vertige, il devint le meurtrier *Ça ira!* de 93. Celui de 90 eut un autre caractère:

> *Le peuple en ce jour sans cesse répète:*
> *Ah! ça ira! ça ira! ça ira!*
> *Suivant les maximes de l'Evangile*
> *(Ah! ça ira! ça ira! ça ira!)*
> *Du législateur tout s'accomplira;*
> *Celui qui s'élève, on l'abaissera;*
> *Et qui s'abaisse, on l'élèvera, etc.*

Pour le voyageur qui, des Pyrénées ou du fond de la Bretagne, venait lentement à Paris sous le soleil de juillet, ce chant fut un viatique, un soutien, comme les *proses* que chantaient les pèlerins qui bâtirent révolutionnairement au Moyen Age les Cathédrales de Chartres et de Strasbourg. Le Parisien le chanta avec une mesure pressée, une vivacité violente, en préparant le champ de la fédération, en retournant le Champ-de-Mars. Parfaitement plan alors, on voulait lui donner la belle et grandiose forme que nous lui voyons. La ville de Paris y avait mis quelques milliers d'ouvriers fainéants, à qui un pareil travail aurait coûté des années. Cette mauvaise volonté fut comprise. Toute la population s'y mit. Ce fut un étonnant spectacle. De jour, de nuit, des hommes de toutes classes, de tout âge, jusqu'à des enfants, tous, citoyens, soldats, abbés, moines, acteurs, sœurs de Charité, belles dames, dames de la halle, tous maniaient la pioche, roulaient la brouette ou menaient le tombereau. Des enfants allaient devant, portant des lumières; des orchestres ambulants animaient les travailleurs; eux-mêmes, en nivelant la terre, chantaient ce chant niveleur: « Ah! ça ira! ça ira! ça ira! Celui qui s'élève, on l'abaissera! »

Le chant, l'œuvre et les ouvriers, c'était une seule et même chose, l'égalité en action. Les plus riches et les plus pauvres, tous unis dans le travail. Les pauvres pourtant, il faut le dire, donnaient davantage. C'était après leur journée, une lourde journée de juillet, que le porteur d'eau, le charpentier, le maçon du pont Louis-XVI, que l'on construisait alors, allaient piocher au Champ-de-Mars. A ce moment de la moisson, les laboureurs ne se dispensèrent point de venir. Ces hommes lassés, épuisés, venaient, pour délassement, travailler encore aux lumières.

Ce travail, véritablement immense, qui d'une plaine fit une vallée entre deux collines, fut accompli, qui le croirait? en une semaine! Commencé précisément au 7 juillet, il finit avant le 14.

La chose fut menée d'un grand cœur, comme une bataille sacrée. L'autorité espérait, par sa lenteur calculée, entraver, empêcher la fête de l'union; elle devenait impossible. Mais la France voulut et cela fut fait.

Ils arrivaient, ces hôtes désirés, ils remplissaient déjà Paris. Les aubergistes et maîtres d'hôtels garnis réduisirent eux-mêmes et fixèrent le prix modique qu'ils recevraient de cette foule d'étrangers. On ne les laissa pas, pour la plupart, aller à l'auberge. Les Parisiens, logés, comme on sait, fort à l'étroit, se serrèrent, et trouvèrent le moyen de recevoir les fédérés.

Quand arrivèrent les Bretons, ces aînés de la liberté, les vainqueurs de la Bastille s'en allèrent à leur rencontre jusqu'à Versailles, jusqu'à Saint-Cyr. Après les félicitations et les embrassements, les deux corps réunis, mêlés, entrèrent ensemble à Paris.

Un sentiment inouï de paix, de concorde, avait pénétré les âmes. Qu'on en juge par un fait, selon moi, le plus fort de tous. Les journalistes firent trêve. Ces âpres jouteurs, ces gardiens inquiets de la liberté, dont la lutte habituelle aigrit tant les âmes, s'élevèrent au-dessus d'eux-mêmes; l'émulation des âmes antiques, sans haine et sans jalousie, les ravit, les affranchit un moment du triste esprit des disputes. L'honnête, l'infatigable Loustalot des *Révolutions de Paris,* le brillant, l'ardent, le léger Camille, émirent tous deux en même temps une idée impraticable, mais touchante et sortie du cœur: *un pacte fédératif entre les écrivains;* plus de concurrence, plus de jalousie, nulle émulation que celle du public.

L'Assemblée sembla elle-même gagnée par l'enthousiasme universel. Dans une chaude soirée de juin, elle retrouva un moment son inspiration de 89, son jeune élan du 4 août. Un député de la Franche-Comté dit qu'au moment où les fédérés arrivaient, on devait leur épargner l'humiliation de voir des provinces enchaînées aux pieds de Louis XIV, à la place des Victoires, qu'il fallait faire disparaître ces statues. Un député du Midi, profitant de l'émotion généreuse que cette proposition excitait dans l'Assemblée, demanda qu'on effaçât tous les titres fastueux qui blessaient l'égalité, les noms de comtes, de marquis, les armoiries, les livrées. La proposition, appuyée par Montmorency, par La Fayette, ne fut guère combattue que par Maury (fils, comme on sait, d'un cordonnier). L'Assemblée, séance tenante, abolit la noblesse héréditaire (19 juin 1790). La plupart de ceux qui avaient voté y eurent regret le lendemain. L'abandon des noms de terre, le retour aux noms de famille presque oubliés, désorientait tout le monde; La Fayette devenait tristement *M. Motier,* Mirabeau enrageait de n'être plus que *Riquetti.*

Abolition de la noblesse

Ce changement n'était pas cependant un hasard, un caprice; c'était l'application naturelle et nécessaire du principe même de la Révolution. Ce principe n'est que la Justice, qui veut que chacun réponde pour ses œuvres, en bien ou en mal. Ce que vos aïeux ont pu faire compte à vos aïeux, nullement à vous. A vous d'agir pour vous-même! Dans ce système, nulle transmission du mérite antérieur, nulle noblesse. Mais aussi, nulle transmission des fautes antérieures. Dès le mois de février, la barbarie de nos lois condamnant à la potence deux jeunes gens pour de faux billets, l'Assemblée décida, à cette occasion, que les familles des condamnés ne seraient nullement entachées par leur supplice. Le public, touché de la jeunesse et du malheur de ceux-ci, consola leurs honnêtes parents par mille témoignages d'intérêt: plusieurs citoyens honorables demandèrent leur sœur en mariage.

Plus de transmission du mérite, abolition de la noblesse. *Plus de transmission du mal*; l'échafaud ne flétrit plus la famille, ni les enfants du coupable.

Le principe juif et chrétien repose précisément sur l'idée contraire. Le péché y est transmissible. Le mérite aussi; celui du Christ, celui des saints, profite même aux moins méritants des hommes.

Dans la même séance où l'Assemblée décréta l'abolition de la noblesse, elle avait reçu une députation étrange qui se disait celle des députés du genre humain. Un Allemand du Rhin, Anacharsis Clootz (caractère bizarre sur lequel nous reviendrons), présenta à la barre une vingtaine d'hommes de toute nation dans leurs costumes nationaux, Européens, Asiatiques. Il demanda en leur nom de pouvoir prendre part à la fédération du Champ-de-Mars, « au nom des peuples, c'est-à-dire des légitimes souverains, partout opprimés par les rois ».

Tels furent émus, d'autres riaient. Cependant, la députation avait un côté sérieux; elle comprenait des hommes d'Avignon, de Liège, de Savoie, de Belgique, qui véritablement voulaient alors être Français. Elle comprenait des réfugiés d'Angleterre, de Prusse, de Hollande, d'Autriche, ennemis de leurs gouvernements qui, à ce moment même, conspiraient contre la France. Ces réfugiés semblaient un comité européen, tout formé contre l'Europe, un premier noyau des légions étrangères que Carnot conseilla plus tard.

En face de la fédération des peuples, il s'en faisait une des rois. Certes, la reine de France avait sujet d'avoir bon espoir, en voyant avec quelle facilité son frère Léopold avait rallié l'Europe à l'Autriche. La diplomatie allemande, si lente ordinairement, avait pris des ailes. Cela tenait à ce que les diplomates n'y étaient pour rien. L'affaire s'arrangeait personnellement par les rois, à l'insu des ambassadeurs, des ministres. Léopold s'était adressé tout droit au roi de Prusse, lui avait montré le danger commun, avait ouvert un congrès en Prusse même, à Reichenbach, de concert avec l'Angleterre et la Hollande.

Sombre horizon. La France entourée des vœux impuissants des peuples, et tout à l'heure assiégée des haines et des armées des rois.

La France peu sûre au-dedans. La Cour faisant tous les jours des conquêtes dans l'Assemblée, agissant non plus par la droite, mais par la gauche elle-même, par le club de 89, par Mirabeau, par Sieyès, par les corruptions diverses, par la trahison, la peur. Elle emporta ainsi d'emblée une liste civile de vingt-cinq millions, pour la reine un douaire de quatre. Elle obtint des mesures répressives contre la presse, et s'enhardit à faire poursuivre le 5 et le 6 octobre.

Voilà ce que les fédérés trouvèrent en arrivant à Paris. Leur enthousiasme idolâtrique pour l'Assemblée, pour le roi, eut peine à se soutenir. La plupart venaient pénétrés par un sentiment filial pour ce bon *roi citoyen,* mêlant dans leurs émotions le passé et l'avenir, la royauté et la liberté. Plusieurs, reçus en audience, tombaient à genoux, offraient leur épée, leur cœur... Le roi, timide de sa nature, de sa position double et fausse, trouvait peu à répondre à cet attendrissement juvénile, si chaleureux, si expansif. La reine bien moins encore; à l'exception de *ses fidèles Lorrains,* sujets originaires de sa famille, elle fut généralement assez froide pour les fédérés.

Voilà enfin le 14 juillet, le beau jour tant désiré, pour lequel ces braves gens ont fait le pénible voyage. Tout est prêt. Pendant la nuit même, de crainte de manquer la fête, beaucoup, peuple ou garde nationale, ont bivouaqué au Champ-de-Mars. Le jour vient; hélas! il pleut! Tout le jour, à chaque instant, de lourdes averses, des rafales d'eau et de vent. « Le ciel est aristocrate », disait-on, et l'on ne se plaçait pas moins. Une gaieté courageuse, obstinée, semblait vouloir, par mille plaisanteries folles, détourner le triste augure. Cent soixante mille personnes furent assises sur les tertres du Champ-de-Mars, cent cinquante mille étaient debout; dans le champ même devaient manœuvrer environ cinquante mille hommes, dont quatorze mille gardes nationaux de province, ceux de Paris, les députés de l'armée, de la marine, etc. Les vastes amphithéâtres de Chaillot, de Passy, étaient chargés de spectateurs. Magnifique emplacement, immense, dominé lui-même par le cirque plus éloigné que forment Montmartre, Saint-Cloud, Meudon, Sèvres; un tel lieu semblait attendre les états généraux du monde.

Avec tout cela, il pleut. Longue est l'attente. Les fédérés, les gardes nationaux parisiens, réunis depuis cinq heures le long des boulevards, sont trempés, mourants de faim, gais pourtant. On leur descend des pains avec une corde, des jambons et des bouteilles, des fenêtres de la rue Saint-Martin, de la rue Saint-Honoré.

Ils arrivent, passent la rivière sur un pont de bois construit devant Chaillot, entrent par un arc de triomphe.

Au milieu du Champ-de-Mars s'élevait l'autel de la patrie; devant l'Ecole militaire, les gradins où devaient s'asseoir, le roi, l'Assemblée.

Tout cela fut long encore. Les premiers qui arrivèrent, pour faire bon cœur contre la pluie et dépit au mauvais temps, se mirent bravement à danser. Leurs joyeuses farandoles, se déroulant en pleine boue, s'étendent, vont s'ajoutant sans cesse de nouveaux anneaux dont chacun est une province, un département ou plusieurs pays mêlés. La Bretagne danse avec la Bourgogne, la Flandre avec les Pyrénées... Nous les avons vus commencer, ces groupes, ces danses ondoyantes, dès l'hiver de 89. La farandole immense qui s'est formée peu à peu de la France tout entière, elle s'achève au Champ-de-Mars, elle expire... Voilà l'unité!

Adieu l'époque d'attente, d'aspiration, de désir, où tous rêvaient, cherchaient ce jour!... Le voici! que désirons-nous? pourquoi ces inquiétudes? Hélas! l'expérience du monde nous apprend cette chose triste, étrange à dire, et pourtant vraie, que l'union trop souvent diminue dans l'unité. La volonté de s'unir, c'était déjà l'unité des cœurs, la meilleure unité peut-être.

Mais silence! le roi arrive, il est assis, et l'Assemblée, et la reine dans une tribune qui plane sur tout le reste.

La Fayette et son cheval blanc arrivent jusqu'au pied du trône; le commandant met pied à terre et prend les ordres du roi. A l'autel, parmi deux cents prêtres portant ceintures tricolores, monte d'une allure équivoque, d'un pied boiteux, Talleyrand, évêque d'Autun: quel autre, mieux que lui, doit officier, dès qu'il s'agit de serment?

Douze cents musiciens jouaient, à peine entendus; mais un silence se fait: quarante pièces de canon font trembler la terre. A cet éclat de la foudre, tous se lèvent, tous portent la main vers le ciel... O roi! ô peuple! attendez... Le ciel écoute, le soleil tout exprès perce le nuage... Prenez garde à vos serments!

Ah! de quel cœur il jure, ce peuple! Ah! comme il est crédule encore!... Pourquoi donc le roi ne lui donne-t-il pas ce bonheur de le voir jurer à l'autel? Pourquoi jure-t-il à couvert, à l'ombre, à demi caché? Sire, de grâce, levez haut la main, que tout le monde la voie!

Et vous, madame, ce peuple enfant, si confiant, si aveugle, qui tout à l'heure dansait avec tant d'insouciance, entre son triste passé et son formidable avenir, ne vous fait-il pas pitié?... Pourquoi dans vos beaux yeux bleus cette douteuse lueur? Un royaliste l'a saisie: « Voyez-vous la magicienne? » disait le comte de Virieu... Vos yeux ont-ils donc vu d'ici votre envoyé qui maintenant reçoit à Nice et félicite l'organisateur des massacres du Midi? ou bien, dans ces masses confuses, avez-vous cru voir de loin les armées de Léopold?

Ecoutez!... Ceci, c'est la paix, mais une paix toute guerrière. Les trois millions d'hommes armés qui ont envoyé ceux-ci ont entre eux plus de soldats que tous les rois de l'Europe. Ils offrent la paix fraternelle, mais n'en sont pas moins prêts au combat. Déjà plusieurs départements, Seine, Charente, Gironde, bien d'autres, veulent donner, armer, défrayer chacun six mille hommes pour aller à la frontière. Tout à l'heure les Marseillais vont demander à partir, ils renouvellent le serment des Phocéens leurs ancêtres, jetant une pierre à la mer, et jurant, s'ils ne sont vainqueurs, de ne revenir qu'au jour où la pierre surnagera.

TABLE DES MATIÈRES

Prendre congé de Dieu 7
Préface de 1868 25
Préface de 1847 43

INTRODUCTION

Première partie. De la religion du Moyen Age 57
Seconde partie. De l'ancienne Monarchie 80

LIVRE PREMIER
(Avril-juillet 1789)

Chapitre premier. Elections de 1789 121
Chapitre II. Ouverture des états généraux 131
Chapitre III. Assemblée nationale 143
Chapitre IV. Serment du Jeu de Paume 157
Chapitre V. Mouvement de Paris 168
Chapitre VI. Insurrection de Paris 182
Chapitre VII. Prise de la Bastille, 14 juillet 1789 . . . 193

LIVRE II
(14 juillet-6 octobre 1789)

Chapitre premier. La fausse paix 215
Chapitre II. Jugements populaires 230
Chapitre III. La France armée 244
Chapitre IV. Nuit du 4 Août 260
Chapitre V. Le clergé. La foi nouvelle 275
Chapitre VI. Le veto 288

Chapitre VII. La presse 296
Chapitre VIII. Le peuple va chercher le roi, 5 octobre 1789 309
Chapitre IX. Le peuple ramène le roi à Paris, 6 octobre 1789 328

LIVRE III
(6 octobre 1799-14 juillet 1790)

Chapitre premier. Accord pour relever le roi (octobre 89). Elan de la fraternité (octobre-juillet) 347

Chapitre II. Résistances. Le clergé (octobre-novembre 89) 353

Chapitre III. Résistances. Clergé. Parlements. Etats provinciaux 360

Chapitre IV. Résistances. Parlements. Mouvement des fédérations 369

Chapitre V. Résistances. La reine et l'Autriche (octobre-février 378

Chapitre VI. La reine et l'Autriche. La reine et Mirabeau. L'armée (mars-mai 90) 393

Chapitre VII. Lutte religieuse. Pâques. La passion de Louis XVI 409

Chapitre VIII. Lutte religieuse. Succès de la contre-révolution (mai 90) 420

Chapitre IX. Lutte religieuse. La contre-révolution écrasée dans le Midi (juin 90) 437

Chapitre X. Du nouveau principe. Organisation spontanée de la France (juillet 89-juillet 90) 452

Chapitre XI. De la religion nouvelle. Fédérations (juillet 89-juillet 90) 460

Chapitre XII. De la religion nouvelle. Fédération générale (14 juillet 1790) 472

Cet ouvrage a été imprimé
par l'Imprimerie Rencontre S. A., à Lausanne.
La reliure est due aux soins
de M. Busenhart, à Lausanne.